몽록(夢鹿) 법철학 연구총서 3

법철학

Rechtsphilosophie

구스타프 라드브루흐(Gustav Radbruch) 지음

윤 재 왕 옮김

박영사

「몽록 법철학 연구총서」는 평생을 법철학 연구와 강의에 바치신 故 심재우 교수님의 학문적 삶을 기리기 위해 유가족의 지원에 힘입어 창간된 법철학 연구 시리즈입니다. 총서의 명칭 '몽록(夢鹿)'은 심재우 교수님의 아호입니다.

한국어판 발간사

　구스타프 라드브루흐의 「법철학(1932년)」은 마지막 고전적 법철학 교과서 가운데 하나로 여길 수 있다. 왜냐하면 라드브루흐는 이 책의 총론에서 법이념, 법개념, 법효력과 같은 법철학의 근본문제를 다루고 있을 뿐만 아니라 각론에서 소송법, 국제법 및 전쟁을 포함해 모든 법영역의 근본문제에 대해서도 입장을 피력하고 있기 때문이다. 이로써 라드브루흐의 「법철학」은 그 이후에 발간된 법철학 교과서들과는 차별성을 갖고 있다. 최근의 법철학 교과서들은 대부분 법학의 기초 학문분과들이 겪고 있는 위기에 반응한다는 측면에서 주로 이념사를 강조하는 가운데 법철학의 일반적인 문제에만 집중하기 때문이다. 이에 반해 라드브루흐의 「법철학」은 이론과 실무의 통합이라는 법의 필연적 속성을 분명하게 보여주고 있고, 이 점에서 이 책은 오늘날에도 여전히 시의성을 갖고 있다.

　라드브루흐 「법철학」과 그의 중요한 법철학 논문들을 한국어로 번역한 이 책은 구스타프 라드브루흐의 정신적 가족이 만들어낸 작품으로 여길 수 있다. 부록으로 실린 논문의 필자인 울프리드 노이만 교수는 아르투어 카우프만 교수의 제자로서 구스타프 라드브루흐의 '정신

1

적 손자'이다. 번역자인 윤재왕 교수는 노이만 교수의 제자이고, 따라서 사실상 구스타프 라드브루흐의 '증손자'라고 할 수 있다. 끝으로 본 발간사의 필자인 나는 '구스타프 라드브루흐 재단'의 이사장일 뿐만 아니라 노이만 교수의 제자이기도 해서 역시 라드브루흐의 '증손자'인 셈이다. 이 점에서 구스타프 라드브루흐의 법철학이라는 씨앗이 한국에서도 비옥한 토양과 만나기를 충심으로 빈다.

2020년 10월
뮌헨대학교 법과대학 교수
프랑크 잘리거

Geleitwort

Gustav Radbruchs Rechtsphilosophie von 1932 kann als eines der letzten klassischen Lehrbücher zur Rechtsphilosophie gelten. Denn *Radbruch* behandelt in einem allgemeinen Teil nicht nur Grundprobleme der Rechtsphilosophie wie Idee, Begriff und Geltung des Rechts. Er nimmt im Besonderen Teil auch Stellung zu den Grundfragen eines jeden Rechtsgebiets einschließlich des Verfahrensrechts bis hin zu Völkerrecht und Krieg. Damit unterscheidet sich die Rechtsphilosophie *Radbruchs* von der Mehrzahl moderner Lehrbücher zur Rechtsphilosophie, die sich in Reaktion auf die vielfach beschworene Krise der juristischen Grundlagenfächer auf die allgemeinen Probleme der Rechtsphilosophie unter teils starker Akzentuierung der Ideengeschichte beschränken. Soweit die Rechtsphilosophie *Radbruchs* demgegenüber die notwendige Einheit des Rechts in Theorie und Praxis sichtbar macht, ist sie von unverminderter Aktualität.

Die vorliegende koreanische Ausgabe der Rechtsphilosophie *Radbruchs* und seiner wichtigsten rechtsphilosophischen Aufsätze kann als Produkt der geistigen Familie *Gustav Radbruchs* gelten. *Ulfrid Neumann*, aus dessen Feder ein Beitrag über *Radbruch* in diesen Band aufgenommen ist, ist als Schüler *Arthur Kaufmanns* gleichsam ein „geistiger Enkel" *Gustav Radbruchs*. Der Übersetzer *Zai-Wang Yoon* ist ein Schüler *Ulfrid Neumanns* und damit quasi

3

ein „Urenkel" *Gustav Radbruchs.* Der Verfasser des Geleitworts schließlich ist nicht nur Vorsitzender des Verwaltungsrats der *Gustav Radbruch-Stiftung,* sondern ebenfalls Schüler *Ulfrid Neumanns* und insofern „Urenkel" *Radbruchs.* Möge die Rechtsphilosophie *Gustav Radbruchs* auch in Korea auf fruchtbaren Boden treffen.

München, im Oktober 2020   *Prof. Dr. Frank Saliger, LMU*

헤르만 칸토로비치에게 바침

우정이 오래될수록 마치 오랜 기간 저장된 포도주와 같이
우정을 높이 평가할 줄 알아야 한다네.
이런 의미에서 우정의 과제가 충족되기 위해서는
몇 삽의 소금을 함께 먹어야 한다는 격언은 진실이 아닐 수 없네.

키케로, '우정에 관하여'

서문

모든 저술가에게는 남은 기간의 삶을 다른 과제에 바치기 위해 지금까지 자신이 수행했던 과제들을 정리해 마감하고 싶은 욕구를 느끼는 시점이 오기 마련이다. 이 점에서 이 책은 지은이의 법철학적 연구를 마감한다는 의미를 지니고 있다.

이 책은 「법철학 기초(Grundzüge der Rechtsphilosophie)」의 제3판에 해당한다. 제2판은 단순히 초판의 재판으로서 1922년에 출간되었다. 이미 그 당시에도 개정판이 필요하긴 했지만, 개정을 하는 일이 불가능했다. 물론 전쟁과 혁명이라는 격변을 겪은 이후 이 책을 완전히 새롭게 손을 봐야 할 필요성은 충분히 인식하고 있었다. 재판을 내면서 초판이 출간된 1914년을 명기한 것은 재판의 형태로 1922년 당시에 지은이가 품고 있던 생각을 그대로 반영한 것은 아니라는 사정을 분명히 밝히려는 의도였다.

이제 출간하는 이 제3판은 책 전체를 다시 써서 새롭게 가다듬은 것이다. 이 제3판은 신판이라기보다는 새로운 책에 더 가깝다. 총론의 몇몇 장(§11-§15)과 각론 전체(§16-§29)를 새로 추가했다. 각론에서 지은이는 각 주제와 관련된 모든 측면을 낱낱이 밝히기보다는, 총론에서 제시한 관점에 비추어 각 주제를 분석했고, 따라서 각론의 주제가 총론의 예시에 해당한다는 사실을 보여주는 데 주력했다. 하지만 국가철학은—적어도 법철학과 뚜렷이 분리되는 경우에는—서술에서 배제했다. 초판과 제2판에서 이미 다루었던 부분들도 많은 부분이 바뀌었다. 상당히 많은 내용을 새롭게 구성하게 되었는데, 예컨대 법의 합목적성과는 별도로 정의에 대해 독자적인 의미를 부여하게 되었다. 이에 반해 예컨대 자유의지의 문제에 관한 서술과 같이 일부의 내용은 삭제했다. 물론 지은이가 기존의 서술을 옳지 않다고 여기기 때문에 삭제한 것이 아니라 새 책의 맥락에 비추어 꼭 필요하지는 않다는 이유에서 삭제했을 따름이다. 그리고 초판과 제2판에서는 비교적 상세하게 서술할 필요가 있었던 내용을 제3판에서는 더 간단하게 서술한 곳도 있다. 이밖에도 수많은 표현과 어쩌면 책 전체의 논조 역시 변화를 겪게 되었다. 젊었을 때는 당연하게 여겨지던 것들이 거의 20년이 지난 지금에는 무언가 부자연스럽고 진정성이 없게 여겨지는 탓일 것이다. 어떤 이들에게는 새 책보다는 옛 책이 더 마음에 들지도 모른다. 하지만 옛 책이 세상에서 완전히 사라지거나, 새 책이 옛 책을 대체하는 것이 아니라 두 책이 나란히 함께 있게 될 것을 분명히 밝혀둔다.

　　그러나 옛 책과 새 책의 이러한 차이에도 불구하고 지은이는 예나 지금이나 똑같은 사고방식을 신봉한다. 즉 지은이는 "계몽이라 불리는 밤에 계속 머물러 있고자 하는(카알 라렌츠Karl Larenz)" 합리주의와 "너무나도 비학문적이어서 스스로 붕괴하고 마는(빌헬름 자우어Wilhelm Sauer)" 상대주의를 신봉한다. 지은이는 결코 비합리주의라는 시대의 유행을 따라가지 않는다. 물론 이 책에서 주장하는 합리주의는 세계가 이성을 통해 완전히 분할되어 남김없이 해소되리라고 생각하지는 않는다. 단지 궁극적인 모순을 합리적으로 밝히는 것을 과제로 삼을 뿐, 이러한 모순을 비합리적으로 안개 속에 가두어 놓으려는 의도는 추호도 없다. 현 시점에서 지은이는 초판이 발간되던 시점보다 상대주의에 대해 훨씬 더 중요한 의미를 부여한다. 왜냐하면 상대주의는 민주주의의 사상적 전제조건이기 때문이다. 민주주의는 특정한 정치적 견해와 자신을 동일시하는 것을 거부하고, 오히려 다수의 지지를 확보할 수 있는 모든 정치적 견해에 대해 국가를 지휘할 권한을 이양한다. 왜냐하면 민주주의는 정치적 견해의 정당성을 확인하기 위한 명확한 기준을 갖고 있지 않으며, 서로 다투는 정당들을 초월한 하나의 관점이 존재할 가능성을 인정하지 않기 때문이다. 상대주의는 어떠한 정치적 견해도 객관적으로 증명하거나 반박할 수 없다는 이론을 통해 우리의 정치적 투쟁에서 오로지 자신만이 정의롭다고 주장하면서 적대자들에게 우둔함과 사악함이라는 낙인을 찍으려는 견해에 대항하기에 아주 적합한 이론이다. 어떠한 정파적 견해도 객관적으로 증명할 수 없다면, 모든 견해는 이와 반대되는 견해의 입장에서 투쟁의 대상이 될 수 있다. 그리고 어떠한 정파적 견해도 반박할 수 없다면, 모든 견해는 반대되는 견해의 입장에서도 존중받아야 마땅하다. 이처럼 상대주의는 자신의 입장을 단호하게 고수하면서도 동시에 자신과는 다른 입장에 대해 정의로운 태도를 견지하도록 가르친다.

　나의 법철학은 초판이 출간된 1914년을 기준으로 하면, 오로지 루돌프 슈타믈러Rudolf Stammler만이 법철학의 기치를 높이 들고 있었던 수십 년에 걸친 법철학의 정체 상태가 지나간 이후 역시 슈타믈러가 비로소 다시 생동감을 찾게 만든 일련의 법철학 연구에 소소한 기여를 한 것으로 자리매김할 수 있다. 그 이후 법철학 분야에서 도저히 개관할 수 없을 정도로 많은 문헌이 쏟아져 나왔다. 이 책에서 지은이가 이 많은 문헌을 일일이 다룰 능력은 애당초 없었다. 관련된 문헌들을 풍부하게 제시하고 있는 다른 법철학 교과서들(슈타믈러나 자우어의 교과서)이 존재한다는 사정을 고려해 참고문헌들을 낱낱이 열거할 필요는 없다고 생각한다.

지은이는 학생들에게 법철학이 무엇인가보다는 법철학을 어떻게 할 것인가를 알려주고 싶으며, 학생들을 특정한 결론이 아니라 법철학적 사고방식으로 인도하고 싶다. 동료 법철학자들과 특히 지은이가 가장 소중한 독자로 여기는 친구에게는 다음과 같은 호라티우스의 말을 전하고 싶다.

"잘 가게 친구! 자네가 내가 알고 있었던 것보다 더 나은 지혜를 가졌거든 제발 그 지혜를 내게 주지 않으려는가. 그렇게 하기 어렵거든 최소한 나와 함께 그 지혜를 나누기라도 하세."

라드브루흐

차례

우리가 무엇인가를 생각하면 언제나 세계는
아무렇게나 조각들로 흩어진다. 그리고
언제나 우리는 저 깊은 내면으로부터 조용히
흩어진 조각들 사이에 아름다운 다리를 놓는다.

리히아르트 데멜(Richard Dehmel)

§ 1. 현실과 가치

가치맹목적, 가치평가적, 가치관련적, 가치초월적 행동

법철학은 철학의 한 분과이다. 그 때문에 일단 법철학의 일반철학
적 전제조건들을 밝혀야 할 필요가 있다.[1]

우리의 체험에 아무런 형태도 갖추지 않은 재료가 되는 존재사실
(Gegebenheit) 속에는 현실과 가치(Wirklichkeit und Wert)가 혼란스
러울 정도로 뒤섞여 있다. 우리는 인간과 사물을 가치와 반가치가 이
미 붙어 있는 것으로 체험하고, 이 가치와 반가치가 관찰을 수행하는
우리에서 연유한 것이지 사물과 인간 자체에서 연유한 것은 아니라는
것을 의식하지 못한다. 그 때문에 한 사람의 고결한 성품이 마치 성스
러운 광채처럼 그 사람의 얼굴을 감싸고 있다고 생각한다. 해묵은 떡
갈나무 가지에서 성스러운 바람결이 불어온다고 여긴다. 그리고 독초

---

1 이하의 논의는 빈델반트Wilhelm Windelband, 리커트Heinrich Rickert, 라스크Emil Lask의 철
학적 이론을 배경으로 삼고 있다. 특히 라스크의 「법철학(Rechtsphilosophie,
Gesammelte Schriften, Bd. 1, 1923, S. 275 이하)」은 이하의 서술과 이 책 전체의 방향
설정에 결정적인 역할을 했다.

안에 독성이 있다고 생각하면서, 독성이 마치 도덕적 흠결인 것처럼 독초의 내재적 속성이라고 믿는다.[2]

정신이 가장 먼저 해야 할 행위는 존재사실로부터 '나'를 배제하고, 나와 존재사실을 대비시키며, 이를 통해 현실을 가치로부터 분리하는 것이다. 정신은 어떤 때는 자신의 가치평가적 의식을 배제하고, 어떤 때는 이를 의도적으로 투입하는 것을 배우게 된다. 이렇게 해서 한편 으로는 우리의 **가치맹목적** 행동이 존재사실의 카오스로부터 비로소 자연의 왕국을 창조한다. 왜냐하면 자연은 바로 존재사실 자체이고, 가치맹목적 행동을 통해 — 존재사실을 의식적으로 변경하는 가치평 가가 완전히 제거된 — 순수한 상태로 드러나기 때문이다. 이와는 반 대로 정신은 의식적인 **가치평가적** 행동을 통해 이러한 평가의 기준들, 즉 규범들 및 규범들의 연관성을 의식하게 된다. 이러한 연관성은 가 치의 왕국으로 자연에 대립한다. 가치맹목적 행동은 — 이를 방법으 로 구사하면 — 자연과학적 사고가 되고, 가치평가적 태도는 — 이를 체계적으로 수행하면 — 논리학, 윤리학 및 미학이라는 세 개의 하위 분과를 가진 가치철학의 특징이다.

하지만 가치맹목적 태도와 가치평가적 태도 이외에도 양자를 다양 한 방식으로 매개하는 두 가지 다른 태도가 존재한다. 하나는 **가치관 련적** 태도이고, 다른 하나는 가치초월적 태도이다. 일단 **가치관련적** 태도를 이 태도의 결론에 해당하는 몇 가지 개념들에 비추어 밝혀보 기로 한다.

학문이라는 개념은 진리라는 가치와 일치하지 않는다. 즉 한 시대

---

2 이에 관해서는 *Eduard Spranger*, Lebensformen, 5. Aufl. 1925, S. 37 참고.

의 학문은 학문적 성취뿐만 아니라 학문적 착오까지도 포함한다. 이 점에서 우리가 모든 학문적 연구 — 이 연구가 성공을 거두지 못하든 아니면 성공적이든 관계없이 — 를 학문이라는 개념으로 포괄하는 것은 모든 학문적 연구가 최소한 진리를 추구하고 진리를 표방하기 때문이다. 다시 말해 학문은 진리에 도달하든 진리에 도달하는 데 실패하든 관계없이 진리에 이바지한다는 의의와 의미를 지닌 존재사실이다. 이와 마찬가지로 예술사의 대상이 되는 예술은 아름다움 그 자체가 아니라 품격 높은 양식과 저질스러운 것의 혼합이고, 이 모든 것들은 모든 예술 활동에 공통되는, 아름다움의 추구를 통해서만 예술이라는 개념적 통일성으로 결합하게 된다. 그리고 예컨대 인류학에서 설명하고 있는 의미의 도덕은 양심의 착오도 포함한다. 왜냐하면 양심의 착오 역시 이 착오로 인해 실제로는 선善에 도달하지 못했지만, 어쨌든 의미상으로는 선을 추구했다는 사실에 근거할 때만 양심의 착오가 되기 때문이다. 이 모든 개념과 다른 모든 개념은 문화라는 개념으로 포섭된다. 따라서 문화 개념도 다른 개념들과 같은 구조를 갖는다. 즉 역사가들이 서술하는 의미의 문화는 결코 순수하기 그지없는 가치가 아니라 인간성과 야만, 고상함과 저열함, 진리와 착오의 혼합이다. 그러나 이 모든 문화적 현상들에서는 가치와 관련을 맺지 않고서는 결코 가치의 억제나 가치의 촉진 또는 가치 달성의 실패나 가치의 실현을 생각할 수 없다. 이 점에서 문화는 그 자체가 가치실현은 아니지만, 가치를 실현하거나 — 슈타믈러Rudolf Stammelr의 표현을 빌리자면 — "올바른 것을 추구한다"[3]라는 의의와 의미를 지니는 존재사

---

3 *Rudolf Stammler*, Lehrbuch der Rechtsphilosophie, 2. Aufl. 1923, § 29, 각주 1.

실이다. 따라서 이러한 서술을 통해 가치관련적 태도가 문화과학의 방법적 태도라는 사실이 밝혀진 셈이다.

가치맹목적, 가치평가적 및 가치관련적 태도에 덧붙여 마지막으로 **가치초월적**, 즉 종교적 태도가 추가된다. 종교는 모든 존재자에 대한 궁극적 긍정이고 모든 사물에 대해 엷은 미소를 지으며 '예'와 '아멘'이라고 말하는 실증주의이며, 사랑하는 대상이 갖는 가치 또는 반가치를 고려하지 않는 사랑, 행과 불행을 초월한 구원, 죄와 무죄를 넘어선 은총, 모든 이성과 이성의 문제보다 더 높은 곳에 있는 평화, "모든 것이 협력하여 그들의 선善이 되게 할" 신의 자식들이 보여주는 '행복한 형이상학적 경쾌함(쉘러Max Scheler)'이다. 신약성서의 이 구절은 창세기를 마감하는 다음의 구절과 함께 울려 퍼진다. "신이 자신이 만든 모든 것을 보고, 보기에 심히 좋았다."[4]

종교는 반가치를 극복한다는 의미이고, 따라서 반가치의 대립으로 여길 수 있을 뿐인 가치마저도 극복한다는 의미일 수밖에 없다. 즉 가치와 반가치는 똑같이 **타당**하며, 그 때문에 가치와 반가치를 따질 이유가 없이 **똑같이** 타당한(아무래도 상관없는) 것이 된다. "모든 것을 똑같은 것으로(똑같은 기준으로) 판단하는 자는 시간 속에서 이미 사랑스러운 영원성이라는 희망하는 상태에 도달한다(앙겔루스 실레시우스 Angelus Silesius)." 이제 가치와 반가치의 대립뿐만 아니라 가치와 현실의 대립도 폐기된다. 즉 가치에 반하는 것도 어떤 궁극적 의미에서 가치가 있는 것이거나 본질이 없는 것이 된다. 왜냐하면 가치가 사물의 존

---

4 이 성경 구절에 관해서는 *Max Brod*, Heidentum, Christentum, Judentum, Bd. 1(1921), S. 64 이하 참고.

재 원칙으로 파악될 때 우리는 그것을 사물의 본질이라고 부르기 때문이다.[5]

　바로 그 때문에 가치와 반가치 사이의 대립을 극복하는 종교는 양자 사이의 대립을 전제한다. 종교는 **모든 대립과 모순에도 불구하고** 모든 존재자를 긍정하는 것이다. 그렇지 않다면 종교가 지닌 아름다운 느긋함은 가치맹목적 태도가 지닌 무딘 무관심과 구별할 수 없을 것이다. 이 점에서 사전에 가치 또는 반가치로 가치의 왕국을 통과한 것들만이 종교적 긍정의 대상이 된다. 다시 말해 자연이 가치의 왕국에 도달하기 이전의 상태에 있다면, 종교는 이 왕국을 넘어선 상태에 있다. 종교의 연원은 가치와 현실의 대립을 더 이상 견디기 어려운 참을 수 없는 상황이다. 그리고 종교는 순간순간마다 새롭게 참을 수 없는 상황으로부터 다시 거듭나야 하고, 결코 지속적인 상태가 되어서는 안 된다. 그렇지 않으면 종교는 가치초월적 행동으로부터 가치맹목적 행동으로 전락하고 말 것이다. 그래서도 종교는 한 번 들어가서 다시는 나오지 않을 수도원이 아니라 등산을 멈추고 지팡이를 벽에 세워 둔 채 잠시 기도하기 위해 들어가는 길가의 작은 교회이다.

　이 네 가지 태도에 상응해 존재사실을 형태화하는 네 가지 방식이 있다. 존재, 가치, 의미 그리고 본질. 이 네 가지 왕국의 관계를 자연과 이상(Natur und Ideal) 그리고 양자 사이의 간격을 메우려는 두 가지 결합 방식으로 표현할 수도 있다. 후자의 두 가지 결합 방식 가운데 하나는 결코 완성될 수 없는 '다리 놓기'에 해당하는 문화이고, 다른 하나는 순간순간마다 목표에 도달하는 날갯짓인 종교이다. 다시 말해

5　*Lask*, Logik der Philosophie, 1911, S. 7('초감각적 존재Übersen').

작품과 신앙(Werk und Glaube)이다.

이제 이 네 가지 고찰방식을 법과 관련지어 볼 차례이다.

법학, 법철학, 법의 종교철학의 구별

법은 인간의 작품이고, 모든 인간 작품이 그렇듯이 오로지 작품의
이념에 비추어서만 파악할 수 있다. 예를 들어 책상이라는 단순하기
짝이 없는 인간 작품을 이 작품의 목적에 관련시키지 않고 규정해보
려고 시도해보자. 예컨대 책상은 네 개의 다리를 가진 판으로 규정했
다고 하자. 이 개념정의에 대해서는 당장 다리가 세 개이거나 하나인
책상 또는 다리가 없는 접이식 책상도 있다는 반론이 제기될 것이고,
따라서 책상의 필연적 본질은 오로지 책상의 상판일 따름이라고 말할
것이다. 하지만 상판 역시 여러 판을 결합한 것일 따름이고, 그 때문에
책상의 상판이 이를 구성하는 판들과 구별되는 유일한 측면은 상판의
목적일 뿐이다. 이렇게 해서 책상은 그 옆에 앉은 사람들이 무언가를
그 위에 올려놓을 수 있는 장치라는 개념정의에 도달하게 될 것이다.
그러므로 목적을 전혀 고려하지 않고, 즉 가치맹목적으로 인간 작품
을 고찰하는 것은 불가능하며, 이 점에서 법 또는 다른 개별적인 법적
현상을 가치맹목적으로 고찰하는 것 역시 불가능하다. 범죄인류학이
추구했던 범죄의 자연과학은 사전에 법적 가치에 관련된 범죄개념이
자연적인 범죄개념을 대체한 이후에만 비로소 가능할 수 있다. 만일
법 또는 범죄와 같은 개념처럼 가치관련성을 통해 형성되는 개념들이
가치맹목적 고찰을 통해 획득된 자연개념과 완전히 일치한다면 이는

두 가지 서로 다른 고찰방식이 예정된 조화에 도달하는, 도저히 기대할 수 없는 결과로서 기적 중의 기적이 아닐 수 없다.

법은 오로지 가치관련적 행동의 범위 내에서만 파악할 수 있다. 법은 문화현상이다. 다시 말해 가치에 관련된 사실이다. 그 때문에 법의 개념은 법이념을 실현한다는 의미를 지닌 존재사실이라고 규정할 수 있다. 물론 법은 부정의할 수 있다(극단의 법은 극단의 불법summum ius summa iniuria). 하지만 법은 그것이 오로지 정의롭다는 의미를 지니는 한에서만 법이다.

그러나 법현실을 구성하는 원칙이자 동시에 법현실에 대한 가치척도가 되는 법이념 자체는 가치평가적 행동에 속한다.

하지만 이 가치평가적 행동은 결코 법에 대해 말하게 되는 마지막 말이 아니다. 법을 가치가 있다고 보면서도 궁극적인 의미에서, 즉 '신 앞에' 서서 산상수훈의 방식에 따라 법을 본질이 결핍된 것으로 선언할 가능성도 있고, 이와 반대로 고대의 방식에 따라 법을 단순히 가치의 왕국이 아니라 이를 훨씬 뛰어넘어 사물의 절대적 본질로 고정할 가능성도 있다. 하지만 이러한 태도는 가치초월적 고찰에 속한다.

이로써 우리는 법에 대한 세 가지 가능한 고찰방식을 확인할 수 있게 되었다. 첫째, 법에 대한 가치관련적 고찰, 즉 법을 문화현상으로 고찰하는 것은 **법학**의 본질에 해당한다. 둘째, 가치평가적 고찰, 즉 법을 문화가치로 고찰하는 것은 **법철학**의 특성이다. 셋째, 법에 대한 가치초월적 고찰, 즉 법의 본질 또는 법의 비본질적 성격에 대한 고찰은 **법의 종교철학**이 담당할 과제이다.

인간은 세계의 문제를 해결하기 위해 태어난 것이 아니라
문제가 어디에 있는지를 찾아, 이 문제가 이해할 수 있는
경계 안에 머물러 있도록 만들기 위해 태어났다.

괴테

§ 2. 법가치 고찰로서의 법철학

따라서 법철학은 법에 대한 가치평가적 고찰, 즉 '정당한 법에 관한
이론(슈타믈러)'이라고 할 수 있다. 이처럼 법의 가치를 고찰하려는 우
리의 방법론은 두 가지 본질적 특징을 갖고 있다. 하나는 방법이원주
의이고, 다른 하나는 상대주의이다.

1. 방법이원주의

칸트의 철학은 우리에게 **있는** 것으로부터 **가치 있는** 것, **올바른** 것,
마땅히 있어야 할 것을 추론할 수 없다는 점을 가르쳐주었다. 즉 어떤
것은 결코 그것이 있거나 있었기 때문에 또는 앞으로 있게 될 것이기
때문에 올바른 것이 아니다. 바로 그 때문에 있는 것으로부터 있어야
할 것을 추론해내는 실증주의, 있었던 것으로부터 있어야 할 것을 추
론해내는 역사법학 그리고 앞으로 있게 될 것으로부터 있어야 할 것
을 추론해내는 진화주의를 거부하게 된다.[1] 그리고 특정한 발전 방향

---

1 법정책과 관련해 이와 같은 진화론적 입장을 주장한 프란츠 폰 리스트의 논문

에 대한 인식을 통해 발전의 목표가 갖는 정당성이 증명되지는 않으며, '조류에 반해 헤엄치는 것'이 옳지 않다는 것이 입증되지도 않는다. 불가피한 것은 불가피하다는 이유만으로 이미 추구할 가치가 있는 것이 되지는 않으며, 불가능한 것은 불가능하다는 이유만으로 이미 부당한 것이 되지는 않는다. 이 점에서 돈키호테는 분명 바보였지만, 매우 품격 높은 바보였다. "나는 불가능한 것을 원하는 자를 좋아한다." 당위명제, 가치평가, 판단은 결코 귀납적으로 존재하는 사실에 관한 확인에 기초할 수 없으며, 오로지 같은 종류의 다른 명제에 기초할 수 있을 따름이다. 가치고찰과 존재고찰은 각각 독립성을 갖고 그 자체로 완결된 영역으로 병존한다. 이것이 바로 **방법이원주의**(Methodendualismus)의 본질이다.[2]

물론 하필이면 당위명제를 다루는 법학의 영역에서 '사물의 본성(Natur der Sache)'으로부터 올바른 규율을 도출해야 한다는 주장이 제기되는 경우가 자주 있다. 이 주장은 실제로 나름 충분한 근거가 있기도 하다. 왜냐하면 법적 이상(Ideal)은 바로 법을 위한 이상이고, 더 나아가 특정한 시대, 특정한 민족, 특정한 사회적 및 역사적 상황의 법을 위한 이상이기 때문이다. 이 점에서 이념(Idee)은 특정한 소재

(*Franz von Liszt*, Das 'richtige' Recht in der Strafrechtsgesetzgebung, in: ZStW, Bd. 26, 1906, S. 553 이하)은 발표 당시에 활발한 논의의 대상이었다. 이 논의에 대한 개관은 *Radbruch*, Literaturbericht Rechtsphilosophie, in: ZStW, Bd. 27, 1914, S. 246, 742; *Hermann Kantorowicz*, Strafgesetzentwurf und Wissenschaft, in: Aschaffenburgs Monatsschrift für Kriminalpsychologie und Strafrechtsreform, Bd. 4, 1923, S. 78 이하 참고.

2 여기서 방법이원주의는 단지 방법일원주의의 반대로만 이해해야 하고, 아래의 §3의 9에서 서술하게 될 방법삼원주의는 방법이원주의에 포함되는 것으로 이해해야 한다.

(Stoff)에 대해 적용되고, 바로 이러한 소재를 위해 일정한 질서를 구
성한다. 그리고 이념은 이 이념이 장악하고자 하는 소재에 의해 규정
되기도 한다. 예를 들어 예술가의 이념은 소재에 순응하게 되고, 따라
서 이 이념을 동銅에 구현할 때와 대리석에 구현할 때는 다른 이념이 된
다. 이처럼 모든 이념은 처음부터 소재에 부합해야 할 운명을 갖고 탄생
한다. 우리는 이와 같은 관계를 **이념의 소재 규정성**(Stoffbestimmtheit
der Idee)이라고 부른다. 이와 관련해 우리는 이 표현이 지닌 이중적
의미 ― 즉 이념이 소재에 **맞게** 규정되기 때문에, 소재를 **통해** 규정된
다는 것 ― 를 뚜렷하게 의식하고 있다.[3] 오이겐 후버Eugen Huber는 '입
법의 현실적 요소들'에 관한 자신의 이론에서 이념의 소재 규정성을
법이념의 측면에서 잘 보여주고 있고, 프랑수아 제니François Gény도 존
재사실(donnés)에 관한 그의 이론에서 이를 분명하게 드러내고 있
다.[4] 그 때문에 이념의 소재 규정성을 이념이 소재 속에 이미 형태를
갖추고 있다는 생각과 동일시하려는 유혹을 받게 되고, 실제로 소재
속에서 그리고 소재로부터 이념을 파악할 수 있는 심리학적 가능성도
있다. 예를 들어 미켈란젤로는 그 엄청난 대리석 덩어리에서 이미 다
비드상을 예견하고, 다비드를 이 덩어리로부터 해방해주었는지도 모
를 일이다. 법률가가 '**사물의 본성**'에 따라 결정을 내리는 것도 이와

---

3 이와 관련해 의미를 구별하고 있는 라스크의 이론에 관해서는 *Lask*, Logik der
  Philosophie, 1911, S. 57 이하, 169 이하 참고. 또한 *Radbruch*, Rechtsidee und
  Rechtsstoff, in: Archiv für Rechts- und Wirtschaftsphilosophie, Bd. 17, 1923/24, S. 343
  이하도 참고.

4 *Eugen Huber*, Über die Realien der Gesetzgebung, in: Zeitschrift für Rechtsphilosophie
  in Lehre und Praxis Bd. 1, 1914, S. 39 이하; *ders.*, Recht und Rechtsverwirklichung,
  1921, S. 281 이하; *François Gény*, Science et technique en droit privé positif Bd. I, 2.
  Aufl. 1922, S. 96 이하, Bd. II, 1915, S. 370 이하.

비슷한 의미가 있다.[5] 하지만 이념이 규정하게 되는 소재 속에서 이념을 포착하는 것은 직관의 행운이지, 결코 인식의 방법이 아니다. 다시 말해 방법적 인식은 당위명제가 오로지 다른 당위명제로부터 연역적으로 도출될 수 있을 뿐이지, 존재사실로부터 귀납적으로 정당화될 수 없다는 근본원칙을 고수해야 한다.

그러나 현실로부터 가치를 도출할 수 없다는 것(이는 이념의 소재 규정성에서도 마찬가지이다)은 논리적 관계를 지칭할 뿐, 인과적 관계를 지칭하지 않는다. 방법이원주의는 가치평가, 즉 판단이 존재사실로부터 아무런 영향도 받지 않는다고 주장하지 않는다. 평가 행위가 인과적 사건이고 이데올로기적 상부구조라는 점에 대해서는 어떠한 의문도 있을 수 없다. 평가 행위는 예컨대 이를 수행하는 자가 처한 사회적 환경에 따른 인과적 결과이다. 지식사회학은 이데올로기가 사회적 입장에 구속된다는 점을 가르쳐주었다.[6] 하지만 우리의 방법이원주의에서 말하는 이원성은 존재사실과 가치판단 사이의 **인과적** 관계가 아니라 존재와 가치 사이의 **논리적** 관계에 관련된다. 다시 말해 방법이원주의는 가치평가가 존재사실에 의해 **야기**되지 않는다고 주장하는 것이 아니라 가치평가가 존재사실에 의해 **정당화**될 수 없다는 것을 주장할 따름이다. 다시 말해 하나의 윤리학적 사고구조 전체가 이를 구축한 자의 계급적 반감을 토대로 형성될 수는 있지만, 이 윤리학의 체계 내에서 이러한 반감이 차지할 자리는 없으며, 이 윤리학에 대한 체

---

5 '사물의 본성' 개념의 역사에 관해서는 *Hermann Isay*, Rechtsnorm und Entscheidung, 1929, S. 78 이하 참고.

6 이에 관해서는 *Karl Mannheim*, Ideologie und Utopie, 1929; *ders.*, Wissenssoziologie, in: Handwörterbuch Soziologie, 1931, S. 659 이하 참고.

계적 정당화와는 전혀 관계가 없는 성립원인을 폭로한다고 해서 반박될 수 있는 것이 아니다. 이 점에서 이론에 대한 논의에 이 이론의 심리학적 성립원인을 끌어들일 수는 없다. 물론 이론적 사고가 너무나도 질긴 존재구속성을 갖고 있어서 더 이상 상호이해의 대상이 될 수 없다고 밝혀진 때는 논의를 중단하거나 더 이상의 논의가 무의미하다고 말하기 위해 이러한 심리학적 성립원인을 끌어들일 수는 있다.

누군가는 이처럼 가치평가의 이념적 내용에만 한정되고, 가치평가의 존재근거를 도외시하는 고찰방식이 아무런 실체도 없는 것, 즉 '공허한 이데올로기'를 대상으로 삼고 있으며, 현실적으로 작용할 힘을 갖고 있지 않다고 반론을 제기할지도 모른다. 그리하여 법철학은 그저 정치적 당파 투쟁이고, 따라서 경제적 이익을 둘러싼 투쟁을 정신의 차원으로 고양한 것일 뿐이며, 그 때문에 현실을 전혀 반영하지 못하는 무가치한 짓일 따름이라고 반박할지도 모른다. 하지만 법철학은 ― 우리가 나중에 마르크스주의의 역사관에 대한 분석에서 밝히게 되듯이 ― 정신화한(vergeistigt) 정치이고, 정치는 정신화한 계급 투쟁이다. 그렇다면 이러한 정신화는 동시에 정신의 고유한 법칙성을 자유롭게 발산시키고, 이로써 정신은 다시 권력(사실적인 힘)에 영향을 미친다(이 점에서 정신은 곧 권력을 정신화한다는 것을 뜻한다). 이념은 ― 마치 발퀴어 전사들이 발스타트 전쟁터에서 했던 것처럼 ― 그저 구름 속에서 이익들의 투쟁을 그대로 다시 반복하는 것이 아니라 호머의 신들처럼 전쟁터로 내려와 투쟁하며, 따라서 이념 자체가 곧 다른 권력들과 함께 싸우는 권력의 형상이다. 그러므로 법철학이 정신의 영역으로 옮겨 와 수행되는 정치적 당파 투쟁이라면, 정치적 당파 투쟁은 거대한 법철학적 논의를 뜻하기도 한다. 법철학은 모든 거대한 정치적 변화를 준비하거나 이를 동반했다. 법철학이 먼저 있었고, 그다음에 혁명이 발발했다.

2. 상대주의

당위명제는 오로지 다른 당위명제를 통해서만 정당화할 수 있고 증명할 수 있다. 바로 그 때문에 최종의 당위명제는 증명할 수 없고, 공리(Axiom)이며, 믿음의 대상이 될 수 있을 뿐, 인식의 대상이 될 수 없다. 따라서 최종의 당위명제를 둘러싸고 서로 대립하는 주장들, 즉 서로 대립하는 가치관과 세계관이 각자 자신이 옳다고 다투는 때는 학문적으로 명확하게 이 다툼에 관해 결정을 내릴 수 없다. 이미 앞에서 밝혔듯이, 학문적 가치 고찰은 무엇을 할 수 있고 무엇을 하고자 하는지를 가르쳐줄 수는 있지만, 무엇을 해야만 하는지를 가르쳐줄 수는 없다. 더 정확히 말하면, 학문은 당위의 영역에서 세 가지 것을 수행할 수 있다.

첫째, 학문은 당위로 설정된 목표를 실현하는 데 필요한 수단을 확인할 수 있다. 물론 우리는 법적 목표를 실현하기 위한 올바른 수단의 선택과 관련된 지침을 법철학이 아니라 법정책(Rechtspolitik)이라고 부른다. 하지만 법적 목표를 실현하기 위한 수단에 대한 고려는 법정책의 방식처럼 목표에 비추어 수단을 찾는 것과 같은 성격을 가질 수 있을 뿐만 아니라 거꾸로 수단에 비추어 목표를 되돌아보는 성격을 가질 수도 있다. 다시 말해 목표에 도달하는 데 꼭 필요한 수단과 수단을 이용했을 때 불가피하게 발생할 부수효과를 밝힘으로써 비로소 목표가 미칠 영향을 뚜렷하게 의식할 수도 있다. 이처럼 수단을 통해 실현되어야 할 법적 목표를 명확하게 설명할 목적에서 수단을 고려하는 것은 법철학의 과제이다.

둘째, 법철학의 과제는 법적 가치판단을 이를 실현하기 위한 가장 먼 수단에 이르기까지 철저히 생각하는 것일 뿐만 아니라 이와는 반대 방향으로 거슬러 올라가 가치판단의 최종적인 세계관적 전제조건까지 명확하게 밝히는 것이기도 하다. 즉 법철학은 — 칸트식으로 표현하자면 — 다음과 같은 물음을 제기한다. 지금 이 개별적인 법적 판단이 어떻게 가능한가? 즉 논리적 일관성을 갖고 이 가치판단을 내리기 위해서는 어떠한 전제조건을 인정해야 하는가? 고생물학자가 뼛조각을 보고 고생물의 전체 골격을 재구성하려고 시도하듯이, 법철학자는 개별적인 법적 평가로부터 이 평가의 전제가 되는 전체 가치체계를 펼쳐 보여야 한다. 고생물학자의 고려가 수단 때문에 이루어지지 않듯이, 법철학도 전제조건 때문이 아니라 이 전제조건에 따르는 법적 가치평가 때문에 이루어진다. 다시 말해 가치평가를 내리는 자가 자신이 특정한 법적 당위라는 목표를 인정함으로써 이 목표와 인과적 필연성의 관계를 맺고 있는 수단뿐만 아니라 이 목표와 논리적 필연성의 관계를 맺고 있는 더 일반적인 가치평가까지도 부정할 수 없다는 사실을 분명하게 의식하게 만든다. 다시 말해 가치평가를 내리는 자가 두 가지 방향에서 특정한 법적 당위의 목표가 미치는 영향의 범위를 분명하게 통찰할 수 있도록 해야 한다.

셋째, 바로 이 점으로부터 생각할 수 있는 최종적 전제조건 및 법적 평가의 모든 출발점을 체계적으로 전개하고, 법적 평가와 관련된 체계들의 유사성과 대립성을 낱낱이 서술하며, 있을 수 있는 세계관이라는 주제의 범위 내에서 있을 수 있는 법적 세계관이라는 주제를 기획하고, 비록 **단 하나의** 법철학 체계는 아니지만, 있을 수 있는 법철학 체계들에 관한 완벽한 체계를 형성할 가능성이 도출된다.

이러한 방법에 대해 이것이 순수한 경험적 절차이고, 따라서 철학적 절차가 아니라고 반론을 제기할 수는 없을 것이다. 왜냐하면 이 방법은 실제로 이루어지는 법철학적 가치평가라는 사실성에 머물러 있는 것이 아니라 오히려 이러한 가치평가의 의미를 탐구하고, 더욱이 가치평가에서 실제로 생각된 주관적 의미가 아니라 이러한 생각에서 염두에 두었던 객관적 의미를 탐구하기 때문이다. 가치평가를 하는 자가 평가를 할 때 생각했던 것은 단지 이 방법의 출발점일 뿐이고, 이 방법적 사고의 목표는 그가 이러한 출발점으로부터 인과적 및 논리적 일관성에 비추어 생각하지 않을 수 없었던 것을 밝히는 일이다. 따라서 이 방법의 과제는 법적 목표에 대한 사고를 기록하는 것이 아니라 이러한 사고를 해명하고, 이를 통해 가능하다면 사고를 수정하는 것이다. 이 방법은 평가 활동을 하는 개인에게 자신이 의욕한 것의 객관적 의미를 의식하게 만들어 그가 의욕한 것에 대한 더 심오한 정당화를 거쳐 이를 더욱더 강하게 고수하도록 만들거나 아니면 이와는 반대로 생각한 의미와 진정한 의미의 간격을 인식하게 함으로써 생각이 뒤흔들리게 만든다. 어떠한 경우든 이 방법은 인식을 통해 삶에 이바지한다.

물론 서로 대립하는 최종적 전제조건으로부터 체계적으로 발전되는 법적 견해들 가운데 어느 것을 선택할 것인지는 개인의 몫이고, 따라서 상대주의 법철학은 개인으로부터 이러한 선택권을 박탈하지 않는다. 즉 상대주의 법철학은 개인에게 그가 취할 수 있는 입장을 낱낱이 보여주는 데 국한될 뿐, 그의 입장 자체는 자신의 내면 깊숙이 자리 잡은 인격성으로부터 끄집어 올린 결단—이 점에서 결코 그의 자의가 아니라 양심에 따른 결단이다—에 맡긴다. 상대주의 법철학이 이와 같은 자기제한을 실천하는 이유는 최종적인 가치판단과 관련해서는 불가지론(Ignorabimus)을 표명해야 한다고 믿기 때문이다. 물론 불가지론을 당연한 것으로 여긴다고 할지라도, 상대주의 법철학은 언젠가 가능한 세계관들 사이에 어느 하나를 선택해야 한다는 것을 학문적으로 명확하게 밝힐 능력을 지닌 천재가 나타난다면, 그를 위해 세계관에 대한 체계적 전개를 통해 최소한 유용한 사전작업이나마 수행했다고 스스로 위로할 수 있으리라고 생각하면서 자신의 방법을 고수할 것이다.

지금 여기서 서술하고 있는 방법을 **상대주의**(Relativismus)[7]라고 부른다. 왜냐하면 이 방법은 모든 가치판단의 정당성을 오로지 특정한 최상의 가치판단과 관련해서만, 즉 특정한 가치관과 세계관의 범위 내에서만 확인할 뿐, 이러한 가치판단, 이러한 가치관과 세계관 자체의 정당성을 확인하는 것을 과제로 삼지는 않기 때문이다.[8] 그렇지만

---

7 또는 문제주의(Problematizismus)라고 부를 수도 있다. 이 표현은 *Wilhelm Windelband*, Einleitung in die Philosophie, 1914, S. 219에서 등장한다.

8 상대주의를 주장하는 가장 중요한 학자들로는 게오르그 엘리네크(*Georg Jellinek*, Allgemeine Staatslehre, 3. Aufl., 1921); 막스 베버(*Max Weber*, Gesammelte Aufsätze zur Wissenschaftslehre 1922; 베버에 관해서는 *Marianne Weber*, Max Weber. Ein Lebensbild, 1926, S. 328 이하도 참고); 한스 켈젠(*Hans Kelsen*, Allgemeine Staatslehre,

상대주의는 이론이성에 속하지, 실천이성에 속하지 않는다. 즉 상대
주의는 최종적 입장에 대한 학문적 정당화를 포기한다는 뜻이지, 결

1925, S. 38 이하, 369 이하)을 들 수 있다. 내가 이 근본적 의미를 지닌 입장을 취하게
된 것은 내가 본서를 헌정하고 있는 칸토로비츠와의 정신적 교류에 힘입은 것이
다. 상대주의에 관한 그의 다양한 서술들 가운데 특히 *Hermann Kantorowicz, Zur
Lehre vom richtigen Recht,* 1909를 참고. 여기서 표방하고 있는 상대주의에 반대하
는 대다수 이론에 관해서는 *Carl August Emge,* Über die Grundlagen der rechtsphilo-
sophischen Relativismus, 1916; *Leonard Nelson,* Die Rechtswissenschaft ohne Recht,
1917, S. 123 이하; *Max Salomon,* Grundlegung der Rechtsphilosophie, 2. Aufl. 1925, S.
53; *Leonhard Cohn,* Das objektiv Richtige, 1919, S. 96 이하; *Fritz Münch,* Die wissen-
schaftliche Rechtsphilosophie der Gegenwart in Deutschland(nach ihren allge-
mein-philosophischen Grundlagen), in: *Hoffmann/Engert*(Hrsg.), Beiträge zur
Philosophie des deutschen Idealismus, Bd. 1, 1919, S. 135 이하; *Max Ernst Mayer,*
Rechtsphilosophie, 1922, S. 21 이하, 67 이하; *Julius Binder,* Philosophie des Rechts,
1925, S. 112 이하; *Karl Larenz,* Rechts- und Staatsphilosophie der Gegenwart, 1931, S.
66 이하; *Ernst von Hippel,* Ueber Objektivität im öffentlichen Recht, in: Archiv des öf-
fentlichen Rechts, N. F. Bd. 12, 1927, S. 408 이하; *Heinrich Herrfahrdt,* Revolution und
Rechtswissenschaft, 1930, S. 24 이하; *Edmund Mezger,* Sein und Sollen im Recht,
1920, S. 4 이하; *Benno Silberschmidt,* Rechtssatz und Rechtsbegriff, in: Internationale
Zeitschrift für Theorie des Rechts, Bd. 5, 1930/31, S. 142 이하; *Alfred Manigk,*
Juristische Aufgaben der Rechtsphilosophie(Zugleich als Besprechung von Julius
Binder, Philosophie des Rechts, 1925), in: Juristische Wochenschrift, 1930, S. 236 이
하(상대주의는 "단지 일시적으로만 감수할 수 있을 뿐이다."); *Alexander Graf zu
Dohna,* Rudolf Stammler zum 70. Geburtstag, in: Kantstudien, Bd. 31, 1926, S. 8 이하
("상대주의의 궤도는 그 어느 곳에서도 비판적 법이론과 교차하지 않으며, 양자는
어쩌면 완전히 서로 다른 고찰방식으로서 별개의 이론으로 진행될 수 있을 따름이
다."); *Erwin Riezler,* Das Rechtsgefühl, 1921, S. 79("내 생각으로는 가치판단의 상대
성에 관한 견해에 대항해 투쟁하기 위해서는 이러한 견해에 대해 절대적 가치기준
을 증명해 보이고, 이로써 절대적인 법적 이상을 제시해야만 한다. 이와 같은 시도
는 비록 성공하진 못했지만 다양한 방식으로 이루어져 왔다."); *Max Rümelin,* Die
Gerechtigkeit, 1920. S. 56, 각주 2("이러한 상대주의의 출발점은 결코 반박할 수 없
을 것이다."); *Rudolf Stammler,* Rechtsphilosophie, in: *ders.*(Hrsg.), Das gesamte
deutsche Recht in systematischer Darstellung, 1931, S. 19 이하("상대주의는 기본적
으로 유약하고 고통스러운 철학이다.") 참고. 이 문제를 뚜렷하게 해명하고 있는
문헌으로는 *Eduard Spranger,* Der Sinn der Voraussetzungslosigkeit in den
Geisteswissenschaften, 1929 참고.

코 입장 자체를 포기한다는 뜻이 아니다.[9] 이 점에서 우리의 상대주의
는 이론이성은 물론이고 실천이성마저도 숨을 죽이는 빌라도 총독의
태도("도대체 무엇이 진리란 말인가?")와 닮은 것이 아니라 이론이성의
침묵이 곧 실천이성에 대한 가장 강렬한 호소가 되는, 레싱Gottfried
Lessing의 나탄Nathan과 닮아 있다. "너희들 각자가 그 반지에 있는 돌의
힘이 드러나도록 힘써 노력할 일이다(레싱의 「현자 나탄 Nathan der Weise」
에 나온 일화는 다음과 같다. 아들 셋을 가진 어떤 아버지가 끼고 있으면 세상
에서 가장 행복한 자가 될 수 있는 반지 하나를 갖고 있었는데 아들 셋 가운데
어느 한 아들에게만 물려줄 수가 없어 모조품을 두 개 만들어 세 아들 모두에게
반지를 상속하고 죽었다. 세 아들은 서로 자신의 반지가 진짜라고 다투다 결국
촌장을 찾아가 재판을 받게 되었다. 현명한 촌장은 세 아들이 가진 반지 모두
틀림없이 가짜라고 말하면서, 세 아들 가운데 누구도 지금 행복한 자가 없지 않
느냐고 반문한다. 그러면서 그럴 바에는 차라리 각자 자신의 반지가 진짜라고
생각하며 행복해지기 위해 노력하는 것이 좋지 않겠느냐고 권유한다 ― 옮긴
이)." 왜냐하면 상대주의는 다수의 세계관을 함께 정당화할 수 있기
때문이다. 상대주의는 모든 최종적인 평가적 입장의 타당성을 똑같이
의심하는 탓에 자기의 입장을 분명히 밝히지 않은 채 그저 이러한 입
장들을 서술할 수도 있고 ― 이는 빌라도의 회의주의이다 ― 아니면
이 입장들 가운데 어느 하나의 타당성을 확고하게 믿고 있지만, 이를
증명할 수는 없는 탓에 그저 이러한 입장들을 서술하기만 할 수도 있

---

9 이에 관한 최상의 증거는 막스 베버가 갖고 있는 위대한 윤리적 인격성이다. 물론
베버는 자신의 입장을 상대주의로 해석하는 것은 엄청난 오해라면서 이를 거부한
다(*Marianne Weber*, Max Weber, S. 339). 하지만 이때 베버가 염두에 두고 있는 상
대주의는 가치에 대한 인식 가능성뿐만 아니라 가치에 대한 믿음까지도 부정하는
상대주의이다.

다 — 이는 나탄의 불가지주의(Agnostizismus)이다 — .[10] 하지만 상대
주의에 관한 세 번째 견해도 가능한데, 이 견해는 나탄의 견해와 비슷
하게 상대주의를 활동주의와 결합한다. 상대주의는 다음과 같은 이유
때문에도 서로 다투는 가치평가들 사이에서 자기 나름의 입장을 포기
할 수 있다. 즉 상대주의는 모든 가치평가, 다시 말해 이를 주장하는
사람에게는 절대적 의무의 성격을 갖는 각각의 가치평가를 모두 똑같
이 타당하다고 여기며, 우리의 의식에게는 불가능한 것이 더 고차원
적인 의식에 부합하고 어쩌면 이 고차원적인 의식을 요구할지도 모른
다는 믿음을 갖고 있다. 이는 곧 상대주의가 대립주의(Antinomis-
mus)라는 뜻이다. 발터 라테나우Walter Rathenau는 이 대립주의를 매우
아름다운 필체로 명확하게 묘사한다. "우리는 작곡가가 아니라 연주
자이다. 우리 누구나 각자의 악기를 능력껏 연주할 수 있다. 모든 현이
제대로 울리기만 한다면 변주도 얼마든지 허용된다. 모든 악기가 똑
같이 필요하다. 어느 한 연주자가 조화를 만들어내는 것이 아니다. 조
화는 무언가 다른 것이 만들어낸다." 상대주의는 또한 괴테라는 위대
한 이름까지도 증인으로 삼을 수 있다. 1811년에 괴테는 '철학적 체
계의 비교사'에 관한 책을 읽고 라인하르트Karl Friedrich Reinhard에게 보
낸 편지에 다음과 같이 쓰고 있다. "이 책을 읽으면서 나는 저자가 매
우 분명하게 강조하고 있는 사실을 다시 한번 이해하게 되었다네. 생
각하는 방식이 서로 다른 것은 사람이 다르기 때문이고, 그 때문에 모

---

10 이처럼 '완화된' 상대주의에 관해서는 *Kaspar Anraths, Das Wesen der sogenannten
freien wissenschaftlichen Berufe*, 1930, S. 200 이하(안라츠는 여기서 변호사의 직업
활동과 관련해 매우 소중한 결론을 제시하고 있다. 이에 관해서는 또한 *Radbruch,
Eine Relativitätstheorie des Anwaltsberufs, in: Die Justiz*, Bd. 7, 1931/1932, S. 52 이하
도 참고).

든 사람이 똑같은 내용의 확신을 가진다는 건 불가능한 일이라는 사실 말일세. 자신이 어느 편에 서 있는지를 알고 있는 것만으로도 이미 큰일을 한 셈이지. 자기 자신에 대해서는 편안한 마음을 갖게 되고, 타인에게는 온당하게 행동할 터이니까." 괴테의 상대주의가 빌라도의 회의주의가 아니라 나탄의 불가지주의에 가깝다는 것은 「Zahme Xenien」의 아름다운 구절 하나가 보여주고 있다.

주여, 제가 당신의 길을 알기만 한다면
그 길을 기꺼이 가겠나이다.
허나 그 길이 저를 진리의 집으로 이끈다면
주여, 저는 다시는 그 집에서 나오지 않으렵니다.

수많은 모순이 시끄럽게 난무하는 곳에서
거니는 것이 내겐 가장 좋다. 착각할 권리는 누가 누구에게
부여하는 것 — 그건 정말 우스운 일이다 — 이 아니지 않은가?

괴테

§ 3. 법철학의 경향들

이제부터는 방법이원주의와 상대주의에 기초한 법철학이 지난 19
세기의 법철학적 발전의 결과라는 것을 밝히도록 하겠다. 그 때문에
법철학적 경향들은 여기서 내용적 입장이 아니라 오로지 방법론적 특
성에 비추어서만 설명해야 한다.

1. 자연법

법철학은 이 분과가 시작될 때부터 19세기 초반까지 모두 **자연법론**
이었다. 물론 자연법이라는 명칭은 극도로 다양한 종류의 현상들을
포괄한다. 고대의 자연법은 자연과 규범 사이의 대립을, 중세의 자연
법은 신법과 인간의 법 사이의 대립을, 근대의 자연법은 법적 강제와
개인의 이성 사이의 대립을 중심으로 전개되었다. 자연법은 때로는
제정법을 더 강화하는 데 이용되는가 하면, 때로는 이와는 정반대로
제정법에 대한 투쟁에 이용되기도 했다. 하지만 이 모든 형태의 자연

법에서는—각 시대에 따라 강조점을 어디에 두는지는 달랐지만—
네 가지 본질적 특성을 확인할 수 있다. 1) 자연법은 내용이 확정된
법적 가치판단을 제공한다. 2) 이 가치판단은 그 연원—자연, 계시,
이성—과 마찬가지로 보편타당하고 불변적인 것이다. 3) 이 가치판
단은 인식을 통해 밝힐 수 있다. 4) 이 가치판단은 일단 인식되고 나면
이에 모순되는 제정법에 우선한다. 즉 자연법은 실정법을 파괴한다.

　보편타당하고 불변적인 내용으로 확정된 법명제(Rechtssatz)를 도
출할 수 있다는 자연법의 주장은 다양한 시대 다양한 민족마다 극히
다양한 법적 견해가 존재했다는 통상적인 지적만으로 이미 순전히 경
험적으로 반박된다고 생각해서는 안 된다. 자연법론자들은 있는 것으
로부터 마땅히 있어야 할 것을 도출하는 이러한 추론, 즉 '마치 (이념
에) 모순되는 것처럼 보이는 경험을 원용하는 천박한 사고(칸트)'를
당연히 거부할 것이며, 법적 견해의 다양성을 그저 단 하나의 자연법
적 진리에 반하는 착오의 다양성으로 여길 것이다. 착오는 여러 가지
가 있지만, 진리는 하나이다(error multiplex, veritas una). 이 점에서
법사학이나 비교법이 아니라 인식론이, 역사학파가 아니라 비판철학
이, 사비니가 아니라 칸트가 자연법을 파괴하는 결정적인 한 방을 날
렸다. 즉 칸트의 순수이성비판은 이성이 완결된 이론 인식이 아니고
또한 사실에 대한 적용과는 무관한 윤리적 및 미적 규범인 것이 아니
라 단지 그러한 인식과 규범에 도달하기 위한 능력일 뿐이라는 것을
밝혀주었다. 다시 말해 이성은 대답의 총체가 아니라 물음의 총체, 즉
존재사실에 다가서는 데 사용되는 관점들의 총체, 주어져 있는 소재
를 수용함으로써 비로소 특정한 내용의 판단과 평가를 제공해줄 수

있는 형식의 총체, 주어져 있는 질료에 적용함으로써 비로소 특정한 내용의 판단과 평가를 제공해줄 수 있는 범주의 총체이다. 이처럼 내용이 확정된 인식 또는 평가는 결코 '순수' 이성의 산물이 아니라 오로지 이성을 특정한 존재사실에 적용한 것일 따름이고, 그 때문에 결코 보편적으로 타당한 것이 아니라 언제나 이 존재사실에 대해서만 타당할 뿐이다. 이에 따라 '자연적인', 다시 말해 정당한 법이 무엇인가라는 **물음**에 대해서는 보편타당성을 인정할 수 있지만, 이 물음에 대한 모든 대답은 오로지 주어져 있는 사회상태, 즉 특정한 시대 특정한 국민에게만 타당성을 가질 뿐이다. 그러므로 정당하고 정의로운 법이라는 개념범주만이 보편타당성을 가질 뿐, 이 범주의 적용은 보편타당할 수 없다. 그런데도 오로지 범주적 형식의 통일성이라는 특징을 갖고 있을 뿐인 '정당한 법'에 대해 계속해서 '자연법'이라는 명칭을 고수하고자 한다면, 이러한 자연법은 과거의 스타일과 같은 불변의 자연법과는 대비되는 '가변적인 내용을 가진 자연법(슈타믈러)' 또는 ― 흔히 말하는 ― '문화법(Kulturrecht)'이라는 점을 분명하게 의식해야 한다.

상대주의의 견해와는 반대로 정당한 법 ― 과거의 스타일의 자연법이든 또는 가변적인 내용의 자연법이든 관계없이 ― 을 명확하게 인식할 수만 있다면, 이 정당한 법에서 벗어난 제정법은 마치 만천하에 드러난 진리 앞에서 폭로된 착오와 같이 정당한 법 앞에서 창백하게 퇴색하고 만다는 결론을 피할 수 없을 것이다. 수많은 노력에도 불구하고, (정당한 법에 대한 인식을 토대로) 의심의 여지 없이 부정의로 인식된 제정법도 계속 효력을 갖게 되는 현상을 정당화하는 것은 생각할 수 없다. 나중에 밝히겠지만 제정법의 효력은 오로지 정당한 법의 인식 불가능성에 기초할 수 있을 뿐이다. 이에 반해 명확하게 인식할 수 있는 자연법을 일관되게 주장하는 사람은 법의 세계의 이차원성을 부정해야 하고, '실질적' 자연법과 '형식적' 자연법(라스크의 구별), 즉 법의 정당성과 법의 효력을 동일시해야 한다. 그 때문에 일관된 자연법론자는 실정법이 자연법과는 별개로 나름의 독자적인 존재근거를 갖고 있다는 것을 결코 인정할 수 없으며, 결국에는 정당한 법이 제정법을, 법가치가 법현실을, 법철학이 법학을 집어삼키는 결론에 도달하게 된다.

2. 역사학파

자연법론과는 정반대 쪽에는 **역사법학**(Historische Rechtsschule)이 자리 잡고 있다. 즉 역사법학에서는 제정법이 정당한 법을, 법현실이 법가치를, 법학이 법철학을 집어삼키고 있다. 이는 최소한 역사법학의 프로그램에 대한 첫인상에 해당한다. 왜냐하면 이 학파는 자연법적인 법적 평가와 함께 여하한 형태의 법적 평가와 여하한 형태의 법철학도 모두 거부하며, 법학이 역사적 법현실에 대한 순수한 경험적 탐구만을 대상으로 삼아야 한다는 실증주의적 자기제한을 기치로 내세우고 있는 것처럼 보이기 때문이다. 실제로 역사법학은 훗날 이런 식으로 이해되면서 영향을 미쳤다. 그러나 도저히 억제할 수 없는 철학적 욕구는 역사법학이 명백히 추방했던 가치 고찰이 언제든지 은밀하게 다시 발을 들일 수 있도록 만들었다. 즉 역사법학을 유심히 고찰해보면 이 학파가 법에 대한 평가를 완전히 거부하는 것이 아니라 단지 개개의 역사적 법현상을 (자연법론과는) **다르게** 평가할 뿐이라는 사실이 드러난다. 다시 말해 역사법학은 역사 속에서 등장한 모든 개별적 법현상을 똑같이 높이 평가한다. 왜냐하면 역사법학에서는 역사와 민족정신을 통해 현상으로 드러난 것은 바로 그러한 사실만으로 이미 정당한 것으로 여겨지기 때문이다. 존재하는 모든 것, 존재했던 모든 것 그리고 존재하게 될 모든 것에 대한 경외감, 모든 현실에 대한 엄숙한 경건함은 역사법학의 근본적 속성이고, 그 때문에 역사법학을 경건주의(Quietismus)일 뿐만 아니라 엄숙주의(Pietismus) 또는 '엄숙주의적 경향'으로 규정(티보Thibaut)하는 것은 결코 부당한 처사가 아니다. 그러므로 역사법학의 배경을 아마도 법의 가치철학까지는 아닐지라도, 법의 종교철학이라고 지칭해도 무방할 것이다. 물론 역사법학이 개별 법현상에 대한 (역사법학 나름의) 평가를 계속 피할 수는 없었다. 역사법학이 모든 실정법을 똑같이 정당하다고 선언할 수밖에 없다면 — 왜냐하면 자연법의 시대에 입법을 통해 만든 산물을 포함해 그 어떤 실정법도 각각의 역사적 및 민족적 전제조건에 따른 필연적 결과라고 생각하지 않을 수 없기 때문에 —, 이러한 반자연법 투쟁은 역사법학이 자연법, 계몽, 혁명, 입법자의 자의에 대해 매우 단호하게 부정적 가치판단을 내리지 않을 수 없게 만들고, 따라서 '조용하게 작용하는 내면의 힘', 즉 '민족정신(Volksgeist)'을 통한 유기체적 법형성을 명백히 긍정적으로 평가하는 결론에 도달하게 만든다. "법과 국가에 관한 유기체적 견해를 철저히 신봉하는 자는 폭풍과 지진도 동식물의 조용한 성장과 똑같이 자연적 과정에 속한다는 것을 너무 쉽게 그리고 너무나도 기꺼이 망각한다."[1] 이로써 역사법학은 은연중에 가치맹목적 법실증주의와 법에 대한 가치초월적 종교철학에서 벗어나 낭만주의적 색채를 띠는 법철학 또는 보수적 경향의 법정책으로 변화한다.[2] 보수주의 이론가인 프리드리히 율리우스 슈타알Friedrich Julius Stahl은 심지어 역사적 경향의 핵심을 법이 어떻게 성립하는가라는 "사실적인 것에 대한 견해가 아니라 법이 어떻게 성립해야 하고, 어떠한 내용을 가져야 하는가의 윤리적인 것에 대한 견해"로 여길 정도이고, 이에 따라 자신의 학설을 '역사적 관점에 비추어 바라본 법의 철학'이라고 지칭할 정도이다.[3]

실제로 아무런 도약도 없는 역사적 과정의 점차적 진행은 역사적 인식을 위한 선험적 필연성이다. 즉 역사적 현상은 이 현상이 역사적 과정의 중단이 아니라 지속이라는 것이 밝혀질 때만 비로소 역사적인 것으로 인식된다. 설령 하나의 역사적 행위가 행위하는 자의 의식 속에서는 고집스러울 정도로 지금까지 흘러 내려온 모든 것을 찢어 발겨버리는 행위가 될지라도, 이 행위는 이미 행해진 행위로서 역사학의 필연적 사고형식, 즉 단절이 없는 점차적 진행이라는 개념범주에 포섭되지 않을 수 없다. 다시 말해 극도의 확신으로 가득 찬 의지일지라도 사후적인 역사적 고찰에서는 이미 오래전에 숙성된 상태로부터 반드시 형성될 수밖에 없었던 필연으로 드러난다. 이는 마치 중력을

---

1 *Anton Menger*, Das bürgerliche Recht und die besitzlosen Volksklassen, 4. Aufl. 1908, S. 13.
2 이에 관해서는 *Erich Rothacker*, Einleitung in die Geisteswissenschaften, 2. Aufl. 1930, S. 60 이하; *Franz Zwilgmeyer*, Die Rechtslehre Savignys, 1929, S. 32 이하 참고.
3 역사법학이 갖는 이러한 성격을 가장 뚜렷하게 보여주는 최근 저작은 *Johann Jakob Bachofen*, Selbstbiographie und Antrittsrede, 1927(영인본)이다.

벗어나 능숙하게 조종 실력을 과시하는 조종사의 승리가 아무리 찬란한 승리일지라도 여전히 중력법칙이 지배하는 이 세계로부터 도저히 벗어날 수 없고, 그래서도 이 세계에 포함된 것이라는 것과 같은 이치이다. 하지만 역사적 고찰방식은 행해진 행위에 대한 사후적 고찰만을 주장할 따름이다. 만일 이 사후적 고찰을 하나의 규범으로 삼아 행동하는 인간에게 적용하게 되면, 정치적으로 무언가를 새롭게 만드는 것 역시 역사에 구속되어야 한다는 주장은 결과적으로 역사 자체를 정지상태에 빠트릴 것이다. 그 때문에 모든 역사법학의 착오는 역사적 인식이라는 범주를 정치적 행동의 규범으로 격상시키는 데 기인한다.

3. 헤겔

모든 동일성철학(Identitätsphilosophie)의 표어처럼 보이는 유명한 구절 "이성적인 것이 곧 현실적이고, 현실적인 것이 곧 이성적이다"를 앞세우는 **헤겔의 법철학**은 얼핏 보면 오로지 현실만을 알고자 할 뿐인 역사학파의 방법일원주의에 아주 가까운 것처럼 여겨진다. 실제로 헤겔은 자연법을 거부한다는 점에서 역사학파와 공통점을 갖고 있다. 즉 헤겔은 자연법론처럼 개인의 법적 이성을 법현실에 대립시키지 않으며, 오히려 역사적 법현실 속에서 이성법을 찾는다. "이성적인 것은 곧 현실적이다."[4] 그러나 자연법에 반대한다는 공통점에도 불구

---

[4] 이런 의미에서 *Ferdinand Lassalle*, Das System der erworbenen Rechte, Bd. 1, 1861, S. 70에서는 "자연법은 그 자체 역사적 법이다"라고 말한다.

하고 역사학파에 대한 근원적 대립을 결코 간과할 수 없다. 즉 역사학파에서는 현실과 가치의 동일시가 역사 전체를 지배하고, 온전히 파악할 수 없는 신의 의지에 대한 믿음에 기초한다면, 헤겔에게 이러한 동일시는 역사적 과정에서 실현되는, 이성의 자기발현에 대한 변증법적인 사후적 구성에 기초한다. "현실적인 것은 곧 **이성적**이다." 이성은 민족정신에 대립하고, 합리주의는 비합리주의와 낭만주의에 대립한다. 이러한 실질적 대립은 헤겔주의와 역사법학 사이에서 펼쳐진 첨예한 개인적 논쟁에서도 표현되어 있다. 즉 헤겔은 사비니가 법전편찬에 반대하는 것에 대해 한 민족 또는 한 계층(즉 법률가 계층)에 줄 수 있는 가장 엄청난 모욕 가운데 하나라고 말하는가 하면, 상대방은 거꾸로 헤겔의 이론을 '적대감을 드러내는 힘(슈타알)' 또는 '파렴치한 철학(푸흐타Puchta)'으로 지칭한다. 헤겔주의에 내재하는 철저하고 완벽한 발전 가능성은 이미 이 논쟁에서도 뚜렷하게 감지되고 있다.[5]

4. 물질주의적(유물론적) 역사관

이러한 발전 가능성은 카알 마르크스와 프리드리히 엥겔스Friedrich Engels에 의해 이루어진 **'물질주의적 역사관'**에서 가장 강력하게 영향을

---

[5] 헤겔의 정신적 영향 아래 출간된 가장 마지막 법철학 체계는 *Adolf Lasson*, System der Rechtsphilosophie, 1882이다. 이에 반해 콜러(*Josef Kohler*, Lehrbuch der Rechtsphilosophie, 3. Aufl. 1923)와 베롤츠하이머(*Fritz Berolzheimer*, System der Rechts- und Wirtschaftsphilosophie, 5. Bde., 1904~1907)로 대표되는 이른바 신헤겔주의 법철학은 헤겔의 철학과는 거리가 멀다. 변증법 없는 헤겔주의는 결코 헤겔주의가 아니기 때문이다.

미쳤다.[6] 헤겔은 존재와 당위를 하나로 만들었지만, 그가 현실을 이성의 자기발현으로 파악하는 경우 존재와 당위의 통일성에서 당위는 규정하는 쪽이고, 존재는 규정되는 쪽으로 파악했다. 이에 반해 사적 물질주의(사적 유물론 materialistische Geschichtsauffassung)는 존재와 당위의 통일성을 견지하면서도 당위 또는 — 마르크스가 말하는 — 의식은 존재를 통해 규정된다고 보았다. "이로써 헤겔의 변증법은 거꾸로 서게 되었거나, 어쩌면 머리를 바닥에 닿게 했던 그의 변증법이 이제 제대로 두 발로 서 있게 만들었다(엥겔스)." 경제 중심의 역사관은 두 가지 점을 알려주었다. 즉 이 역사관은 한편으로는 이데올로기 이론이고, 다른 한편으로는 필연성 이론이다. 첫째, 이 역사관은 다음과 같은 가설을 제기한다. 즉 "사회의 그때그때의 경제적 구조가 모든 역사적 시대의 법적 및 정치적 장치와 종교적, 철학적 및 여타의 사고방식이라는 전체 상부구조를 궁극적으로 설명해줄 수 있는 실제적 토대를 구성한다." 둘째, 경제 중심의 역사관은 경제적 발전이 자연법칙적 필연성을 갖고 사회주의적 경제질서와 법질서를 야기할 것이라는 예측을 담고 있으며, 따라서 단순히 목적론적 정당화가 아니라 이러한 역사적-인과적 정당화를 통해, 다시 말해 단순한 희망 사항이 아니라 오히려 미래의 필연성에 기초한 정당화를 통해 사회주의가 '유토피아로부터 과학으로' 전환할 것이라고 본다. 첫 번째 명제에 따르면 법철학은 독자성을 갖지 않은 채 사회철학에 포함되는 부분으로 여겨지는

---

6 역사적 물질주의에 관한 수없이 많은 문헌보다 더 중요한 것은 역사적 물질주의를 사회적 경험에 적용하고 여기에 비추어 검토해보는 일이다. 이러한 시도를 하는 문헌 가운데 법과 관련된 것으로는 *Karl Renner*, Die Rechtsinstitute des Privatrechts und ihre soziale Funktion, 1929; *Eugen Paschukanis*, Allgemeine Rechtslehre und Marxismus, 1927 참고.

것 같고, 두 번째 명제는 다시 사회과학을 경험적 사회과학으로 만들고 있다고 보인다.

그러나 이 두 가지 명제는 내용을 제한할 필요가 있다. 첫째, 역사적 물질주의와 관련된 훗날의 이론적 발전 또는 해명에서는 이데올로기(법이라는 영역도 여기에 포함된다)가 갖는 고유한 법칙성이 다시 회복되었다. 마르크스는 관념적인 것을 '인간의 머릿속에서 **전환**되고 **변환**된 물질적인 것'이라고 부르기는 했지만, 인간의 머릿속에서 물질적인 것이 취하고 있는 형식을 정확히 밝히지는 않았다. 그리고 엥겔스는 나중에 자신과 마르크스가 "내용적인 측면에 집중한 나머지 형식적인 측면을 소홀히 했다"라고 말한다.[7]

한 가지 예를 들어 물질적인 것이 관념적인 것으로 '전환 및 변환'될 때 물질적인 것에서 수행되는 형식의 변화를 분명하게 보여줄 수 있다. 부르주아의 자유에 대한 요구와 이 요구의 충족은 사회적으로 부상하는 부르주아들의 이익과 힘에 기인한 것이었다. 하지만 그들이 염두에 두었던 자유는 그들만의 자유가 아니라 모든 사람을 위한 자유였다. 왜냐하면 그들은 이 자유를 그들의 **권리**로 요구했기 때문이다. 권리는 본질적으로 정의를 요구하고, 정의는 다시 법률의 일반성, 즉 법률 앞의 평등을 요구한다. 하나의 요구를 권리라는 형식으로 제기한다는 것은 자기 자신을 위해 요구하는 것을 다른 사람에게도 인정한다는 뜻이다. 부르주아는 **정당한 것이라는 형식으로** 자유를 요구했기 때문에 이 자유는 모든 사람을 위한 자유가 되었고, 바로 그 때문

---

7 엥겔스가 카알 메링Karl Mehring에게 보낸 1893년 7월 14일자 편지[*Friedrich Engels*, Briefe, Januar 1893 - Juli 1895, in: *Karl Marx, Friedrich Engels*, Werke, Bd. 39, 1968, S. 98].

에 이 자유는 투쟁하는 프롤레타리아를 위한 결사의 자유로도 작용할
수 있었으며, 이로써 원래는 부르주아의 이익으로부터 기인했던 자유
가 바로 이 부르주아에 대항하는 투쟁수단이 되었다.

이 예는 두 가지 점을 밝혀준다. 첫째, 경제적 이익과 힘을 법(또는
권리)이라는 문화형식으로 '전환하고 변환'한다는 것은 경제적 이익
의 지배에서 갈수록 벗어나 **고유한 법칙성**(Eigengesetzlichkeit)을 갖
는 방향으로 해방된다는 것을 뜻한다. 둘째, 이처럼 고유한 법칙에 따
라 발현되는 법은 거꾸로 자신의 연원이었던 경제적 권력관계를 변경
하는 방향으로 역작용을 할 수 있게 된다. 다시 말해 경제적 토대와 법
이데올로기적 상부구조 사이에는 **상호작용** 관계가 성립한다.[8]

이처럼 사회과학 내에서 법철학이 차지하는 독자성이 회복된다면,
다른 한편으로는 사회철학과 사회과학의 동일시, 존재와 당위의 동일
시, 불가피한 발전경향과 추구할 가치가 있는 목표의 동일시는 비판
을 받아야 마땅하다. '공산주의 선언(Kommunistischer Manifest)'이
갖는 극단적으로 선동적인 격렬함은 의심의 여지 없이 이 선언의 저
자들이 그들 이전의 유토피아적 초기 사회주의자들처럼 사회주의를
소원과 희망, 의도는 좋지만 무기력한 인간성, 형이상학적 이데올로
기라는 불안정한 토대에 기초하게 만든 것이 아니라 지성의 승리에
대한 강한 확신과 함께 사회주의를 증명할 수 있고 반박 불가능한 논
리라는 확고한 토대 위에 올려놓았다는 사정에 기인한다. 즉 이들에

---

8 이에 관해서는 엥겔스가 1890년 10월 27일에 콘라드 슈미트Conrad Schmidt에게 보낸
편지에서 바로 법을 예로 들어 서술하고 있는 내용을 참고. 또한 *Radbruch,*
Klassenrecht und Rechtsidee, in: Zeitschrift für soziales Rechts 1, 1929, S. 75 이하도
참고.

게 사회주의는 모든 저항을 단념하게 만들고 모든 희망의 날개에 바람을 불어넣는, 그칠 줄 모르는 숙명을 뜻했다. 하지만 미래에 사회주의가 필연적으로 도래할 것이라고 주장하는 이론이 사회주의적 확신을 더욱 공고하게 만들 수는 있지만, 이 확신을 정당화할 수 없다는 것역시 의심의 여지가 없다. 사회주의자가 사회주의를 긍정하는 이유는사회주의의 도래가 필연적이라는 것을 알고 있기 때문이 아니라 현재의 사회적 상태를 불법, 즉 '착취'와 '억압'으로 여기고, 이에 반해 사회주의적 사회질서는 정의의 요청이라고 생각하기 때문이다. 따라서사회주의는 사실상 예측일 뿐만 아니라 슬로건이기도 하고, 예언일뿐만 아니라 프로그램이기도 하며, 그 때문에 결코 숙명론이 아니라그 자체 정치이다. 사회주의가 더 이상 '기다림'이라는 저주받은 운명이 아니라 적극적으로 행동해야 할 소명이 된 이후 이와 같은 행동주의(Aktivismus)적 통찰은 사회주의 이론에 더욱 강하게 침투하게 되었다. 그리하여 경험주의적 – 인과적인 물질주의적 역사관은 의식적이든 무의식적이든 사회주의에 대한 목적론적 사회철학과 법철학을통해 보충을 받는 길을 탐색한다.[9]

5. 일반법학

이처럼 역사법학, 헤겔주의, 물질주의에서는 — 이들을 소멸시키려고 위협하는 실증주의에 의해 철학의 불꽃이 꺼져 가듯이 — 언제

---

[9] 이러한 방향의 사고를 보여주는 가장 뚜렷한 예는 *Hendrik de Man*, Psychologie des Sozialismus, 1926이다. 이에 관해서는 *Radbruch*, Überwindung des Marxismus?, in: Gesellschaft 1926, II, S. 368 이하 참고.

나 가치고찰이 존재고찰을 통해 소멸할 위험에 봉착한다. 실제로 가치고찰은 소멸했다. 우리는 법학적 실증주의의 시대에 들어섰다. 이제 더 이상 법현실에서 법가치를 찾으려고 하지 않으며, 법가치에 관련된 모든 고찰을 비학문적이라고 선언하며, 법학을 의도적으로 법에 관한 경험적 탐구에만 한정한다. 법철학의 자리는 이제 실증주의 법학이 건설한 건물의 꼭대기 층에 자리 잡은 **일반법학**(Allgemeine Rechtslehre)이 차지하고 있다. 일반법학은 다수의 법적 학문분과에 공통되는 가장 일반적인 법적 개념들을 탐구하고, 한 국가의 법질서를 뛰어넘어 다른 법질서에 있는 유사한 법적 개념과 비교 서술하며, 때로는 법의 영역 자체를 뛰어넘어 다른 문화영역과의 관계를 연구하는 과제를 담당한다.[10]

순수한 경험주의를 표방하는 이 일반법학은 도저히 제거할 수 없는 철학적 충동이 이 법학 내부에서 자신의 의지와는 거의 상관없이 바깥으로 표출되는 상황이 전개되지 않는다면, — 적어도 법철학의 여러 경향을 설명하는 우리의 맥락에서는 — 기껏해야 법철학의 안락사(Euthanasie der Rechtsphilosophie)로 언급될 수 있을 뿐이다. 즉 일반법학이 발전시킨 법적 개념들은 대부분 단순히 모든 주어져 있는 법질서로부터 귀납을 통해 증명된 개념들이 아니라 오히려 생각할 수 있는 모든 법질서에서 선험적으로 타당하다고 인식될 수 있는 개념들이다. 나중에 자세히 밝히겠지만, 예컨대 권리주체와 권리객체, 법적 관계와 위법성 그리고 법(권리)이라는 개념 자체는 개별 법질서 또는

---

10 일반법학의 프로그램을 기획한 것은 *Karl Bergbohm*, Jurisprudenz und Rechts-philosophie, 1892이다. 일반법학의 대표자는 에른스트 루돌프 비얼링Ernst Rudolf Bierling, 아돌프 메르켈Adolf Merkel, 카알 빈딩Karl Binding이다.

모든 법질서가 우연히 보유하게 된 개념이 아니라 법질서를 법질서로 파악하기 위해 꼭 필요한 전제조건이다. 이러한 개념들은 경험적인 일반법학에 속하는 것이 아니라 그 자체 이미 실정법에 대한 철학에 속한다. 물론 실정법의 철학이지, 어떤 비실정법에 대한 철학에 속한다는 뜻은 아니다. 그러므로 실정법에 대한 비판적 분석으로부터 획득된 이 개념들은 결코 실정법의 궤도에서 벗어날 수 없으며, 따라서 실정법에 대한 평가에 도달할 수도 없다. 물론 이 개념들도 가치고찰에 속하기는 하지만, 이러한 가치고찰의 대상은 법 자체가 아니라 법에 대한 인식이다. 다시 말해 언제 법이 정당한가가 아니라 어떻게 법이 올바르게 인식될 수 있는가라는 물음에 대해 이 개념을 통해 대답하게 된다. 그 때문에 이 개념들은 법학적 인식론, 즉 이론철학에 해당하지, 실천철학의 한 부분인 법철학에 속하지 않는다.

6. 예링

루돌프 폰 예링 Rudolf von Jhering을 빼고는 일반법학을 생각할 수 없다. 그러나 예링은 이미 너무나도 단호하게 실증주의를 뛰어넘은 나머지 그를 계속 실증주의의 범위 내에서 평가할 수 없을 정도이다. 그의 가슴 속에는 지금까지 우리가 논의한 모든 사고의 모티브들이 함께 들어 있고 서로 다툼을 벌였으며, 이 다툼으로부터 우리가 체험하게 된 법철학의 재탄생과 법학적 방법의 수정이 이루어지게 되었다.

예링은 역사법학의 프로그램을 수행했고 동시에 이를 극복했다. 즉 역사법학이 강령적으로 주장했던, 법과 민족정신의 연관성을 결코 구체적으로 서술하려고 시도하지는 않았지만, 「로마법의 정신」에서 이 연관성을 천재적으로 해명함으로써 역사법학의 프로그램을 수행했다. 하지만 예링은 역사법학을 극복했다. 즉 예링은 막연하기 그지없는 (역사적) 충동 대신 뚜렷한 목표를 가진 의지를 법발전의 담당자로 파악한다. "목적은 모든 법의 창조자이다" 그리고 "투쟁을 통해 너는 너의 권리를 찾아야 한다"는 그의 두 저작 「법에서의 목적」과 「권리를 위한 투쟁」의 핵심 모티브이다. 예링은 역사법학의 비합리주의에 다시 한번 합리주의를 대비시킨다. 하지만 그는 헤겔과는 달리 역사법학이 자랑하는 가장 고유한 영역에서 '개념의 논리적 변증법'이 아니라 '목적의 필연적 변증법', 즉 철학적 학설로서의 합리주의가 아니라 역사적이고 사회학적인 학설로서의 합리주의를 대비시킨다. 왜냐하면 예링도—적어도 그의 서술방식에 따르면—경험주의를 완전히 극복하지는 못했기 때문이다. 그가 법의 '창조자'라고 선언한 목적은 결코 초경험적 목적이념이 아니라는 점이 분명하게 드러나 있다. 초경험적 목적이념은 아마도 사실적인 법발전에서는 아무런 작용도 하지 못할 것이고, 그저 법발전에 대한 평가의 척도에 불과할 것이다. 예링이 의미하는 목적은 오히려 인간의 목적설정이라는 경험적 사실이고, 원인에 대립하는 것이 아니라 한 가지 종류의 원인, 즉 목적적 원인(causa finalis)이다. 예링도 방법일원주의의 토대를 고수하면서 단 하나의 학문적 고찰방식만을 알고 있을 따름이다. 그것은 바로 인과적 고찰방식이다. 이 고찰방식은 의미상으로는 목적론적 고찰방식이고, 인과적 고찰을 특별히 인간 행위의 인과성에 적용한 것일 따름이다. 물론 마치 예링이 반쯤은 의도적으로 국가계약 이론을 통해 법철학에서는 상당히 익숙한 방식의 가정(Fiktion), 즉 성립원인의 관점에서 정당화 근거를 다루는 가정을 사용하는 것처럼 보이는 경우도 자주 있다. 다시 말해 예링이 초경험적 목적이념과 경험적 목적설정 사이의 인과적 관계에 관해 얘기하는 경우에는 마치 그가 하나의 법제도와 경험적 목적설정 사이의 관계를 염두에 두는 것처럼 보이기도 하고, 사회학이라는 옷을 입고 있지만 실제로는 법철학자인 것처럼 보이기도 한다. 어쨌든 예링으로서는 단 한 걸음만 더 내디뎠다면 사회학으로부터 법철학으로 영역을 바꾸었을 것이다. 즉 그가 타인의 목적설정에 대한 사변적 관찰자가 아니라 그 자신이 법발전에 대해 목적을 설정하는 행위자라는 것을 포착했다면, 그는 사실상으로 이루어진 목적설정이 아니라 무언가를 요구하는 목적 자체를 파악했을 것이고, 경험적 법현실이 규범적인 법적 기준과 대비된다는 것을 체험하지 않을 수 없었을 것이다. 이로써 예링은 법현실 고찰과 법가치 고찰의 이원주의를 통찰할 수밖에 없었을 것이고, 최종의 절대적 목적이념을 통해 상대적(부분적) 목적설정의 공리주의(Utilismus)를 극복했을 것이다. 실제로 예링은 「법학에서의 농담과 진지함」에서 구성적 '개념법학'과 목적론적 개념형성을 대비시킴으로써 법철학으로 향하는 한 걸음을 내디뎠다. 즉 양자의 대비를 통해 법률가를 법발전에서 창조적으로 영향을 미치는 한 요인으로 인식하게 되었다. 만일 예링이 죽음을 맞이하지 않고 「법에서의 목적」을 완성할 수만 있었다면, 그는 틀림없이 방법이원주의라는 필연적 결론에 도달했을 것이다.

이렇게 해서 예링은 사비니의 비합리주의에서 시작해 헤겔의 합리주의를 거쳐 양자의 공통점인 방법일원주의를 곧장 극복하는 결과에 다가서도록 해주었다.

7. 슈타믈러

법철학에 대한 새로운 토대설정, 즉 법현실에 대한 탐구와는 별도
로 칸트 철학의 방법이원주의에 기초해 법가치에 대한 고찰의 독자성
을 회복한 것은 **루돌프 슈타믈러**의 커다란 업적이다.[11] 물론 슈타믈러
는 법철학의 문제를 해결했다기보다는 문제를 제기했다. 그는 거리낌
없이 똑같은 내용에 대한 반복적인 설명을 일삼으면서 당시의 법철학
적 사고에 대해 두 가지 사고를 주입하려고 부단히 노력했다. 하나는
실정법에 관한 탐구와는 별도로 '정당한 법에 대한 학설(정법론 Lehre
von dem richtigen Rechte)'이 완전한 독자성을 갖고 전개되어야 한다는 사

---

11 *Rudolf Stammler*, Wirtschaft und Recht, 5. Aufl. 1924; *ders.*, Die Lehre von dem rich-
tigen Recht, 2. Aufl. 1926; *ders.*, Theorie der Rechtswissenschaft, 2. Aufl. 1923; *ders.*,
Lehrbuch der Rechtsphilosophie, 3. Aufl. 1928; *ders.*, Rechtsphilosophie, in:
ders.(Hrsg.), Das gesamte deutsche Recht in systematischer Darstellung, 1931; *ders.*,
Rechtsphilosophische Abhandlungen und Vorträge, 1925. 슈타믈러의 이론을 비판
하는 수많은 문헌 가운데 특히 *Max Weber*, Rudolf Stammlers 'Überwindung' der
materialistischen Geschichtsauffassung/Nachtrag zu dem Aufsatz über R. Stammlers
'Überwindung' der materialistischen Geschichtsauffassung, in: *ders*, Gesammelte
Aufsätze zur Wissenschaftslehre, 1922, S. 291 이하, S. 556 이하; *Max Ernst Mayer*,
Rezension zu: Die Lehre von dem richtigen Rechte, in: Kritische Vierteljahresschrift
für Gesetzgebung und Rechtswissenschaft, 1905, S. 178 이하; *Binder*, Rechtsbegriff
und Rechtsidee, 1915; *Erich Kaufmann*, Kritik der neukantischen Rechtsphilosophie,
1921, S. 11 이하 참고. 슈타믈러의 이론을 지지하는 입장으로는 특히 *Graf zu
Dohna*, Rudolf Stammler zum 70. Geburtstag, in: Kantstudien, Bd. 31, 1926, S. 1 이하
참고. 나는 *Felix Somló*, Juristische Grundlehre, 1917, S. 45, 각주 2에 서술되어 있는,
슈타믈러에 대한 이러한 평가를 십분 인정하면서도 동시에 이 평가로부터 약간
은 거리를 두고 있다.

고이고, 다른 하나는 이 학설은 단지 방법일 뿐, 결코 법철학 체계가
아니라는 사고이다. 다시 말해 정법론은 보편타당성을 갖고 정당하다
고 증명될 수 있는 단 하나의 법명제를 전개하겠다는 의지도 없고, 또
한 그럴 수도 없다. 그리하여 정법론은 자신의 개념들이 보편타당성
을 확보하는 대신 이 개념들이 순전히 형식적인 성격을 가질 뿐이라
는 대가를 치르게 된다. 그 때문에 정법론은 법철학이라기보다는 법
철학의 논리이고, 법가치 고찰의 인식론과 법적 이성에 대한 비판이
다. 이 점에서 정법론은 법철학을 건설하기 위한 중요한 사전작업으
로 커다란 이바지를 한 셈이다. 하지만 정법론이 법철학 건물 자체인
것은 아니다.[12]

8. 상대주의

법철학의 위대한 시대에는 법철학의 과제가 거대한 정치적 운동에
목표를 설정하거나 목표를 설명하고, 따라서 법철학을 자기 자신의
방법에 관한 끝없는 탐구에서 벗어나 단호한 가치판단으로 가득 찬
체계에 도달하게 만들어 삶에 봉사하는 것이었다. 이러한 역사적 사

---

12 슈타믈러와 마찬가지로 마르부르크 신칸트학파(코헨Cohen, 나토르프Natorp)에 뿌
리를 두고 있고, 이 점에서 여기서 언급해 두어야 할 저작으로는 *Max Salomon*,
Grundlegung der Rechtsphilosophie, 2. Aufl. 1925; *Carl August Emge*, Vorschule der
Rechtsphilosophie, 1925; *ders.*, Geschichte der Rechtsphilosophie, 1931이 있다. 살
로몬에 따르면 법학은 '법적 문제론(Rechtsproblematik)', 즉 법적 문제들을 밝히
는 작업이고, 따라서 실정법은 단지 특정한 문제해결 가능성의 총체일 뿐이라고
본다. 이 문제들은 단순한 법적 기술의 대상이고, 이에 반해 법철학은 법적 문제들
에 앞서는 물음에 해당하는, 법의 이념에 대한 이론이라고 한다. 엠게는 법학의 특
성을 규정하는 논리적 전제조건들을 법철학의 대상이라고 설명한다.

실을 잊지 못하고 과거를 되찾으려는 노력은 바로 이 슈타믈러의 정법론을 출발점으로 삼아 다시 시작된다. 물론 어떠한 법철학도 칸트가 토대를 마련했고, 슈타믈러가 다시 한번 새롭게 확정한 인식, 즉 오로지 형식적인 성격을 가진 것만이 보편타당한 인식의 대상이 될 수 있다는 인식을 결코 간과할 수 없다. 법철학이 단순한 방법이 아니라 체계를 추구하고자 한다면, 법철학으로서는 체계의 보편타당성을 포기하지 않을 수 없다. 그렇지만 법철학이 개별 체계의 자의성에 머물지 않고자 한다면, 법철학으로서는 체계들의 체계를 발전시키면서도, 이 체계들 사이에 어느 하나를 선택하지 않는 것 이외에는 다른 길은 없다. 이것은 바로 법철학적 **상대주의**의 과제이기도 하다. 인간의 인식 충동은 언제나 이러한 상대주의적 자기절제를 파괴하려는 시도를 새롭게 하게 만든다. 최근에도 이러한 시도를 감행하는 일련의 이론들이 존재했다. 상대주의는 이 모든 시도가 개개의 법철학적 입장을 해명해주는 것이자 학자의 인격이 고스란히 드러나는 형태로 체계적인 가능성 가운데 하나의 가능성을 뚜렷하게 보여주는 것으로 생각하면서 이 시도들을 환영해 마지않는다. 그와 같은 가능성이 없다면 상대주의 법철학은 그저 색깔도 형태도 없는 그림자의 제국에 불과할 것이기 때문이다. 그렇지만 상대주의는 이와 같은 시도들 가운데 어느 한 시도가 자신은 보편타당성을 갖고 있다고 억지 주장을 내세우면, 이 주장을 거부하지 않을 수 없으며, 오히려 이러한 주장이 특정한 세계관적 전제조건에 구속되어 있다는 것을 폭로하지 않을 수 없다.

9. 문화철학

다른 방향에서도 법철학적 발전은 슈타믈러의 법철학이 갖는 협소
함을 벗어나게 되었다. 슈타믈러는 법과 법이념을 엄격하게 구별해야
한다고 생각하고, 법이념과 어떠한 관련도 맺지 않고서도 법의 개념
을 도출해낼 수 있다고 생각한다. 우리는 앞에서(§1) 이미 어떠한 인
간 작품도 이념과 관련을 맺지 않고서는 파악할 수 없고, 법은 말할 것
도 없고 책상도 이념을 끌어들이지 않고서는 제대로 파악할 수 없다
는 점을 살펴보았다. 즉 법의 개념은 법이념을 추구하는 현실이라는
것 이외에는 법의 개념을 달리 규정할 길이 없다. 법의 개념에 관한 이
러한 견해의 배후에는 슈타믈러의 이론과는 반대로 존재와 당위, 현
실과 가치를 단순히 대립시키는 것만으로는 충분하지 않고, 오히려
현실판단과 가치판단 사이에 가치관련성이, 자연과 이념 사이에 문화
가 자리 잡아야 한다는 기본사상이 전제되어 있다. 다시 말해 법이념
은 가치이고, 법은 가치와 관련된 현실, 즉 문화현상이다. 이렇게 해서
고찰방식의 이원주의(Dualismus)로부터 삼원주의(Trialismus)로 전환
하게 된다(종교적 고찰방식이라는 네 번째 방식은 여기서 일단 배제하기로 한
다). 이러한 삼원주의는 법철학을 **법의 문화철학**(Kulturphilosophie des
Rechts)이 되도록 만든다.[13]

---

13 이러한 방향의 법철학은 에밀 라스크(앞의 §1 각주 1)에 의해 수립되었고, *Max
Ernst Mayer*, Rechtsphilosophie, 1922; *Wilhelm Sauer*, Lehrbuch der Rechts- und
Sozialphilosophie, 1929; *ders.*, Grundlagen der Gesellschaft, 1924; *Constantin
Tsatsos*, Der Begriff des positiven Rechts, 1928; *Adolfo Ravà*, Compiti della Filosofia
di fronte al Diritto 1907; *ders.*, Introduzione alla Filosofia della Diritto, 1919에 의해
주장되고 있다. 이에 관해서는 *Max Angerthal*, Untersuchungen zur Kulturidee in

10. 여타의 경향들

우리는 방법삼원주의와 상대주의에 기초한 법철학을 앞에서 서술한 최근의 법철학에서 이루어진 발전과정의 결과로 파악했다. 하지만 이러한 법철학 이외에도 법철학이 과거에 거쳤던 발전단계들이 오늘날에도 여전히 주장되고 있다.[14] 자연법론은 여전히 생명을 유지하고 있고, 어쩌면 다시 힘을 얻고 있다고 볼 수 있다.[15] 즉 중세의 자연법은 가톨릭 법철학이라는 형태로 여전히 놀라울 정도의 완결성과 확신에 가득 찬 모습으로 등장하고 있다.[16] 계몽철학의 이성법도 칸트와 프리스Jakob Friedrich Fries를 원용하면서 이성에 대한 신념의 측면에서 깊은 인상을 심어주고 있는 체계를 통해 부활하게 되었다.[17] 시대에 걸

der neueren Rechtsphilosophie, Königsberg, 1929(박사학위논문)와 켈젠의 예리한 비판(Hans Kelsen, Die Rechtswissenschaft als Norm- oder als Kulturwissenschaft, in: Schmollers Jahrbuch für Gesetzgebung, Verwaltung und Volkswirtschaft im Deutschen Reich, Bd. 40, 1916, S. 1181 이하) 참고. 나의 이 책에서와 마찬가지로 삼원주의와 상대주의를 결합하고 있는 입장으로는 Kantorowicz, Rechtswissenschaft und Soziologie, 1911, S. 21 이하; ders., Staatsauffassungen. Eine Skizze, in: Jahrbuch für Soziologie, Bd. 1, 1925, S. 101 이하 참고.

14 이에 관해서는 Karl Larenz, Rechts- und Staatsphilosophie der Gegenwart, 1931; Rescaséns Siches, Direcciones contemporáneas del Pensamiento jurídico, Barcelona-Buenos Aires, 1929 참고.

15 Walter Griess, Naturrechtliche Strömungen der Gegenwart in Deutschland, Freiburg, 1926(박사학위논문); Jus naturae et gentium(후고 그로티우스 추모 기념 설문조사), in: Zeitschrift für Internationales Recht, Bd. 34, 1925, S. 113 이하 참고.

16 예컨대 Victor Cathrein, Naturrecht und positives Recht, 2. Aufl. 1909; Georg Freiherr von Hertling, Recht, Staat und Gesellschaft, 4. Aufl. 1917; Josef Mausbach, Naturrecht und Völkerrecht; Emil Erich Hölscher, Sittliche Rechtslehre, 2 Bde. 1928 참고.

17 Leonard Nelson, System der philosophischen Rechtslehre und Politik, 1924(S. 85: "정의가 법이다"). 이에 관해서는 넬슨의 이 책에 대한 나의 서평(Juristische Wochenschrift, 1925, Bd. 1, S. 1252 이하) 참고.

맞지 않은데도 계몽철학의 전통을 견지하는 어느 한 용감한 학자는 그가 주장하는 '쾌락주의의 원칙'을 '최대한으로 포괄적인 경험에 기초한 직관', 즉 경험적 토대를 가진 형이상학을 통해 정당화한다.[18] 흔히 말하곤 하는 헤겔 르네상스는 심지어 어떤 학자 자신이 지금까지 주장했던 입장이었던 칸트의 비판주의에 등을 돌릴 정도로 강력한 영향을 미치고 있다.[19] 그리고 최근에는 헤겔의 철학적 적대자였던 쇼펜하우어를 법철학의 맥락에서 재발견하는 경우도 있다.[20] 다른 한편 일반법학은 '법학의 기초이론(Juristische Grundlehre)'이라는 변화된 형태로 중요한 서술을 경험하기도 했다.[21] 이 법학의 기초이론에서는 경험적으로 보편타당성을 갖는 단순한 법학적 일반개념과 법학적 기초개념, 즉 모든 가능한 법학의 전제조건을 서로 대비시킨다. 실정법에 대한 법철학 — 이것을 법철학으로 볼 수 있다는 전제하에 —, 즉 실증주의를 실증주의에 반대되는 것처럼 보이는 '규범논리적' 당위이론과 독특한 방식으로 결합하는 법철학은 이른바 순수법학(Reine Rechtslehre)이다.[22] 순수법학은 모든 형태의 실체화와 허구를 쉬지

---

18 *Arthur Baumgarten*, Rechtsphilosophie, 1925; *ders.*, Die Wissenschaft vom Rechte und ihre Methode, 2 Bde. 1920, 1922.

19 *Julius Binder*, Philosophie des Rechts, 1925(S. 67: "우리는 칸트에게서는 찾을 수 없었던 것, 즉 경험적 세계 속에 있는 이념의 현실성, 다시 말해 이념으로 가득 찬 현실과 이념이 현실 속에서 발현하는 과정으로서의 역사를 헤겔에서 찾게 된다."). 이에 반해 그가 1915년에 출간했던 「법개념과 법이념(Rechtsbegriff und Rechtsidee)」에 비추어 볼 때 빈더는 과거에는 앞의 51면 각주 11(원문에는 개정판인 「법철학」이 아니라 「법철학 기초」의 면수와 각주 번호를 지시하는 오류가 있다. 빈더의 초기 법철학이 칸트와 슈타믈러의 영향권에 있었기 때문에 위의 각주 11을 지시하고 있다고 보는 것이 옳다 — 옮긴이)에서 언급한 경향에 속했다.

20 *Georg Stock*, Rechtsphilosophie 1931.

21 *Felix Somló*, Juristische Grundlehre, 1917, 2. Aufl. 1927.

22 순수법학은 *Hans Kelsen*, Hauptprobleme der Staatsrechtslehre, 1911, 2. Aufl. 1923

않고 폭로하고 있다는 점에서 루드비히 포이어바흐Ludwig Feuerbach 학
파에 속한 어느 독창적인 철학자의 과제[23]를 다시 수용하고 있는 것
같다. 이 학자는 법과 관련된 모든 환상을 파괴하고, 이로써 결국에는
자기 자신마저도 말살하는, 고위급 지식 경찰의 역할을 법철학의 과
제로 여긴 적이 있다. 이밖에도 순수법학을 법에 관한 현상학적 연
구[24]와 결부시키는 경우도 자주 있다. '사물의 본성'에 지향된, 이러한
'본질직관'은 반드시 가치판단을 의미할 필요는 없다. 즉 실정법을 통
해 제기되는 당위 규정은 현상학이 확인하려는 존재법칙과는 얼마든
지 다를 수 있다.[25] 그 때문에 법의 현상학의 문제는 법의 가치철학의
문제와는 달라야 할 것이다.[26] 끝으로 영도자(Führer)를 향한 외침이
법철학에서 반향을 얻기도 한다. 즉 '실용주의적 법이론'은 '영도라는
기본사상'을 근거로 삼는다. 이 법이론은 이념에 관해 묻기보다는,
'필연성에 대한 내적 체험'으로부터 이념을 창조적으로 표출되게 만
들 인물이 누구인지를 묻는다.[27] 외국의 법철학, 특히 상당히 높은 수
준으로 발전한 이탈리아와 프랑스의 법철학을 여기서 개별적으로 다
룰 수는 없다.[28]

을 기점으로 시작되었고 그 이후 켈젠과 그의 제자들의 수많은 저작을 통해 주장
되고 있다.

23 *Ludwig Knopp*, System der Rechtsphilosophie, 1857.

24 현상학적 법철학은 *Adolf Reinach*, Die apriorischen Grundlagen der Bürgerlichen
Rechts에서 처음으로 제기된 이후, 펠릭스 카우프만Felix Kaufmann, 게르하르트 후설
Gerhardt Husserl, 빌헬름 샤프Wilhelm Schapp가 그 뒤를 잇고 있다.

25 적어도 *Reinach*, Die apriorischen Grundlagen der Bürgerlichen Rechte, S. 133은 이
러한 입장을 보이고 있다.

26 '현실의 윤리학'에 관련된 연구인 *Ernst Weigelin*, Einführung in die Moral- und
Rechtsphilosophie, 1927도 법철학과는 다른 물음에 대답하고 있다.

27 *Wilhelm Glungler*, Prolegomena zur Rechtspolitik, 2 Bde. 1931.

28 이에 관해서는 예컨대 *Giorgio del Vecchio*, Lezioni di Filosofia del Diritto, 1930 및

이렇게 수많은 목소리와 수많은 언어가 난무하고, 그래서 서로서로 이해하지 못하게 되었으며, 수많은 날카로운 통찰이 있지만, 섬세한 감각을 갖고 모든 것을 명쾌하게 설명해주는 경이롭고도 찬탄해야 마땅할 심오한 통찰의 섬광은 드물기만 하다. 그저 자기 자신을 위해 만들었던 저 고전적 소박함을 상징하고 있는 이론은 더욱더 드물다.

프랑스와 관련해서는 새로 창간된 학술지인 Arcives de Philosophie du Droit et de Sociologie juridique 참고.

이념을 꺼리는 자는 결국 개념을 갖지 못한다.

괴테

§ 4. 법의 개념

　법의 개념에 대한 물음은 얼핏 보기에는 법철학에 속하는 것이 아니라 법학에 속하는 것처럼 여겨진다. 실제로 법학은 개별적인 법현상들로부터 법의 개념을 귀납적으로 획득하려고 늘 새롭게 시도하고 있으며, 개별적인 법현상들을 비교함으로써 이 모든 현상의 토대에 있는 일반적 개념을 획득하는 것이 원칙적으로 가능하다는 점은 의심할 여지가 없다. 하지만 이런 식으로는 법의 개념을 획득할 수 있을 뿐, 법의 개념을 정당화할 수는 없다. 일반개념은 임의의 숫자의 경험으로부터 도출할 수 있다. 예컨대 특정한 문자로 시작하는 성을 가진 모든 사람 또는 특정한 생년월일을 가진 모든 사람을 도출할 수 있다. 그러나 일정한 범위의 개별적 사실에 관한 이러한 개념의 일반성은 이 개념이 갖는 가치를 보장하지 못한다. 다시 말해 이 개념이 단순히 우연적인 일반개념이 아니라 필연적인 일반개념, 즉 충분한 역량을 갖고 있고 생산적인 일반개념이라는 사실은 결코 일반화하는 귀납추론을 거쳐 설명될 수 없다. 법의 개념이 이와 같은 필연적 일반개념이고, 이것이 무슨 의미인지는 이 개념을 도출하는 방식을 통해 이제부터 밝히도록 하겠다.

법 – 법이념에 지향된 현실

법의 개념은 문화개념, 즉 가치관련적 현실에 대한 개념이다. 여기서 가치관련적 현실이란 가치에 봉사한다는 의미를 지닌 현실을 뜻한다. 따라서 **법은 법가치, 즉 법이념에 봉사한다는 의미를 지닌 현실이다.** 그러므로 법의 개념은 법이념에 지향되어 있다.[1]

정의 이외의 그 어떤 것도 법의 이념이 될 수 없다. 로마법대전 학설휘찬(Digesten)은 서두에 "자식이 어머니에게서 나왔듯이 법은 정의로부터 나온 것이다. 따라서 정의가 법에 앞선다(Est autem ius a iustitia, sicut a matre sua, ergo prius fuit iustitia quam ius)"라는 주석을 달고 있다. 우리 역시 궁극적인 출발점으로서의 정의를 (법의) 종착점으로 삼을 수 있다. 왜냐하면 정의는 진, 선, 미와 마찬가지로 다른 어떤 가치로부터 도출될 수 없는 절대적 가치이기 때문이다.[2]

---

1 같은 견해로는 *Binder*, Rechtsbegriff und Rechtsidee, 1915(S. 60: "법의 선험적 규범—또는 법이념 — 이 기능하고 있는 곳 모두가 곧 법이다."); *Georges Gurvitsch*, L'Idée du Droit Social, 1931, S. 96: "법의 개념은 본질적으로 정의와 결합해 있다. 법은 언제나 정의를 실현하려는 시도이다."; *del Vecchio*, Filosofia del Diritto, 1930, S. 158: "법의 논리적 형식은 우리에게 무엇이 정의이고 무엇이 부정의인지를 정확하게 말해주지 않고, 그저 법과 불법에 관한 어떤 언명이 무엇인지를 말해줄 뿐이다. 바로 이 점이 법적인 것의 특징이다." 이러한 견해에 반대하는 이론으로는 *Somló*, Juristische Grundlehre, 1917, S. 131 이하 참고.

2 정의의 개념에 관해서는 *Max Rümelin*, Die Gerechtigkeit, 1920; *del Vecchio*, La Giustizia, 2. Aufl. 1924 참고.

법이념으로서의 정의

물론 정의가 윤리적 선의 한 가지 발현형식에 불과한 것으로 생각하고 싶을지도 모른다. 실제로 예컨대 정의란 "각자에게 그의 몫을 주려는 부단하고 영원한 의지이다(constans ac perpetua voluntas ius suum cuique tribuendi)"라는 울피아누스Ulpianus의 말처럼 정의를 인간의 속성이나 미덕으로 고찰한다면 정의는 그러한 발현형식이다. 하지만 이와 같은 주관적 의미의 정의는 객관적 의미의 정의에 지향된 심정이라고 규정하는 것 이외에는 달리 규정할 수 없다. 이는 마치 정직이 진리에 지향된 것과 같은 이치이다. 따라서 우리의 맥락에서 정의는 오로지 객관적 의미의 정의를 뜻할 뿐이다. 이 객관적 의미의 정의는 윤리적 가치판단이 대상으로 삼고 있는 것과는 전혀 다른 대상을 평가의 객체로 삼고 있다. 즉 윤리적 선이라는 가치에 비추어 판단할 대상은 언제나 어떤 사람, 어떤 사람의 의지, 어떤 사람의 심정 또는 어떤 사람의 성격이다. 사회윤리 역시 인간을 다른 인간과의 관계에 비추어 평가하긴 하지만, 이 관계 자체를 평가하지는 않는다. 이에 반해 객관적 의미의 정의에서는 오로지 인간 사이의 관계만이 정의로울 수 있다. 따라서 윤리적 선이라는 이상은 이상적 인간에서 표현되는 반면, 정의라는 이상은 이상적인 사회질서에서 표현된다.

정의는 다른 관점에서도 두 가지 방식을 갖고 있다. 즉 어떤 법률의 적용 또는 준수를 '정의롭다'라고 부를 수도 있고, 법률 자체를 '정의롭다'라고 부를 수도 있다. 첫 번째 방식의 정의, 특히 법률에 충실한 법관의 정의는 '법에 충실하다(Rechtlichkeit)'라고 부르는 것이 더 적

절할 것이다. 이에 반해 우리가 의미하는 정의는 이와 같은 방식의 정의, 즉 실정법을 기준으로 판단되는 정의가 아니라 두 번째 방식의 정의, 즉 실정법을 판단하는 기준으로서의 정의이다.

　이러한 의미의 정의는 곧 평등이다. 그러나 평등 자체는 여러 가지 의미를 지닐 수 있다. 첫째, 평등은 그 대상에 비추어 볼 때 재화와 관련을 맺을 수도 있고 인간과 관련을 맺을 수도 있다. 이 점에서 노동의 가치에 상응하는 임금은 정의롭고, 어떤 사람에게 다른 사람과 똑같이 부과되는 벌 역시 정의롭다. 둘째, 평등은 평등의 기준에 비추어 볼 때 절대적 평등이 될 수도 있고 상대적 평등이 될 수도 있다. 이 점에서 같은 노동에 대한 같은 임금은 평등에 부합하고, 또한 다수의 행위를 책임에 비례해 처벌하는 것도 평등에 부합한다.

　이 두 가지 구별은 정의에 관한 아리스토텔레스의 유명한 이론에 결부되어 있다. 예컨대 노동과 임금, 손해와 배상 사이의 평등과 같이 **재화들** 사이의 **절대적** 평등을 아리스토텔레스는 **평균적 정의**(aus-gleichende Gerechtigkeit)라고 부르고, 이에 반해 예컨대 능력을 기준으로 삼아 과세하거나 필요에 따라 지원하고, 공적과 죄에 따라 포상하거나 처벌하는 것과 같이 여러 **사람**을 취급할 때의 **비례적** 평등은 **배분적 정의**(austeilende Gerechtigkeit)의 본질이다. 평균적 정의는 최소한 두 사람을 필요로 하고, 두 사람 사이의 배분적 정의는 최소한 세 사람을 필요로 한다. 전자의 두 사람은 서로 평등한 권한을 갖고 서로 마주 서 있다면, 후자의 최소한 세 사람 가운데 한 사람은 다른 두 사람에게 부담을 부과하거나 이익을 부여하는 사람으로서 다른 두 사람보다 더 우월한 지위에 있어야 하기 때문이다. 따라서 평균적 정의는 수평적 질서 관계에서의 정의이고, 배분적 정의는 수직적 상하질서에서 적용되는 정의이다. 이 점에서 평균적 정의는 사법의 정의이고, 배분적 정의는 공법의 정의이다.

이러한 설명만으로도 이미 두 가지 방식의 정의 사이의 관계도 충분히 설명한 셈이다. 즉 평균적 정의는 평등한 권한을 가진 사람들 사이의 정의이고, 따라서 관련 당사자들에게 평등한 권한, 평등한 거래 능력, 평등한 지위를 부여하는 배분적 정의를 전제한다.[3] 그 때문에 배분적 정의가 정의의 근원적 형식이다.[4] 우리는 이 배분적 정의를 정의 이념으로 여겨왔으며, 법의 개념 역시 이러한 정의를 지향해야 한다.

물론 그렇다고 해서 법 전체가 모두 정의로 구성될 수 있다고 주장하는 것은 아니다. 배분적 정의 원칙은 누구를 평등하게(같게) 취급하고 누구를 불평등하게(다르게) 취급할 것인지에 대해 말해주는 것이 아니라 배분적 정의 자체로부터는 도출해낼 수 없는 관점에 따라 평등(같음) 또는 불평등(다름)이 이미 확인되어 있다고 전제한다. 평등은 결코 주어져 있는 존재사실이 아니고, 사물과 사람은 마치 '이 계란과 저 계란이 다르듯이' 너무나도 다르고, 이 점에서 평등(같음)은 언제나 특정한 관점에 따라 이미 주어져 있는 불평등(다름)에서 벗어나 추상화한 것일 따름이다. 다른 한편 배분적 정의라는 사고로부터

---

3 *Emge*, Geschichte der Rechtsphilosophie, 1931, S. 34 이하에서도 같은 견해를 피력하고 있다.

4 더 나아가 배분적 정의와는 반대로 평균적 정의는 결코 절대적 가치를 표현하려는 것이 아니라 오히려 두 사람의 이기주의를 동시에 최상으로 충족시킬 수 있기 위한 합목적적 절차를 표현하고자 할 뿐이다. 이에 관해서는 *Paschukanis*, Allgemeine Rechtslehre und Marxismus, 1929, S. 143 이하 참고. 다른 한편 등가성을 자연법칙, 법적 법률, 도덕률의 공통된 뿌리로 묘사하는 탁월한 논문인 *Hugo Marcus*, Das Leben ist des Lebens Sinn, in: Moslemische Revue, Bd. 2, 1925, S. 13 이하도 참고.

는 서로 다른 사람들 사이의 관계를 도출할 수 있을 뿐, 이들을 취급하는 방식을 도출할 수는 없다. 즉 살인에 비해 절도의 가벌성이 낮다는 점을 도출해낼 수는 있겠지만, 절도범은 교수형에 처해야 하고 살인범은 거열형車裂刑에 처해야 하는지 또는 절도범은 벌금형에 처하고 살인범은 징역형에 처해야 하는지에 대한 대답을 도출해낼 수는 없다. 배분적 정의로부터 정당한 법의 명제를 도출할 수 있으려면 두 가지 방향에서 다른 원칙들을 통한 보충이 필요하다.[5] 그러므로 정의는 결코 완결된 법원칙이 아니다. 그렇지만 정의는 특수한 법원칙으로서 법에 대한 개념규정을 위해 절대적으로 중요한 기준이다. 법은 정의에 봉사한다는 의미를 지닌 현실이기 때문이다.

형평

무엇이 법을 지배하는 원칙인가를 둘러싼 다툼에서 정의와 경쟁하는 원칙은 **형평**(Billigkeit)이다.[6] 아리스토텔레스도 이미 「니코마코스 윤리학」의 유명한 장에서 형평이 정의보다 더 우월한 것이지만, 그렇다고 해서 형평이 정의에 대립하는 것이 아니라 단지 정의의 한 가지 종류일 뿐이라는 딜레마를 해결하려고 커다란 노력을 기울인다. 이와 관련해 그 자신이 이미 정의와 형평이 서로 다른 가치가 아니라 통일적인 법가치에 도달하기 위한 서로 다른 길일 따름이라는 것을 암시

---

5 정의가 단순히 형식적 성격만을 갖는다는 점을 조세정의를 예로 들어 뚜렷하게 밝히고 있는 *Fritz Karl Mann*, Die Gerechtigkeit in der Besteuerung, in: Festgabe für Georg von Schanz, 2. Bd., 1928, S. 112 이하 참고,

6 이에 관해서는 *Max Rümelin*, Die Billigkeit im Recht, 1921; *Binder*, Philosophie des Rechts, S. 396 이하 참고,

하고 있다. 즉 정의는 개별사례를 일반규범의 관점에서 바라보고, 형평은 개별사례에서 이 사례 고유의 법칙을 찾으려고 한다. 물론 개별사례에 고유한 법칙은 정의원칙과 마찬가지로 다시 일반적인 법칙으로 상승해야 한다. 왜냐하면 형평 역시 정의와 마찬가지로 궁극적으로는 일반화하는 성격을 갖고 있기 때문이다. 그 때문에 우리의 견해에서 정의와 형평의 차이는 — 앞에서 이미 설명했듯이 — 일반원칙으로부터 정당한 법을 연역적으로 발전시키는 것과 '사물의 본성'으로부터 정당한 법을 직관적으로 인식하는 것 사이의 방법적 차이를 뜻한다. 형평은 개별사례의 정의이고, 따라서 형평을 고려한다고 해서 **"법은 정의에 봉사한다는 의미를 지닌 현실이다"**라는 우리의 공식에 변경을 가해야 할 이유는 없다.

법개념의 도출

이로써 법에 대한 개념규정을 획득할 수 있는 길이 열리긴 했지만, 아직 개념규정 자체를 획득한 것은 아니다. 우리는 정의에 봉사하도록 규정되어 있는 이 현실이 어떠한 종류의 현실인지를 경험할 필요가 있고, 실제로 이러한 의미의 법적 현실로부터 이 현실의 본질을 거꾸로 추론해낼 수도 있다. 정의는 바로 법을 지향하고 있는 현실의 정당성을 뜻하며, 이 이념의 소재 규정성 덕분에 우리는 이념으로부터 이 이념이 적용되는 소재에 대한 논리적 결론을 도출해낼 수 있는 것이다.

이념에 봉사한다는 의미를 지닌 현실은 심리학적 성질의 가치평가와 요청을 포함하고 있고, 따라서 이념과 다른 현실들 사이에 자리 잡은 형상(Gebilde)이라는 특수한 종류의 현실을 뜻한다. 법적 현실은 심리학적 사실로서 그 자체 현실에 속하지만, 다른 현실에 대한 척도가 되고, 다른 현실에 대해 일정한 요구를 제기함으로써 다른 현실보다 더 우위에 있기도 하다. 윤리적 이념에 속하는 문화형상(Kulturgebilde)인 양심(Gewissen), 미적 이념에 속하는 문화형상인 취향(Geschmack), 논리적 이념에 속하는 문화형상인 오성(Verstand)이 이와 같은 종류의 현실에 해당한다. 법이념에 속하는 문화형상인 법 역시 마찬가지이다. 이 점에서 법적 명령은 법이념에 상응하는 사실이다. 이 법적 명령 역시 앞에서 설명한 특수한 현실이라는 성격, 즉 실정성과 규범성을 동시에 갖고 있다고 말할 수 있다. 더 나아가 법적 명령은 특히 법이념, 즉 정의와 관련된 현실로서 정의와 똑같은 대상과 관련을 맺고 있다. 즉 법적 명령과 정의는 모두 인간들 상호 간의 관계를 대상으로 삼고 있다. 따라서 법적 명령은 사회적 성격을 갖는다. 정의의 본질이 인간들 사이의 관계를 평등의 의미에 따라 형성하는 것이듯이, 법적 명령이 평등에 지향되어야 하고, 일반화 가능성을 주장하며, 일반적 성격을 가져야 한다는 것 역시 법적 명령의 본질에 속한다. 그 때문에 예컨대 바이마르공화국 헌법 제48조(제국 대통령의 긴급조치권)에 따른 '조치'와 같이 개별적 인간 또는 개별적 관계에 대한 법적 명령은 이 명령이 개별적 성격을 갖는 법적 근거가 오로지 이 개별적 인간 또는 이 개별적 관계 — 즉 명령의 대상인 실질적 기반 — 에 해당할 때만 법명제가 되며, 이에 반해 법적 명령 자체가 개별적 성격을 가질 때는 법명제가 되지 못한다. 이 점에서 우리는 법적 명령의 본질을 다음과 같이 요약할 수 있다. 즉 법적 명령은 실정성(Positivität)을 갖고 있고, 동시에 규범적, 사회적 및 일반적 성격도 갖고 있다. 이런 의미에서 우리는 법을 **인간의 공동생활을 위한 일반적 명령의 총체**로 규정한다.

법의 개념에 대한 이러한 규정은 개별적 법현상으로부터 귀납적으로 획득한 것이 아니라 법이념으로부터 연역적으로 획득한 것이다. 즉 이 개념규정은 법학적 개념규정이 아니라 법학 이전의 개념규정이다. 다시 말해 법학과의 관계에서는 선험적 성격을 갖는다.[7] 법의 개념은 일상적이고 우연적인 일반개념이 아니라 필연적인 일반개념이고, 따라서 법은 개별적인 법현상들이 법에 편입될 수 있기 때문에 법인 것이 아니라 오히려 거꾸로 법현상들은 오로지 법의 개념이 이 현상들을 포함하기 때문에 비로소 '법'현상이 되는 것이다. 다시 말해 법현상들이 민주적 결정을 거쳐 법개념이 자신들을 지배하도록 결정한 것이 아니라 '신의 은총을 받은' 법이, 다시 말해 이념의 은총을 받은 법이 법현상들에 대한 지배권을 장악한 것이다. 그러므로 우리가 존재사실의 카오스를 법개념의 관점에 따라 고찰할 때 비로소 마치 창조주의 말씀으로 물과 땅이 갈라지듯이 법(학)적으로 본질적인 것과 비본질적인 것이 구별된다. 만일 법을 (사비니의 말처럼) '특수한 측면에서 바라본 인간의 삶 자체'로 파악하고, 이러한 방식의 파악을 특별한 관점에 따라 고찰한다면, 이 관점은 법의 세계를 구성하는 관점으로서 곧바로 선험적 법개념이 된다.

---

7 *Somló*, Juristische Grundlehre, 1917, S. 127에서는 '법학의 상대적 선험성'이라고 표현한다.

선험적인 법적 개념

법의 개념에는 법개념(Rechtsbegriff)과 마찬가지로 선험적 성격을 갖는 일련의 개별적인 법적 개념들(rechtliche Begriffe)이 포함되어 있다. 즉 이 법적 개념들은 법학의 결론이 아니라 법학의 도구로서의 성격을 갖고 있고, 경험적 법현상에 대한 우연적인 일반화가 아니라 법학적 사고를 위한 필수 불가결한 범주라는 성격을 갖고 있다. 예를 들어 법의 실정적이고 동시에 규범적인 성질로부터 **법명제**(Rechtssatz)라는 개념이 도출되고, 이 법명제와 함께 이 명제의 구성부분에 해당하는 개념도 도출된다. 다시 말해 규율할 대상이 없는 법명제란 존재할 수 없고, 따라서 법명제는 규율의 대상뿐만 아니라 규율 자체도 포함하고 있어야 한다는 점은 선험적으로, 즉 구체적인 법이 성립하기 전에 이미 말할 수 있다. 여기서 규율 자체는 곧 **구성요건**과 **법률효과**이다. 더 나아가 실정성과 규범성이라는 속성은 법을 정립하는 위치에 대한 물음, 즉 **법원**法源에 대한 물음과 불가분의 관계를 맺는다. 어떠한 법도 자신이 가진 규범적 성격의 연원에 대한 물음에 대답을 거부할 수 없으며, 또한 어떠한 법도 이 물음에 대답할 능력이 없어서는 안 된다. 그리고 법의 규범적 성격으로부터는 당연히 이중의 가능성, 즉 법에 따라 행위할 가능성과 법에 반해 행위할 가능성이 도출되고, 따라서 **합법성과 위법성**이라는 개념에 비추어 모든 법적 사실은 자신이 이 가운데 어느 것에 속하는지를 증명할 선험적 의무를 부담하고 있다. 인간의 공동생활, 즉 인간들 상호 간의 관계에 대해 법이 갖는 구속력(효력)으로부터는 **법적 관계**(Rechtsverhältnis) 그리고 이 관계

의 구성부분인 **법적 의무** 및 권한, 즉 **주관적 권리**가 법의 내용이 되어
야 한다는 결론이 도출된다. 이 점에서 **법적 관계**, 즉 권리와 의무로
분해할 수 없는 법질서란 생각할 수 없다. 그리고 권리와 의무는 다시
권리와 의무가 귀속되는 주체와 권리와 의무가 관련을 맺는 객체가
없이는 생각할 수 없다. **권리주체**와 **권리객체**는 다시 어떤 법질서는
이를 사용하고, 또 다른 어떤 법질서는 이를 사용하지 않을 수 있는 개
념이 아니라 생각할 수 있는 모든 법의 필연적 개념에 해당한다.

앞으로 고찰이 진행되는 과정에서 우리는 다른 선험적인 법적 개념
들을 마주치게 될 것이다. 왜냐하면 선험성은 관계개념(Relations-
begriff)이고, 특정한 개념과 특정한 사실적 재료 사이의 관계를 규정
하기 때문이다. 법적 개념은 자신이 갖는 선험성으로 인해 수많은 법
적 사실들에 비추어 비로소 온전히 발현하게 되고, 이러한 발현을 미
리 낱낱이 열거할 수는 없으며, 이 점은 법적 개념에 끌어들이게 될 사
실들 역시 마찬가지이다. 따라서 '범주도표(Kategorientafel)'라는 사
고, 즉 열거할 수 있는 선험적인 법적 개념들의 도표라는 사고[8]는 결
코 실현될 수 없다.

---

8 *Stammler*, Theorie der Rechtswissenschaft, 1911, S. 222 이하.

게다가 도덕률은 가능한 한 불확실한 상태로 유지하길 원한다.
왜 도덕률을 신법이나 민법처럼 문자와 텍스트로 확정하지 않을까?
아마도 정직하게 써놓은 도덕률은 인간의 권리까지 수용해야 하기 때문이 아닐까?

스트린드베르크

§5. 법과 도덕

우리가 앞에서 확인한 법의 개념에 기초해 법규범 및 다른 규범 사이의 구별을 명확하게 도출해낼 수 있어야 한다. 여기서는 법에 가장 가까운 규범인 도덕과 관습에 비추어 이러한 구별을 서술하도록 한다.

통상 법과 윤리(Sittlichkeit)를 병렬적으로 배치할 때는 서로 아무런 공통성이 없는 대상을 비교하는 것이 된다. 법은 문화개념이고, 윤리는 가치개념이기 때문이다. 즉 정의이념이 법을 통해 문화적 현실이 된다면, 윤리이념은 도덕, 즉 양심이라는 심리학적 사실을 통해 문화적 현실이 된다. 이 점에서 비교가 가능한 것은 두 가지 가치개념인 **정의**와 윤리이거나 아니면 두 가지 문화개념인 법과 **도덕**(Moral)이다.

법과 도덕의 차이는 '**법의 외면성, 도덕의 내면성**'이라는 표어로 지칭하는 경우가 자주 있다. 하지만 이 표어에는 네 가지 서로 다른 의미가 담겨 있다.

1. 대상에 따른 외면성과 내면성

첫째, '외면성 – 내면성'의 대립은 통상 법과 도덕의 **실질적 기반**

(Substrat)과 관련을 맺는 것으로 생각한다. 외적 행동은 법적 규율에, 내적 행동은 도덕적 규율에 속한다고 생각했기 때문이다. "누구도 생각 때문에 처벌받지 않는다." 이 명제는 법을 인간의 공동생활을 위한 법제정의 총체로 파악하는 견해로부터 필연적으로 도출될 수 있는 것처럼 보인다. 왜냐하면 공동생활은 개인이 행동하면서 다른 개인과 관계를 맺는 경우에만 가능하기 때문이다.

하지만 법과 관련된 경험에서 알 수 있듯이 법적으로 중요한 의미가 있는 **내적** 행동이 다수 존재한다. 즉 특정한 외적 행동을 법적으로 처리하기 위해 이 외적 행동에 속하는 내적 행동이 기준이 되는 경우(예컨대 책임, 선의)가 있는가 하면, 내적 행동 자체만으로 법적 결과를 불러일으킬 수 있는 경우도 있다. 예컨대 아동의 '정신적 복리'가 위협받는 상황이라면 친부모의 양육권을 박탈하는 보호조치를 명령할 수 있다. 그리고 법적 판단이 외적 행동에만 국한되지 않는 것과 마찬가지로, 도덕적 판단도 내적 행동에만 국한되지 않는다. 오히려 정반대이다. 즉 내적 행동이 도덕적 판단에서 완전히 벗어나는 때도 있다. 예를 들어 아무런 행위도 뒤따르지 않는 '헛된 희망', 지옥에 이르는 길을 닦아 놓는 '선한 의도'는 공적에 해당하지 않으며, 이와 마찬가지로 '사악한 욕망', '믿음의 동요', '유혹'만으로는 아직 죄악이라고 해서는 안 된다.[1] 단순히 소극적으로 충동을 체험한 것은 도덕적으로

---

1 "그렇다. 사악한 생각도 죄악이다! 우리는 새들이 우리 머리 위로 날아가는 것을 막을 수는 없다. 하지만 우리는 새들이 우리 머리에 둥지를 트는 것을 막을 수는 있다(루터 - 테오도르 폰타네Theodor Fontne의 한 편지에서 인용)." "어떤 생각이 내게 오는 것은 내 책임이 아니고, 그 생각을 오라고 부른 것도 아니다. 나는 그 생각이 사악한 생각인지를 전혀 알지 못했다. 그걸 알고 난 이후에 나는 사악한 생각과 싸움을 벌였고, 내가 살아 있는 이상 이 싸움을 지치지 않고 계속할 것이다(오토 루드비

71

중요한 의미가 없으며, 오로지 이러한 체험을 처리하는 적극적 의지만이 도덕적 의미를 지닌다. 즉 의지는 적극성과 활동성이라는 측면에서 충동과 구별되고, 따라서 행위만이 의지의 존재를 확인해줄 수 있다. 그 때문에 도덕의 적용영역은 당연히 인간의 행위에서 찾아야 한다.

외적 행동도 도덕적 행동이고, 내적 행동도 법적 판단의 대상이 된다. 따라서 도덕적 평가나 법적 평가의 대상이 될 수 없는 내적 및 외적 행동의 영역은 존재하지 않는다. 이 점에서 도덕과 법의 대상의 차이라고 여겨지던 것은 단지 도덕과 법의 **관심 방향**의 차이로만 유지될 수 있을 따름이다. 즉 도덕에서 외적 행동은 이것이 내적 행동을 확인해주는 경우에만 관심의 대상이 되고, 내적 행동은 이것이 외적 행동을 더 분명하게 밝혀주는 경우에만 법의 시야에 포착된다. 예를 들어 형법개정 운동은 범죄행위를 원칙적으로 행위자의 범죄적 심정의 징후로 보고, 이 심정을 본래 의미의 형벌근거로 파악해야 한다고 역설하고 있지만, 이 범죄적 심정은 여기에 연결되는 범죄행위의 가능한 연원이 될 때만 법적 의미가 있다.

심정이 단지 장래의 행위에 대한 징후로서만 법적으로 의미가 있듯이, 행위가 단지 심정의 징후로만 고려되는 경우에는 행위 자체마저도 법적 규율의 대상이 될 수 없다. 즉 행위를 통해 표출되긴 했지만, 있는 그대로의 행위가 아니라 단지 행위가 의미하는 것, 즉 행위자의 영혼에 관해 행위가 바깥으로 드러낸 것만을 기준으로 의미를 지니게 되는 관계는 전적으로 도덕적 평가의 대상이 되어야 한다. 그 때문에

히)Otto Ludwig – *Weigelin*, Moral- und Rechtsphilosophie, S. 60 각주 1에서 인용).”

법은 예컨대 우정으로부터는 상당히 먼 거리를 유지하게 되었다. 하지만 우정에서 외적 행동은 그 자체로는 의미가 없는 부수적인 문제일 뿐이고, 다만 외적 행동이 심정의 증거가 될 때, 즉 '우정의 증거'가 될 때만 의미가 있을 따름이다. 이 맥락에서 레오 톨스토이가 인간과 인간 사이의 **모든** 행동은 인간 상호 간의 사랑 공동체의 표현으로서만 의미가 있다는 자신의 견해로부터 모든 법적 생활과 국가생활의 정당성을 거부하는 결론을 내리는 것은 논리적 일관성이 있다. 이 고결한 형태의 무정부주의는 영혼이 없는 외면성에 대해 극히 제한적인 정도의 고유 가치마저도 부여하지 않으려는 반감에 근거하고 있고, 모든 외면적인 것에 대해 그 안에 얼마만큼의 영혼이 깃들어 있는지에 따라서만 가치를 부여하려는 위대할 정도로 편파적인 사고에 기초하고 있으며, 법적으로 중요한 행위가 무엇인지만을 아는 데 급급한 나머지 정작 이 행위를 불러일으킨 생생한 인간의 영혼은 그저 부차적인 연원쯤으로 치부해버리는 법률가들의 직업적 습관이 얼마나 쉽게 영혼이 없는 상태에 도달할 수 있는지에 대한 섬세한 감각을 바탕에 깔고 있다. "외적인 삶의 형태를 확정하고 적용하기 위한 성급하고 쓸데없는 외적 활동은 더 좋은 삶을 위한 유일한 방법인 의식의 변경이라는, 진정으로 중요하고 본질적인 내적 활동을 제대로 알 수 없게 만든다." 따라서 "사랑이 없이도 인간과 교류할 수 있는 상태가 존재한다고 믿는 것은" 법과 법의 대변자들의 본질이자 치명적 죄악이다. "그러한 상태는 전혀 존재하지 않기 때문이다."[2]

---

2 *Leo Tolstoi*, Das Gesetz der Gewalt und das Gesetz der Liebe, 1909, S. 102; *ders.*, Auferstehung, Teil II, Chap. 40. 또한 이에 관한 탁월한 저작인 *Boris Sapir*, Dostojewski und Tolstoi über Probleme des Rechts, 1932 참고.

2. 목적주체에 따른 외면성과 내면성

둘째, '외면성 대 내면성'이라는 대립은 법과 도덕의 **목적주체**에 초점을 맞추는 구별일 수도 있다. 법적 가치는 하나의 행위가 공동생활을 위해 좋은 것이라고 규정하는 반면, 도덕적 가치는 그 자체 좋은 것으로 규정한다. 다시 말해 법적 가치는 다른 사람 또는 다른 사람 전체에 대해 하나의 행위가 갖는 가치인 반면, 도덕적 가치는 하나의 행위 자체의 가치이다. 이 맥락에서 스콜라학파는 도덕은 행위자 자신에 관한 것(ab agenti)이고, 법은 타자에 관한 것(ad alterum)이라고 말하곤 했다. 그 때문에 법적 의무를 부담하는 자에 대해서는 언제나 이익을 가진 자, 요구하는 자, 권한을 가진 자가 대립해 있는 반면, 도덕적 의무에 대해서는 단지 상징적으로만 이 의무에 대립하는 권한을 가진 자를 귀속시킬 따름이다. 예를 들어 도덕적 의무를 가슴 속에 있는 신에 대한 의무, 나 자신의 양심에 대한 의무, 나의 인격 속에 자리 잡은 인간성에 대한 의무 또는 나보다 더 나은 나에 대한 의무라고 지칭한다. 법의 영역에서는 '의무와 책임'이라고 말할 수 있는 데 반해, 도덕적 의무는 책임이나 채권자에 대한 의무가 아니라 그 자체가 의무이다. 이른바 타자에 대한 (도덕적) 의무도 이 의무의 이행이 타인에 의해 요구될 수 있다는 의미가 아니다. "누군가 너의 오른뺨을 치거든, 왼뺨을 내밀 것이며, 누군가 너와 다투면서 치마를 내놓으라 하거든, 외투까지 벗어 줄지어다." 이 명령은 단순히 왼뺨과 외투에 대한 권리를 주라는 말이 아니라 어느 것에 대한 것이든 여하한 권리도 무의미하다는 것을 보여주려는 것이다. 페트라치키Leon Petrazycki는 법의 '**명령**

적-귀속적' 성격과 도덕의 순수한 명령적 성격을 양자를 구별하기 위한 토대로 삼았는데, 모든 인간관계를 어떤 요청을 강요하는 압박이 아니라 자발적으로 넘치는 사랑에 기초하게 만들려는 순수한 윤리적 관점을 견지했던 톨스토이가 그의 말년의 저작들에서 바로 이 페트라치키의 법학적 고찰방식을 투쟁의 대상으로 삼은 것은 결코 우연이 아니다.[3]

3. 의무부과의 방식에 따른 외면성과 내면성

셋째, 외면성과 내면성의 대비는 **의무부과 방식**의 차이에 관련된 것으로 보이기도 한다. 즉 도덕은 의무감으로부터 의무를 이행하도록 요구하는 반면, 법은 의무감 이외의 다른 충동들도 허용한다고 생각한다. 따라서 규범에 합치하는 심정만이 도덕을 충족할 수 있고, 법은 규정에 부합하는 행동만으로 이미 충족된다. 칸트식으로 표현하자면, 도덕은 '**도덕성**(Moralität)'을, 법은 '**합법성**(Legalität)'을 요구한다.

이 구별 자체는 옳긴 하지만, 이 구별을 의무부과 방식의 구별로 파악하는 것은 옳지 않다. 의무를 의지가 규범에 복종하는 관계 — 의무 개념을 달리 규정하는 것은 불가능하다 — 로 이해한다면, 단순한 합

---

3 *Leon von Petrazycki*, Über die Motive des Handelns und über das Wesen der Moral und des Rechts, 1907; *Tolstoi*, Über das Recht. Briefwechsel mit einem Juristen, 1910. 페트라치키에 관해서는 *Gurvitch*, Une philosophie intuitionniste du droit, in: Archives de Philosophie du Droit et de sociologie juridique, 1931, S. 403 이하 참고. 또한 *del Vecchio*, Filosofia del Diritto, S. 171 이하에서도 법과 도덕의 차이를 기본적으로 이러한 특징에 기초한다고 보고 있다. "상호성이라는 이 구상은 법이라는 건물로 들어가기 위한 열쇠이다."

법성에 대한 의무는 그 자체 모순이다.[4] 만일 합법성 '의무'를 인정한다면, 의지에 대해서는 동시에 의무를 부과하지 않은 채 오로지 신체에 대해서만 의무를 부과하는 것이 가능하다는 말로 이해해야 하고, 규범의 실질적 기반 — 이 기반이 어떤 종류의 것이든 관계없이 — 과 규범 사이의 관계를 의무라고 불러야 하며, 논리적 규범이 사고에 의무를 부과한다거나 대리석이 대장장이에 대해 미적 의무를 부담한다고 말할 수 있다고 생각해야 한다.

따라서 도덕성과 합법성은 의무부과 방식의 차이를 의미하는 것이 아니라 오로지 도덕규범만이 의지를 의무부과의 실질적 기반으로 삼고 있으며, 이에 반해 법의 실질적 기반, 즉 행동은 개념 필연적으로 의무부과 가능성에서 배제된다는 뜻이다. 그 때문에 도덕성과 합법성의 차이는 단순히 실질적 기반의 차이일 따름이다. 다시 말해 오로지 도덕만이 개별적 인간 및 인간의 행위동기를 대상으로 삼으며, 이에 반해 법은 단지 외적 행동(내적 행동은 오로지 간접적으로만)만이 발생할 뿐이고, 행위동기는 등장하지 않는 공동생활을 대상으로 삼는다는 사실을 반영하는 것일 따름이다. 이렇게 이해하면 합법성은 결코 법의 특성이 아니다. 오히려 합법성은 개별 인간과 개별 인간의 행위동기를 대상으로 삼지 않는 모든 가치 — 여기에는 미적 가치와 논리적 가치도 포함된다 — 에 공통된 속성이다. 그렇다면 합법성의 관점에서는 법적 행위의 가치가 예술작품의 미적 가치나 학문적 저작의 논리적 가치와 마찬가지로 가치를 생성하는 자의 행위동기를 고려하지 않

---

4 그 때문에 실제로 *Binder*, Rechtsnorm und Rechtspflicht, 1912와 *Karl Löwenstein*, Der Rechtsbegriff als Relationsbegriff, 1915, S. 57 이하에서는 의무개념을 법의 영역으로부터 추방하고 있다.

고 판단될 수 있다고 생각해야 옳다. 다시 말해 인류의 문화업적은 이 업적의 대부분이 인간의 명예욕의 소산이라는 이유로 가치를 상실하지 않으며, 거꾸로 '저급의 음악가'가 그가 선한 인간이라는 이유로 고급의 음악가가 되는 것은 아니다.[5]

이러한 고찰로부터 다음과 같은 결론이 도출된다. 원시적 형태의 법규범은 개인에게 지향된 명령의 성격이 아니라 개인들의 공동생활을 가늠하는 척도의 성격을 갖고 있었고, 일차적 성격에 비추어 볼 때 '규정하는 규범(Bestimmungsnorm)'이 아니라 '평가하는 규범(Bewertungsnorm)'으로 구성되어 있었다는 사실이다.[6] 하지만 법은 인간의 행동을 평가할 뿐만 아니라 법에 부합하는 인간행동을 야기하고, 법에 모순되는 인간행동을 저지하고자 한다. 그 때문에 법의 척도는 '명령(Imperative)', 즉 인간의 의지를 규정하는 금지와 명령으로 전환되지, 단순히 인간의 의지를 평가하기 위해 '규정하는 **규범**'으로 전환되지 않는다. 규범과 명령의 차이는 더 자세히 설명할 필요가 있다.[7]

양자의 차이는 규범이 명령과 결합해 규범적 내용이 명령의 형식으로 등장하는 다음과 같은 명제를 통해 분명하게 밝힐 수 있다.[8] "너의

---

5 합법성에 대한 이러한 해석이 어느 정도로 칸트의 철학에도 해당하는지를 연구하고 있는 문헌으로는 *Werner Haensel, Kants Lehre vom Widerstandsrecht*, 1926, S. 32 이하 참고.

6 이러한 견해는 잘 알려져 있듯이 불법과 책임에 관한 형법이론에서 매우 중요한 의미가 있다.

7 아래에서 펼쳐지는 개념적 분석에 따른다면 칸트의 '정언명령'은 실제로는 하나의 규범이다.

8 여기서 명령적 형식이란 구두 또는 글자를 통해 동기의 설정을 추구하는 모든 형식으로 이해해야 한다. 따라서 단순히 문법적 의미에서 명령문이 아니라 의미에 비추어 파악한 명령을 뜻한다. 명령문의 언어형식이 갖는 명령의 힘의 단계적 차이는 다음과 같은 예를 보면 알 수 있다. "이리 와! — 너는 이리 와야 한다! — 너는 이리

의무를 행하라!" 이 명제에서 명제의 의미를 명제가 표현된 문장과
분리하면, 다시 말해 말해진 내용을 말 자체와 분리하면, 한편으로는
시간적, 공간적으로 규정되어 있고, 인과적으로 야기되며 계속해서
작용하는 존재형상을, 즉 지금 여기에서 울리고 말하는 자의 이런 심
리적 과정에 연유하고 듣는 자의 저런 심리적 과정을 유발하는 음성
의 연쇄를 얻게 된다. 다른 한편으로는 시공간과 무관하고 인과적이
지 않은 의미내용, 즉 이 말이 행해진 위치, 시점, 효과와는 무관한 윤
리적 필연성을 얻게 된다. 따라서 이 명제는 이것이 존재하고 작용하는
한에서는 명령이고, 이것이 의미하고 효력을 갖는 한에서는 규범이다.
다시 말해 이 명제는 이를 통해 의욕을 관철하는 한에서는 명령이고, 이
명제를 통해 당위가 정립되는 한에서는 규범이다. 우리가 예로 든 명제
인 "너의 의무를 행하라!"에서는 양자가 결합해 있지만, 언제나 그런
것은 아니다. 규범은 실현되고자 의욕하는 비현실(Nichtwirklichkeit)
이고, 명령은 작용하고자 의욕하는 현실(Wirklichkeit)이다. 규범은
목적이고자 하고, 명령은 목적을 위한 수단이고자 한다. 목적으로서
의 규범은 규범 자체가 충족되지 않는 이상 충족되지 않으며, 목적을
위한 단순한 수단으로서의 명령은 목적이 충족되면 그것으로 그만이
다. 목적의 충족은 명령 자체가 갖는 동기형성력을 통해 이루어질 수
도 있고, 명령이 개입하지 않았는데도 이미 같은 방향으로 형성되어
있는 동기를 통해 이루어질 수도 있다. 규범은 규범에 합치하는 동기
를 갖고 규범에 합치하는 행동을 하라고 요구하는 반면, 명령은 어떤

올 것이다! ─ 너는 이리 온다!" 프랑스의 법률은 명령적 미래형을 선호하는 반면,
독일의 법률은 명령적 현재형("…로 처벌된다")을 선호한다.

동기에서든 명령에 합치하는 행동이 있으면 충족된다. 다시 말해 규
범은 도덕성을 요구하고, 명령은 합법성을 요구한다. 하지만 여기서
말하는 합법성은 법이 갖는 이 이차적인 명령적 내용과 관련해서도 결
코 의무부과의 방식이 아니다. 왜냐하면 명령의 본질은 의무를 부과하
는 데 있는 것이 아니라 외적 행동을 규정하는 데 있고, 효력(구속력)을
갖는 데 있는 것이 아니라 (인과적으로) 작용하는 데 있기 때문이다.[9]

4. 효력원천의 차이에 따른 외면성과 내면성

넷째, 법의 외면성과 도덕의 내면성을 각각의 **효력원천**(구속력의 근
거)의 차이에서 찾는 경우가 있다. 흔히 법은 타인의 의지로서 외부에
서 의무를 부과하면서 법복종자에게 다가가기 때문에 '**타율**(Hetero-
nomie)'에 속하고, 도덕은 각자가 가진 윤리적 인격성을 통해서만 각
자에게 도덕률이 부과되기 때문에 '**자율**(Autonomie)'에 속한다고 한
다.[10] 하지만 타율적인 의무부과, 즉 타인의 의지를 통한 의무부과는
그 자체 모순이다. 의욕(Wollen)이 이를 강제하는 권력을 수반하면 필
연(Müssen)을 야기할 수는 있지만, 결코 당위(Sollen)를 야기할 수는
없다. 타인의 의욕은 어떤 경우에도 나의 의욕이 아니다. '자율'이라
는 표현을 이해하기 위해서는 반드시 자기 자신에게 의무를 부과하

---

9 이러한 서술에 반대하는 견해로는 *Erich Brodmann*, Recht und Gewalt, 1921, S. 13
이하; *Kelsen*, Die Rechtswissenschaft als Norm- oder als Kulturwissenschaft, in:
Schmollers Jahrbuch für Gesetzgebung, Verwaltung und Volkswirtschaft im
Deutschen Reich, Bd. 40, 1916, S. 1234 이하 참고.
10 법의 타율성 또는 자율성의 문제에 관해서는 *Friedrich Darmstaedter*, Recht und
Rechtsordnung, 1925 참고.

는 자아를 어떤 의욕으로—그것이 설령 양심이 요구하는 것일지라도—, 즉 어떤 경험적이고 심리학적인 현실이 아니라 윤리적 인격성으로 이해해야 하고, 따라서 순수하게 규범적이고, 이념적이며 비현실적인 형상으로, 다시 말해 의무를 부과하는 규범 자체로 이해해야 한다. 그러므로 양심이 의무를 부과하는 것이 아니라 양심을 통해 말하는 규범이 의무를 부과한다. 이렇게 되면 다음과 같은 딜레마에 봉착한다. 즉 법을 의욕으로 파악하거나—이 경우에는 법의 당위성, 법의 의무구속력, 법의 효력에 대한 정당화를 포기해야 한다—아니면 법을 마땅히 그렇게 해야 한다는 당위, 의무로 부과된 것 및 효력을 갖는 것으로 파악—이때 효력은 자율적으로, 다시 말해 법복종자 자신의 윤리적 인격성의 요구로 정당화해야 한다—하는 것 가운데 어느 하나를 선택해야 하는 딜레마에 봉착한다.[11]

　이로써 우리는 이미 법과 도덕을 구별하는 모든 관점과는 별개로 양자 사이의 관계도 존재해야 한다는 것을 암시한 셈이다. 물론 법이 '윤리적 최소한(게오르크 엘리네크Georg Jellinek)' 또는 '윤리적 최대한(구스타프 슈몰러Gustav Schmoller)'이라는 의미가 아니다. 전자는 법이 오로지 몇몇 도덕적 의무를 법의무로 격상시키기 때문에 외연(Extension)의 측면에서 윤리적 최소한이라고 말하고, 또한 법이 외적 충족으로 만족할 뿐, 내적 심정까지 요구하지는 않기 때문에 내포(Intension)의 측면에서 윤리적 최소한이라고 말한다. 후자는 윤리적 최대한으로서의 법이 이를 관철하는 강제권을 통해 도덕의 물리적 무기력과는 대

11　*Rudolf Laun*, Recht und Sittlichkeit. Hamburger Rektoratsrede, 1925에서도 같은 생각을 피력하고 있다.

비된다고 한다. 그러나 이 두 견해는 확신범의 형태로 등장하는 것과 같이 적극적 정립으로서의 법의 성격과 확신으로서의 도덕의 성격으로 말미암아 발생하는, 법과 도덕 사이의 비극적 갈등 가능성을 제대로 파악하지 못한다. 법과 도덕이 각각 요구하는 **내용**의 측면에서 양자는 부분적이고 우연적으로만 서로 겹칠 따름이다. 두 규범영역의 관계는 오히려 한편으로는 도덕이 법의 **목적**이고, 바로 그 때문에 다른 한편으로는 의무를 부과하는 법의 효력**근거**가 된다는 사실에 있다.

1) 법의 효력근거로서의 도덕

도덕만이 법의 의무구속력을 정당화할 수 있다. 명령, 즉 의지의 표현으로서의 법명제로부터는 — 앞에서 밝혔듯이 — 필연이 도출될 수 있을지는 모르지만, 결코 당위가 도출될 수는 없다. 법적 규범, 법적 당위, 법적 효력, 법의무라고 말하기 위해서는 반드시 법적 명령이 개인의 양심에 의해 도덕적 의무구속력을 갖추어야 한다. 법의 효력을 도덕에 기초해 정당화함으로써 법의 효력이 자연법적 방식에 따라 법의 정당성에 의존한다거나 무정부주의적 방식에 따라 개인적 양심의 동의에 의존하는 것처럼 잘못 생각하는 것은 나중에 효력의 문제를 논의하면서 바로잡기로 한다. 여기서는 일단 이러한 잘못된 견해를 통해 결코 법과 도덕의 내용적 분리에 관해 우리가 획득한 인식이 다시 붕괴하지는 않으며, 법이 단순히 도덕의 부분영역으로 구현되지도 않으며, 법규범이 특정한 내용의 도덕규범이 되지도 않는다는 점만을 밝히겠다. 법의무를 도덕의 왕국에 편입시키는 것은 딱히 많은 연구가 이루어지지 않은 일반적 현상에 속한다. 즉 똑같은 재료에 두 가지 가치 속성의 옷을 입히는 것은 일반적 현상이다. 예를 들어 진리라는 논리적 가치는 이를 정직이라는 도덕의무의 대상으로 삼게 되면 윤리적 가치평가의 객체, 즉 도덕적 선善이 된다. 학문의 형태로 이루어지는 진리나 예술의 형태로 이루어지는 미美와 같은 작품가치를 도덕적 행동의 과제로 만드는 모든 '문화의무'는 이와 같은 방식을 따르며, 정당한 법을 도덕적 선으로 파악하게 만드는 정의 또는 실정법을 도덕적 선으로 파악하게 만드는 '법 충실(Rechtlichkeit)'과 같이 '사회윤리'의 많은 의무도 마찬가지이다. 진리가치에 관한 논리적 법칙의 독자성이나 미라는 가치에 대한 미(학)적 법칙의 독자성은 이 가치들을 도덕적 선으로 격상시킨다고 해서 침해되는 것이 아니라 오히려 이를 승인하는 것이 되듯이 법이라는 영역을 도덕과 병합할지라도 법의 영역이 갖는 독자성은 그대로 유지된다. 이 점에서 칸트의 다음과 같은 말은 너무나도 타당하다. "모든 의무는 그것이 의무이기 때문이라는 단순한 이유에서 윤리에 속한다. 하지만 이 이유 때문에 의무를 부과하는 **입법**이 곧바로 윤리에 포함되는 것은 아니며, 윤리 바깥에 있는 다른 많은 입법에 의해 의무가 부과된다."[12] 이 경우 도덕은 도덕 이외의 영역에서 이루어진 입법에 복종하고, 다른 이성 영역의 특수한 변증법에 자신을 맡기게 되며, 흡사 백지위임장처럼 다른 규범영역에서 비로소 확인할 수 있는 의무내용에 서명한다. 이 점에서 도덕은 법과 정의를 도덕적 과제로 삼긴 하지만, 과제의 구체적 내용에 관한 확인은 도덕 이외의 입법에게 맡긴다.

---

12 *Kant*, Metaphysik der Sitten(Karl Vorländer 편집), 1907, S. 22 이하.

2) 법의 목표로서의 도덕

이처럼 도덕을 통해 법을 인정하는 것은 오로지 법이 모든 내용상의 차이에도 불구하고 도덕을 자신의 목적으로 삼기 때문에 가능한 일이다. 물론 법이 도덕적 의무를 법의무로 인정한다고 해서 곧바로 법이 도덕적 의무의 실현에 봉사하고자 의욕할 수는 없다. 왜냐하면 오로지 그 자체만을 위해 충족되어야 할 도덕적 규범은 이 도덕적 규범에 대해 다시 같은 내용을 가진 다른 형태의 명령(법)이 추가된다고 해서 무언가를 더 획득하게 되지는 않기 때문이다. 따라서 법은 법이 부과하는 법의무를 통해 도덕에 봉사하는 것이 아니라 법이 보장하는 권리를 통해 도덕에 봉사한다. 즉 법은 의무의 측면이 아니라 권리의 측면에서 도덕을 지향한다.[13] 법은 개인에게 권리를 보장하고, 이를 통해 개인이 도덕적 의무를 더 잘 충족할 수 있게 만든다. 예를 들어 소유권의 정당화를 이러한 측면에서 생각해보자. "소유권은 의무를 부담한다. 소유권의 사용은 공동선에도 이바지하는 것이어야 한다(바이마르공화국 헌법 제153조)." 주관적 권리에 기초한 윤리적 열정도 바로 이렇게 설명할 수 있다. 즉 '나의 권리!'라는 사고는 '나의 의무!'라는 사고와 마찬가지로 숭고한 감정을 불러일으키고, 개인의 영혼이 이 영혼을 사로잡고 있는 의식, 즉 인간 속에 살아 숨 쉬는 인간성을 경건하고 겸허하게 받아들이게 되면 언제나 개인의 영혼이 체험하게 되는 저 숭고한 감정을 불러일으킨다는 사실은 이러한 배경에서 설명

---

13 그 때문에 법 또는 법의무가 법의 일차적 형식을 뜻하는가의 물음은 법철학에서는 법학과는 다르게 대답하는 물음이다. 법학의 경우에는 논리적 순서가 다음과 같이 진행된다. 즉 객관적 법을 통해 법의무가, 법의무를 통해 (아마도) 주관적 권리가 성립한다. 이에 반해 법철학의 경우에는 도덕적 의무를 위해 주관적 권리가, 주관적 권리를 위해 객관적 법과 법의무가 성립한다.

할 수 있다. 따라서 언제나 자기 자신으로부터 어떻게든 끄집어내려고 온갖 노력을 기울이게 되는 것과 항상 결부해 있는 도덕적 자긍심은 주관적 권리를 통해 다른 사람으로부터 어떻게든 끄집어내려고 노력하게 되는 것과 결합하게 된다. 보통은 규범을 통해 언제나 사슬에 얽매여 있는 충동과 이익이 주관적 권리에서는 거꾸로 규범을 통해 사슬에서 풀려나게 된다. 나의 권리는 기본적으로 나의 도덕적 의무를 행할 권리이다. 그 때문에 역으로 나의 권리를 보존하는 것은 곧 나의 의무이다. 우리는 우리 자신의 권리를 통해 우리의 의무, 즉 우리의 도덕적 인격을 위해 투쟁한다. 그래서도 예링은 '권리를 위한 투쟁'을 '윤리적 자기주장'의 의무로 찬양할 수 있었다. 물론 권리를 위한 투쟁이라는 이상형, 즉 자신의 이익이라는 형태로 자신의 도덕적 인격을 방어하는 투쟁이라는 이상형은 두 가지 서로 다른 극단으로 발전할 가능성을 갖고 있다. 한편으로는 권리를 위한 투쟁은 한편으로는 자신의 이익을 전혀 고려하지 않은 채 자기 말살에 이를 때까지 도덕적 인격을 위한 순수한 투쟁으로 고양되는 방향으로 흐를 수도 있고 (미하엘 콜하스Michael Kohlhass), 다른 한편으로는 모든 도덕적 배경을 무시하고 노골적인 이익투쟁으로, 즉 이익의 내용을 완전히 망각한 채 그저 자기가 옳다고 우기는 공허한 권력투쟁으로 전락하는 방향으로 흐를 수도 있다(샤일록Shylock). 이 점에서 법은 도덕의 **가능성**일 뿐이고, 그 때문에 **부도덕**의 가능성이기도 하다. 법은 도덕을 가능하게 만들 수 있을 뿐, 도덕을 강요할 수는 없다. 왜냐하면 도덕적 행위는 개념 필연적으로 자유의 행위일 수밖에 없기 때문이다. 이처럼 법은 도덕을 **가능하게 만들 수 있을 뿐**이기 때문에 법이 **부도덕**을 가능하게 만

드는 것 역시 불가피한 일이다.[14]

이처럼 도덕과 법의 관계는 풍부한 긴장관계를 담고 있다. 마치 수단이 목적과는 별개로 있다가, 사후적으로야 비로소 도덕적 가치실현의 수단으로서 목적의 가치성에 참여하는 것과 마찬가지로 법은 일단은 도덕에는 너무나도 낯설고, 도덕과는 너무나도 다르며 도덕에 대립하는 상태로 있다가 결국에는 법 자신의 고유한 법칙성을 유지하면서 도덕에 수용된다.

---

14 이와 비슷한 사고로는 *Max Ascoli*, Intorno alle concezione del diritto nel sistema di Benedetto Croce, 1925 참고. 아스꼴리는 "인간의 내면에는 선하게 될 가능성이 담겨 있다"라고 한다. 그런데도 법은 도덕과는 무관하다고 보고, 그 점에서 법의 목적을 사고한다.

> 인간 상호 간의 정직성에 대항하는 강력한 적대자는 도시의 예절이다.
> 현명한 자의 최대의 불행과 아둔한 자의 최대의 행복은 예절에 기인한다.
>
> 프란츠 슈베르트

§6. 법과 관습

법과 관습을 개념적으로 구별하려는 시도는 계속해서 실패했다. 법을 만든 것으로, 관습을 시간과 함께 성장한 것으로 파악하는 견해는 관습법의 존재를 지적하는 것만으로 이미 반박된다. 법은 강제 가능한 것으로, 관습은 오로지 자발적으로만 충족할 수 있는 것으로 설명하면, 이에 대해서는 다음과 같이 반론을 제기할 수 있다. 즉 국제법상의 의무나 국가 최고기관의 국가법적 의무(문지기는 누가 지킬 것인가?)뿐만 아니라 법공동체 구성원들의 많은 의무도 그렇듯이 법의무가 반드시 강제 가능한 것은 아니며, 더욱이 법의 효력을 위해서는 당연히 필수 불가결한 요소가 되는 심리적 방식의 강제는 식당 메뉴판에 적힌 "와인은 반드시 주문해야 함!" 또는 전시된 물품에 붙어 있는 "제품을 살펴보더라도 반드시 구매해야 할 의무가 없음!"이라는 표식에서 볼 수 있듯이 법과 관습 모두에게 해당하는 측면이다.[1]

기존의 모든 시도가 실패했다는 사실은 법과 관습의 경계설정이 불가능하다고 추측하게 만들고, 실제로 이러한 불가능성을 증명할 수

---

[1] 이 점에서 '관습적 규칙(Konventionsregel)'이라는 슈타믈러의 개념도 문제의 해결에 더 가까이 다가가도록 만들지 못한다. 슈타믈러는 관습의 효력 주장이 법의 효력 주장보다 더 '당당하다'라고 말한다.

있다. 문화개념, 즉 가치관련적 개념은 이 개념이 지향하는 가치이념의 도움을 빌릴 때만 규정할 수 있다. 그 때문에 우리는 도덕을 선 이념을 표현한다는 의미를 지닌 현실로 규정했고, 법을 정의에 봉사한다는 의미를 지닌 현실로 규정했다. 하지만 관습이 지향할 수 있는 어떤 가치이념을 찾아볼 수는 없으며, 따라서 법이나 도덕과 관습이 서로 수렴할 수 있는 공통점은 없다. 관습은 다른 문화개념과 조율될 수 없으며, 문화개념의 체계 어디에도 차지할 자리가 없다.[2]

관습의 모순적 성격

관습은 법과 도덕에 대해 어떤 체계적 관계를 맺고 있는 것이 아니라, 역사적 관계를 맺고 있다. 즉 관습은 법과 도덕이 완전히 발현되지 않고 서로 구별되지 않았던 과거에는 양자에게 공통된 형식이었다. 다시 말해 "법의 형식과 윤리의 형식을 서로 다른 방향으로 마음껏 발산시키는 무차별 상태(게오르그 짐멜Georg Simmel)"가 곧 관습이었다. 이렇게 해서 가난한 자를 돕는 것은 한편으로는 선행이라는 도덕적 의무가 되었고, 다른 한편으로는 빈민구제라는 법제도가 되었다. 관습으로 정해진 것이 법과 도덕을 준비하고 이를 가능하게 만든 이후에는 법과 도덕에 의해 흡수된 셈이다.

법과 도덕의 사전단계에 해당하는 관습의 이러한 성격에 비추어 보면, 법과 도덕이 독자적인 문화형식으로 형성되고 양자가 서로 구별

---

2 이러한 서술에 반대하는 견해로는 *Ernst Weigelin*, Sitte, Recht und Moral, 1919, S. 91 이하; *Arthur Baumgarten*, Die Wissenschaft vom Rechte und ihre Methode, Bd. 1, 1920, S. 190 참고.

되는 즉시 발생하는, 관습의 변질을 쉽게 이해할 수 있다. 이제 관습은 법적 평가와 도덕적 평가가 뒤섞인, 무언가 우스꽝스럽고 기이한 혼합물이 된다. 관습에 대해서는 얼마든지 법의 외면성에 따른 모든 의미를 부여할 수도 있고, 도덕의 내면성과 같은 의미를 부여할 수도 있다. 관습은 한편으로는 법의 외면성과 공통점이 있다. 즉 관습은 오로지 외적 행동에 관해서만 관심이 있고, 언제나 외부에 있는 자, 다시 말해 권한을 가진 자의 이익을 위해 의무를 부과하며, 관습의 명령은 바깥에서 수범자에게 다가가고, 수범자가 — 어떤 행위동기에서든 관계없이 — 외적으로 이 명령에 복종하는 것만으로 이미 충족된다. 다른 한편 관습은 도덕의 내면성을 요구하기도 한다. 즉 단순히 악수하는 행위에 그치지 않고, 악수가 증명하는 적극적 참여와 일체감까지도 요구한다. 그리고 타자에 대해서 뿐만 아니라 자기 자신에 대해서도 지켜야 할 예절이 있다고 말한다. 예의범절 지침서가 아니라 우리의 사회적 양심이 우리에게 '사회적 의무'를 부과한다. 그리고 관습을 존중하는 자만이 젠틀맨이고, 그저 겉으로만 관습을 지키는 척하는 자는 졸부일 따름이다. 이처럼 서로 대립하는 견해들이 관습에서는 떼려야 뗄 수 없을 정도로 서로 결합해 있고, 더욱이 때로는 '예의상의 거짓말'이라는 가정(Fiktion)을 수단으로 삼기도 한다. 즉 관습의 외면성의 배후에는 이에 상응하는 내면성이, 외관의 배후에는 존재가, 인사의 배후에는 의리가, 상당한 액수의 기부금의 배후에는 이미 상투적인 공식이 되어버린 '자비'가 자리 잡은 것처럼 행동해야 한다는 데 묵시적으로 합의하고 있다. 금 대신 종잇조각을 받으면서 언제 제대로 된 금을 받느냐는 곤란한 질문을 제기하지 않은 채 당당히 미소를 머금어야 한다는 데 동의한다. 하지만 관습은 내면적 및 외면적 의무부과 방식이라는 이중의 힘을—설령 단지 가정을 통한 것일지라도—결합하고 있기 때문에 법과 도덕보다 더 강력한 힘을 발휘한다. 그래서 베르트홀트 아우어바흐Berthold Auerbach는 이렇게 말한다. "윤리가 세계를 지배하는 것이 아니라 윤리보다 더 강화된 형태인 관습이 세계를 지배한다. 지금의 세계가 그렇게 되었듯이, 세계는 윤리의 위반은 용서하지만, 관습의 위반은 용서하지 않는다. 관습과 윤리가 하나였던 시대와 민족은 얼마나 행복했던가! 거대한 투쟁이든 작은 투쟁이든, 일반적인 투쟁이든 개인들 사이의 투쟁이든 모든 투쟁에서는 결국 관습과 윤리 사이의 모순을 제거하고 경직된 형태의 관습을 내면의 윤리를 위해 유동적으로 만들며, 고정된 것을 내적 가치 내용에 따라 새롭게 규정하는 일이 관건이다." 하지만 관습을 가장 강력하게 비판한 사람은 법에 대해서도 가장 강력한 비판을 가했던 레오 톨스토이이다. 그의 소설에서는 다음과 같은 대비가 자주 등장한다. 즉 하층민들의 선함은 아무런 형식이 없는 반면, '상류층의 사교'는 형식만 있고, 선함이 없다는 것이다.

관습의 사회적 기능

관습이 도덕적 진정성을 상실하면 사회적 기능도 상실하게 된다. '오랜 좋은 관습'과는 반대로 '섬세하고 우아한 관습'은 더 이상 민중의 관습이 아니라 귀족의 관습일 따름이다. 과거의 관습이 '농촌의 윤리적' 관습이었다면, 오늘날의 예절은 '도시적'이다. 관습은 농부들의 관습이었던 반면, 오늘날의 예절은 궁정의 예절이다. 관습이 '공동사회'의 문제였다면, 예절은 '이익사회' 또는 '상류사회'의 문제이다.[3] 관습은 민중을 서로 결합하는 작용을 했다면, 예절은 민중을 분열시키는 작용을 한다. 즉 예절은 자신이 사회의 특정한 상위계층에 속하고자 하는 의지와 능력을 표현한다. 예를 들어 프리메이슨 교도들의 인사법은 오로지 교도들끼리만 알고 있는 인사이고, 만일 교도가 아닌 자들이 이 인사법을 알게 되어 따라 하면 즉시 인사법을 바꾼다. 그 때문에 관습은 오랜 기간에 걸쳐 지속하고, 세대와 세대를 잇는 끈이었다면, 예절은 순간순간의 유행일 뿐이다. 왜냐하면 유행이란 상위계층이 하위계층으로부터 자신들을 구별하기 위해 노력할 때 사용하는 식별장치이기 때문이다. 그리하여 하위계층과 상위계층의 경쟁이 가속화되면서 상위계층은 자신들의 품위를 표현하는 상징을 하위계층들도 사용하게 되는 즉시 상징을 바꾸지 않을 수 없게 된다. 예절이 갖는 이 신분질서적 성격은 예절을 준수하는 것보다 예절을 알고 이를 능숙히 다루는 것을 훨씬 더 중요하게 여긴다는 사실에서 가장 분명하게 드러난다. 즉 도덕에 관련된 규칙은 오로지 의도적으로만 위반할 수 있고 법적 규칙을 위반했을 때는 위법성 의식이 책임을 상승시키는 반면, 예절은 이와는 정반대로 "무엇이 예절에 부합하는지"를 모르는 바보를 전혀 용서하지 않으면서도, 매우 섬세하고 고급스럽게 통상의 사교형식을 의도적으로 무시할 줄 아는 바람둥이에 대해서는 엷은 미소를 띠고 바라보기만 한다.

그렇긴 하지만 법과 도덕이 독립성을 갖게 된 이후에는 관습이 아

---

3 이에 관해서는 *Ferdinand Tönnies*, Die Sitte, 1908 참고.

무런 사회적 기능도 하지 않는다고 생각하는 것은 착각이다. '이익사회'에서도 수많은 '공동사회'의 조각들이 살아남아 있고, 관습이 여전히 통일성을 유지하고 있으며 관습이 갖는 교육적 작용을 행사해야 하는 민중계층과 원시민족 역시 계속 살고 있다. 오늘날의 삶의 전반에 걸쳐 관습의 지배는 곧 관습이 도덕(또는 법)으로 전환되는 것을 준비한다면, 개인에 대한 교육에서 도덕은 일단 관습의 형태로 다가간다. 따라서 어떠한 교육도 출발단계에서는 "다들 그렇게 해!"라는 절대적 규범을 무시할 수 없다. 이 규범은 곧 관습을 지칭하는 것이다. 물론 관습이 오늘날에도 담당하는 이러한 기능을 인정할지라도 우리가 앞에서 확인했던 내용, 즉 관습이 법과 도덕에 버금가는 체계적 지위를 갖는 것은 아니고 단지 역사적으로 법과 도덕에 앞설 뿐이라는 사실에는 아무런 변화가 없다. 도끼와 창은 오늘날에도 사용되지만, 그렇다고 해서 도끼와 창이 무기학武器學에서 역사적 발전 과정에 대한 서론에 등장한다면 모를까 다른 곳에서 등장하지는 않는다는 것과 같은 이치이다.

팔크: 인간이 국가를 위해 만들어진 건가 아니면 국가가 인간을 위해
만들어진 건가? 자넨 어떻게 생각해?
에른스트: 어떤 사람들은 인간이 국가를 위해 만들어졌다고 생각하지.
하지만 국가가 인간을 위해 만들어졌다는 게 더 옳은 말일세.

레싱(Gottfried Lessing)

§ 7. 법의 목적

앞에서 펼친 고찰로부터 우리는 정의가 특수한 법이념으로서 이로
부터 법의 개념을 전개하기에 충분하긴 하지만, 정의만으로는 법의
이념을 완전히 포착할 수 없다는 결론을 도출하게 된다. 정의만으로
는 두 가지 이유에서 내용이 확정된 법명제를 도출해낼 수 없다. 즉 정
의는 같은 것은 같게, 다른 것은 다름의 기준에 따라 다르게 취급하도
록 명령하긴 하지만, 누구를 같거나 다르게 보아야 하고 또한 어떻게
같거나 다르게 취급해야 하는가의 물음에 대해서는 확실한 답을 주지
않는다. 다시 말해 정의는 단지 올바른 것의 형식만을 확정할 뿐이다.
따라서 (올바른) 법의 내용을 획득하기 위해서는 정의 다음으로 두 번
째 사고가 추가되어야 한다. 그것은 바로 합목적성(Zweckmäßigkeit)
이다. 우리는 앞에서 정의의 물음을 합목적성의 물음과는 완전히 별
개로 제기하고 대답했으며, 그 때문에 국가목적의 물음도 정의의 물
음에서 아무런 위상도 갖지 않았다. 이에 반해 법의 목적에 대한 물음
을 제기하게 되면 국가가 처음으로 우리의 시야에 포착되게 된다. 법
은 기본적으로 국가의 의지이고, 국가는 기본적으로 법적 제도이기

때문에 법의 목적에 대한 물음과 국가의 목적에 대한 물음은 결코 분리할 수 없다.

법의 목적에 대한 물음이 제기되면, 법을 생성해낼 수 있는 어떤 경험적 목적설정을 묻는 것이 아니라 법을 판단하는 기준이 되는 초경험적(원문에는 '경험적'으로 되어 있지만, 맥락상 '초경험적'이 맞는다 — 옮긴이) 목적이념을 묻는 것이다. 하지만 이 물음에 대한 대답은 법이 정의라는 절대적 가치와 똑같은 방식으로 절대적 타당성이 인정되는 가치들 가운데 어떠한 가치에 봉사하도록 규정되어 있고 또한 어떠한 가치에 봉사하기에 적합한지에 대한 성찰을 거쳐야만 비로소 획득할 수 있다. 하지만 우리는 세 가지 궁극적 가치, 즉 윤리적, 논리적 및 미적 가치, 다시 말해 선, 진, 미의 이상을 내세우는 전통을 원용하는 것만으로 성찰을 대체하고자 한다. 왜냐하면 법이 이 세 가지 가치들 가운데 하나의 가치, 즉 선이라는 윤리적 가치에만 봉사하도록 규정될 수 있을 뿐이라는 점은 너무나도 분명하기 때문이다.

물론 선이라는 윤리적 가치는 앞에서(82면 이하) 설명했듯이 다른 절대적 가치들을 포함하고 있다. 즉 진리라는 논리적 가치와 미라는 미학적 가치가 윤리적 행위의 목표로서의 윤리적 선에 관한 이론에 수용됨으로써 이 가치들이 다시 — 윤리적 — 성격의 가치로 변모하게 된다. 윤리적 선에 관한 이론과 윤리적 의무에 관한 이론은 상호의존 관계에 있다. 왜냐하면 윤리적 의무를 충족함으로써 반사적으로 윤리적 선, 즉 윤리적 인격성이 발현되고, 다른 한편 진리와 같은 윤리적 선은 정직과 같은 윤리적 의무에 대한 요청을 불러일으키기 때문이다.[1]

---

1 이 맥락에서 *Eduard Spranger*, Lebensformen, 3. Aufl. 1922, S. 257 이하에서는 다음

법에 관한 개인주의적, 초개인주의적, 초인격적 견해

이와 같은 방식으로 등장하는 다수의 윤리적 선 모두가 동시에 달성될 수는 없다. 오히려 다른 선들을 무시하거나 심지어 침해하는 대가를 치르면서 하나의 선에 봉사할 수 있을 뿐이다. 이 점은 다양한 윤리적 선의 실질적 기반들을 분명하게 파악하는 즉시 명확하게 드러난다.

경험적 세계의 모든 영역에서 절대적 가치를 지닐 수 있는 대상은 오로지 세 가지만이 존재한다. 개별적 인간의 인격성, 인간 총체의 인격성 그리고 인간의 작품이 그것이다. 우리는 이러한 세 가지 가치 기반을 기준으로 **개인적 가치**, **집단적 가치** 그리고 **작품가치**(Werkwert)라는 세 가지 종류의 가치를 구별할 수 있다. 개인적 가치는 곧 윤리적 인격성이다. 총체의 인격성이 지닐 수 있는 가치 역시 —이러한 총체의 인격성을 인정하는 경우에는— 윤리적 성격을 갖게 된다. 미적 가치와 논리적 가치는 학문과 예술의 작품에서 작품가치로 드러난다.

이 모든 가치에 똑같이 봉사할 수 없다는 사실은 너무나도 분명하게 밝혀진다. "학문적 영역에서는 오로지 학문 자체에만 봉사하는 사람만이 인격성을 갖는다. 하지만 학문의 영역에서만 그런 것이 아니다. 위대한 예술가치고 자신의 예술작업에만 봉사하지 않는 사람이 누가 있겠는가?"[2] 즉 **작품가치는 개인적 가치가 요구하는 것과는 정반**

과 같이 말한다. "윤리적인 것은 삶의 가치내용에 추가되는 당위 형식으로 인식할 수 있을 것이다. 하지만 윤리적인 것의 내용에 따르면 윤리적인 것은 곧 우리의 내적 본질에 속하는 최고로 객관적인 가치를 개인적으로 지향한다는 것을 뜻한다."

2 *Max Weber*, Wissenschaft als Beruf, 1919, S. 13.

대의 것을 요구한다. 다시 말해 작품가치는 인격성이 아니라 실질적인 대상(학문, 예술) 자체를 요구한다. 윤리적 인격성이라는 개인적 가치의 영역에서는 예컨대 무조건 진리만을 추구하는 '심정윤리'가 타당성을 갖게 되고, 집단적 가치의 영역에서는 예컨대 공공복리를 위한 외교적 거짓말과 같은 '책임윤리'가 타당성을 갖는다.[3] 이 점에서 **집단적 가치는 개인적 가치가 요구하는 것과는 정반대의 것을 요구한다.** 그 때문에 — 물론 다른 의미이긴 하지만 — 테오도르 스톰Theodor Storm 은 이렇게 말한다. "누군가는 '나중에 어떠한 결과가 발생할까?'라고 묻는 반면, 다른 누군가는 오로지 '그렇게 하는 게 옳은 것일까?'라고 물을 뿐이다." 끝으로 전체인격과 관련된 권력 목적과 문화 목적 사이에는 해소할 수 없는 긴장이 존재한다. "권력은 누가 이를 행사하는지에 관계없이 그 자체 악이다. 그 때문에 문화가 계속 꽃피우는 데는 하등의 관심도 없는 세력의 손아귀에 우리가 말려드는 것은 거의 필연적이다."[4] **집단적 가치는 작품가치가 요구하는 것과는 정반대되는 것을 요구한다.**

3 *Max Weber*, Politik als Beruf, 1919, S. 56 이하. 책임윤리를 위해 심정윤리를 포기하는 한 가지 예는 베라 핑어(*Vera Finger*, Nacht über Rußland, I. Teil, 1926, S. 126)의 회고록에 등장한다. "이성은 정치적 테러의 길을 걷기로 다짐한 동지들과 함께 하라고 충고했다. 하지만 감성은 우리를 다시 곤궁과 황폐의 세계로 되돌아가게 만들었다. 나중에야 비로소 우리는 그 느낌이 윤리적으로 순수한 삶, 더 높은 차원의 인격적 가치에 대한 열망과 추구였다는 것을 깨달았다. 우리는 평지에서 꾸렸던 생활과 노동이 우리에게 가져다준 도덕적 만족감을 포기하고, 우리보다 더 우월한 정치적 본능을 가진 동지들과 함께 하게 되었다."
4 *Jacob Burckhardt*, Weltgeschichtliche Betrachtungen, 3. Aufl. 1918, S. 96.

세 가지 견해 사이의 변증법적 관계

이러한 사정은 곧 가치들의 서열에서 개인가치, 집단가치 또는 작품가치 가운데 어느 가치에 첫 번째 자리를 부여하고자 하는지를 결정해야 한다는 뜻이다. 이 결정이 어떻게 이루어지는지에 따라, 즉 삶에 대한 견해와 특히 법과 국가에 관한 견해가 이 가치집단들 가운데 어떠한 것을 목표로 삼는지에 따라 **개인주의적 견해, 초개인주의적 견해** 그리고 완전히 **초인격적인 견해**로 구별할 수 있다.[5] 우리는 이러한 견해들의 대립을 일련의 핵심명제를 통해 분명하게 밝혀보기로 한다. 이 핵심명제들은 모두 각 명제의 절대적 확실성에 대한 믿음과 함께 명시적으로 표명된다.

포퍼-린케우스 Josef Popper-Lynkeus: "다른 생명에 의도적인 위협을 전혀 가하지 않을 정도로 무의미한 어떤 개체가 이 개체의 의지와는 상관없이 또는 심지어 그의 의지에 반해 이 세상에서 사라진다고 할지라도 이 개체가 겪는 일은 모든 정치적, 종교적 또는 국가적 사건과는 비교할 수 없을 만큼 중요한 사건이고, 수 세기에 걸쳐 모든 민족이 함께 달성한 학문적, 예술적 및 기술적 진보 전체보다도 더 중요한 사건이다." **실러**Friedrich Schiller: "모든 것은 최상의 국가를 위해 희생되어도 좋지만, 단 하나 이 국가 자체가 단지 하나의 수단으로서 봉사하는 대상(개인)만은 결코 희생되어서는 안 된다. 국가 자체는 결코 목적이 아

---

5 더 널리 알려진 용어에 따르면 개인주의의 반대개념은 보편주의(Universalismus)이다. 예컨대 *Georg Jellinek*, Allgemeine Staatslehre, 3. Aufl. 1921, S. 174; *Wilhelm Windelband*, Einleitung in die Philosophie, 1914, S. 64; *Othmar Spann*, Haupttheorien der Volkswirtschaftslehre, 20. Aufl. 1930, S. 26 참고.

니고, 인류의 목적이 실현될 수 있는 조건으로서만 중요할 따름이다. 이 인류의 목적이란 바로 인간의 모든 힘이 완전히 발현된 상태이다." 이와 같은 개인주의적 태도에 단호하게 대항하는 초개인주의적 태도가 있다. 초개인주의적 태도에 따르면 절대적 윤리성이란 곧 "절대적으로 조국 속에서 그리고 민족을 위한 삶을 영위하는 것"이고 "절대적인 윤리적 총체성은 곧 민족 자체이며", 국가는 "민족의 삶의 다른 구체적 측면, 다시 말해 예술, 풍속, 종교, 학문의 토대와 중심이고, 모든 정신활동은 오로지 이러한 결합 관계를 뚜렷하게 의식하는 것만을 목적으로 삼는다"라고 한다(**헤겔**). "(이탈리아) 민족은 목적, 생명, 활동 수단으로 구성된 유기체이고, 이 민족의 활동 수단은 흩어져 있는 개별 구성원 또는 집단으로 결합한 개별 구성원의 활동 수단보다 훨씬 더 우월한 힘과 지속성을 갖고 있다. 따라서 이탈리아 민족은 윤리적, 정치적 및 학문적 통일체이고, 이 통일체는 (파시즘) 국가에서 그 본질에 부합하는 완벽한 실현을 경험한다(**무솔리니**, 「노동헌장」)." 이와는 달리 초인격적 견해는 **쿠르트 아이스너**Kurt Eisner의 다음과 같은 말에 표현되어 있다. "적어도 나는 나의 생명을 불멸의 예술작품의 창조만큼 높이 평가하지는 않으며, 예술이 생명체보다 더 낮은 가치를 갖는다는 식으로 예술을 폄하하지 않는다." 이밖에도 "페이디아스의 조각상 하나는 수백만의 고대 노예들이 겪은 모든 고통보다 더 높은 가치가 있다(**트라이취케**Heinrich Treitschke)"라는 끔찍할 정도로 가혹한 말이나 "우리는 작품을 높이 평가하고, 작품 창조자를 경멸한다(**플루타르크**)"라는 옛말 역시 초인격적 견해에 속한다. 나일강의 섬 필라에에 있던 신전이 수로시설의 설치로 수몰되었을 때 **조지 버드우드**George

Birdwood 경은 공개적으로 이 조치를 비난했다. 이 비난에 대항해 **조지 크놀리**George Knolly 경은 버드우드 경에게 다음과 같은 질문을 제기한다. 즉 만일 버드우드 경이 어린아이와 라파엘의 마돈나가 있는 집에 불이 났다면 어떻게 행동하겠는가? 버드우드 경은 이 질문에 대꾸하기를 자신은 라파엘의 마돈나부터 먼저 구하겠다고 말한다.[6] 다른 한편 **니체**는 이렇게 말한다. "아마도 인간의 생명이라는 대가를 치러야만 하는 위대한 작품보다는 작품이 없는 위대한 인간이 더 절실하게 필요할 것이다." 그리고 **게르하르트 하우프트만**Gerhard Hauptmann은 1차 대전 중에 전투로 인해 많은 예술작품을 파괴했다고 비난하던 **로망 롤랑**Romain Rolland에게 이렇게 대꾸한다. "루벤스도 중요하지만, 나는 한 인간 형제가 가슴에 총상을 입는 것을 훨씬 더 고통스럽게 여기는 사람에 속한다."

앞에서 묘사했던 대립들을 개념적 형식으로 포착해보자.

개인주의적 견해에서는 작품가치와 집단가치가 인격가치에 봉사한다. 문화는 단지 인격형성의 수단일 뿐이고, 국가와 법도 개인을 보장하고 촉진하기 위한 장치에 불과하다.

초개인주의적 견해에서는 인격가치와 작품가치가 집단가치에 봉사하고, 윤리와 문화는 국가와 법에 봉사한다.

초인격적 견해에서는 인격가치와 집단가치는 작품가치에 봉사하고, 윤리 그리고 법과 국가는 문화에 봉사한다.

표제어를 중심으로 요약하자면, 개인주의적 견해에서 궁극적 목표

---

6 이 사례에 대한 분석으로는 *Spranger*, Lebensformen, 3. Aufl. 1922, S. 285 참고.

는 **자유**이고, 초개인주의적 견해에서 궁극적 목표는 **민족**이며, 초인 격적 견해에서 궁극적 목표는 **문화**이다.

개인주의적 견해에서 법과 국가는 개인들 사이의 관계이고, 초개 인주의적 견해에서 법과 국가는 개인을 뛰어넘는 전체이며, 초인격적 견해에서 법과 국가는 개인들이 이들 자신과는 무관한 어떤 것, 즉 공 동의 작업, 공동의 작품과의 공동체적 관계이다.

초개인주의적 이론은 국가와 법공동체에 관한 자신들의 견해를 **유 기체**라는 형상을 통해 구체화한다. 즉 인간의 육체와 마찬가지로 좋 은 국가에서는 전체가 부분을 위해 존재하는 것이 아니라 부분이 전 체를 위해 존재한다고 본다.

개인주의적 견해는 자신들의 견해를 구체화하기 위해 계약이라는 형상을 이용한다.[7] 유기체 이론에서도 그렇듯이 계약이론은 **현실의** 국가에 적용되는 이론이 아니다. 즉 이 이론은 현실의 국가가 계약을 거쳐 목적을 의식하면서 만들어졌다고 주장하는 것이 아니라 단지 **올 바른** 국가는 그 구성원들의 계약을 통해 성립한 것처럼 생각해야만 한다고 주장할 따름이다. 다시 말해 계약은 "결코 하나의 사실로 전제 되어야 할 필요가 없고, 단지 의문의 여지가 없는 실천적 실재를 갖는, 이성의 명확한 이념이며, 이 명확한 이념은 모든 입법자가 자신의 법 률을 **마치** 전체 국민의 의지가 하나로 결합한 것에서 연원할 **수 있는 것처럼** 제정하도록 구속하고, 모든 신민을 ― 그가 시민이 되고자 하

---

7 계약이론을 전적으로 개인주의적 견해에만 귀속시키는 것에 대한 반론으로는 나 의 책(「법철학 기초(1914)」에 대한 서평인 *Abraham Gutermann*, Besprechung der Radbruchschen 'Grundzüge der Rechtsphilosophie', in: Archiv für Sozialwissenschaft und Sozialpolitik, Bd. 41, 1916, S. 507 참고.

는 이상 — 마치 그와 같은 결합한 의지에 동의한 것처럼 간주해야 한다. 왜냐하면 이것이야말로 모든 공적 법률이 법에 부합하는지를 판단하기 위한 시금석이기 때문이다(칸트)." 이 점에서 계약이론은 국가가 계약을 통해 성립했다고 생각할 **수 있기 때문이** 아니라 그렇게 생각할 **수 있다면** 국가가 정당성을 갖는다고 선언한다. 왜냐하면 그럴 때만 국가는 국가의 모든 구성원의 이익에 부합하는 것으로 여겨질 수 있기 때문이다. 그러므로 계약이론이 '의지'라는 단어를 사용할 때는 언제나 이 의지를 통해 구체화하는 '이익'이라는 표현을 구사해야 하고, 그래야만 계약이론을 제대로 이해할 수 있다.[8]

초인격적 견해는 곧잘 **건축**을 비유로 사용하곤 한다. 건축일을 할 때 일꾼들은 그들을 포함하는 전체나 그들을 연결하는 직접적 관계를 통해 서로 결합하는 것이 아니라 그들이 행하는 공동의 작업과 이 공동 작업에 의해 성립하게 될 공동의 작품을 통해 서로 결합한다.

우리는 전문용어의 측면에서 상당 부분 페르디낭 퇴니스Ferdinand Tönnies에 연결해 개인주의에 기초해 형성된 공동생활은 '**이익사회**(Gesellschaft)'로, 초개인주의적(원문에는 '개인주의적'으로 되어 있지만 '초개인주의적'이 맞는다 — 옮긴이)으로 파악된 집단적 형상은 '**총체적 사회**(Gesamtheit)'로, 인간관계의 초인격적 형식은 '**공동사회**(Gemeinschaft)'로 표현하기로 한다. 이익사회와 총체적 사회는 직접적인 사회적 관계와 형상인 반면, 공동사회는 사회적 관계가 공동의 문제를 통해 매개되는 형상에 해당한다.

---

8 그 때문에 *Theodor Herzl, Judenstaat*, 6. Aufl., S. 72 이하에서 국가를 계약이 아니라 '사무관리(negotiorum gestio)'에 기초하게 만들고자 하는 것은 계약이론의 기본사상에 대한 개선이 아니라 단지 이를 다르게 표현한 것일 뿐이다.

이익사회, 총체적 사회, 공동사회는 서로 변증법적 관계에 있다. 즉 각각의 사회는 다른 사회로 방향을 바꾸게 된다. 그 때문에 특정한 형태의 사회에 도달하기 위해서는 반드시 다른 형태의 사회를 추구해야 한다.

이익사회의 최종 목적은 인격성(Persönlichkeit)이지만, 인격성은 이것을 추구하지 않을 때만 달성할 수 있는 가치에 속한다. 즉 인격성은 자신을 잊고 어떤 문제에 헌신한 결과 뜻하지 않게 얻게 되는 소득이고, 단지 선물이나 은총일 따름이다. "영혼을 유지하려고 노력하는 자는 영혼을 잃게 될 것이지만, 영혼을 잃은 자는 영혼에 생명을 불어넣을 것이다." 자기를 망각하고 문제에만 집중함으로써 인격성에 도달하게 된다. 모든 노력을 들여 자신 나름의 독특한 필체를 갖기 위해 연습에 연습을 거듭하는 젊은이는 악필이 될지언정, 결코 독특한 필체를 갖게 되지는 못한다. 이와 마찬가지로 인격성에 도달하기 위해 온갖 노력을 들이는 사람은 스스로에 취한 얼간이가 될지언정, 결코 훌륭한 인격성을 갖추지는 못한다.

인격성에 해당하는 내용은 총체적 사회, 즉 국민에게도 해당한다. 즉 한 국민의 고유한 특성도 힘든 노력을 통해 직접 달성할 수 있는 것이 아니라 단지 선물과 은총일 따름이다. 다시 말해 어떤 민족이 국민으로서의 특성을 갖고자 추구한다고 해서 국민이 되는 것이 아니라 자신을 망각한 상태에서 보편타당한 과제에 헌신함으로써 국민이 되는 것이다. 의도적으로 행해지는 '토속예술'과 '애국문학'은 예술적으로 보면 언제나 2등급에 머무를 따름이다. 이에 반해 인류의 소중한 재산이 되기 위해 노력하는 예술은 필연적으로 국민적 예술이기도 하다. 그 때문에 독일적 진리, 독일이 추구해야 할 과제로서의 독일적 신이란 존재하지 않지만, 한 독일인이 어떤 문제 자체를 위해 수행하는 활동은 필연적으로 그 자체.독일적이다. 이 점에서 국민과 인격성은 역사가 사후적으로 적용하는 역사적 개념이지, 결코 문화적 행위를 위한 이상이 아니다.

이처럼 이익사회와 총체적 사회도 작품과 공동사회에 의존한다. 그렇지만 작품과 공동사회는 다시 이익사회와 총체적 사회에 의존하고, 이러한 상호작용의 순환 관계는 결코 단절될 수 없다. 인격성이 오로지 작품에 대한 실질적 헌신을 통해서만 발현되듯이 진정으로 위대한 작품은 다시 풍부한 인격성으로부터 흘러나온 것일 뿐이다. "달리 어찌할 수 없는 자만이 가장 위대한 것을 창조한다." 그리고 인격성과 마찬가지로 국민도 진정한 작품공동체의 전제조건이다. 개개의 작품이 공동사회의 작업 목표가 되는 것은 아니다. 즉 도서관의 먼지 쌓인 책이나 무너져 내려 땅속에 파묻힌 조각상이 공동 작업의 목표가 되는 것이 아니라 문화, 즉 개개의 것으로 구성된 전체, 다시 말해 모든 문화작품이 결집해 있는 생생한 통일성이 공동 작업의 목표이다. 그러나 이러한 통일성은 작품 자체가 아니라 이 작품들을 하나로 묶고 있는 의식 속에 존재한다. 그러므로 충만하기 그지없는 이 통일성을 결코 완전히 수용할 수 없는 개별적인 의식이 아니라 개인들을 포괄하고 세대와 세대를 결합하는 총체적인 국민의식 속에 통일성이 존재하게 된다.

이 점에서 어떤 때는 개별적 인격성을, 다른 어떤 때는 총체의 인격성을, 또 어떤 때는 개인적 및 집단적 삶의 최종 목적으로서의 작품문화를 명시적으로 표명하는 것은 완결된 순환 관계의 어느 한 부분만을 강조하는 것일 뿐, 결코 이 순환 관계를 단절하는 일이 아니다. 법과 국가에 관한 이 세 가지 가능한 견해는 전혀 분할될 수 없는 전체를 구성하는 다양한 요소들 가운데 어느 하나를 강조한 결과일 따름이다.[9]

초인격적 견해

이러한 견해들의 경험적 구체화는 정당에서 찾아볼 수 있다. 다만 작품문화라는 사고는 특정 정당의 정책에서는 명시적으로 표현되지 않는다. 이 사고는 프로그램(정강)이 아니라 예컨대 '공동체'라는 단어에서 뚜렷하게 표현되는 청소년운동에서 드러나는 생생한 삶의 감정이기 때문이다. 초인격주의는 독특한 방식으로 개인주의적 요소와 초개인주의적 요소를 결합하기 때문에 모든 정당이 취하고 있는 견해의 인격적 심정의 배경으로 작용할 수 있다. 그렇지만 이러한 초인격주의에 따라 형성된 국가가 존재한 적은 없으며, 경험적 이유에서 단지 ― 예컨대 대학, 수사회, 가톨릭교회와 같이 ― 부분적 법공동체에만 적합하다고 보이며, 국가라는 전체적 법형식에는 적합하지 않은 것 같다. 물론 파시즘이 표방하는, 직능단체로 조직된 국가(der berufsständische Staat)라는 국가형식에 관한 사고는 초인격주의에 속한다. 그러나 초인격적 작품국가, 즉 단체국가(stato corporativo)에

---

9 이러한 서술에 비추어 볼 때 *Erich Kaufmann*, Kritik der neukantischen Rechtsphilosophie, 1921, S. 71 각주에서 내가 "상대적 대립을 절대적 대립으로 실체화"하고 있다는 비판은 결코 타당하지 않다.

관련된 이러한 사고가 실현된 곳에서 이 사고는 그저 초개인주의적 권력국가를 은폐하는 외관에 불과하다. 그렇긴 하지만 한 국민이 역사를 통해 사후적으로 평가되는 기준은 초인격적 기준이다. 즉 살아 있는 민족들의 자기보존 충동은 국가가 민족, 개별적 인간 또는 총체적 사회에 봉사하기를 원하지만, 역사는 이와는 반대로 인간과 민족이 사라지고 난 이후 남겨진 것이 무엇인지를 보고 국가를 평가한다. 다시 말해 국가가 남겨 놓은 작품을 기준으로 국가를 평가한다.

이하의 논의에서는 초인격적 작품문화에 지향된 국가라는 이상을 진공상태에서 구성하는 추상적 시도는 하지 않고자 한다.[10] 그보다는 법과 국가에 관한 개인주의적 및 초개인주의적 견해만을 — 이 견해들이 구체적인 역사적 형태를 취하게 만든 — 정당 이데올로기의 측면에서 밝히기로 하겠다.

---

10 이러한 방향으로 전개된다는 것을 시사하고 있는 *Radbruch*, Kulturlehre des Sozialismus, 2. Aufl. 1927; *ders.*, Wilhelm Meisters sozialpolitische Sendung, in: Logos, Bd. 8, 1919, S. 152 이하 참고.

당파에서 벗어나 허공에 붕 떠 있는 자는 아무도 없다.
투사들 사이에서 너희 광대들은 떠돌아다닐 뿐이다.
너희야말로 확실한 희생자들이다.

아돌프 글라스브레너(Adolf Glasbrenner)

§8. 법철학적 정당이론

이하에서 우리는 정당이 취하고 있는 견해, 즉 정당의 이데올로기를 다루고자 한다. 아마도 누군가는 정당 이데올로기로는 정당의 본질적 측면을 포착할 수 없다고 반론을 제기할 것이다. 오로지 정당의 이해관계만이 실질에 해당할 뿐, 정당 이데올로기는 단순한 구실이고, 그저 실질적 이해관계를 그럴듯하게 포장하는 외관일 뿐이라고 말할 것이다.

정당 이데올로기의 의의

일단 정당이 실제로 정치적 이념이 전혀 함께 작용하지 않은 상태에서 오로지 정치적 이해관계에만 기초해 설립되었다고 가정해보자. 이와 같은 정당마저도 사회학적 필연성으로 말미암아 어떤 이데올로기를 형성하지 않을 수 없게 될 것이다. 다시 말해 최소한 외관상으로나마 이 정당의 특수이익이 마치 일반적 이익에도 부합하는 것처럼 포장하지 않을 수 없다. 물론 이와 같은 정당 이데올로기는 처음에는 이해관계가 노골적으로 드러나는 것을 은폐하는 임시방편에 불과하겠지만, 사회학적 필연성 때문에 곧장 임시방편 이상의 것이 된다. 즉 한 정당의 이데올로기는 적대자들에게 대항하는 투쟁수단일 뿐만 아니라 새로운 지지자들을 확보하기 위한 홍보수단이기도 하다. 그 때문에 특정한 이해관계를 통해 이 정당과 밀접하게 결합해 있는 핵심집단을 둘러싸고 다시 이해관계 때문이 아니라 정당의 이념 때문에 정당에 소속되는 정당원들이 넓은 범위에 걸쳐 자리 잡게 된다. 주변부에 위치하는 이들 정당 구성원은 이익을 희생할지라도 정당의 이념을 일관되고 철저하게 관철할 것을 요구하게 되고, 이들이 정당에 가입한 이유였던 이념에 정당을 구속하려고 하게 된다.

한 정당의 이념은 다른 방식으로도 정당의 이해관계를 뛰어넘어 성장할 수 있다. 즉 정당들 사이의 투쟁에 나서는 정당의 간부들 역시 다른 정당에 뒤처지지 않기 위해서는 이념적 전선을 갈수록 더 넓게 확장해야 한다. 정당들 사이의 경쟁은 모든 정당이 공공생활의 **모든** 문제에 대해 일정한 견해를 취하는 강령을 표방하지 않을 수 없도록 강제하며, 정당의 성립근거가 되었던 이해관계와는 밀접한 관련이 없거나 전혀 관련이 없는 문제에 대해서도 입장표명을 하지 않을 수 없게 만든다. 이렇게 해서 정당의 강령은 더 이상 사회학적 근거가 아니라 단순히 이데올로기적 동기에 기인하는 요구를 점점 더 많이 포함하지 않을 수 없게 된다.

이해관계가 이념에 근거하게 되는 즉시 이해관계는 이 이념의 논리에 내맡겨지게 되고, 이념의 논리는 다시 이 논리의 고유한 법칙에 따라 전개되며, 때로는 원래 이해관계에 봉사하기 위해 동원된 논리가 이해관계에 반하는 방향으로 전개될 수도 있다. 귀신과 유령은 마음대로 불러낼 수는 있지만, 마음대로 돌려보낼 수는 없다. 이와 마찬가지로 이해관계는 자기 자신도 이념에 봉사하지 않고서는 이념을 이용할 수 없다. 그 때문에 이해관계는 설령 원하지 않더라도 사회학적 필연성으로 말미암아 이념의 수레바퀴가 되고 만다. 이 점을 헤겔은 '이성의 간지(List der Vernunft)'라고 부른다. 즉 이성은 이해관계마저도 이해관계의 의지에 반해 이성을 위해 실현되도록 만든다는 것이다.

따라서 우리가 이제부터 정당 이데올로기에 관해 서술하는 것은 머릿속에서 만들어 낸 헛된 망상을 다루는 일이 아니라 현실에서 실제로 작용하는 사회학적 힘을 다루는 일이다.[1]

개인주의

법과 국가에 관한 **개인주의적** 견해는 가장 먼저 정당 이데올로기에 정착했고, 더욱이 극히 다양한 일련의 이데올로기에 정착했다. 이 이데올로기들이 다양한 측면으로 발산되는 출발점은 개인이라는 개념이다.[2]

---

1 아래의 서술에 관해서는 Binder, Philosophie des Rechts, 1925, S. 288 이하; M. E. Mayer, Rechtsphilosophie, 1922, S. 71 이하; 마이어의 서술에 관한 M. Salomon, Die 'Überwindung' des Personalismus und Transpersonalismus bei Max Ernst Mayer, in: Archiv für Rechts- und Wirtschaftsphilosophie, Bd. 18, 1924/25, S. 431 이하 참고.

2 법규범의 목적주체로서의 개인과 법규범이 동기를 부여하기 위한 공격지점으로서의 개인은 서로 다른 문제이다. 우리가 여기서 수행하는 논의에서는 전자의 의미의 개인만을 다루고, 이에 반해 후자의 의미의 개인은 나의 강연인 Der Mensch im Recht, 1927에서 다루었다. 로마인들이 법에서의 인간을 어떻게 후자의 의미로 파악했는지에 대해 괴테는 이렇게 말한 적이 있다. "로마인들은 폭력이나 설득을 통해 인간으로부터 무언가를 얻어낼 수 있다는 의미에서만 인간에게 관심을 가졌

개인주의의 출발점이 되는 개인을 개별적인 경험적 인간에서 찾는 것이 일반적인 경향이다. 하지만 그때그때의 기분과 변덕에 사로잡힌 구체적인 개인성으로부터 출발해서는 모든 사람에게 똑같이 봉사하는 법질서와 국가질서에 도달하는 것이 아니라("모든 사람의 마음에 드는 일은 불가능하다"), 오히려 모든 법과 국가에 대한 부정에 도달할 뿐이다. 그 때문에 '유일자(das Einzige)', 즉 구체적 자아에서 시작한 막스 슈티르너Max Stirner는 **무정부주의**에 도달하지 않을 수 없었고, 이는 적어도 논리적으로는 일관된 것이었다. 따라서 무정부주의는 경험적이고 구체적인 개인으로부터 출발할 수 있다고 생각하는 형태의 개인주의에 해당한다.

그러나 온갖 비이성적이고 비윤리적인 성향을 지닌 현실의 개별적 인간에게 봉사하는 것을 법과 국가의 과제로 만들 수 없는 것과 마찬가지로 국가와 법이 완벽하게 윤리적이고 이성적인 인간이라는 이상을 지향할 수도 없다. 이성과 윤리는 법적 강제의 결과가 아니라 오로지 자유의 행위가 될 수밖에 없다는 것은 이성과 윤리의 본질에 속한다. 바로 이 점 때문에 **계몽 전제주의**는 실패하지 않을 수 없었다. 계몽 전제주의도 개인주의의 한 형태이다.[3] 왜냐하면 계몽 전제주의는 개인에게 봉사하고자 했기 때문이다. 하지만 계몽 전제주의는 개인의 의지에 반해서도 개인에게 봉사하고자 했고, 이 점에서 결코 강제할

다." 이러한 의미의 인간은 매우 영리하고, 매우 이기적인 인간, 즉 경제적 인간(homo oeconomicus)이며, 이러한 인간은 오늘날에도 여전히 법적인 인간으로 여겨진다. 이에 반해 로마인들이 개인을 법규범의 목적주체로 보았다는 점은 뒤의 각주 5에서 인용한 헤겔의 말이 잘 보여주고 있다.

3 이에 대한 반론으로는 *Abraham Gutermann*, Besprechung der Radbruchschen 'Grundzüge der Rechtsphilosophie', in: Archiv für Sozialwissenschaft und Sozialpolitik, Bd. 41, 1916, S. 506 참고.

수 없는 것, 즉 이성과 윤리를 강제하고자 한 셈이다. 따라서 계몽 전제주의는 개인의 도덕과 이성을 직접적 강제의 목표로 설정한 형태의 개인주의이다.

자유주의와 **민주주의**가 목표로 삼는 개인의 개념은 경험적 개인성과 윤리적 인격성의 중간에 자리 잡아야 한다. 자연적인 개인은 이 개인이 윤리적 인격성에 도달할 수 있는 이상 윤리적인 것으로 향할 수 있는 능력의 인격화된 총체, 즉 인격화된 자유이다. 그리하여 이 점을 점차 더 섬세하게 규정하면서 다음과 같은 단계로 설명하는 명제들이 등장한다. 법은 개인에게 봉사해야 한다 — 법은 개인의 윤리성을 가능하게 만들어야 한다 — 법은 개인의 자유가 펼쳐지도록 작용해야 한다. 물론 법의 이러한 작용은 법이 작용할 수 있는 범위 내에서, 다시 말해 개인의 내적 자유가 아니라 이 내적 자유가 전제조건으로 이용되는 외적 자유에 영향을 미쳐야 하고, 만일 개인이 만인의 만인에 대한 투쟁에 따른 테러리즘 속에 처해 있거나 사회적 환경의 억압하에 있다면 사회적 주변세계가 행사하는 동기의 압박으로부터 개인을 해방해야 한다.

그러므로 개인주의적 국가관의 개인은 일단 법 자체가 묶어 놓은 끈 이외에는 어떠한 끈에 의해서도 다른 개인들과 결합하지 않은 **고립된 개인**이다. 따라서 개인주의적 견해에 따르면 법이라는 사회현상은 — 역설적으로 표현하자면 — 사회적인 상태, 즉 모든 사람이 다른 모든 것 또는 다른 사람에 의해 규정되는 상태를 파괴하고, 이 상태를 자유로운 개인들이 아무런 접촉도 없이 흩어져 존재하는 상태로 대체해야 할 과제를 담당한다. 조금은 덜 역설적으로 표현하자면, 다양한

형태로 서로 얽혀 있는 사회적 연결이라는 야생적으로 성장한 비합리
주의를 법적 관계라는 합리적인 최소한의 체계로 대체해야 할 과제를
담당한다. 이 맥락에서 어떤 법격언은 "법은 갈라서게 만들지, 서로
친하게 만들지 않는다"라고 말한다. 우리가 도저히 풀기 어려울 정도
로 뒤엉켜있는 개인적 관계 속에서 문제를 '순전히 거래의 측면에서',
다시 말해 순전히 법적으로 고찰하는 방법을 마지막 탈출구로 여길
수밖에 없을 때는 언제나 이처럼 법이 개인을 해방하는 작용, 즉—약
간의 과장이 허용된다면—법의 반사회적 기능을 감지하게 된다.[4]

하지만 법철학적 개인주의에서 말하는 개인이 인격화된 자유라면,
이러한 개인 속에는 모든 개인의 평등이 전제되어 있다. 물론 다양성,
특성, '개별성'은 경험적 개인과 윤리적 인격성에 해당하는 내용("누구
나 그 자신이 되어야 마땅할 모습을 떠올리기 마련이다")이지만, 경험적 개별
성을 개별화된 윤리성으로 향상하는 단순한 능력으로 여겨지는 법철학
적 개인 자체는 모든 개별화의 특성을 가질 능력이 없다. 다시 말해 법
철학적 개인은 **개별성이 없는 개인**(individualitätsloses Individuum)
이고, 자연과학적 원자에 비견될 수 있으며 실제로 원자에 자주 비교
되고, 수천 번 반복되고 끝없이 반영되는 가운데서도 언제나 그 자체
똑같은 모습으로 남아 있다. "추상적 인간, 즉 모든 기계 가운데 가장
인공적이고 가장 규칙적이며 가장 섬세한 기계가 구성되고 발명되었
으며, 냉철하고 밝은 한낮에 떠도는 유령과 같은 존재로 볼 수 있다(퇴

---

4 쇼펜하우어Schopenhauer는 인간사회를 몸을 따뜻하게 만들기 위해서는 서로가 몸을
비벼야 하지만, 가시에 찔리지 않기 위해서는 서로 멀리 떨어져 있어야 하는 고슴
도치들의 군집과 비교한다. 이들이 마침내 찾아낸 적당한 거리를 쇼펜하우어는 인
간의 예의라고 말하지만, 쇼펜하우어는 이 예의를 얼마든지 개인주의적 방식으로
사고한 법이라고 불러도 좋았을 것이다.

니스).[5]

법철학적 개인의 추상적 성격을 분명히 밝히는 데 특히 적절한 것은 사회계약이라는 개념이다. 사회계약은 실제 인간의 실제적 의지가 실제로 합치한다는 뜻이 아니라 **이성적이라면** 누구나 — 그것이 그의 **진정한** 이익에 부합하기 때문에 — 의욕하지 않을 수 없는 것을 마치 의욕한 것처럼 가정한 결과이다. 그 때문에 사회계약의 상대방은 자신의 진정한 이익을 알고 있고 이 진정한 이익을 통해서만 규정되는 순수한 이성적 존재라고 가정된다. 즉 실제의 인간이 아니라 무한대로 반복되는 추상적 이성도식(Vernunftschema)이 사회계약을 체결하는 셈이다.

이렇게 해서 개인주의적 국가관은 많은 사람에게 매우 비개인주의적인 견해로 여겨지게 되었다. 다시 말해 '비개인주의적'이라는 표현을 개인이 아니라 개인의 개별성에 관련시키면 추상적 개인을 전제하는 개인주의적 국가관은 비개인주의적으로 여겨지게 된다. 개인주의에서는 윤리적 개별성이 최상위의 가치이고, 법과 국가는 단지 이러한 개별성에 봉사하는 수단일 뿐이기 때문에 이 윤리적 개별성 자체

---

5 *Hegel*, Vorlesungen über die Philosophie der Geschichte, S. 361은 로마인들이 어떻게 해서 개별성 없는 개인이라는 개념을 만들어냈는지를 보여주고 있다. "추상적인 일반적 인격은 (그리스인들에게는) 아직 존재하지 않았다. 왜냐하면 정신은 인류에 대한 가혹한 훈련을 거쳐 비로소 추상적 일반성이라는 형태에 도달해야 했기 때문이다. 그리하여 우리는 로마에서 이러한 자유로운 일반성, 즉 추상적 자유를 발견하게 되며, 이러한 자유는 한편으로는 추상적 국가, 정치 그리고 구체적 개별성을 압도하는 권력을 정립해 개별성을 예속시키며, 다른 한편으로는 이러한 일반성에 대비되는 인격성을 창조했다. 이 점에서 '나' 자신의 자유는 개별성과는 구별되어야 한다. 왜냐하면 인격성은 법의 기본적 성격을 규정하기 때문이다. 즉 인격성은 주로 소유권을 통해 현실이 되지만, 살아 있는 정신의 구체적 규정 — 개별성은 이러한 구체적 규정과 관련을 맺는다 — 에 대해서는 아무런 관심도 보이지 않는다."

는 법적 영역을 벗어나서야 비로소 실현될 수 있고, 경험적 개별성은 다시 윤리적인 것, 즉 인격화된 자유를 향한 인격화된 가능성이라는 일반화된 형태로만, 다시 말해 개별성이 없는 개인의 형태로만 법질서에서 등장할 수 있을 따름이다. 이렇게 해서 개인주의에서 정작 개별성은 법이념 자체에는 자리 잡지 못하고, 법이념 바깥 어디엔가 머물러 있을 뿐이다.

자유주의와 민주주의

자유주의와 민주주의가 개인의 개념을 다르게 파악한다는 점에서 무정부주의와 계몽 전제주의와 구별된다면, 자유주의와 민주주의 양자는 서로 개인에 대한 평가를 달리한다는 점에서 구별된다. 예전에 민주주의를 '좌파 자유주의', 즉 자유주의가 상승한 방식으로 규정했던 것은 혼동을 불러일으킬 뿐이었다. 자유주의와 민주주의 사이에는 척도의 차이뿐만 아니라 방식의 차이까지도 존재한다는 점은 양자의 극단적 형태인 무정부주의(극단적으로 상승한 자유주의)와 사회주의(정치의 영역을 넘어 경제에까지 전진한, 철저히 사고한 민주주의)의 대립에 비추어 보면 분명하게 드러난다. 자유주의와 민주주의 사이의 이러한 세계관의 대립은 이 대립이 정치적으로 미치는 영향에 비추어 단계적으로 밝힐 수 있다.

민주주의는 다수의지(Mehrheitswille)의 무조건적 지배를 원하고, 자유주의는 상황에 따라서는 개인의 의지가 다수의 의지에 대항해 관철될 가능성을 요구한다. 그 때문에 자유주의에서 국가철학적 사고의 출발점은 인권, 기본권, 개인의 자유권이다. 이러한 권리는 개인이 국가 이전부터 갖는 자연적 자유(natürliche Freiheit)의 한 부분이고, 국가는 이러한 자연적 자유를 무조건 존중해야 한다는 요구와 함께 국가 안으로 수용되었다고 생각한다. 왜냐하면 국가는 이러한 자연적 자유를 보호하는 과제를 담당하고, 이를 통해서만 정당화되기 때문이라고 한다. "모든 정치적 사회의 최종 목적은 자연적이고 소멸할 수 없는 인권의 보존이다(1789년 인권선언)." 이에 반해 민주주의적 견해에 따르면 개인은 자신의 국가 이전의 자유를 하나도 남김없이 국가의지, 즉 다수의지의 처분에 맡기고, 그 대가로 이 다수의지의 형성에 참여할 가능성을 얻는다고 본다. 이러한 근본적 견해 차이로 인해 자유주의와 민주주의는 완전히 다른 정치적 조직원칙을 갖게 되는데, 이는 오랫동안 제대로 이해되지 못했던, 몽테스키외와 루소 사이의 대립을 반영하고 있다. 즉 자유주의는 몽테스키외의 권력분립이론을 신봉하며, 이 이론의 의미는 절대주의의 두 후보자인 군주와 다수가 개인의 온전한 자유권을 위해 서로 맞선다는 데 있다. 이에 반해 민주주의는 루소의 이론에 따라 권력분립을 비난한다. 왜냐하면 민주주의는 권력분립이 투쟁 대상으로 삼고 있는 다수의 절대주의를 오히려 목표로 삼고 있기 때문이다.

이쪽에서는 다수를, 저쪽에서는 자유를, 이쪽에서는 국가에 대한 참여와 가능하다면 다수에 대한 참여를, 저쪽에서는 국가로부터의 자유를, 이쪽에서는 '국민의 자유'를, 저쪽에서는 '시민의 자유'를, 이쪽에서는 국가에 의해 비로소 보장되는 정치적 자유권을, 저쪽에서는 국가가 침해하지 않는 자연적 자유를, 이쪽에서는 보장된 자유권의 평등을, 저쪽에서는 극히 다양한 자연적 능력을 사용할 수 있도록 모두에게 똑같이 허용되는 자유 그리고 재빠르게 불평등으로 변질하고 마는, 경쟁의 출발점에서의 평등을 요구하고, 이쪽에서는 평등사상이 자유사상에 우선하고, 저쪽에서는 거꾸로 자유사상이 평등사상에 우선한다. 왜냐하면 이 모든 점에 비추어 볼 때 자유주의와 민주주의의 구별은 결코 민주주의적 요소를 통해 자유주의적 요소를 배제하거나, 거꾸로 자유주의적 요소를 통해 민주주의적 요소를 배제하는 것이 아니라—파시즘의 표현방식에 따르면—'민주자유주의적(demoliberal)' 혼합이 이루어진 상태에서 이쪽 또는 저쪽이 더 우선한다는 사실을 충분히 이해할 수 있을 것이기 때문이다.

　이로써 우리는 이제 앞에서 묘사한 개별적 대립의 연원에 해당하는 근본적인 세계관적 대립을 설명할 수 있는 단계에 도달했다. 대수학(Algebra)적으로 표현한다면, 민주주의는 개인에게 유한한 가치를 부여하고, 자유주의는 개인에게 무한한 가치를 부여한다. 다시 말해 민주주의에서 개인의 가치는 얼마든지 산술적으로 계산할 수 있고, 이에 따라 다수에 속하는 개인들의 가치가 소수에 속하는 개인들의 가치보다 더 높은 반면, 자유주의가 전제하는 개인의 무한한 가치는 개념 필연적으로 설령 압도적으로 많은 다수의 가치내용일지라도 개인의 가치를 압도할 수 없다. 이처럼 개인이 갖는 가치가 서로 다른 이유는 아마도 민주주의와 자유주의가 전제하는 윤리적 가치개념의 구조가 다르기 때문인 것 같다. 자유주의에서 윤리적 가치는 원칙적으로 개별적인 개인에서 완벽하게 충족될 수 있다고 본다. 즉 모든 개인은 모두에게 똑같이 완벽하고, 더 이상 능가할 수 없으며, 그 때문에 무한한 윤리적 가치를 실현할 소명을 지니고 있다. 이에 반해 민주주의에서 윤리적 가치는 이 가치가 극도로 다양한 개인들에게 적용됨으로써 비로소 내용을 얻게 되고, 각각의 개인마다 다른 내용을 갖게 된다. 즉 무한한 숫자의 개인들을 거칠 때만 윤리적 세계의 그 모든 풍성한 내용이 발현될 수 있다고 생각한다.

법에 관한 사회적 견해와 사회주의

하지만 자유주의적 개인주의와 민주주의적 개인주의 이외에도 **사회적** 개인주의가 있다. 사회적 개인주의는 사회적 및 경제적 불평등을 수반하는 정치적 및 부르주아적 평등에 대한 비판으로부터 형성되었다. 실제로 사회적 및 경제적 불평등은 '민주자유주의적' 개인주의의 본질이다. 즉 단순한 법형식적 평등은 사회적-현실적 불평등의 은폐와 심화를 뜻한다. 모든 사람에게 평등한 소유의 자유는 사회현실 속에서는 생산수단의 소유자가 물건의 지배자로부터 인간의 지배자로 변모하고, 이에 반해 무산자계급은 소유에 복종하는 자로 전락하는 결과를 낳는다. 그리고 모든 사람에게 평등한 계약의 자유는 유산자에게는 명령의 자유로, 무산자에게는 어떠한 저항도 하지 못한 채 명령에 복종해야 하는 예속으로 변질한다. 그리고 모든 사람에게 평등한 정치적 권리는 정당의 금고를 가득 채우고 언론의 돈줄이 될 수 있는 유산자의 손에 장악되며, 무산자에 비해 엄청나게 상승한 권력이 되고 만다. 하지만 단순히 법형식적인 측면에 국한된 평등에 대한 이러한 비판은 궁극적으로 고립되고 개별성이 없는 개인—이는 민

주자유주의적 견해의 출발점이다 — 에 대한 비판을 뜻하고, 법과 국
가가 구체적이고 사회화된 개인을 지향해야 한다는 요청을 뜻한다.[6]
물론 각 개인의 개별성 — 앞에서 밝혔듯이 이로부터 출발하면 결코
법과 국가에 관한 설득력 있는 견해에 도달할 수 없다 — 을 지향해야
한다거나 인격화된 자유로 여겨지는 인간이라는 추상적인 유개념
(Gattungsbegriff)을 지향해야 한다고 요청하는 것이 아니라 예컨대
사용자와 노동자, 육체노동자와 사무직 근로자와 같은 다수의 사회적
유형을 지향해야 한다고 요청한다.[7] 이처럼 법과 국가에 관한 사회적
견해는 법학적 고찰이 사회적 권력의 차이, 즉 어떤 개인은 권력을 쥐
고 있고 어떤 개인은 무력할 따름인 상태를 분명하게 의식할 수 있도
록 해줌으로써 이러한 차이를 법적으로 고려하고 사회적으로 강한 권
력을 가진 자들과 아무런 사회적 권력도 갖지 못한 자들을 법적으로
다르게 취급하며, 약자를 지원하고 강자를 억제할 가능성을 마련한
다. 이로써 법과 국가에 관한 사회적 견해는 평등이라는 민주자유주
의적 사상을 상쇄와 조정이라는 사회적 사상으로 대체한다. 그 때문
에 이러한 특성을 가진 사회적 법은 엄격한 정의에 대항해 형평
(Billigkeit)이 승리한 것이라고 표현할 수 있다.

---

6 *Karl Marx*, Zur Judenfrage, 1943: "현실의 개별적 인간이 추상적인 국민을 자기 안
 으로 다시 끌어들이고, 개별적 인간으로서 그의 경험적인 삶 속에서 그리고 그의
 개인적 노동과 개인적 상황 속에서 유적 존재가 되며 또한 인간이 자기 자신의 힘
 을 사회적 힘으로 인식하고 조직하며, 이를 통해 사회적 힘이 더 이상 정치적 힘의
 형태로 인해 이 사회적 힘으로부터 분리되지 않을 때만 비로소 인간의 해방이 완수
 된다."
7 이에 관해서는 *Radbruch*, Von der individualistischen zur sozialen Rechtsauffassung,
 in: Hanseatische Rechts- und Gerichtszeitschrift, 13. Jahrgang, 1930, Sp. 457 이하
 (Archives de Philosophie du Droit et de sociologie juridique, 1931, S. 387 이하에도 실
 렸다) 참고.

사회적 사상은 사회적 불평등의 상쇄와 조정을 추구하는 반면, **사회주의**는 이 불평등의 원인인 생산수단에 대한 사적 소유를 제거하라고 요구하고, 이로써 불평등 자체를 제거하라고 요구한다. 하지만 사회적 사상과 마찬가지로 사회주의도 법철학적 개인주의의 형태에 해당한다. 물론 경제적 고찰에만 국한하면 사회주의는 개인주의와 대립하는 것으로 여겨질 수도 있다. 왜냐하면 사회주의는 경제생활을 자유로운 개인들의 협력과 경쟁으로 파악하는 것이 아니라 경제생활을 초개인적 규율에 복종시키고자 하기 때문이다. 그러나 법철학적 고찰에서는 이와 같은 초개인적 규율 역시 궁극적으로는 개인에게 봉사하도록 규정되어 있다는 측면만이 중요한 의미를 지닌다. 그 때문에 심지어 '공산주의 선언'마저도 "각 개인의 자유로운 발현이 곧 모든 개인의 자유로운 발현의 조건이 되는 결합"이라는 최종 목표를 정점으로 내세우고 있다. 그렇지만 모든 사람의 자유를 제한하는 수단을 통해 모든 사람의 자유라는 목표에 도달할 수 있다는 것은 사회주의적 견해가 다른 모든 개인주의적 견해와 공유하고 있는 역설이고, 이 역설은 이미 사회계약이론도 씨름하지 않을 수 없었던, 법철학적 개인주의의 근본적 문제이다. 이처럼 사회주의가 '부르주아적' 개인주의와 맺고 있는 관계로 말미암아 사회주의의 전략적 방향이 이원화되는 결과가 발생한다. 즉 사회주의적 공동체에 도달하기 전의 과도기적 형식으로서의 프롤레타리아 독재는 한편으로는 민주주의적 다수지배로, 다른 한편으로는 프롤레타리아 엘리트의 소수지배로 이해된다. 그리하여 첫 번째 형태를 통해 사회주의 사상이 민주자유주의 사상과 결합하고, 두 번째 형태를 통해 사회주의 사상은 최소한 일시적으로

나마 법치국가와 국민국가의 형식에서 벗어나는 것이 필연적이라고
여긴다.

보수주의

개인주의적 정당 이데올로기에 대항해 이 이데올로기보다 훨씬 나
중에 초개인주의적인 **보수적** 정당 이데올로기가 성립했다.[8] 전자가
공격적 이데올로기임에 반해, 후자는 방어적 이데올로기이다. 개인주
의적 정당은 이 공격적 이데올로기에 부합해 정치적 사실을 새롭게
형성하고자 했다. 이에 반해 보수적 정당은 사후적으로 성립한 이데
올로기적 구성을 통해 기존의 정치적 사실을 더욱 공고하게 만들고자
한다. 그 때문에 개인주의적 이데올로기는 합리적이고, 보수적 이데
올로기는 비합리적, 즉 역사적 또는 종교적이다. 개인주의적 이데올
로기에서 국가는 기계처럼 부분으로 구성되는 반면, 보수적 이데올로
기에서 국가는 유기체처럼 비밀로 가득 찬 생명력에 의해 형성된다.
유기체라는 형상, 즉 머리가 사지를 지배한다는 형상은 보수주의에서
는 자신의 이론을 구체화하는 데 이용된다. 즉 세포의 변화 속에서도
유기체가 자신의 정체성을 주장하듯이 국민도 현재의 구성원들의 통
일성뿐만 아니라 모든 과거 및 미래의 구성원들의 통일성이고, '세대
사이의 신성한 유대(트라이취케)'이며, 이미 그 때문에도 국민이 지배
자를 정립하는 것이 아니라 지배자가 국민 위에 군림하고, 지배자는

---

8 이에 관해서는 *Mannheim. Das konservative Denken*, in: Archiv für Sozial-
wissenschaft und Sozialpolitik, Bd. 57, S. 68 이하, 470 이하 참고.

개인들의 위임을 받아서가 아니라 전체의 이름으로 지배하며, 지배자는 국민의 의지를 통해 아래로부터 정당성을 획득하는 것이 아니라 역사와 종교, 정통성과 신의 은총, 영도자의 카리스마 등을 통해 위로부터 획득한다고 한다.[9] 이 맥락에서 슈타알은 "다수가 아니라 권위가!"라고 말하고, 무솔리니는 1789년의 세 가지 이념인 '자유, 평등, 연대'를 '권위, 질서, 정의'라는 새로운 세 가지 이념으로 대체한다(여기서 정의는 플라톤적 의미의 신분질서로 이해된다).

유기체적 국가이론으로부터 지배자의 위상과 관련해 도출되는 결론보다 더 중요한 것은 개인의 지위에 관련된 결론이다. 개인주의적 법철학은 개인과 개인의 총합으로부터 출발하고, 초개인주의적 법철학은 개별성 및 개별성으로 구성된 전체로부터 출발한다. 유기체라는 형상을 통해 수많은 부분으로 구성된 국가를 요구하고, 전체와 개별 사이의 다양한 중간단계의 형성, 기능의 다양성과 불평등성(다름), 다양한 종류와 서열의 지방 및 지역, 부족, 신분, 개별성 등을 요구한다. 개인주의적 이데올로기에서와는 달리 보수적 이데올로기에서는 개별성이 한자리를 차지하고 있다. 개인주의적 국가관의 개인은 추상적

---

9 유기체적 국가이론이 수행했던 정치적 기능을 최근에는 통합이론(*Rudolf Smend, Verfassung und Verfassungsrecht*, 1928)이 수행하고 있다. **통합이론**은 유기체이론과는 달리 "개인은 전체 속에서 살지만, 이에 못지않게 전체도 개인 속에 살고 있다(*Theodor Litt*, Individuum und Gesellschaft, 3. Aufl. 1926, S. 284)"라는 사고를 기치로 내세운다. 즉 전체는 오로지 이 전체가 개인에 의해 항상 새롭게 체험될 때만 살아 있다는 것이다. 따라서 통합이론을 통해 국가에 관한 유기체적 견해가 부활한 셈이고, 다만 유기체이론과는 달리 정태적인 것에서 역동적인 것으로, 실체적인 것에서 기능적인 것으로 변화했을 따름이다. 통합이론의 정치적 기능은 유기체이론과 마찬가지로 비민주주의적인 형태의 헌법까지도 국민의 의지에 기초할 수 있도록 만든다는 데 있다. 물론 여기서 국민의 의지는 국민 다수의 의지가 아니라 국민의 통합적 의지이다. 다시 말해 헌법은 숫자로는 확정할 수 없고 통제할 수도 없으며, 그 때문에 아무렇게나 구성할 수 있는 국민공동체에 기초하는 것으로 보게 된다.

이었고, 고립되고 개별성이 없는 존재였다. 보수주의는 개인을 더 이상 고립된 존재가 아니라 유기체의 구성부분으로 생각하기 때문에 보수주의는 개인을 개별성으로 파악할 수 있다. 그리하여 개인의 자유는 누구에게나 똑같은 자유, 즉 무엇이나 할 수 있는 추상적 자유가 아니라 개인의 제한된 특성에 따라 전체에 유용하도록 작용할 자유이고, 모든 것에서 벗어날 자유가 아니라 무언가에 향해 있는 자유, 즉 평등(같음)이 없는 자유이다. 개인주의적 이데올로기에서 개별성은 이 개별성이 최종 목적이었기 때문에 어떠한 자리도 차지하지 못했다면, 보수주의 이데올로기에서는 개별성이 전체에 봉사하는 수단에 불과하기 때문에 한자리를 차지하게 된다. 그리하여 개인과 마찬가지로 전체 자체도 개별성이다. 개별성이 없는 개인으로부터 시작한다는 점에서 볼 수 있듯이 개인주의적 사상은 국가와 국민이 없는 인류라는 최종 목표에 도달하기 이전에는 결코 걸음을 멈추지 않는 것이 이 사상의 논리적 결론이다. 이와는 달리 초개인주의적 견해에서는 국민 전체의 개별성이 실현됨으로써 최종 목적이 달성된다. 그 때문에 보수주의 사상에서는 세계는 다수의 국가로 분할되고, 한 국가는 다수의 직능단체(Berufsstände)로 분할된다.

물론 현재 보수적 국가사상과 법사상은 이 사상에 가장 가까운 정당에서 완벽하게 표현되어 있지는 않다. 보수주의는 현실 속에서 가치까지 찾아내는 역사적 또는 종교적 일원주의를 본질적 특성으로 삼고 있다. 따라서 현실에 이상─그것이 과거의 이상이라 할지라도─을 대비시키는 정당은 필연적으로 보수적 사고가 갖는 이러한 특성을 갖지 않는다. 이러한 정당이 과거를 남김없이 회복하라고 요구할 능력이 없고, 단지 현재를 과거의 요소와 혼합된 새로운 미래 이상과 대비시킨다면 보수적 사고방식과 극단적으로 대립하는 관계에 서게 된다. 더욱이 이 정당이 기존의 헌법질서에 부합하는 수단이 아니라 혁명적인 수단, 정확히는 반동적인 수단을 동원해 자신의 이상을 추구할 때는 보수적 사고방식과의 모순이 극단으로 치닫게 된다. 하지만 이 정당의 정치적 미래상에서도 지금까지는 전반적으로 보수적, 유기체적, 초개인주의적 속성만이 드러나 있다. 이는 기본적으로 즐겨 사용되지만, 상당히 다의적인 슬로건인 "개인의 이익보다는 전체의 이익을!"에 기인한 것일 수 있다. 이 정당이 제기하는 모든 개개의 요구들은 강령적 성격보다는 선동적 성격이 더 강하다. 사전에 제시된 강령의 실현을 위해 정치권력을 요구하는 것이 아니라 거꾸로 먼저 권력을 쟁취하고 그다음에 강령을 제시한다고 말하는 것 역시 이 정당의 비합리적 사고를 반영한다. 그 때문에 파시즘의 강령도 이들이 권력을 장악하기 전에 이미 "이탈리아여 우리에게 오라!"라는 슬로건에 남김없이 담겨 있었고, 또한 그 때문에 권력을 장악한 이후에 취하게 된 직능단체 중심의 국가구조에 대해 "그 자체에 기초한 국가체제가 아니라 단순한 독재를 위해 교묘하게 만들어낸 도구에 불과하다"라고 말하는 것은 타당한 지적이다.[10]

정치적 가톨릭주의

끝으로 정치적 가톨릭주의는 초개인주의 정당과 개인주의 정당의

---

10 이에 관해서는 *Ludwig Bernhard*, Der Staatsgedanke des Faschismus, 1931, S. 42 참고.

중간에 해당하는 지위를 취하고 있다. 신교의 교회관과 구교의 교회 관 사이의 관계는 개인주의적 국가사상과 초개인주의적 국가사상 사이의 관계와 정확히 일치한다. 즉 신교의 견해에서 교회는 종교적으로 유일하게 온전한 가치를 갖는 개인의 영혼에 봉사하기 위한 인간의 제도이다. 이에 반해 구교의 견해에 따르면 개인의 영혼을 치유하는 것과 관련해 교회가 가질 수 있을 모든 가치와는 전혀 상관없이 교회는 신 자신이 명령한 제도로서 초개인주의적이고 종교적인 고유 가치를 갖고 있다. 그리하여 구교의 견해에 따르면 국가는 이와 같은 교회에 소속 또는 귀속되며, 따라서 국가는 '신의 관헌'으로서 교회라는 초개인주의적 가치가 발산하는 빛이 투영된 것으로 여겨질 수도 있고, 세속국가이자 개인주의적 보장목적과 복리목적을 위한 단순한 도구로 여겨질 수도 있다. 그 때문에 가톨릭주의는 우경화 가능성과 좌경화 가능성, 즉 초개인주의적 정당과 결합할 가능성과 개인주의적 정당과 결합할 가능성을 모두 갖고 있다.

이상의 서술에 비추어 우리의 정당 제도를 법철학적으로 조명할 수 있다. 즉 우리의 정당제도는 충분히 실질적 근거가 있는 셈이다. 하지만 갈수록 더 많은 정당으로 분산되어 정당들로 무성한 숲을 이루고 소규모 정당들이 온갖 곳에서 가지를 뻗치고 있는 지금의 상황에서는 어떤 등불도 길을 밝혀줄 수 없다.

어떤 생각을 모순에 봉착하지 않고 끝까지 생각해보신 적이 있습니까?

입센(Ibsen)

§9. 법이념의 모순과 대립

이제 우리는 우리가 지금까지 걸어온 길을 되돌아보기로 하자.

정의, 합목적성, 법적 안정성

하나의 문화개념, 즉 가치관련적 개념인 법개념은 우리가 법가치, 즉 법이념을 취하지 않을 수 없도록 만들었다. 다시 말해 법은 그 의미상 법이념에 봉사하도록 규정되어 있는 어떤 것이다. 우리는 **정의**를 법이념으로 파악했고, 정의의 본질을 배분적 정의, 즉 같은 사람과 같은 상황은 같게, 다른 사람과 다른 상황은 다르게 취급하는 평등으로 규정했다. 우리는 법개념이 정의에 지향되도록 할 수는 있었지만, 법의 내용을 도출하기 위한 지침이 되는 완벽한 사고를 획득할 수는 없었다. 왜냐하면 정의는 우리에게 같은 것은 같게, 다른 것은 다르게 취급하도록 지시해주긴 하지만, 무엇인가를 같다 또는 다르다고 규정할 수 있는 기준이 되는 관점까지 말해주지는 않기 때문이다. 더 나아가 정의는 (같음/다름의) 관계만을 확정할 뿐, 취급의 방식까지 확정하지는 않는다. 이 두 가지 물음(기준 및 취급의 방식)은 오로지 법의 목적에

비추어서만 대답할 수 있을 따름이다. 그 때문에 정의 이외에도 **합목
적성**을 법이념의 두 번째 구성부분으로 추가해야 한다. 물론 이것만
으로 목적 및 합목적성에 대한 물음이 명확하게 대답하는 것은 아니
고, 오로지 상대주의적 관점에서 법과 국가 그리고 정당에 대한 다양
한 견해를 체계적으로 전개할 때만 대답할 수 있다. 하지만 이러한 상
대주의가 법철학이 할 수 있는 마지막 말이 될 수는 없다. 공동생활의
질서로서의 법을 개인들의 견해 차이에 맡겨 놓을 수는 없으며, 법은
모든 사람의 상위에 있는 **하나의** 질서이어야 하기 때문이다.

　이로써 우리는 정의 및 합목적성과 똑같은 정당성을 갖고 법에 대
해 제기되는 요청, 즉 법이념의 세 번째 구성부분인 **법적 안정성**
(Rechtssicherheit)에 마주 서게 된다. 법의 안정성은 법의 실정성을
요구한다. 다시 말해 무엇이 정의인지를 **확인**할 수 없다면, 무엇이 법
적으로 타당해야 하는지를 **확정**해야 하고, 더욱이 이를 **확정**하는 기관
은 확정한 것을 **관철**할 수 있어야 한다.[1] 따라서 법의 실정성은 극히
기이한 방식으로 법의 정당성의 전제조건이 되기도 한다. 왜냐하면
실정성은 곧 정당한 법의 개념에 속하고 또한 내용적으로 정당한 법
이 되는 것은 곧 실정법의 과제이기 때문이다.

　법이념의 세 가지 구성부분 가운데 두 번째 구성부분, 즉 합목적성
에 대해서는 상대주의적 자기절제가 적용된다. 이에 반해 다른 두 구
성부분, 즉 정의와 법적 안정성은 법과 국가에 관한 견해들의 대립과
정당들의 투쟁을 뛰어넘어 모든 견해와 모든 정당에 일반적으로 적용
된다. 법을 둘러싼 견해들의 투쟁을 종식해야만 한다는 **사실 자체**는

1　*Max Rümelin*, Die Rechtssicherheit, 1924, S. 3에서는 이러한 사고에 동의하고 있다.

이 투쟁을 **정의롭고 합목적적으로** 종식해야 한다는 사실보다 더 중요하고, 법질서의 존재 자체가 이 법질서의 정의와 합목적성보다 더 중요하며, 합목적성이 법의 두 번째 커다란 과제라면, 투쟁하는 모든 견해에 의해 똑같이 인정되는 첫 번째 과제는 법적 안정성, 다시 말해 질서와 평화이다.[2] 정의의 요청에 대해서도 모든 견해가 똑같이 복종한다. 그 때문에 일상의 정치적 투쟁은 모두 정의를 둘러싼 끝없는 논쟁의 표현이다. 자기 몫이라고 주장하는 것을 다른 사람에게는 주지 않는다거나, 자신이 취하는 것은 다른 사람에게도 부여해야 한다는 것 또는 다른 사람은 얼마든지 요구할 수 있는 것을 자신을 위해서는 요구해서는 안 된다는 것 등등 이 모든 말은 정치가와 그의 정치적 적대자들 사이에서 마치 배드민턴 셔틀콕처럼 하늘을 끝없이 왔다 갔다 날아다니는 비난과 요청 그리고 반박의 방식이다. 하지만 투쟁하는 당사자들에게 이러한 방식의 묵시적 전제조건은 한 사람에게 타당한 것은 다른 사람에게도 마땅히 타당해야 한다는 사실이다. 다시 말해 이 모든 투쟁의 전제조건은 정의의 이념이다. 정의이념은 절대적이며, 비록 형식적이긴 하지만 그 대신 보편타당성을 갖고 있다. 그 때문에 법적 안정성과 마찬가지로 정의는 초당파적 요청이다. 그렇지만 정의의 요청이 어느 정도로 법에 대한 다른 요청들보다 우선해야 하는지 아니면 다른 요청에 비해 후 순위에 있어야 하는지, 다시 말해 법의 합목적성 또는 정의가 법적 안정성을 위해 희생되어야 하는지 아

---

2 *Paul Cuche*, Conférences de Philosophie du Droit, 1929, S. 19: "평화, 즉 안정성은 법이 우리에게 보장해야 하는 최우선의 재화이다. 설령 우리가 법의 최상의 목적에 대해 근원적이고 해소할 수 없는 불일치를 겪는다고 할지라도, 최소한 우리 모두가 이익을 갖고 있는 이러한 매개적 목적을 충족시킬 수 있어야 한다는 점에 대해서는 의견이 일치할 수 있다."

니면 거꾸로 법적 안정성이 합목적성과 정의를 위해 희생되어야 하는
지는 국가와 법에 관한 견해, 정당의 입장에 따라 달라진다. 어쨌든 법
이념의 요소들 가운데 보편타당한 요소는 정의와 법적 안정성이다.
이에 반해 합목적성 자체와 법이념의 세 가지 요소들 상호 간의 서열
은 상대주의적 요소에 해당한다.

우리의 고찰은 우리가 법이념의 한 구성부분에서 다른 구성부분을
향해 가도록 끝없이 강제한다. 즉 법이념의 세 가지 구성부분은 서로
서로 요구하지만, 동시에 서로서로 모순되기도 한다.[3]

정의, 합목적성, 법적 안정성 사이의 긴장

정의와 합목적성은 서로 대립하는 요청을 제기한다. 정의는 평등
이고, 법의 평등은 법명제의 일반성을 요구한다. 정의는 정도의 차이
는 있지만 언제나 일반화하는 경향이 있다. 하지만 평등(같음)은 현실
속에 이미 주어져 있는 것이 아니라 언제나 하나의 특정한 관점에서
주어져 있는 불평등(다름)에서 벗어나 추상화를 거친 결과이다. 이에
반해 합목적성의 관점에서는 모든 불평등이 본질적인 의미를 지닌다.
즉 합목적성은 가능한 한 어떻게든 개별화를 해야 한다. 그 때문에 정
의와 합목적성은 서로 모순 관계에 있다. 이러한 모순은 예컨대 행정
과 행정법원 사이의 투쟁, 형법에서 정의를 지향하는 경향과 합목적
성을 지향하는 경향 사이의 투쟁 그리고 ― 법 이외의 영역에 해당하

---

3 이에 관해서는 *Radbruch*, Die Problematik der Rechtsidee, in: Jahrbuch Dioskuren,
1924, S. 43 이하 참고, 정의와 법적 안정성 사이의 '긴장 관계'에 관해서는 *Karl Ott
Petraschek*, Die Rechtsphilosophie des Pessimismus, 1929, S. 181 이하, 408 이하도 참고.

는 예를 들자면 ― 학교에서 등장하는 교육적 요구와 훈육적 요구 사이의 모순을 보면 분명하게 드러난다. 이러한 긴장 관계는 결코 지양될 수 없다.[4]

다른 한편 정의와 합목적성은 다시 법적 안정성과도 모순을 겪게된다. 법적 안정성은 실정성을 요구하고, 실정법은 정의와 합목적성을 고려하지 않고 효력을 갖고자 한다. 실정성은 하나의 사실이다. 다시 말해 실정법은 이 법을 제정하는 권력을 전제한다. 그 때문에 원래서로 대립 관계에 있는 법과 권력, 법과 사실이 실정법을 통해 서로밀접하게 결합한다. 그러나 법적 안정성은 권력이 정립하고 사실상으로 관철하게 되는 법명제의 효력을 요구할 뿐만 아니라 이 법명제의 내용에 대한 요구, 즉 법을 확실하게 운용하기 위한 실현 가능성 (Praktikabilität)도 함께 요구한다. 이러한 현실적 실현 가능성은 여러측면에서 법의 뚜렷한 특성이 되고, 이로 인해 개별화하는 경향이 있는 합목적성과 모순되는 결과를 낳는다. 예를 들어 현실의 삶에서는단지 흘러가는 과정에 해당하는 경우인데도 실정법은 법적 안정성을위해 날카롭게 경계를 그어버리거나 원래 의도했던 내적-심리적 사실 대신에 외적인 징후만을 법적 구성요건에 수용한다.

법적 안정성에 대한 요구는 심지어 법적 안정성 자체가 요구하는실정성에 따른 결과와 모순을 빚기도 한다. 예를 들어 법적 안정성을위해 실정법을 파괴하는 관습법이나 기존의 실정법을 무시한 채 관철될 수 있었던 혁명세력의 법에 대해 사후적으로 효력을 인정하는 경우가 있다. 법의 효력의 영역에서 발생하는 이러한 현상과 매우 비슷

---

4 이에 관해서는 *Hermann Isay*, Rechtsnorm und Entscheidung, 1929, S. 135 이하 참고.

한 현상은 효력이 있는 현행법 자체의 내용에서도 발생한다. 즉 법적 안정성을 위해 위법한 사실이 객관적 법을 말살하고 새로운 법을 창조할 수 있듯이, 법적 안정성을 위해 위법한 사실을 통해 주관적 권리가 성립하거나 소멸할 수도 있다. 예를 들어 법적 안정성을 위해 확정력(Rechtskraft)은 부정당한 내용의 판결에 개별사례에 한정해 효력을 부여하고, 때로는 심지어 부정당한 선결례에 개별사례를 뛰어넘는 효력을 부여하기도 한다.[5] 소멸시효, 취득시효, 사법상의 점유보호, 국제법적 기존상태(status quo) 등에서는 지속성, 즉 법적 생활의 안정성을 위해 위법한 상태에 대해서도 권리를 박탈하거나 권리를 부여하는 작용을 인정한다.[6]

정의, 합목적성 그리고 법적 안정성 사이의 대립을 이 세 가지 원칙과 관련해 각 작업영역에 해당하는 척도에 따르는 솔직한 분업을 제안함으로써 조정하려고 시도할 수도 있다. 즉 하나의 명령이 도대체 정당성의 형식을 취하고 있는지, 다시 말해 법의 개념 자체에 귀속시킬 수 있는지는 정의에 비추어 판단하고, 이 명령의 내용이 타당한지는 합목적성을 척도로 결정하며, 명령이 효력을 가질 수 있는지는 이 명령을 통해 확보되는 법적 안정성을 척도로 판단할 수 있을 것이다. 실제로 우리는 하나의 명령이 법적 성격을 갖는지, 다시 말해 이 명령이 법의 **개념**에 부합하는지는 오로지 이 명령이 목적으로 삼고 있는 정의만을 척도로 삼아 결정한다.[7] 하지만 법의 **내용**에 대해서는 세 가

---

5 *Walter Jellinek*, Schöpferische Rechtswissenschaft, 1928이 판결과 관련해 제기하는 '명확성의 이상'도 여기에 속한다.

6 *Max Rümelin*, Die Rechtssicherheit, 1924, S. 24 각주 4에서는 이 명제에 반대한다.

7 이를 통해 명령의 **허용 여부**에 대해서는 당연히 결정할 수 없다. 예컨대 바이마르공화국 헌법 제48조는 개별적 성격으로 인해 결코 법적 성격을 갖지 못하는 '조치

지 원칙 모두가 함께 규정한다. 물론 법의 내용의 상당 부분은 합목적성의 원칙에 의해 지배되긴 하지만, 합목적성에 의해 지배되는 법적 내용이 정의를 통해 변경되기도 한다. 예를 들어 합목적성에 기초해 명령된 원칙일지라도 법적 평등을 이유로 이 원칙의 합목적성의 범위를 뛰어넘어 적용될 필요가 있는 경우도 있다. 더 나아가 합목적성이 아니라 단지 정의 또는 법적 안정성에 의해서만 지배되는 일련의 법규정도 존재한다. 예컨대 법률 앞에서의 평등 또는 예외법원의 금지는 합목적성의 요구에 기초하는 것이 아니라 오로지 정의의 요구에 기초한다. 그리고 내용이 특정한 목적의 지배 아래 있다는 속성과는 전혀 관계없이 단순히 존재한다는 것 자체만으로 이미 목적을 완벽하게 충족하는 이른바 '방향제시규범(Richtungsnormen)'[8]의 경우, 즉 예컨대 '우측통행!'이라는 경찰명령과 같이 이와 반대되는 명령인 '좌측통행!'과 똑같이 충돌의 방지라는 목적을 충족할 수 있는 것처럼 그 반대의 내용도 얼마든지 정당할 수 있고 어떠한 내용이든 관계없이 통일적인 규율 자체만을 목적으로 삼는 법명제의 경우에는 오로지 법적 안정성에 대한 요구 때문에 명령되어 있을 따름이다.[9] 끝으로 부정의하고 부정당한 실정법일지라도 단순히 실정법이라는 이유로 곧장 **효력**을 갖는 것은 아니라는 점도 나중에 밝힐 것이다. 다시 말해 효

(Maßnahme)'를 허용하고 있다.

8 이에 관해서는 *Marschall von Bieberstein*, Vom Kampf des Rechts gegen die Gesetze, 1927, S. 116, 120 이하 참고.

9 이와 같은 방향제시규범은 정의의 의무를 남김없이 알고 있고, 이를 충족하는 완벽한 존재들의 공동체에서도 필요하다. 그 때문에 법을 단순히 인간의 원죄 때문에 어쩔 수 없이 필요한 보조적 장치로 설명하면서 인류가 원죄에서 벗어난 윤리성으로 상승할 때에는 분명히 사라질 것이라는 생각은 옳지 않다. '천상의 군사들'도 훈육지침에서 벗어날 수는 없다.

력의 문제는 법적 안정성의 관점에서만 판단할 문제가 아니라 얼마든지 정의와 합목적성의 관점에서도 판단할 수 있는 문제이다.

따라서 우리의 결론은 다음과 같이 말할 수 있을 것 같다. 즉 법이념의 세 가지 측면인 정의, 합목적성 및 법의 안정성은 비록 이 세 측면이 첨예한 모순 관계에 놓일 수 있음에도 불구하고 법의 모든 측면을 함께 지배한다. 물론 각 시대에 따라 어느 한 원칙에 더 결정적인의미를 부여하게 된다. 예를 들어 **경찰국가**는 합목적성의 원칙을 유일한 지배적 원칙으로 삼으려고 했고, 각료사법(Kabinettjustiz)의 대권판결(Machtspruch)을 통해 정의와 법적 안정성을 별다른 생각 없이무시했었다. **자연법의 시대**는 정의라는 형식적 원칙으로부터 모든 법의 내용과 효력을 마치 마술처럼 끄집어내려고 시도했다. 그리고 지나간 **법실증주의** 시대는 너무나도 끔찍할 정도의 편파성을 갖고 오로지 법의 실정성과 안정성만을 볼 뿐이었고, 그로 인해 실정법의 합목적성과 정의에 관한 계획적인 연구가 오랫동안 정지상태에 빠지고, 법철학과 법정책이 수십 년에 걸쳐 침묵에 잠기는 결과를 낳았다. 그렇긴 하지만 어느 하나가 다른 하나를 해체하면서 전개되어 온 각각의 법의 시대가 갖는 편파성은 법이념이 모순으로 가득 찬 다양성을갖고 있다는 사실을 보여주기에는 매우 적절하다.

우리는 법이념의 세 요소 사이의 모순들을 지적했을 뿐, 모순들을해소할 수는 없었다. 이를 우리는 결코 체계의 흠결로 보지 않는다. 철학은 결정권을 빼앗아 스스로 결정하는 것이 아니라 결정 앞에 서게만들어야 한다. 철학은 삶을 더 쉽게 만드는 것이어서는 안 되고, 오히려 삶이 문제가 있도록 만들어야 한다. 이 점에서 철학적 체계는 개개의 부분들이 서로서로 밀어냄으로써 서로서로 받쳐주는 고딕양식의 돔에 비유할 수 있을 것이다. 세계를 이성의 목적적 창조로 여기지 않으면서도 세계를 이성의 체계를 통해 아무런 모순도 없이 해소하려는 철학이야말로 몹시 의심스러운 철학이 아니겠는가? 세계가 궁극적으로는 모순이 아니고 삶이 결정이 아니라면 우리 인간 존재는 얼마나 부질없는 것이겠는가?[10]

---

10 *Arthur Baumgarten*, Rechtsphilosophie, 1925, S. 34에서도 '세계의 대립적 구조'를 지적하고 있고, 그 때문에 *ders.*, Die Wissenschaft vom Rechte und ihre Methode, Bd. 1, 1920, S. 52 이하에서는 '모순의 철학'을 신봉한다.

> "내가 원하기 때문에 너는 마땅히 해야 한다"라는
> 것은 난센스이다. "내가 마땅히 해야 하기 때문에 너도
> 마땅히 해야 한다"가 올바른 추론이고 법의 기초이다."
>
> 조이메(Johann Gottfried Seume)

§ 10. 법의 효력

법적 안정성이라는 사고를 통해 법이념의 문제가 이제부터 우리가
명시적으로 논의하고자 하는 법의 효력(Geltung)의 문제와 맞물리게
된다.[1] 법의 효력에 대한 물음은 '사실적인 것의 규범성(게오르그 옐리
네크)'에 대한 물음이다. 즉 권력이 수반되는 의욕으로부터 필연이 나
타날 수는 있지만, 결코 당위가 나타날 수는 없는 것처럼 보이는데도
어떻게 해서 사실로부터 규범이, 다시 말해 국가 또는 사회의 법적 의
지로부터 법적 당위가 나타날 수 있는가라는 물음이 곧 법효력의 물
음이다.

1. 법학적 효력론

물론 국가 또는 사회의 의지는 법학에서는 이 의지의 심리적 사실
성이 아니라 그 내용적 의미에 비추어 고려의 대상이 된다. 하나의 명

---

[1] 법효력의 문제에 대해서는 특히 *Emge*, Vorschule der Rechtsphilosophie, 1925, S. 81
이하; *Walther Burckhardt*, Organisation der Rechtsgemeinschaft, 1927, S. 163 이하
참고.

령의 순수한 내용은 이것이 명령되었다는 사실을 원용하지 않고서는 "이렇게 되어야 한다!"라는 말 이외에는 달리 설명할 수 없다. 따라서 의욕의 심리적 토대로부터 완전히 분리된, 의욕의 의미 자체가 곧 당위이고, 이 의미는 명령 과정의 사실성에서 벗어나 이로부터 추출된 순수한 내용의 명령 자체, 즉 규범이 된다. 그 때문에 방법론적으로 볼 때 법학은 필연적으로 법의 내용을 타당한 어떤 것, 마땅히 그렇게 되어야 할(당위) 어떤 것, 의무를 부과하는 어떤 것으로 파악하게 된다.[2]

그러나 이러한 효력(타당성)의 **근거**를 추적하는 과정에서 **법학적 효력론**(juristische Geltungslehre)은 언젠가는 필연적으로 더 이상 다른 것으로부터 도출할 수 없는 권위적 의욕이라는 사실성에 직면하게 된다. 법학적 효력론은 한 법명제의 효력을 다른 법명제로부터 도출한다. 즉 법규명령(Verordnung)의 효력은 법률로부터, 법률의 효력은 헌법으로부터 도출한다. 헌법 자체는 순수한 법학적 효력론에서는 자기원인적 존재로 파악할 수 있고 또한 그렇게 파악해야 한다. 이 점에서 법학적 효력론은 한 법명제의 효력을 다른 법명제와의 관계에 비추어 설명할 수 있을 뿐, 결코 최상위의 법명제, 즉 기본법의 효력을

---

2 이 지점에서 **법의무**의 문제와 관련해 복잡하게 뒤엉켜있는 사고과정을 다시 한번 요약할 필요가 있을 것 같다. **법철학**은 자신의 힘으로 법의무라는 사고를 정당화할 수 없다. 법철학은 규범적 형식을 가진 법을 단지 척도, 즉 순전히 사실적인 형태일 뿐인 명령으로만 알고 있을 따름이다(앞의 77면 이하). 법적으로 명령되어 있는 것은 이것이 윤리적 의무로 상승할 때만 의무가 되고, 따라서 의무는 **윤리학**의 영역에 속한다. 그러므로 법의무는 윤리적 의무로서만 정당화될 수 있을 뿐, 순수한 법의무로 정당화될 수 없다(앞의 83면 이하). 순수한 법의무는 오로지 **법학**에서만 존재할 뿐이다. 법학은 법적 명령의 의미내용을 대상으로 삼는다. 이러한 의미내용은 이를 떠받치고 있는 사실로서의 의욕으로부터 분리한다면 오로지 의무를 정당화하는 당위로서만 파악될 수 있을 뿐이다. 이마저도 위 본문에서 서술하고 있듯이 오로지 제한적인 의미에서만 가능하다.

설명할 수는 없으며, 따라서 법질서 전체의 효력도 결코 설명할 수 없다. 순수하게 체계 내재적이고 특정한 법질서에 사로잡힌 상태에서 법질서의 의미를 확인하는 것을 유일한 과제로 삼는 법학은 법질서의 효력을 언제나 이 질서 자신이 제기하는 효력 주장(Gelungsanspruch)에 비추어 가늠할 수 있을 뿐, 결코 이 법질서가 다른 질서와의 관계에서 제기하는 효력 주장에 대해서는 공정하게 결정을 내릴 수 없다.

그러므로 법학은 수없이 많은 형태로 등장하는 '규범충돌(Normenkollision)'을 전혀 해소하지 못한 상태에 머물러 있을 뿐이다. 즉 법학은 관습, 도덕 그리고 법 사이의 다툼에서 언제나 자신의 대상으로 이미 주어져 있는 법의 편을 드는 당파적 태도를 견지할 뿐, 결코 다툼의 당사자들에 대한 공정한 심판관이 될 수 없다. 이러한 법학은 국내법과 외국법 사이의 경쟁을 공평하게 결정할 수 없고, 단지 국내법의 효력 주장 또는 국내법질서의 한 구성부분인 '국제사법' 또는 '국제형법'을 기준으로 삼아 결정을 내릴 수 있을 뿐이다. 그리고 법학은 제정법과 관습법, 국제법과 국내법, 국가와 교회, 왕정을 지지하는 정통성과 혁명 사이의 투쟁과 '구법이 신법과 벌이고 있는 투쟁'에서 분쟁 당사자들 가운데 자신이 봉사하는 어느 한쪽의 주장만을 서술하는 관리인에 불과할 뿐, 결코 객관적으로 심판하는 자가 될 수 없다. 이러한 법학은 심지어 자신을 왕이라고 착각하는 정신병자의 명령으로부터 효력을 박탈해야 할 필연적 근거를 제시할 능력도 갖추고 있지 못하다. 법학은 언제나 한 법질서의 관점에서 다른 법질서의 효력 주장을 비판할 수 있을 따름 — 이런 의미에서 법학은 쇠사슬에 묶인 채 논증한다(베이컨) — 이고, 자신이 도대체 왜 특정한 법질서의 관점을 취하는지를 자신의 힘으로 정당화하지 못한다. 심지어 법학은 자신이 연구할 영역의 선택마저도 자기 자신의 힘으로 정당화할 능력이 없다. 그 때문에 법학에 대해 법을 벗어난 고찰방식을 통해 법학의 연구 대상이 무엇인지를 지시해주어야 한다.

2. 사회학적 효력론

이렇게 볼 때 앞에서 말한 모든 규범충돌에 대한 공정한 결정을 위해서는 의미의 세계로부터 존재의 세계로 비약하는 것이 불가피하다. 즉 사실상으로 실효성을 확보할 수 있는 법질서 **자체**는 효력을 갖는다. 이때 **법질서**가 장기간에 걸쳐 확신을 심어주고 또한 관습적으로 작용함으로써 법복종자들의 심정에 확신을 심어준 탓에 실효성을 갖게 되었는지 아니면 이들에게 강제와 형벌을 통해 폭력적으로 법질서를 강요한 것인지는 중요하지 않다. 하지만 하나의 법질서가 효력을 갖기 위해 모든 개별사례에서 이 법질서가 실효성을 가져야 할 필요는 없으며, 평균적인 사례에서 관철되는 것만으로도 충분하다.

이러한 유형적 고찰만으로도 바로 앞에서 설명한 효력론이 법학적, 철학적 또는 규범적 효력론이 아니라 사회학적-역사적 및 서술적 효력론이라는 점이 드러난다. 규범적 효력론은 모든 개별사례에 관한 법의 효력을 설명하는 것을 과제로 삼는다. 하지만 개별 인간에 대해 법이 갖는 효력은 법이 통상적으로, 다시 말해 다른 사람들에게 실효성을 갖고 있다는 사실에 기초할 수는 없다. 다른 특징에 비추어 보더라도 이러한 효력론의 서술적 성격이 드러난다. 즉 이 효력론은 실효성의 정도에 따라 효력의 정도를 인정하지 않을 수 없고, 따라서 동시에 존재하고 있고 서로 투쟁하는 두 개의 법질서는 각각의 실효성 정도에 따라 서로 다른 효력을 갖는다고 인정하지 않을 수 없다. 이에 반해 규범적 효력론은 법질서들 사이에 투쟁이 발생할 때 어느 법질서가 효력을 갖는지에 대해 결정할 과제를 안고 있다.

권력이론

역사적-사회학적 효력론(historisch-soziologische Geltungslehre)[3]
은 두 가지 형태로 등장한다. 하나는 권력이론(Machttheorie)이고, 다른 하나는 승인이론(Anerkennungstheorie)이다. **권력이론**에 따르면 법은 법을 관철할 수 있는 권력에 의해 명령되었기 때문에 효력을 갖는다고 한다. 하지만 명령과 권력은 단지 의욕과 능력을 의미할 뿐이고 수범자 측에 기껏해야 필연을 야기할 수 있을 뿐, 당위를 야기하지는 못하며, 아마도 복종을 불러일으킬 수 있을지는 모르지만, 결코 복종해야 할 의무를 불러일으키지는 못한다. (메르켈Adolf Merkel의 적절한 비유에 따르면) 누군가가 권총을 들고 아무 가치도 없는 종이를 지불수단으로 삼으라고 해서 이 종이가 화폐로서의 가치를 갖게 되지는 않는 것과 마찬가지로 강요를 당한 나머지 이를 갈면서 어쩔 수 없이 복종하는 자에게 명령이 구속력을 갖게 되지는 않으며, 당연히 명령을 박장대소하며 무시해버리는 사람에게 그 명령은 아무런 효력도 갖지 못한다. 왜냐하면 법은 오로지 법의 배후에 권력이 자리 잡고 있을 때

---

3 법학적 효력론과 사회학적 효력론의 차이에 관해서는 *Max Weber*, Wirtschaft und Gesellschaft, 2. Aufl. 1926, S. 368 이하 참고.

만 효력을 갖기 때문이며, 이러한 권력이 제대로 행사되지 못하는 이상 법도 효력을 갖지 못하기 때문이다. 그리하여 — 스파르타인의 도덕에 따라 — 붙잡히지 않은 자가 곧 실패하지 않은 자가 되고, 공소시효가 지나면 행위의 가벌성뿐만 아니라 행위의 위법성도 사라지게 될 것이다.

그러나 권력개념을 분석해보는 것만으로도 이미 권력이론을 뛰어넘게 된다. 즉 권력은 그것이 폭력이기 때문에 한계에 부딪히는 것이 아니다. 권력은 곧 정신이다.[4] 모든 권력은 궁극적으로 정신에 대한 권력이다. "복종하는 자만이 명령하는 자를 위대하게 만든다(실러)."[5] 하지만 최상의 권력은 법이다. "가장 힘이 센 자일지라도 폭력을 법으로, 복종을 의무로 바꾸지 못한다면 결코 충분히 강한 자라 할 수 없고(루소)", 그 때문에 법은 최선의 '폭력정치'이다(예링). 더욱이 너의 폭력 자체도 나의 공포일 따름이다. "죽음이 우리의 것이라면, 우리는 그 누구의 폭력에도 장악당하지 않는다(세네카)." 이렇게 볼 때 모든 권력은 — 그것이 자발적이든 어쩔 수 없이 그렇게 하는 것이든 — 권력에 복종하는 자들의 승인에 기초한다.

승인이론

이렇게 해서 권력이론은 우리의 관점에서는 **승인이론**으로 변화하

---

4 이런 의미에서 나폴레옹 1세는 러시아 전쟁이 끝난 후 다음과 같이 말했다. "이 세상에서 나를 가장 놀랍게 만드는 게 무엇인지 압니까? 그건 물리적 폭력의 무력함입니다. 이 세상에는 단 두 가지만이 존재합니다. 칼과 정신입니다. 장기적으로 보면 칼에 대해 승리하는 것은 언제나 정신입니다."

5 "복종이 지배자를 만든다(Oboediantia facit imparantem)." 스피노자가 했다고 하는 이 말에 관해서는 *Walter Jellinek, Grenzen der Verfassungsgesetzgebung,* 1931, S. 16 각주 29 참고.

게 된다. 법의 효력을 법복종자의 승인에 기초하게 만드는 승인이론을 반박하기 위해 이 이론이 법적 구속을 구속되어야 할 사람들의 자의에 의존하게 만들고, 이로써 법적 구속을 파괴한다는 반론을 제기한다. "'내가 원한다면'이라는 조건에서는 어떠한 의무도 성립하지 않는다(로마법대전, 1.8 D. 44, 7)." 즉 승인이론은 법이 진정으로 확립되어야 할 바로 그곳에서 법이 실패하지 않을 수 없게 만든다고 한다. 예컨대 법률을 위반함으로써 법에 대해 너무나도 분명하게 동의를 거부한 범죄자에 대해서는 법을 관철하지 못하게 된다는 것이다. 그러나 이 반론은 승인이 의지에 의존하는 것이 아니라 감정에 의존한다는 사실을 간과하고 있다. 다시 말해 승인이론에서 말하는 승인은 정신적 자발성의 영역이 아니라 정신적 소극성의 영역에 속하고, 무엇인가를 정당 또는 부당, 아름다움 또는 추함, 선 또는 악, 참 또는 거짓으로 여기는 일은 취향, 양심, 이성을 마음대로 배제할 수 없는 것과 마찬가지로 결코 우리의 자의에 속하지 않는다는 점을 간과하고 있다. 따라서 범죄자마저도 그를 규범에 구속하는 법감정을 갖고 있고, 그가 규범을 위반했다는 사실을 부정하지 못한다. 심지어 범죄자가 범죄를 통해 자신이 위반한 법에 대한 승인을 표현하는 경우도 자주 있다. 즉 절도범은 자신의 소유가 성립하게 만들기 위해 타인의 소유를 침해하는데, 이는 원칙적으로 소유라는 법제도와 소유의 보호를 위해 필요한 모든 것, 즉 자신의 행위의 당벌성(Strafwürdigkeit)을 승인하는 논리적 행위이다. 문서를 위조한 자는 그가 문서위조를 통해 동요를 불러일으킨 공공의 신뢰를 주장하며, 논리적으로 당연히 공공의 신뢰에 반하는 권리보호를 요구하는 셈이다.

이러한 예만으로도 이미 승인이론이 승인이라는 심리학적 사실에 머물러 있는 것이 아니라 논리적 일관성을 갖고 승인하지 않을 수 없는(원문은 '승인할 수 없는'으로 되어 있지만, 의미상 '승인하지 않을 수 없는'이 맞는다 — 옮긴이) 것을 간접적으로 승인한 것처럼 가정한다는 점을 알 수 있다. 즉 국가계약에 관한 이론에서와 마찬가지로 승인이론에서도 개인의 '진정한 이익'에 속하는 것을 개인이 의욕한 것으로 가정할 따름이다. 만일 우리가 이러한 가정을 제거해버리고 이로써 법의 효력을 법복종자들의 가상의 승인이 아니라 법복종자들의 진정한 이익에 기초하게 만든다면, 우리는 역사적–사회학적 효력론으로부터 철학적 효력론으로 넘어가게 된다.

3. 철학적 효력론

하지만 이와 같은 **철학적 효력론**(philosophische Geltungslehre)은 필연적으로 효력을 갖는 법과 정당한 법을 동일시하고, 정당한 법을 효력을 갖는 법과 동일시하며 실정적 효력을 절대적 타당성과 동일시하게 되는 것은 아닐까? 다시 말해 부정당한 법이라는 이유만으로 이미 이 법으로부터 효력을 박탈해버리고 정당한 법이라는 이유만으로 이 법에 대해 효력을 인정하는 자연법의 오류를 또다시 범하는 것은 아닐까?

만일 법의 목적과 이 목적을 달성하기 위해 꼭 필요한 수단을 학문적으로 명확하게 인식할 수만 있다면, 학문에 의해 승인된 자연법 앞에서 이 자연법에서 벗어난 실정법의 효력은 마치 만천하에 드러난 진리 앞에서 진상이 폭로된 착오와 마찬가지로 소멸하지 않을 수 없을 것이다. 다시 말해 부정당하다고 증명된 법의 효력을 정당화할 수 있는 어떠한 방법도 생각해낼 수 없다. 그러나 우리는 앞에서 법의 목적에 대한 물음은 다양한 정파적 견해를 열거함으로써 대답하는 것 말고는 달리 대답할 수 없다는 사실을 분명하게 밝혔다. 이처럼 자연법이 불가능하다는 사실에서 출발할 때만 비로소 실정법의 효력을 정당화할 수 있다. 바로 이 지점에서 지금까지는 우리의 고찰의 방법일 뿐이었던 상대주의가 우리의 체계를 구성하는 한 부분으로 편입된다.

공동생활의 질서는 공동생활을 하는 개인들이 법에 대해 갖는 견해에 맡길 수 없다. 왜냐하면 서로 다른 인간들이 아마도 서로 대립하는 지시를 내릴 것이기 때문이다. 따라서 공동생활의 질서는 초개인적 지위를 통해 명확하게 규율되어야 한다. 그렇지만 상대주의의 견해에 따른다면, 이성과 학문이 이와 같은 과제를 수행할 수는 없기 때문에 의지와 권력이 이 과제를 떠맡아야 한다. 누구도 무엇이 정의인지를 확인할 수 없다면, 누군가 무엇이 법적으로 옳은 것인지를 확정해야 하고,[6] 제정법이 서로 대립하는 법적 견해들 사이의 투쟁을 권위적인 결단을 통해 종식하는 과제를 이행해야 하며, 따라서 법의 제정은 모

---

6 **무엇이 옳은지**가 아니라 **무엇이 법이야 하는지**를 확정한다는 것은 자기모순이 될 수 있다. 권력자의 법제정 권한은 특정한 견해를 법질서의 토대로 만들 수는 있지만, 보편타당한 법적 진리를 부르짖을 수는 없으며, 권력투쟁을 종식할 수는 있지만, 법적 견해를 둘러싼 의견들의 투쟁을 종식할 수는 없다. 이와는 반대로 법적 견해들의 타당성을 결정하기 위해 권력에 호소하는 상대주의는 이 권력이 법적 견해를 둘러싼 의견들의 투쟁을 자유로운 영역으로 남겨두라고 요구한다. 즉 행동의 합법성뿐만 아니라 비판과 선동의 자유까지도 요구한다. 이러한 관점을 보충한다면 Abraham Gutermann, Besprechung der Radbruchschen 'Grundzüge der Rechtsphilosophie', in: Archiv für Sozialwissenschaft und Sozialpolitik, Bd. 41, 1916, S. 508에서 제기한 나에 대한 비판은 얼마든지 반박할 수 있다.

든 저항하는 법적 견해에 대항해 자기 자신을 관철할 수 있는 의지가 담당해야만 한다. 그러므로 법을 관철할 수 있는 자는 이를 통해 자신이 법을 제정할 소명을 담당하고 있다는 사실을 증명하는 셈이다. 이를 뒤집어 생각해보면, 국민 각자를 다른 사람으로부터 보호할 수 있을 정도로 충분한 권력을 갖고 있지 않은 자는 국민에게 명령할 권리(법)를 갖지 못한다(칸트)는 뜻이다. 혁명정부의 첫 번째 약속은 혁명을 통해 장애가 발생한 '평온과 질서'를 다시 수립하고 유지한다는 약속이다. 이는 혁명정부가 제시하는 모든 약속 가운데 가장 우선하는 약속이다. 왜냐하면 혁명정부는 '평온과 질서'의 유지를 통해서만 자신을 정당화할 수 있기 때문이다. 카알 마르텔Karl Martell은 교황 차카리아스Zacharias에게 다음과 같은 질문을 제기한다. "폭력을 장악한 자가 왕이 되어야 합니까?" 교황은 "그래야 질서가 파괴되지 않는다"라는 근거를 제시하면서 "그렇다!"라고 대답한다.[7] "우리에게 평온을 가져다주는 자가 주님이다(괴테)." 이것이야말로 모든 실정법의 효력이 토대로 삼고 있는 '근본규범'이다. 이 근본규범을 다음과 같이 표현하기도 한다. "한 공동체에 최고 권력자가 존재하면, 그가 명령하는 것은 준수되어야 한다." 또는 로마서 13장 1절에 등장하는 더 짧은 표현은 "누구든 자신 위에 있는 관헌에 복종할지어다"라고 말한다.[8]

---

7 *Leopold von Ranke*, Über die Epochen der neueren Geschichte, 8. Vortrag § 3.

8 이에 관해서는 *Walter Jellinek*, Gesetz, Gesetzesanwendung und Zweckmäßigkeitserwägung 1913, S. 27 이하; *ders.*, Grenzen der Verfassungsgesetzgebung, 1931, S. 16; *Georg Jellinek*, Allgemeine Staatslehre, 3. Aufl. 1921, S. 264 각주 1 참고. 켈젠도 "법을 생성하는 권위로서의 근본규범을 통해 단지 이 권위에 기초한 규범이 전반적으로 복종을 얻게 된다는 의미의 권위를 정립할 수 있을 뿐이며", 이러한 근본규범을 통해 "권력이 법으로 전환된다"라고 말한다(*Hans Kelsen*, Die philosophischen Grundlagen der Naturrechtslehre und des Rechtspositivismus, 1928, S. 65). 실제로 혁명 후

이로써 권력과 법의 연결, 법파괴를 통한 법의 성립, 완결된 사실에 관한 국제법적 이론, 사실적인 것의 규범성은 이제 법철학적 정당화를 확보한다. 하지만 그렇다고 해서 우리가 이를 통해 사회학적 효력론으로 되돌아가는 것은 아니다. 즉 법은 법이 실효성을 갖고 관철될 **수 있기 때문에** 효력을 갖는 것이 아니라 법이 실효성을 갖고 관철될 **수 있다면** 효력을 갖는다. 그럴 때만 법이 법적 안정성을 보장**할 수 있기 때문이다.** 따라서 실정법의 효력은 오로지 실정법에만 귀속되는 안정성에 기초하고 또는 — 우리가 '법적 안정성'이라는 냉철한 표현 대신 더 비중 있게 들리는 가치적 표현을 동원하자면 — 서로 투쟁하는 법적 견해들 사이에 법이 수립하는 평화, 만인의 만인에 대한 투쟁에 종식을 고하는 질서에 기초한다. 실정법은 "의견들의 투쟁과 철학자들의 투쟁 와중에도 행위의 평화를 수립해야 한다(요한 안젤름 포이어바흐Johann Anselm Feuerbach)." 정의는 법이 담당하는 두 번째로 거대한 과제이고, 첫 번째 과제는 법적 안정성, 평화, 질서이다. 괴테는 "나는 무질서를 감수하느니 차라리 부정의를 자행하겠다"라고 말하면서, "이 세계에 법률이 없는 것보다 차라리 너에게 불법이 발생하는 게 더 낫다"라고까지 말한다.[9]

에 중앙정당(Zentrumspartei)의 의원 그뢰버Gröber는 로마서 13장 1절을 원용했다(1919년 2월 13일 의회연설): "우리의 생각에 따르면 모든 관헌은 신의 은총을 받은 존재이다. 관헌이 군주정의 관헌인지 아니면 공화정의 관헌인지는 중요하지 않다."

[9] 이와 똑같은 법감정을 폰타네(*Theodor Fontane*, Meine Kinderjahre)는 이렇게 표현한다. "혁명투쟁이 확실하게 승리하지 않는 이상 나는 이 모든 반항을 많든 적든 인정하지 않으려고 한다. 나의 이 생각은 물론 나의 법감정이라고는 말할 수 없지만, 아무튼 나의 **질서** 감정에 기초한다는 것만은 사실이다." 폰타네는 그 이유를 "어떤 **질서 감각**, 즉 숫자와 권력의 우위에 대해 당연히 제기해야 할 요구"에서 찾고자 한다.

각 효력론 사이의 모순과 대립

하지만 이것이 효력의 문제에 대해 법철학이 할 수 있는 마지막 말이어서는 안 된다. 단지 법적 안정성도 하나의 가치이고 실정법을 통해 보장되는 법적 안정성이 부정의하고 합목적성이 없는 법의 효력도 정당화할 수 있다는 점을 말했을 뿐이다. 이에 반해 모든 실정법을 통해 충족되는 법적 안정성이라는 요구가 법적 안정성만으로는 충족되지 않을 수 있는 정의와 합목적성이라는 요구보다 절대적으로 우선한다고 말하지 않았다. 법이념의 세 가지 측면은 똑같이 가치를 갖고 있으며, 이 세 측면이 서로 대립하는 경우에는 개인의 양심 이외에는 이 가운데 어느 하나를 선택하는 결정을 내릴 객관적 기준은 존재하지 않는다. 따라서 모든 실정법이 각 개인에 대해 완벽하게 효력을 갖는다는 점을 증명하는 것은 애당초 불가능하다. 현실적인 것이 완벽하게 가치와 효력을 갖는 일은 기적에서나 가능할 따름이다.

개인의 양심은 대부분 실정법에 대한 위반을 자신의 법적 확신의 희생에 비해 더 걱정스러운 일로 평가하기 마련이다.[10] 그러나 양심이 복종을 거부하는 '치욕스러운 법률(Schandgesetz)'이 존재할 수 있다. 비스마르크의 사회주의자 법률이 제정된 시기에 비덴Wyden에서 거행된 사회민주당 전당대회는 사민당이 오로지 **합법적인** 수단만을 동원해 당의 목표를 달성하기 위해 노력한다는 내용의 고타강령(Gothaer Programm)을 **모든** 수단을 동원한다는 내용으로 개정하기로

---

10 *Marschall von Bieberstein*, Vom Kampf des Rechts gegen die Gesetze, 1927은 법적 확신의 가치에 비해 법적 안정성의 가치를 지나치게 낮게 평가한다.

의결했다.

물론 "모든 **법률가**에게는 모든 기존의 법률적 질서는 곧 최상의 질서이고, 만약 이 질서가 이보다 더 상위에 있는 권력에 의해 변경된다면, 이 변경된 질서가 곧 최상의 질서이어야 한다(칸트)." 실정법 질서를 해석하고 이 질서에 봉사해야 할 의무가 있는 **법관**은 현실적으로 효력을 갖는 법률의 의미와 효력 주장을 있는 그대로 존중하는 법학적 효력론 이외의 다른 효력론을 알아서는 안 된다. 법관에게는 법률의 효력의지가 효력을 발휘하도록 해야 하는 것이 직업적 의무이고, 법의 권위적 명령을 위해 자신의 법감정을 희생시키는 것 또한 직업적 의무이며, 단지 무엇이 법적으로 타당한지를 물어야 할 뿐, 결코 법률이 정의로운지를 물어서는 안 된다. 물론 법관의 이러한 의무 자체, 즉 지성의 희생(sacrificium intellectus) 그리고 장래에 어떻게 변화할지를 전혀 알 수 없는 법질서를 위해 자신의 인격을 맹목적으로 복종시키는 것이 과연 윤리적으로 가능한 것인지 의문을 제기할 수도 있다. 하지만 법이 그 내용에 비추어 볼 때 아무리 부정의한 모습을 갖추고 있을지라도, 법이 존재한다는 사실 자체만으로 이미 **하나의** 목적, 즉 법적 안정성이라는 목적은 충족된다는 사실은 앞에서 밝힌 바 있다. 법관이 자신의 개인적 정의를 전혀 고려하지 않고 법률에만 봉사한다면, 법관은 결코 자의에 따른 우연적인 목적에 봉사하는 것이 아니다. 이 법관이 비록 법률이 의욕하는 대로 행동하면 더 이상 정의의 봉사자가 될 수는 없다고 할지라도 그는 여전히 법적 안정성의 봉사자로 남아 있게 된다. 우리는 자신의 확신에 반해 설교하는 목사는 경멸하지만, 자신의 반대되는 법감정에도 불구하고 법률에 대한 충실에 아무런 혼란도 겪지 않는 법관은 존경한다. 왜냐하면 교리는 신앙의 표현으로서만 가치를 갖는 반면, 법률은 단순히 정의의 소산으로서만 가치를 갖는 것이 아니라 법적 안정성의 보장으로서도 가치를 갖기 때문이며, 특히 법률 자체의 실현이 법관의 손에 달려 있기 때문이다. 정의로운 사람은 분명 단순히 법을 따르는 사람, 법률에 충실한 사람 이상의 어떤 속성을 가진 사람이라고 여겨진다. 이에 반해 우리는 '법을 따르는 법관'이라고 말하지 않고, '정의로운 법관'이라고 말하는 것이 일반적이다. 왜냐하면 법을 따르는 법관이란 이미 이것만으로 그리고 오로지 이것을 통해서만 정의로운 법관이 되기 때문이다.

그러나 모든 제정법은 효력을 갖는다고 고찰하도록 양심이 구속되는 법관 앞에 비록 제정된 법일지라도 그 내용이 부정의하거나 합목적성이 없는 법은 효력을 갖지 않는다고 고찰하도록 양심이 구속되는 피고인이 서 있게 되는 경우가 있다.[11] 법은 이 피고인에 대해 법이 얼마나 커다란 권력을 장악하고 있는지를 시위할 수는 있을지언정, 그에게 법의 효력을 증명할 수는 없다. '확신범(Überzeugungstäter)'이라는 이름을 가진 이 사례는 이에 대한 해결방법이 전혀 존재하지 않는다는 사실을 통해 참으로 비극적인 사례로 드러난다. 즉 행위자는 범죄를 저질러야 할 의무가 있고, 법관은 행위자를 처벌할 의무가 있으며, 심지어 법관은 피고인이 자신의 의무라고 여기면서 저지른 범죄를 처벌할지라도 아무런 효과도 미치지 못할 것을 알고 있음에도

---

11 프리드리히 빌헬름 세자에게 비스마르크는 이렇게 말한다. "소신은 헌법을 **양심적**으로 준수할 것을 선서합니다. 하지만 소신의 양심이 제게 헌법을 준수하지 **말라고** 명령할 때에는 어찌해야 합니까?" 이에 관해서는 *Egmont Zechlin*, Staatsstreichpläne Bismarcks und Wilhelms II. 1890-1894, 1929, S. 60 이하 참고.

불구하고 법질서의 단호함을 보여주고 법적 안정성을 보장하기 위해 처벌을 수행해야 할 의무가 있다. 그 때문에 소크라테스는 오판의 집행에서 벗어나기 위해 도망치는 것을 거부하면서, 자기의 생각에 따라 행동했다. "자네 생각에는 선고된 판결이 아무런 힘도 갖지 못하고, 개인이 판결을 무효로 만들어버리고 판결의 집행을 가로막는 나라가 계속 존재할 것 같은가 아니면 소멸할 것 같은가?"[12]

---

12 이에 관해서는 *Max Alsberg*, Der Prozeß des Sokrates im Lichte moderner Jurisprudenz und Psychologie, 1926, S. 27 이하 참고.

> 돌은 조각가의 끌질과 줄질을 묵묵히 견뎌내면서
> 조각가의 손길에 조금도 저항하지 않은 채 그의 뜻을 따른다.
> 입법자만이 스스로 움직이며 저항을 일삼는 소재인 인간의 자유를 다룰 뿐이다.
>
> 실러

§ 11. 법의 역사철학

역사철학의 주제는 가치실현의 관점에서 본 역사, 즉 가치를 향한 길 또는 가치로부터 이탈하는 길로서의 역사이다. 따라서 법의 역사철학(또는 법의 역사의 철학)은 법의 개념, 이념, 효력(이 세 가지 문제영역은 우리가 지금까지 고찰한 주제였다)의 실현을 역사적 사건의 현실 속에서 고찰해보는 것을 과제로 삼는다.

1. 법의 형식과 소재

'법'은 모든 법적 고찰에 앞서 존재하고 이 고찰의 토대가 되는 개념범주이며, 그것을 벗어나서는 어떠한 법적인 것도 사고할 수 없는 사고형식일 뿐만 아니라 법세계의 모든 사실을 포괄하고 형성하는 실제적 문화형식이기도 하다. 그 때문에 새로운 법을 향한 노력은 법적 진공상태에서 실현되는 것이 아니라 기존의 법제도를 새롭게 해석하거나 기존의 법체계에 새로운 법제도를 추가하는 방식으로 이루어지며, 어느 경우이든 단지 세세한 부분에서만 변경을 가하는 것일 뿐, 그 자체 거대한 법적 건축물의 구조에 편입되고 이 건물의 양식으로부터 결코 벗어나지 못하도록 규정당하게 된다. 이처럼 절대적 범주에 해당하는 법의 개념은 법의 실제적 문화형식을 통해 현실로 표현된다.

바로 이 지점에서 법의 소재와 형식의 관계, 즉 존재사실과 구성된 것 사이의 관계(프랑수아 제니François Gény), 입법의 대상이 되는 사실적 소재(오이겐 후버Eugen Huber)와 이에 대한 입법적 형성 사이의 관계에 대한 역사철학적 물음이 태동하고, 법형식의 형성력과 법소재의 저항에 대해 극도로 다양한 평가가 이루어진다.[1]

자연법론은 이념에 대항하는 소재의 저항을 거의 제로로 만들 수 있다고 생각한다. 즉 법의 소재는 법의 이념에 의해 완전히 제거될 수 있다는 것이다. 그리하여 자연법론은 특정한 역사적 상태가 아니라 자연상태를 법이념의 소재로 파악하고, 이 자연상태를 어떤 사회학적 관계가 아니라 개인들이 서로 교류하지 않고 흩어져 있는 상태로 묘사하며, 이미 존재하고 있는 어떠한 사회적 유대를 통해서도 전혀 방해받지 않으면서 이러한 개인들 사이에 비로소 사회적 관계를 수립하는 것은 전적으로 법이념에 맡겨져 있다고 본다. 그리고 자연법론은 소재가 행사하는 어떠한 역사적 또는 사회학적 저항도 알지 못하기 때문에 법이념의 변화 가능성을 부정하고, 변화 가능성은 단지 구체적인 소재에 관련된 요소로 인해 발생할 수 있을 뿐, 완전히 비어있고, 그 때문에 완벽하게 일반적인 순수한 형식은 결코 변화할 수 없다고 한다. 바로 이 측면에서 자연법론은 어느 곳에서나 영원히 똑같은 법

---

[1] 이에 관해서는 *Radbruch*, Rechtsidee und Rechtsstoff, in: Archiv für Rechts- und Wirtschaftsphilosophie, Bd. 17, 1923, S. 343 이하 참고.

적 이상이 존재한다고 주장한다.

　법형식의 전지전능을 표방하는 자연법론을 극복한 것은 **역사법학**
의 공적이다. 즉 역사법학은 이성이 갖는 형식으로서의 힘을 희생시
키고 그 대신 '민족정신'이라는 존재사실을 강조한다. 실제로 소재의
저항을 거의 제로로 만들 수는 없다는 점은, 사회적 세계에서 결정적
으로 중요한 운동은 법의 영향권에서 벗어난다는 단순한 사고만으로
도 어렵지 않게 알 수 있다. 법질서는 단지 개개의 인간에게 명령할 수
있을 뿐이고, 개인이라는 우회로를 거칠 때만 사회적 현상에 영향을
미칠 수 있을 뿐이며, 그 때문에 매우 제한적 범위의 영향력만을 획득
할 수 있을 따름이다. 예컨대 대중심리학적 현상은 법질서에 의해 지
배될 수 없다. 그리고 법질서는 자연현상에 대해서도 아무런 영향을
미치지 못한다. 그 때문에 자연적 현상이자 동시에 사회적 현상, 즉 기
술이자 동시에 사회적 운영인 경제는 기본적으로 법의 영향을 받지
않고 움직이고, 오히려 경제가 법에 영향을 미치기에 적합하다.[2]

　이와 같은 생각들은 법형식의 전지전능을 주장하는 이론과 법형식
의 완전한 무능력을 주장하는 이론을 대비시키는 결과에 도달하게 만
든다. **물질주의적 역사관**은 법을 단지 경제의 발현방식으로 파악하고,
따라서 법형식을 법소재의 발현방식으로 본다. 법을 경제의 형식으로
지칭함으로써 물질주의적 역사관에서 법은 형태를 부여하는 형식이
아니라 형태로 만들어진 형식일 뿐이고, 소재를 억지로 끼워 넣어야
할 틀로서의 형식이 아니라 소재가 취하게 되는 모양으로서의 형식이

2　이에 관해서는 *Karl Renner*, Die Rechtsinstitute des Privatrechts und ihre soziale
　Funktion, 1929, S. 145 이하 참고.

며, 가장 깊은 곳에 자리 잡은 내재적 본질이 아니라 외적 현상일 뿐이다. 따라서 물질주의적 역사관에서 법은 전적으로 역사적 및 사회적 조건에 의존하고, 보편타당한 형식의 구성부분이 아니다. 이런 의미에서 마르크스와 엥겔스는 「독일 이데올로기」 초고에서 "법은 종교와 마찬가지로 고유한 역사를 갖지 않는다는 사실을 잊어서는 안 된다"라고 적어 놓았다.

앞에서(42면 이하) 전개한 고찰에서 이미 역사적 물질주의(사적 유물론)도 문화형식, 특히 법형식의 고유한 법칙성을 인정하지 않을 수 없고, 단순히 이념적인 것을 물질적인 것과 동일시하는 것이 아니라 물질적인 것이 새로운 형식으로 전환 및 변환하는 것으로 고찰하며, 다만 이러한 과정의 형식적 측면에 충분히 주목하지 않았다는 점을 밝힌 바 있다. 그리고 우리의 이론적 논의를 통해 법적으로 올바른 것의 형식은 정의의 형식, 다시 말해 평등과 일반성의 형식이고, 이 형식이 법을 이용하고자 하는 모든 목적추구를 필연적으로 장악하고 있으며, 이 형식은 법의 목적설정의 절대적 지배에서 벗어나 있다는 점을 확인했다. 그러므로 법의 형식과 소재 사이의 관계에 대한 역사철학적 물음은 다음과 같이 대답해야 한다. 즉 각각의 법은 법소재와 법형식의 산물이다. 물론 이 산물에서 때로는 형식의 요소가, 때로는 소재의 요소가 우선하게 된다. 어느 측면이 더 우선하는가에 따라 분류한다면, 로마법은 형식의 요소가, 게르만법은 소재의 요소가 우선하는 유형에 속한다.

이와는 달리 또 다른 역사철학적 이론은 법형식이 전적으로 소재에 의해 규정된다는 견해와 밀접한 연관성을 갖고 있다. 즉 모든 법적 내

용뿐만 아니라 법형식 자체도 소멸한다는 마르크스의 '**법의 사멸**
(Absterben des Rechts)'에 관한 이론이 바로 그 이론이다. 이 이론에
따르면 법(학)적 세계관은 '부르주아의 계급적 세계관(엥겔스)'으로서
봉건주의의 신학적 세계관을 대체한 것일 뿐이다. 그리하여 프롤레타
리아의 과도기 국가에서는 정의라는 외양을 갖추고 등장하는 부르주
아 법은 '전혀 꾸미지 않은', 즉 법형식을 의도적으로 포기하는 프롤
레타리아 계급'법'에 의해 대체되고, 그 이후 계급 없는 사회가 오면
이 법마저도 완전히 소멸하고 단순히 '사안에 대한 관리'에 자리를 물
려준다고 한다. 따라서 정의 역시 주고받는 관계(do ut des)로서의 시
장을 이데올로기적으로 반영한 것에 불과하고, 개인주의적 시장경제
와 함께 필연적으로 소멸할 운명이라고 한다. 물론 여기서 말하는 정
의는 단지 사법적 정의, 즉 평균적 정의일 따름이다. '부르주아 법의
협소한 지평(마르크스)'과 평균적 정의로부터 완전히 벗어나게 되면,
오로지 이와는 다른 종류인 배분적 정의, 즉 공법적 정의의 배타적 지
배 또는 전체 법질서의 공법화, 사회적 법을 통한 개인주의적 법의 해
소가 등장한다는 것이다. 그렇다면 사회주의적 공동체 역시 법치국가
가 될 것이다. 물론 이 법치국가는 평균적 정의 대신 배분적 정의가 지
배하는 법치국가이다. 그 때문에 인간의 공동생활은 법형식 자체가
없이는 생각조차 할 수 없다.[3]

---

3 이에 관해서는 *Paschukanis*, Allgemeine Rechtslehre und Marxismus, 1929와 파슈카
니스의 이 저작에 관련된 *Radbruch*, Klassenrecht und Rechtsidee, in: Zeitschrift für
soziales Recht, Jahrgang 1, 1929, S. 75 이하; *Kelsen*, Allgemeine Rechtslehre im Lichte
materialistischer Geschichtsauffassung, in: Archiv für Sozialwissenschaft und Sozial-
politik, Bd. 66, 1931, S. 449 이하 참고.

2. 의식적 법형성과 무의식적 법형성

역사 속에서 **법이념**이 실현되는 것에 관한 물음은 두 가지 방식으로 제기될 수 있다. 첫째, 개개의 세계관과 정당의 법이념들로부터 출발해 역사가 얼마만큼 각 세계관의 실현에 이바지했는지를 탐구할 수 있다. 이 경우 법과 국가에 관한 각각의 견해마다 특수한 역사철학적 구성을 시도하게 된다. 자유주의 역사철학의 예로는 '세계시민적 의도에서 바라본 보편사'에 관한 칸트의 이념을 들 수 있고, 사회주의적 역사철학의 예로는 공산주의 선언을, 초개인주의적 역사철학의 예로는 바이에른의 왕 막스Max 앞에서 랑케Leopold von Ranke가 행한 강연과 정치적 대화를, 끝으로 초인격적 역사철학의 예로는 야콥 부르크하르트Jakob Bruckhardt의 '세계사적 고찰'을 들 수 있을 것이다. 둘째, 도대체 이념, 특히 법이념이 역사에 어떠한 방식으로 영향력을 행사하고, 개인의 의식적인 목적설정의 형태로 아니면 무의식적인 역사과정의 형태로 역사에 영향을 미치는가의 물음을 논의할 수 있다.

이미 헤겔과 사비니가 서로 대립하는 근거가 되었던 이 두 번째 물음4에 대해서는 법이념이 갈수록 의식적이고 목적적인 역사적 추동력이 되어 왔다는 대답만이 가능할 따름이다. 이러한 발전은 여러 가지 표제어를 동원해 표현할 수 있다. 즉 민족정신으로부터 국가의지

---

4 **헤겔 대 사비니**: "원시인들은 본능, 풍속, 감정에 의해 지배되지만, 이에 대한 의식 자체가 없다. 법이 정립되고 의식된다는 것을 통해 감각, 생각, 복수의 형태, 동정, 이기심 등 모든 우연적인 것은 사라지고, 이렇게 해서 법은 비로소 법의 진정한 소명에 도달하고 법의 영예를 누리게 된다(*Hegel*, Grundlinien der Philosophie des Rechts, 1821, § 211 Zusatz)." 이에 관해서는 *Erich Rothacker*, Einleitung in die Geisteswissenschaft, 2. Aufl. 1930, S. 62 이하 참고.

로의 발전, 관습법으로부터 제정법으로의 발전, 법의 '유기적' 성장으로부터 '법에서의 목적'과 '권리를 위한 투쟁(예링)'으로의 발전 또는 ― 규범을 정립하는 사회적 형상을 염두에 둔다면 ― 공동사회로부터 이익사회로의 발전(퇴니스)이나 ― 개인의 법적 지위의 형성을 염두에 둔다면 ― 타고난 신분으로부터 계약, 고유한 의지를 통해 형성된 사회상태(헨리 메인Henry Sumner Maine)로의 발전으로 표현할 수 있다.

물론 충동적 행위를 점차 대체하는 목적설정이 반드시 절대적 목적이념에 부합하지는 않으며, 얼마든지 순전히 이기적이고 자의적인 목적설정이 될 수도 있다. 하지만 충동적 행위도 자주 그렇듯이 의식적인 이기주의적 목적설정도 보편타당한 목적이념의 무의식적 도구가 되는 경우가 자주 있다. 분트Wilhelm Wundt는 이러한 사실을 '목적의 형질변경'이라는 이름으로 묘사하고, 헤겔은 '이성의 간지'라고 묘사한다. 정당의 삶에서 이데올로기와 이해관계 사이의 관계에 대한 앞의 서술(107면 이하)은 이에 관한 구체적인 예를 제공한다. 자유주의 이론, 즉 전면적인 자기이익(자기효용)과 보편적인 복리 사이의 예정조화에 관한 이론은 이처럼 "너를 위한 것이지만, 너의 것은 아니다"라는 사회학적 사실에 기초하고, 뤼커트Friedrich Rückert는 이러한 예정조화를 다음과 같이 시적인 표현으로 '전환하고 번역'한다. "장미가 자기 자신을 가꾸고 꾸미면, 장미가 정원도 가꾸고 꾸미는 일이 된다." 의도적으로 사회주의적 사회질서를 추구하지 않는 사회적 세력을 통해 필연적으로 사회주의적 사회질서로 발전한다는 마르크스주의의 필연성 이론도 같은 사고에 기초한다. 따라서 물질주의적 역사관도 비록 이념적 동기에 따른 주관적 관념론은 아니지만, 승리하는 이념의 객관적 관념론을 뜻한다. 사상이 현실로 뚫고 나가지 않는다면, (카알 마르크스의 표현에 따르면) 거꾸로 현실이 사상으로 뚫고 나가게 된다.

충동적 법형성으로부터 목적적 법형성으로의 필연적 발전, 비합리적 법형성으로부터 목적합리적 법형성으로의 필연적 발전은 다양한 가치판단의 대상이 될 수 있다. 사물과 상황의 이성이 다른 모든 개인적 이성보다 더 높다는 견해는 이러한 자연 필연적 발전에 대해 필연적으로 문화비관주의(Kulturpessimismus)적 태도로 대답하지 않을 수 없으며, 이에 반해 사물과 관계 속에는 이성적인 개인이 여기에 집어넣은 것이 아니라면 어떠한 다른 이성도 존재할 수 없다는 견해는 이와 같은 자연 필연적 발전을 역사를 통한 이성의 승리이자 무한한 진보로 환영하는 문화낙관주의(Kulturoptimismus)적 태도를 표방하지 않을 수 없다.[5]

3. 정통성 이론과 격변 이론

끝으로 **법효력**에 관한 사고도 역사철학적으로 고찰할 수 있다. 법학적 효력론의 관점에서는 예컨대 법률과 헌법의 관계와 같이 특정한 법질서 내에 있는 한 법명제와 다른 법명제 사이의 관계뿐만 아니라

---

5 그렇지만 '공동사회'에 관한 이 위대한 이론가도 공동사회로부터 이익사회로 향하는 부단한 발전으로부터 문화비관주의적 결론을 도출하지는 않는다. 이에 관해서는 *Ferdinand Tönnies*, Troeltsch und die Philosophie der Geschichte, in: Schmollers Jahrbuch für Gesetzgebung, Verwaltung und Volkswirtschaft im Deutschen Reich, Bd. 49, 1925, S. 188 이하 참고.

역사 속에서 순차적으로 대체되었던 법질서들의 관계도 탐구할 수 있다. 법학적 효력론을 역사에 적용해보면 이 효력론은 정통성 원칙, 즉 모든 새로운 법질서는 그 이전의 법질서로부터 합법적인 방식을 거쳐 발전된 법질서이어야 한다는 요청과 그 이전의 법질서로부터 정당화될 수 없는 법질서의 법적 타당성을 부정하는 결론에 도달한다. "법은 법으로 남아 있어야 한다."

그러나 "현재의 인류에게 법이 되는 모든 것은 법의 형식에 대항함으로써 성립했다(피히테)." "오늘날의 정치적 세계에서 혁명적 토대에 기초하지 않은 것이 과연 존재한다는 말인가?(비스마르크)"[6] 수천 년에 걸쳐 중단되지 않고 정통적 발전을 겪은 것은 단 하나밖에 존재하지 않는다. 그것은 바로 12사도로부터 개개의 한 명 한 명의 가톨릭 성직자로 면면히 이어지는 사제서품의 연쇄이다. 따라서 정통성 이론 (Legitimitätstheorie)은 역사철학적 과제를 감당하지 못한다. 그것은 법학적 효력론이 법철학적 효력론을 감당하지 못하는 것과 같은 이치이다. 법은 법으로부터 성립할 뿐만 아니라 법과 아무런 관계가 없는 야생의 뿌리에서 새로운 법이 자라나기도 한다. 즉 시원적인 법창조, 사실성으로부터 완전히 새로운 법이 탄생하는 경우, 법파괴를 통한 법생성, 혁명의 용암이 굳으면서 그 위에서 새로운 법이 형성되는 경우가 존재한다.

역사철학적 수성론(Neptunismus)과 역사철학적 화성론(Vulkanismus) 이라는 두 가지 대립하는 견해는 법의 역사에 관한 연속성 이론과 격

---

6 *Otto von Bismarck*, Gedanken und Erinnerungen I, 1898, S. 176. 비스마르크는 게를 라하Gerlach와 장문의 서신 교환을 통해 정통성 원칙에 대한 논쟁을 벌인다.

변 이론이라고 표현할 수 있는데, 이 두 견해는 역사주의와 합리주의라는 더 넓은 범위에 걸친 견해의 발현형식이다. 정통주의(Legitimismus)는 급격한 변혁이 없는 점차적 진행, 즉 역사적 사고의 범주로부터 정치적 행위에 대한 규범을 만드는 견해에 해당한다. 그 때문에 정통주의는 법학적 효력론, 즉 법학의 한 사고형식을 정치적 독트린으로 격상시킨다. 하지만 이러한 정통주의적 견해에 대해서는 역사적 격변 역시 역사에서 벗어나 있는 것이 아니고, 역사적 격변도 사후적으로 보면 오랜 기간에 걸쳐 준비된 역사 필연적 원인에 따른 것임을 통찰하게 된다는 반론을 제기할 수 있다. 법의 연속성도 이와 같은 역사적 연속성과 합치한다. 즉 모든 법적 격변에도 불구하고 법을 관철할 수 있는 자가 법을 제정할 소명을 갖는다는 원칙은 불변의 원칙으로 남아 있다. 혁명은 단지 이 '근본규범'이 정해 놓은 최고 권력의 자리를 다른 사회적 세력이 차지하게 되는 영향을 미칠 뿐이고, 여하한 세력교체에도 불구하고 이 근본규범 자체는 조금의 변화도 없이 왕좌를 차지하고 있다. 혁명은 새로운 혁명정부가 예전의 정당한 정부의 법적 계승자로 표현되도록 영향을 미친다. 그럴 때만 국가형태가 혁명적으로 변경되더라도 국가 자체의 정체성에는 전혀 변화가 없으며, 예컨대 독일황국과 독일공화국은 똑같은 독일제국을 뜻한다는 것을 이해하게 된다.[7]

---

[7] 이에 관해서는 *Gerhard Anschütz*, Die Verfassung des Deutschen Reiches vom 11. August 1919. Ein Kommentar für Wissenschaft und Praxis, 10. Aufl. 1929, S. 8 이하 참고.

어떤 것도 공동체만큼 우리에게 낯선 것은 없다.

테르툴리아누스(Tertullianus)

§ 12. 법의 종교철학

종교는 가치초월적 행동이고, 반가치, 즉 가치와 현실 사이의 대립을 극복하는 것이며, 가치와 현실을 일치시키는 것이고 모든 존재의 정당화이자 감정적 변신론(Theodizee)이다(앞의 18면 이하). 개념을 통해 수행되는 변신론을 우리는 가치철학에 대립하는 종교철학이라고 부른다. 모든 대상은 가치철학적으로 고찰할 수도 있고 종교철학적으로 고찰할 수도 있다. 법이라는 대상도 마찬가지이다.[1]

인간의 의식으로는 종교가 추구하는 가치와 현실의 완벽한 일치를 수행할 수 없다. 완벽한 가치를 갖는다고 파악될 수도 없고 그렇다고 존재하지 않는다고 파악될 수도 없는 사실을 포착하기 위해 종교가 제시하는 보조수단은 무가치성(Wesenslosigkeit)이라는 개념이다. 즉 자신이 극복 당하는 것에 격렬히 저항하는 반가치는 더 심오한 의미에서는 존재하지 않는 것이자, 무가치한 것으로 여겨진다. 더욱이 종교철학적 고찰에서는 반가치만이 무가치한 것으로 여겨지는 것이 아니라 가치철학이 참으로 가치가 있다고 밝힌 것마저도 종교철학의 가

---

1 이에 관해서는 *Radbruch*, Über Religionsphilosophie des Rechts, in: *Radbruch/Paul Tillich*, Religionsphilosophie der Kultur. Zwei Entwürfe, 2. Aufl. 1921 참고.

장 절대적인 관점, 즉 '신 앞에서는' 무가치한 것으로 여겨질 따름이다. 그 때문에 법의 종교철학의 물음은 과연 법이 충분한 가치가 있는가라는 물음일 뿐만 아니라 어떤 본질을 갖고 있는가라는 물음이기도 하다.

원시그리스도교

법에 관한 기독교 이전의 고대 신화는 법과 국가가 종교적, 최종적 및 본질적 의미와 밀접한 관련성이 있음을 보여주는 것 같다. 이에 반해 초기 기독교에서 법과 국가는 신과는 완전히 거리가 멀고, 아무런 가치도 없으며 그 자체 무無로 여겨졌다. 예수는 "도대체 누가 나를 너희의 유산분쟁을 맡는 재판관으로 만들었느냐?"라고 말한다. 세금에 관한 얘기(마태복음 22장)에서도 분명히 드러나듯이 예수는 국가와 법에 관한 문제에 대해 아무런 관심도 없었다. "그러면 너희가 황제의 것은 황제에게 바치면 될 것이고, 하나님의 것은 하나님에게 바치면 되리라." 물론 이 문장에서 강조점은 후반부에 있다. 포도원의 노동자에 관한 비유에서 선과 은총의 문제는 대담할 정도로 법과 정의의 문제로부터 완전히 벗어나 버린다. 그리고 탁월한 냉소와 힐난으로 부정한 청지기의 사기행각을 신 앞에서 행해야 할 보고를 준비하는 일에 비유하고 있는데, 이 일 자체가 비유의 주제는 아니기 때문에 결국 놀랍고도 거의 끔찍할 정도로 날카롭게 법적 평가의 무가치성에 대한 예수의 생각이 드러나 있다. 법과 불법, 소유와 절도의 차이가 그렇게도 큰 것인가? 어떠한 형태이든 재산은 '부정한 재산'이다. 이것이야말로 분명하게 말하지는 않았지만, 이 비유의 기저에 있는 내용이고, 어쩌면 거의 분명하게 말했다고 볼 수도 있다. 왜냐하면 주인은 부정한 청지기가 현명하게 행동한다고 칭찬까지 하기 때문이다. 정의로운 자와 부정의한 자도 얼마든지 서로 이해할 수 있다는 것이 예수의 생각이고, 이들은 마치 산림지기와 도벌꾼, 판관과 죄인과 마찬가지로 은밀한 가족 친화성과 공감을 통해 사악하게 결탁하고 있다는 것이다. 즉 주먹 다툼을 벌이는 상대방과 똑같은 자가 되는 일은 피할 수 없으며, 공격을 통해 이미 방어의 방식도 정해지기 마련이라는 것이다. 그 때문에 법의 방식은 필연적으로 불법의 방식에 의해 규정되고, 기껏해야 상대적 선에 불과한 법은 공통의 죄악에 해당하는 영역에서 불법과 떼려야 뗄 수 없도록 서로 얽혀 있다고 한다. 모든 시대에 걸쳐 가장 극단적인 방식으로 모든 가치를 완전히 전도시켜버리는 고통스러울 정도로 감동적인 말, 즉 **"악에 대적하지 말라! 치마를 빼앗으려 하는 자에게는 외투까지 내주어라! 오른뺨을 치거든 왼뺨을 내밀어라!"**라는 말은 이러한 배경에서만 비로소 온전히 이해할 수 있다. 법에 따라 마땅한 것을 얻는 일이든 불법에 고통당하는 일이든 둘 다 모두 무가치하기는 매 한 가지다. 인간 상호 간의 관계에서 본질적인 것은 오로지 사랑일 따름이다. 공동체의 삶은 개인들의 상위에 있는 법질서의 소산으로서가 아니라 단지 개인들의 그리스도적 사랑이 내뿜는 광채로서만 종교의 시야에 포착된다. 그리하여 인간 공동체는 근본적으로 법공동체가 아니라 무정부주의적인 순수한 사랑 공동체이다. "세속의 군주들이 지배하고 그들 가운데 강자들은 폭력을 갖고 있음을 너희가 알고 있으리라. 너희 가운데는 그런 자가 없어야 한다. 오히려 너희 가운데 크게 되고자 하는 자는 섬기는 자가 되어야 하고, 너희 가운데 가장 고결한 자가 되고자 하는 자는 만인의 종이 되어야 하느니라."[2]

예수의 시대 이후의 전개 과정에서는 이처럼 법을 완벽하게 부정적으로 파악하는 종교철학에 대해 세 가지 서로 다른 방식의 태도가 표명되었다.

1) 톨스토이

레오 톨스토이는 법을 무가치할 뿐만 아니라 심지어 반기독교적인 것으로 보아야 한다고 가르쳤다. 모든 외면적인 것은 오로지 내면적인 것에서 발산되는 것으로서만 의미를 지닐 뿐이고, 법은 외면 그 자체만을 평가할 뿐, 내면에는 그저 곁눈질로 스쳐 지나갈 뿐이기 때문에 진정으로 필요한 것으로부터 눈길을 돌리게 만든다고 한다.[3] 하지만 법을 완벽하게 부정하는 톨스토이의 기독교적 무정부주의가 극단적인 견해로 여겨질지라도 산상수훈에 비하면 훨씬 덜 극단적이다. 왜냐하면 법적 강제에 대항해 투쟁을 벌이는 격정보다 훨씬 더 극단적인 것은 아마도 그런 투쟁을 아예 단념해버리고 악에 저항하지 말라는 명령을 불법에 대해서뿐만 아니라 모든 법적 강제에까지 확장해 톨스토이가 말하는 적극적 저항뿐만 아니라 소극적 저항조차도 하지 말라는, 이 당당하기 그지없는 경멸이야말로 더욱더 극단적

---

2 법과 종교의 관계에 대한 물음은 신학 내부의 물음으로서는 다시 한번 신의 정의와 신의 선함 사이의 관계에 대한 물음으로 등장한다. 이에 관해서는 *Carlo Esposito*, Lineamenti di una Dottrina del Diritto, 1930, S. 145 이하 참고.
3 이에 관해서는 *Boris Sapir*, Dostojewski und Tolstoi über Probleme des Rechts, 1932, S. 65 이하 참고.

이기 때문이다. 관헌에 대한 저항은 종교적으로 털끝만큼의 관심거리도 되지 못하는 물음에 대해 이 물음이 전혀 지닐 필요 없는 의미를 부여할 것이기 때문에 관헌에 복종하라는 것이 산상수훈이 취하고 있는 관점이다.

2) 가톨릭주의

이에 반해 **가톨릭주의**는 법과 국가에 대해 상대적이긴 하지만 종교적 의미를 부여한다. 자연법사상은 종교적 색채를 띠고 혁신을 겪게 되었고, 자연법은 최소한 사전단계로나마 산상수훈의 사랑의 윤리와 관련을 맺는다. 그리고 신분국가의 방식에 따라 정신적 신분의 단계적 서열이 마련되어, 각 단계의 정신적 신분은 나름의 윤리성을 갖고, 최상위 단계의 신분은 기독교적 사랑의 완벽한 의무를 부담한다. 국가와 법은 이 구성물의 낮은 단계에 자리를 잡고, 종교적 의미의 광채가 비추는 대상이 된다. 법과 국가는 톨스토이의 생각처럼 반그리스도적인 것이 아니라 단지 완벽하게 그리스도적인 것이 아닐 따름이다. 법은 심지어 더욱 긍정적인 평가를 받기도 한다. 즉 가톨릭교회의 견해에 따르면 교회는 인간에 의해 자의적으로 만들어진 것이 아니라 신이 직접 정립한 법질서라고 한다. 따라서 신법(jus divinum)이 존재하고, 신법은 현세의 일시적인 효력뿐만 아니라 피안의 영원한 효력도 갖는다고 한다. 종교를 개인의 직접적인 내면적 관계로 파악하는 것이 아니라 통일적인 기독인의 총체가 신과 맺고 있는 관계로 파악하는 것에 만족한다면 법에 대한 가치철학적 평가와 종교철학적 평가 사이의 모순은 완전히 해소된 것으로 볼 수 있다.

3) 루터

그러나 **종교개혁**은 다시 각 개인이 신과 직접 관계를 맺도록 만들고자 했다. 즉 각각의 개인이 그리스도적 사랑 윤리의 궁극적 요구에 직면하고 있다고 생각한다. 이로써 법과 완벽한 사랑의 윤리를 서로 다른 신분에 귀속되는 의무의 범위로 다르게 파악할 가능성은 파괴되고 만다. 그리하여 법적 관점과 산상수훈 사이의 대립은 다시 각 개인의 가슴에 새겨지게 된다. 법철학과 종교철학은 다시 독자성을 갖고 별개의 것이 되고 서로 모순되는 관계에 있게 되며, 이 모순은 은폐할 수 없고, 은폐해서도 안 된다. 한편에는 법과 법적 자기주장, 권리를 위한 투쟁의 신성함을 강조하는 윤리가, 다른 한편에는 법의 무가치성과 무저항, 법적 분쟁에 대한 비난을 강조하는 교리가 서 있다. 한편에는 악한 자를 강제하고, 경건한 자를 보호하기 위해 칼, 분노와 엄숙, 순수한 형벌, 방어, 재판이, 다른 한편에는 은총과 자비, 순수한 용서, 겸허, 사랑, 봉사, 선행, 평화, 환희가 자리 잡고 있다. 루터의 정신은 분명 이러한 대립 사이의 긴장을 얼마든지 견뎌낼 정도로 강했던 것 같다. 그는 이 대립을 공직의 도덕과 개인적 도덕 사이의 대립을 통해 표현하지만, 그렇다고 해서 공직의 도덕이 개인적 도덕보다 더 확고하고 침범할 수 없는 영역이라고 말하지는 않는다. 종교에 의해 아무런 방해도 받지 않고 세계의 삶이 나름의 법칙에 따라 펼쳐질 수 있다고 믿었던 영역을 마치 폭풍과 화마처럼 휩쓸어버리는 것은 예수에서 톨스토이에 이르기까지 언제나 종교적 혁신과 종교적 영웅의 방식이었다. 때로는 혁명적이고 인간이 만들어낸 것을 조금도 존중하지 않는 종교는 부르주아적 도덕이라는 울타리를 쳐서 관할 영역을 제한할 수는 없다. 실제로 루터의 생각 역시 그와 같은 영역 제한과는 거리가 멀다. 루터의 주장은 극복할 수 없는 모순의 극복이 아니라 이러한 모순을 첨예하게 밝히는 것을 의미한다. 즉 법과 국가의 세계에서 살아가면서 이 세계가 무조건적이고 절대적인 종교적 요구의 제한을 받고 때로는 위협당하기도 한다는 사실을 분명하게 의식해야만 하고, 법과 국가의 세계에 산다는 것은 마치 이방인 속에서 사는 것처럼 그속에 살지 않는 것과 같다고 한다. 그 때문에 법과 국가는 단지 임시적인 의미를 지닐 뿐이며, 궁극적으로는 무가치한 것이라고 한다.[4]

산상수훈이 선포하고 있는 법의 무가치성을 톨스토이는 반가치성으로까지 심화시켰고, 가톨릭교회는 상대적 가치라는 의미에서 이를 다시 제한했으며, 루터는 단지 임시적으로만 가치를 가질 뿐, 궁극적으로는 무가치하다는 사고를 회복시켰다.

그러나 기독교 종교철학이 법과 국가의 무가치성에 관한 이론을 통해 결코 법과 국가의 긍정적 가치에 관한 가치철학의 이론을 완전히 말살할 수는 없다. 법과 국가는 세계의 삶 전체가 무가치하다는 전제하에서만, 다시 말해 '신 앞에 서서' 세계 초월적 관점을 취할 때만 무가치할 뿐이다. 가치철학과 법철학은 세계 내재적 관점을 취하고, 세계 내재적 가치판단을 내리며, 세계의 삶이라는 조건에 의해 제약된다는 것을 잘 알고 있다. 이 두 가지 관점 모두 나름의 자연적 토대를

---

4 기독교와 국가, 법, 전쟁 사이의 관계에 대한 루터의 바로 이와 같은 견해를 신봉한 나머지 '덴 사건(사회주의적 성향의 목사 덴은 1931년에 전사자에 대해 교회에 기념비를 세울 성경적 근거가 없다는 설교로 독일 전역에 걸쳐 분노를 불러일으켰고, 특히 나치 추종자들로부터 격렬한 비난과 협박의 대상이 되었다)'이 발생한 것이다. 이에 관해서는 *Günther Dehn*, Kirche und Völkerversöhnung, 1932, S. 84 이하 참고.

갖고 있다. 즉 세계 속의 인간은 사회와 뒤엉켜있다는 자연적 사실과 아이를 낳는 여인과 죽어가는 사람이 겪게 되는 너무나도 끔찍한 고독이라는 자연적 사실이 서로 대립한다. "우리는 수백 명이 함께 모여 일하고, 둘이서 사랑하며, 혼자 죽어간다(이반 골Iwan Goll)."

법학에 전통적인 학과의 색깔을 입힌다면 법은 빨간색이다.
우리의 젊은 법학도들에게 법의 명령은 핏속에 살아 있어야 한다.
만일 이들이 논리만으로 법을 추구한다면 법은 곤경에 빠지고 말 것이다.

카알 하인스하이머(Karl Heinheimer)

§ 13. 법적 인간의 심리학

에두아르드 슈프랑어는 정신과학적 심리학(geisteswissenschaftliche Psychologie)이라는 개념을 탄생시키는 데 결정적인 역할을 했다.[1] 가치맹목적인 자연과학적 심리학과는 반대로 정신과학적 심리학은 가치관련적으로 인간의 정신생활을 문화가치의 방향으로 탐구해 정신생활을 의미형상의 형성 또는 이해, 간단히 말해 정신적 활동으로 파악한다. 이로써 정신과학적 심리학은 특정한 방식의 정신적 활동에 필수적인 정신적 구조 또는 '생활형식'을 연구한다. 슈프랑어는 이론적 인간, 경제적 인간, 미학적 인간, 사회적 인간, 정치적 인간, 종교적 인간을 이러한 생활형식의 이상형(Idealtypus)으로 제시한다.

생활형식으로서의 객관적 법

이 이상형들 가운데 '법적 인간(Rechtsmensch)'은 등장하지 않는

---

1 이에 관해서는 *Eduard Spranger*, Lebensformen. Geisteswissenschaftliche Psychologie und Ethik der Persönlichkeit, 3. Aufl. 1922, S. 3 이하 참고.

다. 슈프랑어에 따르면 법적 인간은 결코 단순한 구조가 아니라 복잡한 형상이며, 사회적 구조와 이론적 구조가 혼합된 형식이라고 한다.[2] 우리 역시 법적 인간의 생활형식을 복잡한 형상으로 파악한다. 왜냐하면 이 생활형식이 관련을 맺는 법이념도 정의, 합목적성, 법적 안정성이라는 세 요소의 통일체인 복잡한 형상을 뜻하기 때문이다. 물론 "법에서 목적이라고 불렀던 것 자체는 법적 성격을 갖지 않고," 오히려 사회적, 정치적, 문화적 성격을 갖고 있으며, 따라서 사회적, 정치적, 이론적 및 예술적 생활형식 이외에 법에 부합하는 특수한 생활형식이 별도로 존재하지 않는다는 슈프랑어의 지적은 타당하다. 하지만 다른 두 가지 구성부분은 다른 가치로 소급시킬 수 없는 특수한 법가치이다. 왜냐하면 정의를 통해 구조를 갖추게 되는, 법적 인간의 특수한 생활형식은 슈프랑어가 전개한 생활형식들과 같은 반열에 놓여 있기 때문이다. 정의는 ― 슈프랑어 스타일로 말하자면 ― 이중의 의미에서 법적 인간의 구조와 관련해 결정적 의미를 지닌다. 하나는 이상적인 정의이고, 다른 하나는 실정적 정의, 즉 법적 안정성이다.

정의와 법적 안정성은 법적 인간을 서로 다른 방식으로, 아니 어쩌면 반대되는 방식으로 규정한다. 즉 정의는 법에 대한 초실정적이고 진보적 태도를 정당화하기에 적합하고, 법적 안정성은 법에 대한 실증주의적이고 보수적인 태도를 정당화하기에 적합하다. 다시 말해 정의감각과 질서감각으로서의 '법감각(Rechtssinn)'이 서로 대립한다. 일반인으로서의 법적 인간은 정의를 더 지향하고, 법률가로서의 법적

---

2 이에 관해서는 *Spranger*, 앞의 책, S. 326 이하 참고. 법적 인간의 심리학에 관해서는 *Erwin Riezler*, Das Rechtsgefühl, 1921도 참고.

인간은 법적 안정성을 더 지향하며, 전자는 ─ 다시 슈프랑어 스타일로 말하자면 ─ '법이상주의자'에 더 가깝고, 후자는 '법형식주의자' 또는 ─ 가치판단을 배제하고 표현하자면 ─ '법현실주의자'에 더 가깝다. 바로 그 때문에 일반인의 법감정(Rechtsgefühl)과 법률가의 법감정은 반대되는 척도에 비추어 판단해야 한다고 말해도 좋을 것이다. 즉 법률가의 법감정은 법률가가 얼마나 어렵게 제정법의 부정의를 감수하게 되는가라는 척도에 따라, 일반인의 법감정은 법적 안정성을 지키기 위해 제정법의 부정의를 감수할 수 있는가라는 척도에 따라 판단해야 한다.

우리가 법적 인간에 관한 두 가지 생활형식을 구체적 형태에 비추어 구체적으로 파악하고자 한다면, 한편으로는 실러를, 다른 한편으로는 괴테를 생각해보면 된다. 즉 실러는 하늘을 쳐다보며 저 높은 곳에 걸려 있는 영구불변의 법을 땅으로 가져오라고 부르짖는다[3](그러나 신성한 질서, 은총의 질서를 찬양하기도 한다). 이에 반해 괴테는 무질서를 참느니 차라리 부정의를 자행하고자 한다(그러나 우리와 함께 태어난 법에 대해 말하지 않는다고 한탄하기도 한다).

두 가지 법의 구조는 서로 적절히 혼합되지 않으면 타락의 형식으로 전락한다. 즉 공직자의 형태로 구체화할 때는 관료라고 불리고 일반 시민의 형태로는 괴테가 부활절 산책에서 자세히 묘사하고 있는 질서에만 집착하는 속물과 모든 사슬을 벗어던지고 날뛰는 정의의 광신자는 그러한 타락형식에 속한다. 우리가 이미 보았듯이 정의는 극

---

[3] 이는 존 로크의 저항권이론에서 등장하는 '하늘을 향한 호소(appeal to Heaven)'와 유사하다. 이에 관해서는 del Vecchio, La Giustizia, 2. Aufl. 1924, S. 73 각주 1 참고.

도로 다양한 내용으로 채울 수 있는 공허한 형식이다. 그 때문에 광폭한 정의의 질주는 너무나도 참혹한 짓에조차 이상이라는 그럴듯한 겉옷을 입힐 수 있다(로베스피에르!). 정의는 자신의 본질에 맞게 관철되기 위해서는 저항이 필요한 양극적 가치이다. 힘겨운 노력을 통해 사랑으로부터 얻어내지 않은 정의는 부정의가 되고 만다. 이는 관대함이 힘겨운 노력을 거쳐 정의로부터 얻어낸 것이 아닐 때는 유약함으로 전락하는 것과 같은 이치이다. 따라서 사랑 없는 정의는 독선적 정의로 경직되기 마련이고, 이로 인해 머지않아 억압된 생명력으로부터 끔찍한 복수를 당하게 된다. 셰익스피어는 「준 대로 받은 대로(Measure for Measure)」에서 대리인 안젤로를 통해 독선적 정의와 부정의로 전락한 법적 광신자의 모습, 억압당하고 궤도를 벗어난 충동이 독선적 규범에 행하는 저항을 우리에게 잘 보여주고 있다.

하지만 법적 안정성과 정의는 모두 또 다른 공통의 위험을 안고 있다. 왜냐하면 양자 모두 인간과 인간의 삶을 개념의 기준으로 판단하도록 요구하기 때문이다. 개념은 삶의 흐름의 지속성과는 반대로 불연속성을 특징으로 하고, 삶의 현상의 구체성과는 반대로 일반성을 특징으로 삼는다. 그리하여 삶의 흐름의 불연속성, 개별적 행위의 특수성은 전혀 존재하지 않으며 단지 한 인간의 끈질긴 총체성이나 이 인간의 삶이 흘러가는 총체성만이 존재할 뿐이라고 말하는 것은 결코 역설이 아니다. 삶과 인간은 개개의 행위로 구성되어 있지 않다. 그것은 바다가 개개의 물결로 구성되어 있지 않은 것과 마찬가지이다. 삶과 인간은 총체성, 즉 개개의 행위들이 서로 맞물려 흘러가면서 결코 부분으로 나눌 수 없는 전체가 겪게 되는 운동이다. 그 때문에 법이라

는 기계에 장악당한 인간에게는 하나의 행위가 갖는 참된 모습과 이
행위가 억지로 찢겨나가는 일을 겪는 삶의 총체적 모습은 행위가 개
별화되고, 행위의 원천인 삶이 그저 우연적인 개별성의 관점에 따라
포착되는 것만으로도 이미 왜곡을 경험하게 되고, 더욱이 이 왜곡을
무기력하게 받아들여야만 하는 일이야말로 가장 견디기 힘든 커다란
고통일 것이다. 그렇지만 숲이 아니라 개개의 나무들만을 보고자 하
는 것은 법학이 도저히 포기할 수 없는 본질에 속한다.

더욱이 법률가는 언제나 법률의 일반개념이라는 안경을 통해 개개
의 인간과 개개의 사례를 볼 뿐이다. 즉 그저 극히 대강의 윤곽만을 볼
수 있게 해주는 두꺼운 장막을 통해, 다시 말해 정의의 여신 테미스의
눈을 가린 띠를 매고 인간과 사례를 볼 뿐이다.[4] 법이 삶의 현실에 대
해 파악할 수 있는 것이 얼마나 빈곤하기 짝이 없는지는 한 위대한 인
간의 삶의 역정과 이에 대한 법적 결과물을 비교하는 것만으로도 분
명하게 보여줄 수 있다. 즉 법적 인간에게 괴테가 남겨 놓은 유산은 그
의 출생신고서와 사망확인서, 그의 변호사 인가를 위해 받은 문서, 그
의 혼인증명서와 아들의 출생신고서, 프라우엔플란에 있는 집과 슈테
른에 있는 별장의 토지대장, 그의 작품에 대한 출판계약서와 추밀원
의원 임명장으로 이루어질 것이다! 이처럼 구체적인 개별성은 법적
으로는 원칙적으로 이 개별성이 가진 가장 추상적인 속성을 통해서만
고려의 대상이 될 뿐이다. 더욱이 이 속성을 구체적 개인의 속성으로
고려한다. 따라서 법적 사고는 가장 구체적인 삶을 다루면서도 동시

---

4 이 상징에 관해서는 *Ernst von Moeller*, Augenbinde der Justitia, in: Zeitschrift für
christliche Kunst, Bd. 18, 1905, S. 142 이하 참고.

에 이 삶의 가장 추상적인 윤곽만을 다루어야 한다고 요구한다. 게르만법과 비교해 로마법이 지니는 장점은 기본적으로 삶의 풍부한 내용을 잔인할 정도로 단순화하는 추상화의 힘이 갖는 우월성에 기인한다. 법률가는 살아 숨 쉬는 인간에서 오로지 법적 도식만을 파악할 능력을 갖추고 있어야 한다. 바로 이 능력 때문에 톨스토이는 법률가에 대해 저주에 가까운 심판을 선고한다. "법률가라는 작자들은 모두 삶에서 한 인간이 다른 동료 인간과 맺는 직접적인 관계가 꼭 필요하지 않은 상황이 존재한다고 믿는다."[5] 슈프랑어가 법적 인간은 "학자들의 가장 가까운 친척이고" 이론적 보편법칙을 추구한다고 말할 때도 법적 인간의 이러한 태도를 염두에 둔 것이다. 심지어는 법률가의 가장 가까운 친척이 수학자라고 말하고 싶을 정도이다. 즉 수학자는 극히 다양한 색채를 띤 현실을 오로지 공간과 숫자의 관계로 파악해도 좋듯이, 법률가도 다양한 색깔과 무늬를 가진 삶에서 단지 특정한 대강의 윤곽에만 주목해도 좋다. 실제로 사비니는 법학을 '개념을 통한 계산'이라고 지칭했고, 법률가가 되기 위한 적성을 내용으로 삼고 있는 최근의 한 문헌에서는 나쁜 수학자는 나쁜 법률가라는 주장이 제기되기도 한다.[6]

물론 그렇다고 해서 좋은 수학자가 곧 좋은 법률가라는 뜻은 결코 아니다. '세상 물정 모르는 법률가'라는 타락한 형태는 흘러가는 삶의 풍부한 내용을 도외시하는 데 익숙해진 탓에 마침내는 이를 제대로 파악할 능력을 잃어버린 직업적 습관을 지칭할 따름이다. 이와 같은

---

5 이에 관해서는 *Sapir*, Dostojewski und Tolstoi über Probleme des Rechts, 1932, S. 78 이하 참고.

6 *Detlev Hollenberg*, Jurist ohne Eignung. Mein Kampf mit der Jurisprudenz, 1931.

타락 형태는 법적 인간이 정의와 법적 안정성에만 매몰된 나머지 법 이념의 세 번째 측면인 합목적성을 망각하는 경우에 성립한다. 법적 인간이 정의와 법적 안정성이라는 사고를 통해 이론적 인간에 근접하게 되듯이 법적 인간은 합목적성이라는 사고를 통해 사회적이고 정치적인 인간과 유사하게 된다.

생활형식으로서의 주관적 권리

지금까지 우리는 법적 인간의 모습을 객관적 법을 중심으로 고찰했다. 하지만 법적 인간의 형태는 주관적 권리와도 관련을 맺을 수 있다. 객관적 법과의 관계에서 법적 인간의 모습은 무엇보다 법관을 통해 구체화한다면, 주관적 권리와의 관계에서는 권리를 위해 투쟁하는 자의 모습으로 나타난다. 이 투쟁하는 자 자신의 권리에 대한 감정 — 권리를 위해 투쟁하는 자를 규정하는 특성은 바로 이 감정이다 — 으로서의 법감정은 이 감정과 대립하는 상대방, 즉 양심과 비교해보면 가장 명확하게 이해할 수 있다.[7]

일단 인간의 가슴 속에 울려 퍼지는 윤리적 목소리가 갖는 이러한 이중성의 문제를 분명하게 의식할 수 있어야 한다. 즉 한편에서는 오로지 의무만을 부과하는 윤리적 입법의 목소리와 자기 몫을 요구할 권한을 부여하는 또 다른 윤리적 입법의 목소리가 병존한다. 한쪽의

---

7 이에 반해 *Isay*, Rechtsnorm und Entscheidung, 1929, S. 90에서는 법감정과 도덕감정이 '본질적으로 하나'라고 설명하며, *Max Rümelin*, Rechtsgefühl und Rechtsbewußtsein, 1915, S. 30에서는 법감정이 "양심과 뿌리가 같다"라고 한다. 하지만 이 두 사람은 도덕이나 양심과는 구별되는 **고유한 의미의** 법(권리)에 대한 감정을 염두에 두고 있지는 않다.

목소리는 의지를 구속하고, 다른 한쪽의 목소리는 거꾸로 의지를 해방한다. 한쪽은 이해관계를 꺼리고 이기심을 억제하며, 다른 한쪽은 이해관계를 정당화하고 이기심과 결탁한다. 잠시 양쪽의 대화를 엿들어보자.

양심은 이렇게 말한다. "누군가 너의 오른뺨을 치거든 너의 왼뺨도 내밀 것이며, 누군가 너와 다투면서 치마를 내놓으라 하거든, 외투까지 벗어 줄지어다." 이 말에 대해 법감정은 다음과 같이 대꾸한다. "너의 권리를 짓밟은 자를 결코 그냥 내버려 두어서는 안 된다. 자기 자신을 벌레로 만들어버린 자는 나중에 자신이 밟혔다고 한탄할 수 없다(칸트)." 그러면 다시 양심이 다음과 같이 반론을 제기한다. "내가 너희에게 이르노니, 너희는 악에 저항하지 말지어다!" 그러나 법감정은 뜻을 굽히지 않는다. "내가 타인에게 짓밟혀야 한다면 나는 사람이 아니라 차라리 개가 되겠다(클라이스트Heinrich von Kleist)." 그래도 양심은 계속해서 이렇게 말한다. "원수를 사랑하고, 너희를 저주하는 자들에게 축복을 내릴지어다!" 법감정은 다시 이렇게 대꾸한다. "권리를 위한 투쟁은 도덕적 자기보존이 내린 명령이다(예링)." 양심은 "평화를 사랑하는 자들이여 복이 있을지니"라고 말하지만, 법감정은 "법이 자기편에 있다고 믿는 자는 거칠게 처신해야 한다. 정중한 법은 아무런 의미도 없다(괴테)"라고 말한다. 이런 말로 양심이 입을 닫도록 만들 수는 없다. 비록 우리가 어느 한쪽의 말이 궁극적으로 옳은 말이라고 생각하기를 꺼리지만, 그렇다고 양쪽 사이의 끝없는 대화를 계속 듣고 있을 수는 없다.

우리 각자는 두 가지 윤리적 체계, 즉 의무와 사랑, 평화와 겸손의 체계와 권리와 명예, 투쟁과 자부심의 체계라는 두 가지 윤리체계 사이에 도저히 극복할 수 없다고 보이는 모순과 대립이 펼쳐지는 무대이다. 기독교가 수용된 이후 각 개인의 윤리적 세계와 윤리적 삶에 균열이 발생했고, 그리하여 우리의 기독교적 양심 바로 옆에는 기독교 이전부터 우리가 갖고 있던 법감정이 서 있게 되었다. 예컨대 우리는 경건한 기독교인이자 동시에 확신에 가득 찬 결투 지지자이며, 사랑의 신과 전쟁의 권리를 똑같이 믿는다. 입센Henrik Ibsen은 우리의 정신에 내재하는 이러한 모순을 그 심연에까지 파고들어 추적함으로써 극적인 윤리적 사례들을 보여주는데, 그의 작품에서는 ― 앨빙 부인, 로스머, 건축가 솔네스 등을 통해 ― 억압된 삶의 권리가 삶에 적대적인 의무의 폭압에 대항해 자신의 윤리적 주장을 관철하고, 기독교가 악마로 격하시킨 과거의 신들, 즉 '정령들'이 기독교적 양심의 독재에 저항하는 모습이 계속 등장한다.

비로소 칸트가 훗날 예링이 자신의 엄청난 달변에 불꽃 같은 열정을 불어넣었던 사고과정과 똑같은 과정을 통해 두 개의 적대적인 윤리적 세계를 체계적으로 화해시킬 수 있었다. 즉 권리를 위한 투쟁을 윤리적 의무이행의 가능성을 둘러싼 투쟁이자 윤리적 자기주장으로 규정하고 법에 대해 윤리적 의무의 내용을 부여함으로써 두 세계를 화해시킬 수 있었다. 그리하여 법감정과 양심 사이의 균형을 예링은 칸트와 마찬가지로 다음과 같이 묘사한다. 즉 권리가 의무에 반해 이용될 수도 있다는 점을 언제나 명심하고 있는 '겸손한 단호함'과 의무의 부담 아래서도 자신의 권리를 요구하는 것을 잊지 않는 '건강한 양심'은 윤리적 이상이긴 하지만, 심리적 현실은 아니라고 한다. 이처럼 법감정과 양심은 서로 다른 성격을 가진 전제조건에 연결되어 있다. 그리하여 법감정과 양심은 너무나도 다르고 서로 합치할 수 없기 때문에 병적인 순수문화에서는 때로는 자신의 권리에 취해 만행을 일삼는 자가 권리만을 내세우는 광기로 나타나고, 때로는 우울한 성향을 지닌 자가 죄의식에 사로잡혀 있는 광기로 드러나기도 하며, 그 때문에 한 사람에게 법감정과 양심이 똑같은 강도로 등장하는 일은 전혀 없을 정도이다. 그래서도 법감정과 양심은 두 가지 근본적으로 다른 인간 유형, 즉 분노형과 불안형의 핵심으로 규정되어 왔다.[8] 독자들도 자신의 주변의 사람들을 이 유형에 따라 분류해보면, 어떤 사람은 주로 양심 쪽으로 기울고, 또 어떤 사람들은 주로 법감정에 치우친 성향을 지니고 있다는 것을 한눈에 알게 된다. 즉 부드러운 심성의 소유자와 곧잘 분노하는 사람, 온화한 사람과 강한 사람, 성자와 영웅, 소심한 사람과 대범한 사람, 양같이 온순한 사람과 염소처럼 거친 사람으로 쉽게 구별할 수 있다. 그 때문에 칸트 **이후에도** 자신을 완벽한 체계를 추구하는 학자보다는 도덕 선생으로 여기면서 어느 한쪽에 치우치는 편파성을 이와 대립하는 다른 편파성을 통해 치유해야 할 소명을 맡고 있다고 생각하는 철학자들은 계속 전적으로 법감정에만 기초해 윤리학을 구성하거나 아니면 거꾸로 전적으로 양심에만 기초해 윤리학을 구성하게 되었고, 때로는 권리를 의무들 가운데 가장 고결한 의무로 칭송하는가 하면, 때로는 권리로부터 모든 법적 정당성을 박탈해버린다. 우리 시대의 경우 니체가 전자에 해당하고, 톨스토이는 후

---

8 이에 관해서는 *Sigmund Kornfeld, Das Rechtsgefühl,* in: Zeitschrift für Rechts-philosophie, Bd. 1, 1914, S. 135 이하 참고.

자에 해당한다. 니체는 "고결한 인간은 자신의 특권과 이 특권의 행사를 자신의 의무로 삼아야 한다"라고 말하는 반면, 톨스토이에 따르면 악에 저항하지 않고 불법을 아무 저항 없이 감수하는 것이 우리의 몫이라고 한다.

그러나 적절하게 형성된 법감정이 희소한 이유는 그와 같은 법감정 바로 옆에 역시 적절하게 형성된 양심이 자리 잡고 있어야 할 필요가 있다는 사정뿐만 아니라 양심과는 전혀 다르게 법감정은 생동적인 지성을 전제한다는 사정까지 추가해야만 제대로 설명할 수 있다. 양심은 구체적인 사례에서 무엇이 우리의 의무인지를 곧바로 알려주고, 따라서 사전에 우리의 의무의 근거가 되는 일반적 규칙이 우리의 의식 속으로 들어와야 할 필요는 없다. 이에 반해 우리의 권리는 언제나 이 권리의 연원이 되는 일반적 규범에 대한 성찰을 통해서만 우리에게 의식될 수 있다. 왜냐하면 도덕규범은 개개의 인간에게 구속력을 갖는 반면, 법적 규정은 상호적 관계 속에 있는 인간에게 구속력을 갖기 때문이며, 윤리적 의무는 이 의무가 나와 같은 상황에 있는 다른 사람들에게도 구속력을 요구하는지를 전혀 고려하지 않고 곧장 나에게 승인을 명령하는 반면, 권리의 경우에는 내가 이 권리를 나와 같은 상황에 있는 다른 사람에게도 인정할 용의가 있을 때만 나 자신에게 이 권리를 부여하는 것이 개념 필연적 결론이기 때문이다. 이러한 일반화가 없다면 법적 청구권은 무언가 자의적이라는 감정과 함께 제기될 뿐, 결코 당연한 권리라는 감정을 갖고 제기될 수 없다. 다시 말해 법감정은 특수에서 보편으로 전환할 수 있고, 다시 보편에서 특수로 전환할 수 있는 경쾌하고 발랄한 정신을 필요로 한다. 이 점에서 권리를

위해 투쟁하는 자의 특징은 혼자 힘으로 개별적인 것을 일반성으로
고양할 수 있고, 이를 통해 개별적인 것에 관해 정의의 판단(Gerech-
tigkeitsurteil)을 내릴 수 있는 지성과 혼자 힘으로 추상적인 정의사상
의 내용을 다시 개인적 삶의 생생한 불길로 채울 수 있는 열정의 독특
한 혼합이라고 말할 수 있다.

슈프랑어는 권리를 위해 투쟁하는 자를 법적 인간과는 반대로 권력
유형으로 묘사하고자 했다. 이런 의미에서 예컨대 변경할 수 없는 판
결의 확정력에 대항해 쓸데없이 다툼을 벌이는 자와 같은 무기력 유
형도 장애를 겪는 권력 유형, 즉 권력 유형의 소극적 형태로 여겨진다.
하지만 그렇게 해서는 권력을 위해 투쟁하는 자의 성격을 충분히 규
정할 수 없다. 이 권력 유형의 특성은 자신의 이익에 효과적으로 이바
지하는 권력에 대해 윤리적 가치라는 신성함을 결부시킨다는 데 있으
며, 보통의 경우에는 서로 대립 관계에 있는 이익과 가치를 이 경우에
는 단 하나의 형상으로 통합한다는 데 있다. 그 때문에 법감정이 가진
폭발적인 작용력은 이익과 가치가 인간이 가진, 서로 대립하는 두 가
지 힘, 즉 가치의식과 충동을 하나의 힘으로 통합한다는 사실에 기인
한다. 다른 어떤 감정보다도 법감정이 과도하게 강조되고, 이로써 질
병에 걸릴 위험이 크다는 점 역시 바로 이와 같은 사실로 설명할 수 있
다. 따라서 우리 시대의 여러 가지 '외상후 노이로제(Rentenneurose)'
는 실제로는 '법 노이로제(Rechtsneurose)', 즉 법감정의 질병이라는
것이 밝혀진다.[9] 하지만 법감정은 이를 지나치게 강조하는 방향으로

---

9 이에 관해서는 Viktor von Weizsäcker, Über Rechtsneurose, in: Der Nervenarzt,
   Jahrgang 2, 1929, S. 569 이하 참고.

쉽게 변질할 수도 있지만, 불순한 방향으로도 쉽게 변질할 수 있다. 즉 다른 사람이 가진 것을 나도 갖고 싶어 하는 시기심, 나는 갖고 있지 않은 것을 다른 사람이 갖고 있다는 것을 용납하지 않으려는 질투, 자신이 겪은 고통을 다른 사람도 겪게 만들고자 하는 복수심은 위선 또는 자기기만에 평등과 정의에 대한 요구라는 그럴듯한 외관을 씌우고, 또한 정당한 권리에 포함된 법적 권력은 자신의 이해관계마저도 망각한 채 오로지 적대자에게만 영향을 미치고자 하는 권력욕으로 전락한다. 그 때문에 권리가 갖는 정신적 목표나 효용과 관련된 목표를 전혀 고려하지 않은 채 오로지 권리 그 자체의 실현만을 의욕하는 것을 권리의 횡포(Schikane)라고 부른다. 이 점에서 유명한 모범에 따라 「베니스의 상인」을 법철학적 형식으로 집약해보면, 현명한 재판관에 관한 다른 많은 이야기에서도 그렇듯이 이 작품에서도 권리의 횡포로 인해 자기 자신과 모순을 겪게 되는 권리가 이에 대항하는 또 다른 권리의 횡포를 통해 어떻게 거의 저절로 회복되는지를 잘 보여준다. 권리에 내재해 있는 윤리적 목적지향성은 이 정도로 강한 힘을 갖고 있다.

법적 인간에 관한 서술 역시 우리가 이미 다양한 형태로 마주쳤던 사실을 다시 한번 구체적으로 밝혀주었다. 즉 법은 양극화된 긴장을 겪는 가운데 끝없이 위협당하는 불안한 균형 속에 살고 있으면서도 동시에 끝없이 새롭게 회복되어야 할 균형 속에 살고 있다는 사실이다.

> 소송서류가 산더미처럼 쌓인 곳에서
> 뮤즈가 자네에게 장미의 손길을 기꺼이 내밀다니
> 자네는 두 주인(예술과 법)을 섬기는 사람이로구만
> 하지만 자네의 두 주인은 맘몬(재물의 신)과
> 그리스도보다도 서로 더 끔찍한 적이라네
>
> 슐로서(Hieronysmus Peter Schlosser)에게 괴테가 보낸 편지(1774)

§ 14. 법의 미학

법이 예술을 이용할 수도 있고, 예술이 법을 이용할 수도 있다. 모든 문화현상이 그렇듯이 법도 구체적 표현수단을 필요로 한다. 언어, 몸짓, 의상, 상징, 건물 등이 여기에 속한다. 모든 구체적 표현수단이 그렇듯이 법의 구체적 표현도 미학적 평가의 대상이 된다. 그리고 모든 현상과 마찬가지로 법도 소재로서 예술 안으로 들어갈 수 있고, 따라서 고유한 의미의 미학적 평가의 영역으로 들어갈 수 있다. 따라서 법의 미학을 요구할 필요가 있다.[1] 물론 법의 미학은 지금까지 단지 실마리와 단편의 형태로 이루어져 있을 따름이다.

문화영역의 분리와 이 영역 고유의 법칙성을 알지 못했던 민족들의 초기 문명에서는 법, 풍속, 도덕 그리고 법과 종교뿐만 아니라 법과 예술도 밀접한 연관성을 갖고 있었고, 심지어 서로 융합되어 있었다. 이

---

[1] 이에 관해서는 특히 *Theodor Sternberg*, Einführung in die Rechtswissenschaft I, 2. Aufl. 1912, S. 178 이하 참고. 또한 *Georg Müller*, Recht und Staat in unserer Dichtung, 1924; *Hans Fehr*, Das Recht im Bilde, 1923; *ders.*, Das Recht in der Dichtung, 1931도 참고.

시기와 관련해서는 야콥 그림Jakob Grimm처럼 '법에서의 시'나 오토 기르케Otto Gierke처럼 '법에서의 유머'를 추적해볼 수 있고, 또는 히르첼Rudolf Hirzel처럼 법이념의 신화적 형태인 테미스와 디케를 추적해볼 수도 있다. 하지만 문화영역들의 분리와 함께 법과 예술 사이의 거리는 갈수록 멀어지게 되었고, 심지어 서로 적대적으로 대립하게 되었다. 그리하여 문학이 법에 대해 좋은 말을 하지는 않는다. 문화형상들 가운데 가장 경직된 형상인 법과 가변적인 시대정신을 표현하는 가장 변화무쌍한 형식인 예술은 법에 대한 작가들의 수많은 표현과 젊은 작가들이 법률가 직업에 등을 돌리는 수많은 사례가 증명하듯이 아주 당연한 적대관계 속에 살아가고 있다.[2]

법적 표현형식의 미학

하지만 이처럼 법이 예술로부터 분리됨으로써 아마도 법에는 낯선 영역인 예술과 뒤섞인 덕분에 존재하게 된 것이 아닌, 법의 특수한 미학적 가치가 더욱 순수하게 드러나게 된 것 같다. 이 점은 법을 다른 문화영역으로부터 엄격하게 차단함으로써 형성될 수 있었고, 이를 통해 특수한 미학적 개성을 획득하게 된 법률언어에 비추어 분명하게 증명할 수 있다. 물론 법률언어의 개성은 다양한 방식의 포기에 기초한 것이었다. 법률언어는 차갑다. 즉 법률언어는 모든 감정적 기조를 포기한다. 법률언어는 거칠다. 즉 법률언어는 모든 정당화를 포기한

---

2 이에 관해서는 *Radbruch*, Einführung in die Rechtswissenschaft, 8. Aufl. 1929, S. 207 이하 참고.

다. 법률언어는 간결하다. 즉 법률언어는 모든 교육적 의도를 포기한다. 이렇게 해서 스스로 선택한 빈곤에 해당하는 간결한 문체가 성립하게 되었고, 이 문체는 명령을 내리는 국가의 자신감에 찬 권력의식을 너무나도 탁월하게 표현해주며, 이 문체가 지닌 섬세한 정확성은 스탕달Stendhal과 같은 유명한 작가에게 문체의 모범으로 이용될 수 있었을 정도이다.[3]

법의 언어가 차가운 간결체라면, 희한하게도 이와는 정반대로 권리를 위한 투쟁의 언어, 투쟁하는 법감정의 언어는 불꽃이 튀는 만연체이다. 그 때문에 법감정은 얼핏 보기에는 두 가지 서로 모순되는 요소들을 결합하고 있다. 즉 보통은 구체적이고 눈에 보이는 것에만 집착하는 경향이 있는 감정이 법명제의 추상적 일반성과 결합한다. 권리를 위해 투쟁하는 자는 차가움과 뜨거움의 독특한 혼합, 즉 개별사례를 원칙으로 소급시키는 일반화의 지성과 투쟁의 대상인 불법이 마치 끔찍할 정도로 유일무이한 것처럼 뜨겁게 달아오르게 만드는 개별화의 열정이 결합한 독특한 혼합을 특징으로 삼는다. 하지만 법적 투쟁의 적절한 표현형식은 화려한 웅변이고, 웅변의 본질은 보편적인 것에 특수가 갖는 직관성과 효율성을 장착하는 일이다. 이에 반해 문학은 거꾸로 특수한 것에 대해 보편적인 것이 갖는 상징적 의미를 부여하는 일이다.

이와는 달리 법관의 판결과 법학은 다른 미학적 가치를 갖는다. 우리는 법적 문제에 대한 올바른 해결에 만족할 뿐이고, 법적 문제를 '우아하게' 해결할 때는 그저 기뻐할 따름이다. 루돌프 조옴Rudolf Sohm

---

3 *Radbruch*, Einführung in die Rechtswissenschaft, 8. Aufl. 1929, S. 35 이하 참고.

은 로마 법학자 켈수스Celsus가 "개별적인 법적 사례에서 일반규칙을 발전시키고, 이 일반규칙을 간결하기 짝이 없는 언어형식으로 포착하며, 간결하고 명확한 표현으로 하늘로 뛰어올라 마치 번개처럼 광활한 대지에 빛을 비추는" 능력을 지녔다고 칭송한다. 이렇게 조음은 하나의 학문적 특성에서 자신이 느끼는 미학적 환희를 표현했고, 이는 다른 이와 비교할 수 없는 스승 켈수스의 고유한 특성에도 탁월하게 부합하는 표현이다. 법적 해결의 이 우아함을 "단순함은 진리의 상징이다(simplex sigillum veri)"라는 문장으로 집약할 수 있고, 이 문장은 곧 아름다움을 진리의 징표로 여기고, 미학적 가치를 논리적 가치의 기준으로 여긴다는 뜻이다.

모든 민족의 문헌에서 등장하는 '현명한 법관'에 관한 수많은 이야기 역시 겉으로 보면 난감할 정도로 뒤엉켜있는 법적 매듭을 우아하게 풀어내는 것에 대한 환희를 담고 있다. 이들 이야기는 딱히 특별할 것도 없는 언어나 사실로부터 예기치 않게 그야말로 명쾌한 결정을 마치 마술처럼 끄집어내는 것을 볼 때 느끼는 의외의 놀라움을 통해 감동을 준다.

예술의 대상으로서의 법

이로써 우리는 이미 법에 대한 예술적 표현으로부터 예술의 소재로서의 법에 관한 내용으로 옮겨온 셈이다. 법을 예술의 매혹적인 대상으로 만들 수밖에 없는 성질은 법에 내재하는 다양한 형태의 대립과 충돌, 즉 존재와 당위의 대립, 실정법과 자연법의 대립, 정통성을 갖는 기존의 법과 혁명적인 법의 대립, 자유와 질서, 정의와 형평, 법과 은총의 대립 등이다. 그 때문에 대립과 충돌을 묘사하는 것을 본질로 삼는 예술형식은 매우 기꺼이 법을 소재로 삼고, 무엇보다 희곡 — 소포클레스의 「안티고네」에서 셰익스피어의 「베니스의 상인」과 「준 대로 받은 대로」에 이르기까지 — 이 법을 소재로 삼는 경우가 많다. 게오르그 옐리네크[4]는 고대의 희곡이 객관적 법의 신성불가침성을 드높이 찬양했던 반면, 근대의 희곡은 법질서에 대항하는 주관적 법감정에 공감을 표한다는 것을 보여주었다. 오늘날 예술에서 실정법은 개인을 파멸시키는 가혹한 운명이나 고차원의 정의가 분노의 깃발을 높이 들고 저항하는 노골적 폭력의 상징이며, 때로는 그저 재치 있는 위트를 통해 비꼬게 되는 공무원들의 아둔함의 상징이 되기도 한다.

이로써 희곡 이외에도 법의 대립과 충돌을 표현하기에 특히 적합한 다른 형태의 예술도 지적한 셈이다. 즉 문학 가운데는 풍자가, 조형예술 가운데는 캐리커처가 여기에 해당한다. 훌륭한 법률가가 직업 생활의 순간순간마다 필연적으로 솟구치는 자신의 직업에 대한 깊은 회의감을 뚜렷이 의식하기를 중단한다면 그는 더 이상 훌륭한 법률가가 아니다. 그 때문에 진지한 법률가도 자신이 보는 법전의 여백에 온갖 냉소적인 질문과 느낌표를 그려 넣게 만드는, 법률가에 대한 조롱을 즐겨 본다. 예컨대 아나톨 프랑스Anatole France라든가 아니면 인간에 대한 회의와 함께 정의의 기반을 건드리는 작가들 가운데 톨스토이나 도스토옙스키와 같은 심오한 사상가 또는 조롱가이자 심오한 사상가

---

4 *Georg Jellinek*, Ausgewählte Schriften und Reden, Bd. 1, 1911, S. 208 이하. 또한 *Radbruch*, Maß für Maß, in: Lübeckische Blätter(1931 9. 6., 뤼벡 법률가대회 기념호) 도 참고.

인 위대한 사법 캐리커처 화가 도미에Honoré Daumier를 즐겨 보게 된다. 오로지 속물들만이 순간순간마다 자신이 의문의 여지 없이 인간사회의 유용한 구성원이라고 느낀다. 소크라테스의 구두장이는 자신이 무엇을 위해 세상에 있는지를 알고 있었다. 즉 소크라테스와 다른 사람에게 구두를 만들어주기 위해서 존재한다는 것을 알았다. 이에 반해 소크라테스는 자신이 무엇 때문에 세상에 있는지를 알지 못한다는 것만을 알았을 따름이다. 하지만 우리 법률가들에게는 가장 어려운 과제가 부과되어 있다. 즉 우리의 직업을 신뢰하면서도 동시에 우리 존재의 저 깊은 곳에서는 우리의 직업을 의심해야 할 과제를 떠안고 있다.

> 산맥이 경계를 그어놓은 안쪽에서는 진리이고 이 경계를
> 넘어서면 거짓이라면 그게 도대체 무슨 진리라는 말인가?
>
> 몽테뉴

§15. 법학의 논리

우리는 앞에서 좁은 의미의 법철학적 고찰을 마감한 이후 법을 역사철학, 종교철학, 정신과학적 심리학 그리고 미학의 측면에서 고찰했다. 그리고 법의 목적에 대한 고찰을 통해 이미 법을 윤리학에 편입시켜 고찰했다. 이제 남아 있는 것은 논리학의 대상으로서의 법에 관해, 다시 말해 법학의 방법론에 관해 말하는 일이다.

법학과 법에 관한 학문

우리는 법을 대상으로 삼고 있는 학문을 법에 관한 학문으로 지칭하고, 이러한 학문 가운데 특수한 법학적 방법을 통해 법을 다루는 학문을 좁은 의미의 법학으로 지칭하고자 한다. 이 본래 의미의 법학, 즉 체계적이고 도그마틱적인 법학은 **실정법질서의 객관적 의미에 관한 학문**으로 규정할 수 있고, 이 점에서 법에 관한 다른 학문과는 구별되는 특수한 지위를 갖는다.

1. 법학의 대상은 **실정**법질서이다. 그리고 법학은 정당한 법이 아니라 효력을 갖는 법에 관한 학문이고, 이 점에서 있는 법에 관한 학문

이지, 있어야 할 법에 관한 학문이 아니다. 이를 통해 법학은 있어야 할 법을 대상으로 삼고 있는 법학인 법철학, 법의 목적에 관한 학문 그리고 이러한 목적을 위한 수단에 관한 학문인 법정책과는 뚜렷이 구별된다.

2. 좁은 의미의 법학은 법과 관련된 생활이 아니라 **법질서**를 다루며, 이 점에서 법적 사실이 아니라 법규범을 다룬다. 이로써 법학은 법사실연구(여기에는 파피루스연구에서 범죄학에 이르기까지 다양한 경향이 포함된다)와는 뚜렷이 구별된다. 법질서, 즉 법규범은 직접 가치에 관련된 개념, 다시 말해 정의에 봉사한다는 의미를 지닌 존재사실이다. 이에 반해 법과 관련된 생활, 즉 법적 사실은 간접적으로 가치와 관련된 개념, 다시 말해 그 자체 정의이념을 지향하고 있는 법규범과 법질서에 부합해야 한다는 점에서 의미를 지닌 존재사실이다.

3. 법학은 법의 주관적 의미가 아니라 **객관적 의미**에 관한 학문이다. 따라서 법학은 법을 어떻게 이해해야 하는지를 확인하는 것이지, 법을 어떠한 생각으로 만들었는가를 반드시 확인할 필요는 없다. 법의 존재, 즉 법을 만든 자가 법에 집어넣고자 했던 생각과 해석자가 법으로부터 실제로 끄집어냈던 생각, 즉 인과적으로 작용하는 사실로서의 법을 다루는 것은 좁은 의미의 법학이 아니라 '법에 관한 사회적 이론(게오르그 엘리네크)'[1]이다. 법사학,[2] 비교법, 법사회학이 여기에 해당한다.

---

[1] 이에 관해서는 *Hermann Kantorowicz*, Der Aufbau der Soziologie, in: *Melchior Palyi*(Hrsg.), Hauptprobleme der Soziologie. Erinnerungsausgabe für Max Weber I, 1923, S. 93 이하 참고.

[2] 법사학과 법도그마틱의 관계에 대해서는 *Franz Sommer*, Kritischer Realismus und positive Rechtswissenschaft, Bd. 1, 1929, S. 216 이하 참고.

도그마틱적이고 체계적인 본래 의미의 법학이 수행하는 작업은 세 단계, 즉 **해석**(Interpretation), **구성**(Konstruktion) 그리고 **체계**(System)로 이루어진다.

해석

법학적 **해석**의 본질은 법학적 해석을 문헌학적 해석(philologische Interpretation)과 비교해보면 가장 분명하게 드러난다. 아우구스트 뵈크August Boeckh는 문헌학적 해석을 '인식된 것에 대한 인식'이라고 규정한다. 즉 이미 생각된 것을 나중에 다시 생각하는 것이라는 뜻이다. 따라서 문헌학적 해석은 주관적으로 생각했던 의미, 즉 현실의 인간이 해석의 대상이 되는 정신적 작품을 만들었을 때 그 토대가 되었던 실제 생각이라는 하나의 사실을 확인하는 것을 목표로 삼으며, 이 점에서 문헌학적 해석은 순전히 경험적 방법이다. 하지만 법학적 해석은 법명제의 객관적으로 타당한 의미를 지향한다.[3] 즉 법학적 해석은 법률을 제정한 자가 생각했던 의미의 확인에 그치지 않는다. 모든 법률 작품에는 다수의 창시자가 참여한다는 사실만으로도 법률 제정자가 생각했던 의미의 확인에 그치는 것은 이미 불가능하다. 다시 말해 법제정에 참여한 자들이 법률의 의미에 대해 서로 다른 견해를 갖는 것이 얼마든지 가능하다. 이에 반해 법을 적용하기 위해 이루어지는 법학적 해석은 법률에 대한 단 하나의 해석에 도달해야만 한다. 설

---

3 *Siegfried Marck*, Substanz- und Funktionsbegriff in der Rechtsphilosophie, 1925, S. 77 에서는 주관적 의미와 객관적 의미의 대비를 단순히 '정도의 차이'에 불과하다고 본다.

령 법제정에 참여한 자들이 모두 똑같은 의미를 생각했다고 할지라도, 이것만으로는 법률의 필연적 의미가 확인되었다고 말할 수 없다. 입법자는 법률 제정자가 아니고, 입법자의 의지는 입법에 참여한 자들의 집단적 의지가 아니다. 입법자의 의지는 오히려 국가의 의지이다. 하지만 국가는 법률의 성립에 참여한 자들의 개인적 표현이 아니라 오로지 법률 자체를 통해 자신의 의지를 말할 뿐이다. 그러므로 입법자의 의지는 법률의 의지와 일치한다. 즉 입법자의 의지는 단지 입법의 전체 내용의 인격화를 뜻할 뿐이고, 어떤 통일적인 의식을 가정해서 여기에 반영된 법률의 의미를 뜻할 따름이다. 따라서 입법자의 의지는 해석 수단이 아니라 해석의 목표와 해석의 결과이고, 전체 법질서에 대한 체계적이고 모순이 없는 해석이라는 선험적 필연성을 표현한 것이다. 그 때문에 법률을 제정한 자들의 의식된 의지에서는 전혀 존재하지 않았던 것을 입법자의 의지로 확인하는 것도 얼마든지 가능하다. 즉 해석자는 창조자보다 법률을 더 잘 이해할 수 있고, 법률은 이를 제정한 자보다 더 현명할 수 있다. 심지어 법률은 그 제정자보다 더 현명**해야만 한다**. 법률 제정자의 사고는 필연적으로 흠결을 갖지 않을 수 없고, 언제나 불명확성과 모순에서 벗어나 있는 것도 아니다. 이에 반해 해석자는 생각할 수 있는 모든 법적 사례와 관련해 명확하고 모순이 없는 결정을 법률로부터 도출해야만 한다. 왜냐하면 ─ 프랑스 민법전은 명시적으로 말하고 있고 다른 법전들은 묵시적으로 전제하고 있듯이 ─ "법률이 사례와 관련이 없다거나 법률이 막연하고 불충분하다는 구실로 결정을 내리기를 거부하는 법관은 재판거부로 처벌될 수 있기" 때문이다. 따라서 법학적 해석은 이미 생각된 것을 나중에 다시 생각하는 것이 아니라 생각된 것을 끝까지 생각해보는 일이다. 법학적 해석은 문헌학적 해석에서 출발하지만, 곧장 이 단계를 뛰어넘게 된다. 이는 마치 선박이 항구에서 출발할 때는 정해진 방법에 따라 항구의 수로를 빠져나가도록 항해사가 조종하지만, 해상에 나가게 되면 선장의 지시에 따라 자유롭게 항로를 찾아가는 것과 같은 이치이다. 따라서 법학적 해석은 입법자의 정신에 관한 해석으로부터 해석자 자신이 ─ 스위스 민법전의 서두의 조항에서 등장하는 유명한 표현대로 ─ '입법자라면 수립할' 규칙으로 서서히 넘어가게 된다. 이 점에서 법학적 해석은 이론적 요소와 실천적 요소, 인식적 요소와 창조적 요소, 재생산적 요소와 생산적 요소, 학문적 요소와 학문을 초월하는 요소, 객관적 요소와 주관적 요소가 서로 떼려야 뗄 수 없도록 결합해 있는 혼합물이다. 그러므로 입법자의 의지 ─ 이를 확인하는 것이 해석의 목표이자 결과이다 ─ 는 해석을 통해 특정한 내용으로 영원히 고정되는 것이 아니라 시간의 변화에 따라 등장하는 새로운 법적 필요성과 새로운 법적 문제에 대해 새로운 의미를 통해 대답할 능력을 갖추고 있으며, 법률을 생성한 일회적인 의지현상이 아니라 법률을 지탱하는 가변적인 지속적 의지로 생각할 수 있다. 이 맥락에서 홉스는 "입법자는 자신의 권위를 통해 법률이 처음으로 만들어지도록 하는 자가 아니라 자신의 권위를 통해 법률이 계속 법률로 남아 있도록 하는 자이다"라고 말한다. 이러한 견해에 부합하는 구체적 사례는 솔론이 자신의 입법 작업을 완료한 이후 자발적으로 추방을 당했다는 전설이다. 즉 경험적 입법자는 오로지 법률 자체에서만 살아 숨 쉬고 있는 이념적 입법자에게 자리를 물려준다는 것이다.

법학적 해석이 지닌 이러한 특성을 제대로 평가하고자 한다면, 문헌학적 해석이라는 경험적 모델을 기준으로 판단해서는 안 된다. 오히려 문헌학적 해석이 학문의 역사에서 나중에 등장한 산물이고, 법학적 해석이 문헌학적 해석보다 훨씬 더 원래 형태의 해석에 가깝다는 사실을 상기할 필요가 있다. 즉 아주 먼 옛날에는 한 단어에 대해 이 단어를 말한 사람의 생각과는 무관한, 어떤 주술적인 힘을 부여했다.[4] 예컨대 계시의 말씀은 감추어진 의미를 담고 있다고 여겼고, 성령을 받지 못한 무지한 자에게는 그 의미가 감추어져 있다가 의미가 현실이 되면서 비로소 번개처럼 빛을 발한다고 생각했다. 이처럼 말하는 사람은 전혀 의식하지 못하지만, 말한 단어가 갖는 이중의 의미 덕분에 그렇게도 많은 동화가 존재하게 된다. 우리는 곧잘 '기이한 자연현상(Naturspiel)'을 순전히 우연을 통해 의미를 담게 된 어떤 자연현상으로 부르곤 한다. 예를 들어 오랜 시간에 걸쳐 물방울이 떨어져 형성된 동굴을 신전이라고 부르고, 동굴 속에 있는 두 개의 큰 바위는 수사와 수녀를 뜻한다고 생각한다. 이와 마찬가지로 원시시대에는 단어 역시 의식하지 않았고 의욕하지 않았던 의미를 담고 있는 자연적 사건이었다. 그 때문에 원시시대에는 의식과 의욕이 없는 자연도 어떤 의미를 담고 있다고 여겼고, 자연현상을 어떤 것에 대한 상징으로 여기는 것 또한 너무나도 당연한 일이었다. 다시 말해 인간의 정신적 산물뿐만 아니라 자연현상도 인간과 같은 형태로 해석할 대상으로 삼았다. 이 점에서 아우구스티누스는 "예언의 힘은 세계 도처에 퍼져 있

---

4 "그때 말은 너무나도 중요했다. 입으로 한 말이었기 때문이다(Johann Wolfgang Goethe, West-östlicher Diwan, Buch des Sängers, Hegire)."

다"라고 말했고, 괴테도 여전히 "생명 없는 자연이 우리가 사랑하고 찬양하는 것을 적절히 표현해준다면 응당 기뻐해야 할 일이다"라고 말한다.

스콜라철학은 이처럼 의식을 뛰어넘는 의미에 지향된 해석방식을 학문적 방법으로 격상시켰다. 스콜라철학은 성서가 갖는 네 가지 의미에 관한 이론을 다음과 같이 제시했다.

"글자는 사건을 가르쳐주고, 네가 믿어야 할 것은 비유가 가르쳐주며 도덕적 의미는 네가 해야 할 것을 가르쳐주고, 영적 해석은 네가 향해야 할 곳을 가르쳐준다."

스콜라철학은 문자적 의미의 배후에 있는 비유적, 도덕적 및 영적 의미를 끄집어냄으로써 영감에 관한 이론을 기초로 성서를 기록한 인간이 실제로 생각한 것은 아니지만, 신이 실제로 생각한 것을 밝혀낼 수 있다고 믿었다.[5] 학문 이외의 영역에서는 이러한 해석방식이 오늘날에도 여전히 살아남아 있다. 즉 성직자들의 설교는 설교의 주제가 되는 상황에 비추어 성서의 개별 단어들에 대해 그것의 원래 의미를 고려하지 않은 채 새로운 의미를 밝히곤 한다. 성서의 단어들이 불멸의 생동감을 지니는 이유는 바로 이처럼 풍부한 해석능력에 기인한다. 하지만 유희를 즐기는 심오한 통찰을 통해 세속적인 단어들로부터도 원래의 의미의 배후에 있는 심오한 의미를 끄집어내곤 한다. 예컨대 괴테는 디반

---

5 이에 관해서는 *Hans Vollmer*, Vom Lesen und Deuten heiliger Schriften, 1907 참고.

Diwan에서 아름다운 묘사를 통해 다층적인 의미를 이렇게 표현한다. "단어는 부채다! 부챗살 사이로 두 개의 아름다운 눈이 바라보고 있다. 부채는 귀여운 베일이다." 잡지 「청년(Die Jugend)」에는 다음과 같은 아름다운 표현이 등장한다. "별다른 생각 없이 내뱉은 말들의 표면으로부터 사물의 심연에 추를 내려뜨려 보고, 별 의미 없는 것이 그 스스로는 결코 꿈꾸지 못한 어떤 의미를 위한 틀을 마련해주게 되면, 그것은 내게 늘 가장 순수한 기쁨 가운데 하나였다. 그건 드러내지 않은 교만이 아니라 겸손이다. 왜냐하면 우리가 그것이 진정으로 지혜인지를 늘 의심하지 않을 수 없는 우리의 지혜도 비록 눈으로 볼 수는 없지만 고매한 정신이 친절하게도 해석을 통해 우리의 지혜에 부여해주는 의미를 지니게 된다는 것이야말로 위로와 희망과 같은 것이기 때문이다. 이 점에서 의심스러울 때는 언제나 피고인에게 더 선한 의도가 있었다고 가정하게 된다." 이 표현에는 'G.S.'라는 이니셜이 붙어 있는데, 게오르그 짐멜Georg Simmel의 이니셜이다.[6]

물론 법학적 해석은 이와 같은 직관적 해석 형태와는 뚜렷이 구별된다. 법학적 해석은 전적으로 합리적 성격을 갖기 때문이다. 즉 법학적 해석은 주술적 또는 신비적 해석이거나 심오한 의미의 놀이가 아니라 논리적 해석이다. 하지만 논리의 기원은 소피스트들의 수사학 강의이고, 따라서 학문적 논리도 원래 주로 변호사들의 논리였다. 왜냐하면 수사학은 말을 주고받을 때, 특히 법정에서 행해지는 진술에서 구사되는 증명과 반박의 기술이었기 때문이다. 법률에 기초해 증

---

6 이에 관해서는 *Georg Simmel*, Hauptprobleme der Philosophie(Sammlung Göschen), 1910, S. 71 이하 참고.

명과 반박을 하는 이러한 논리적 기술은 입법자가 무슨 생각을 했는
지를 묻는 것이 아니라 이 사안과 관련해 법률의 문언으로부터 무엇
을 도출해낼 수 있는가를 묻는다. 따라서 이 논리적 기술은 입법자가
실제로 생각한 의미가 아니라 입법자가 생각했을 것으로 추정할 수
있는 의미, 다시 말해 설령 입법자가 집어넣지 않았을지라도, 법률 자
체로부터 끄집어낼 수 있는 의미가 무엇인지를 탐색한다.[7]

이처럼 오로지 법률 자체로부터 합리적이고 변호를 목적으로 수행
되는 해석은 초기 프로테스탄트 신학의 성서 절대주의(Biblizismus)
와 가장 유사한 입장이다. 이 성서 절대주의는 오로지 성서에만 입각
하고 모든 것을 성서에 기초하게 만들고자 했다.[8] 루터 자신도 이러한
유사성을 강조한다. "법률가가 텍스트를 무시하고 말하는 것은 경멸
해야 할 일이다. 신학자가 텍스트를 무시하고 말하는 일은 더욱더 경
멸해야 마땅하다."[9] 그러나 법학은 자신의 방법의 정당성을 확보하기
위해 이미 극복된 신학적 해석방법과의 유사성 — 이 역시 늘 의문의
대상이 된다— 을 원용할 수 없다. 법학은 오히려 오늘날의 여러 학문
과 매우 밀접한 관련을 맺고 있다고 느껴도 좋을 것이다.

문학에서는 얼마 전까지만 해도 문헌학적 해석, 즉 자신의 작품에

---

7 이에 관해서는 *Johannes Stroux*, Summum jus, summa injuria. Ein Kapitel aus der
Geschichte der interpretatio juris, 1926 참고.
8 이에 관해서는 *Radbruch*, Rechtswissenschaft als Rechtsschöpfung, in: Archiv für
Sozialwissenschaft und Sozialpolitik, Bd. 4, 1906, S. 355 이하 참고.
9 이와 동일한 맥락에서 라이프니츠Leibniz는 이렇게 말한다. "우리가 신학을 구별하는
방식은 법학에도 그대로 적용할 수 있다. 왜냐하면 두 분과는 놀라울 정도로 유사하
기 때문이다." *Carl Schmitt*, Soziologie des Souveränitätsbegriffes und politische
Theologie, in: *Melchior Palyi*(Hrsg.), Hauptprobleme der Soziologie. Erinnrunsausgabe
für Max Weber II, 1923, S.27에 따르면 두 분과는 문자와 이성(scriptum und ratio)이
라는 이중의 원칙을 갖고 있다고 한다.

대한 작가의 표현, 의도, 일기, 서신 등에 기초해 작가가 실제로 한 생각을 탐구하는 것이 지배적이었다. '괴테 문헌학(Goethe-Philologie)'은 이러한 해석방법을 지칭한다. 하지만 작가가 주관적으로 생각한 의미에 관한 탐구는 점차 뒷전으로 물러나고 요즘에는 문학작품이 갖는 객관적으로 타당한 의미에 관한 탐구가 전면에 부각하고 있다. 즉 작가 스스로 그의 작품의 내용이 그가 주관적으로 생각한 의미에 그치는 것이 아니라 자신의 작품을 나중에 읽어보면 스스로에게도 전혀 생각하지 못했던 의미가 떠오르는 경우가 자주 있음을 밝히고 있다. 이처럼 전적으로 작품 자체에만 기초한 작품 이해는 개개의 작품뿐만 아니라 한 작가가 남긴 전체 저작(Oevre)에도 관련시킬 수 있다. 그리하여 작품 자체에만 집중된 이러한 해석방법으로부터 새로운 형태의 전기 서술(Biographik)이 탄생하게 된다. 전통적인 전기 서술은 작가 개인으로부터 출발해 작품으로 옮겨 가고, 작품을 작가의 개인적 인격으로부터 파생된 것으로 이해했다. 이에 반해 새로운 전기 서술은 작품에서 출발한다. 그 때문에 군돌프Friedrich Gundolf는 괴테를 다음과 같이 묘사한다. "예술가는 예술작품을 통해 자신을 표현하는 한에서만 존재할 따름이다." 그리고 게오르그 짐멜은 칸트에 대해 이렇게 말한다. 즉 짐멜 자신은 '역사적으로 실재했던 인간' 칸트가 아니라 '하나의 이념적 형상'을 묘사하는 것을 과제로 삼고 있으며, "이 형상은 오로지 칸트가 남긴 업적 자체에서만 이 업적을 구성하고 있는 부분들의 실질적 및 내적 연관성의 표현 또는 상징으로 살아 있다"라고 한다. 그 때문에 이와 같은 전기 서술에서 작품의 창조자는 이 작품을 과거에 창조하고 세상을 떠난 인간이 아니다. 오히려 이 작품 속에 살아 있는 영원한 작가 또는 사상가는 그가 살아 있는 한, 계속 변화하고, 새로운 시대의 새로운 물음에 대해 새로운 대답을 준다고 한다. 이는 권위를 통해 법률을 처음으로 만든 자가 아니라 권위를 통해 법률이 계속 법률로 지속하게 만드는 자가 입법자라는 홉스의 말과 일치한다.

하지만 작품에 관한 개인적 정신사뿐만 아니라 집단적 정신사도 얼마든지 존재할 수 있고, 일반적이기도 하다.[10] 철학사와 이론사는 한동안 한 사상가가 다른 사상가로부터 받은 사실상의 영향을 심리학적으로 확인하기 위해 노력한 적이 있다. 이에 반해 헤겔 이후의 철학사는 전기나 심리적 측면의 연관성을 고려하지 않고 사상체계들 사이의 실질적 관계를 펼쳐내고, 이와 동시에 사상체계들의 역사적 순서를 논리적 과정으로 파악하며, 하나의 체계로부터 다른 체계로의 발전을 마치 이 발전이 단 하나의 의식 속에서 수행된 것처럼 이해하고, 객관정신의 과정을 하나의 정신의 작품으로 해석하는 것을 과제로 삼았다. 마치 법률이 변화하는 배후에서 '입법자의 정신' 하나가 계속 변화하면서도 동시에 계속 유지된다는 생각과 비슷하다.[11]

그러나 독자들에게 제시한 이러한 예들만으로는 앞에서 설명한 방식의 초경험적 해석이 하나의 함에 집어넣었던 것과는 다른 것 그리

---

10 법사학도 정신의 역사, 즉 객관적 의미의 운동에 관한 탐구로 수행될 수 있고, 따라서 법사학은 입법자의 의지/법률의 의지에 관한 앞의 도식(187면 이하)을 통해 얼핏 생각할 수 있는 것과는 달리 법도그마틱에 매우 가까운 분과이다. 이에 관해서는 *Walther Schönfeld*, Vom Problem der Rechtsgeschichte, in: Schriften der Königsberger Gelehrtengesellschaft, 4. Jahrgang 1927, S. 351 참고.

11 "모든 시대에 걸친 인간들의 연쇄는 언제나 존재하고, 지속적인 학습이 이루어지는 이상 인간으로 고찰해야 한다(파스칼)." "학문의 역사는 민족들의 목소리가 차츰차츰 분명하게 드러나는 거대한 푸가와 같다(괴테)."

고 집어넣은 것보다 더 많은 것을 끄집어내는 마술과도 같다는 인상을 파괴하기에는 충분하지 않을지도 모른다. 과연 하나의 정신적 작품으로부터 작품의 창조자가 집어넣지 않았던 의미를 실제로 끄집어낼 수 있다는 주장을 설득시킬 수 있는 것일까? 단순한 예를 드는 것만으로도 이 물음에 '그렇다!'라고 대답할 수 있다. 즉 하나의 수수께끼는 이 수수께끼를 낸 사람이 염두에 두었던 해법 이외에도 그가 전혀 생각하지 못했지만, 첫 번째 해법과 똑같이 옳은 두 번째 해법이 있을 수 있으며, 장기판에서 둔 한 수가 이 놀이의 전체 맥락에서 이 한 수를 둔 사람이 생각했던 것과는 완전히 다른 의미를 지닐 수도 있다. 우리가 말하는 모든 문장은 장기를 두는 사람 혼자서는 결코 규정할 수 없는 이러한 한 수와 같은 것이다. 즉 언어가 우리를 위해 생각하고 시를 쓰는 것이다. 다시 말해 내가 생각하고 말을 함으로써 나는 내 생각을 하나의 정신세계에 편입시키게 되고, 이 정신세계는 이 세계 나름의 특수한 법칙을 통해 지배된다. 나 혼자서 나 자신만을 위한 언어와 개념세계를 새롭게 생성할 수 없는 것과 마찬가지로, 나는 말을 함으로써 내가 그 속에서 움직일 수밖에 없는 개념세계의 고유한 법칙에 복종하게 되고, 나의 모든 말을 통해 나는 내가 도저히 개관할 수 없는 개념적 관계에 연결된다. 이 맥락에서 괴테는 "입 밖으로 뱉은 말은 필연적으로 작용하는 다른 자연적 힘 속으로 끌려 들어간다"라고 말한다. 정신적 세계에서도 물리적 세계와 다르지 않다. 내가 자연법칙을 활용한다는 것은 동시에 내가 자연법칙에 복종한다는 것이다. 이와 마찬가지로 내가 논리를 활용하는 즉시 논리법칙은 나를 지배하게 된다. 따라서 어떤 표현이 내 생각에는 당연히 지녀야 한다고 여기는 의미가 때로는 이 표현이 실제로 지니는 의미가 아닐 수도 있다. 더욱이 그 이유가 내가 원했던 의미를 내가 제대로 표현하지 못한 탓이 아니라 모든 의미가 무한한 의미연관 속에서 단지 부분적 의미에 불과하고, 이 의미연관 속에서 도저히 개관할 수 없는 작용을 불러일으킨 탓일 수 있다. "베를 짜는 자는 자신이 무엇을 짜는지를 모른다." 그 때문에 자신의 모든 생각과 함께 자신이 도저히 개관할 수 없는 의미의 연관성 속에 편입될 뿐이라는 것, 다시 말해 모든 주관적 정신은 그저 한 부분에 불과할 따름이고 '객관정신'의 세계로 편입될 뿐이라는 것을 아는 일은 겸손하도록 경고하는 의식이지만 동시에 무한대로 고양된 의식이기도 하다.

구성과 체계

그렇긴 하지만 우리가 객관적 의미를 확인할 수 있는 실마리가 되는 고유한 법칙, 즉 '논리적' 법칙이 과연 무엇인지를 자세히 설명할 필요가 있다. 이해란 하나의 문화현상을 이 현상에 부합하는 문화가치와 관련지어 문화현상으로 분명히 밝힌다는 뜻이다. 따라서 특히 법학적 이해는 법을 법개념의 실현으로, 다시 말해 법이념을 실현하는 의미를 지닌 존재사실, 즉 법이념의 실현을 위한 시도로 밝힌다는 뜻이다.

그러므로 법학에서는 자신의 소재를 두 가지 방식으로 다루어야 할 과제가 부과된다. 하나는 법을 법개념의 실현 및 법개념에 포함된 법적 범주의 실현으로 서술하는 범주적 처리(kategoriale Verarbeitung)

라는 과제이고, 다른 하나는 법을 법이념의 실현을 위한 시도로 서술하는 목적론적 처리(teleologische Verarbeitung)라는 과제이다. 이 두 가지 방식의 처리를 **구성**(Konstruktion)이라 부르고, 이 방식들이 단순히 개개의 법제도가 아니라 법질서 전체와 관련될 때는 **체계**라고 부른다. 그 때문에 이중의 구성 및 체계가 존재하게 된다. 즉 범주적 구성 및 체계와 목적론적 구성 및 체계가 존재한다.[12] 예컨대 소송법에서 절차규칙들을 변론주의와 직권주의라는 특정한 원칙으로 소급시키는 것은 목적론적 구성 및 체계에 해당하고, 이에 반해 소송을 권리보호 청구에 관한 이론과 같이 하나의 법적 관계로 파악하는 것은 소송법에 대한 범주적 구성이다. 형법의 서두를 장식하고 있는 형벌목적론은 목적론적 구성이고, 규범이론은 범주적 구성이다. 그리고 행정법은 예전에 국가학의 방법에 따라 순전히 목적론적으로 취급된 반면, 오토 마이어Otto Mayer에 의해 수립된 법학적 방법은 행정법을 범주적으로 취급한다. 이처럼 법체계의 구조에서는 범주적 관점과 목적론적 관점 가운데 어느 하나가 우선하는 방식으로 변화하게 된다. 예를 들어 공법과 사법의 구별은 범주적이지만, 노동법과 경제법은 목적론적 개념구성이다. 일반법학(Allgemeine Rechtslehre)은 순수한 범주적 학문분과이다. 그리고 법학의 범주적 과제와 목적론적 과제 가운데 어느 것을 강조하는가에 따라 법학의 역사에서는 형식주의적인 시대와 목적론적 시대 가운데 어느 하나가 다른 하나를 대체하는

---

12 이에 관해서는 *Radbruch*, Zur Systematik der Verbrechenslehre, in: Festgabe für Reinhard Frank Bd. 1, 1930, S. 158 이하; *August Carl Hegler*, Zum Aufbau der Systematik des Zivilprozeßrechts, in: Festgabe für Philipp Heck, Max Rümelin, Arthur Benno Schmidt, 1913, S. 216 이하 참고.

방식으로 끝없는 변화를 거듭해 왔다.[13]

법학적 작업의 세 단계, 아니 어쩌면 두 단계, 다시 말해 의미의 확인과 의미에 대한 범주적 및 목적론적 처리, 즉 해석의 단계와 구성 및 체계라는 단계는 두 가지 방식의 법적 개념에 부합한다. 첫째, 법명제를 구성하는 개념들, 특히 법률에 규정된 구성요건에서 등장하고 해석을 통해 밝혀지는 개념들은 '**법적으로 중요한 개념들**(rechtlich relevante Begriffe)'이다. 둘째, 한 법명제의 규범적 의미를 밝혀내기 위한 수단이 되는 구성적 및 체계적 개념은 '**진정한 법적 개념**(echte Rechtsbegriffe)'이다. 전자의 개념이 예컨대 물건, 절취, 의도 등과 같이 사실에 관한 개념이라면, 후자의 개념은 예컨대 매도인과 매수인의 권리와 의무, 매매라는 법제도 등과 같이 권리, 법적 관계, 법제도에 관한 개념이다.[14]

법적으로 중요한 개념들의 경우 법적 개념구성은 학문 이전의 개념을 채용하게 된다. 따라서 법학의 소재는 아무런 형식도 없는 무정형의 존재사실이 아니라 학문 이전 또는 법학 바깥의 개념을 통해 사전에 형태를 갖추게 된 현실이다. 법학은 대부분 이차적 단계의 개념적 작업이고, 이 작업에서 구사되는 개념들은 법학 바깥의 사전작업에 힘입은 것이다. 예컨대 태아라는 개념은 생물학에, 진딧물이라는 개

---

[13] 이에 관해서는 *Hermann Kantorowicz*, Die Epochen der Rechtswissenschaft, in: Die Tat, 6. Jahrgang, 1914/15, S. 345 이하 참고.

[14] *Radbruch*, Der Handlungsbegriff in seiner Bedeutung für das Strafrechtssystem, 1903, S. 29. 법적 개념을 이렇게 이분하는 것은 *Erik Wolf*, Strafrechtliche Schuldlehre I, 1928, S. 93 이하에 서술된, 법적 개념의 '이중적 가치관련'과도 일치한다. 또한 법내용 개념과 법본질 개념의 구별(켈젠)도 앞의 구별과 일치한다고 보인다. 이에 반해 *Somló*, Juristische Grundlehre, 1917, S. 27 이하에서는 법내용 개념과 법적 기초개념, 즉 선험적인 법적 개념을 대립적으로 파악한다.

념은 곤충학에 힘입은 것이다. 물론 법학은 법학 바깥의 개념을 수용할 때 반드시 개념을 변형한다. 예를 들어 '태아'라는 개념은 이 명칭을 지닌 생물학적 개념으로부터 채용한 것이지만, 법적 '태아' 개념이 생물학적 태아 개념과 일치하는 것은 아니다. 즉 법은 태아 개념을 엄밀한 생물학적 관점이 아니라 법의 필요에 따라 살아 있는 인간과 구별하고, 인간 존재를 낙태죄의 처벌을 통해 보호하기에 충분하다면 태아로, 살인죄를 통해 더 강하게 보호할 필요가 있을 때는 인간으로 고찰한다. 또한 '진딧물'이라는 개념은 설령 곤충학과 법학 모두 똑같은 범위로 파악할지라도 그 내용과 특성에 비추어 다르게 규정된다. 즉 법학에서 진딧물은 곤충학에서와는 완전히 달리 포도밭의 해충이라는 사실이 본질적 특성을 갖게 된다. 따라서 자연주의적 개념을 법학이 수용하게 되면 목적론적 변형이 발생하게 된다.[15] 이러한 고찰은 동시에 법학적 작업의 세 단계가 서로 맞물려 있고, 해석은 단순히 구성과 체계의 전제조건인 것이 아니라 해석 자체가 여러 측면에서 목적론적 구성과 체계를 전제로 삼기도 한다는 점을 보여준다.

이해의 문화과학으로서의 법학

이로써 법학적 작업의 본질을 어느 정도 밝혔고, 이에 따라 우리는 이 책의 서두(§1)에서 서술한 것과 마찬가지로 법학을 학문의 체계에 편입시킬 수 있을 것 같다. 즉 법학은 **이해의 문화과학**(verstehende

---

15 이에 관해서는 *Erich Schwinge*, Teleologische Begriffsbildung im Strafrecht, 1930과 이 책의 제1판인 「법철학 기초(Grundzüge der Rechtsphilosophie)」, 1914, S. 198 이하의 예들을 참고.

Kulturwissenschaft)이고,[16] 이러한 문화과학으로서 세 가지 특징을 갖고 있다. 즉 법학은 **이해과학**, **개별화**의 과학 그리고 **가치관련적** 과학이다.

1. 법학은 이해과학이고, 따라서 법명제를 통해 생각한 어떤 의미의 사실성이 아니라 법명제의 객관적으로 타당한 의미를 지향한다. 앞에서(133면 이하) 이미 펼쳤던 문장들을 여기에서 다시 한번 상기할 필요가 있다. 법명제는 명령이다. 명령은 의욕의 표현이다. 그러나 한 의욕의 객관적 의미는 당위이다. 하나의 의지 현상의 의미내용을 이것이 의욕되었다는 사실을 고려하지 않고 표현할 때는 당위 이외에는 달리 표현할 방법이 없다. 법학의 대상은 사실, 법적 명령, 의욕을 표현한 문장이지만, 법학은 이러한 사실을 그 자체로 고찰하는 것이 아니라 그 객관적 의미에 비추어 고찰하며, 당위명제, 즉 규범으로 다룬다. 이 점을 다음과 같이 표현할 수도 있다. 즉 법학은 존재과학의 대상과 규범과학의 방법을 갖고 있다고 말할 수 있다.[17] 다만 법학이 궁극적으로는 존재과학이고, 특히 문화과학이라는 사실을 잊어서는 안 된다.

2. 하지만 문화과학으로서의 법학은 또한 **개별화**의 과학이다. 법칙(률)이라는 개념의 연원인 법학을 법칙과학, 즉 일반화의 과학이 아니라 개별화의 과학으로 지칭하는 것이 생소하게 느껴질지도 모른다. 물론 개개의 법명제는 근본적으로 일반적이다. 하지만 법학의 대상은

---

16 이에 관해서는 앞의 54/55면 각주 13에 인용된 문헌과 Erik Wolf, Strafrechtliche Schuldlehre I, S. 73 이하 참고.

17 이러한 성격 규정에 대한 반론으로는 *Kelsen*, Die Rechtswissenschaft als Norm- oder als Kulturwissenschaft, in: Schmollers Jahrbuch für Gesetzgebung, Verwaltung und Volkswirtschaft im Deutschen Reich, Bd. 40, 1916, S. 1255 이하 참고.

개개의 법률이 아니라 법질서이고, 개개의 법률들이 서로 맞물려 법
질서가 되고, 이러한 법질서는 '역사적 체계이며, 따라서 개별적 체
계'이다.[18] 그 때문에 법학은 독일의 법체계나 프랑스의 법체계와 같
은 개별적 법체계의 특수성을 뛰어넘어 모든 법질서에 공통된 명제까
지 낱낱이 밝혀야 할 과제를 담당하지 않으며, 단지 이 법질서들을 개
별성의 측면에서 이해할 과제만을 담당한다.[19] 더 나아가 개개의 법적
사례는 자연과학에서처럼 일반법칙에 속하는 한 가지 사례가 아니라
오히려 정반대로 법률의 존재는 단지 개별사례들을 결정하기 위한 것
이며, 이러한 목적론적 의미에서 법은 사실상 규범의 총합이 아니라
결정의 총합이다.[20] 법률가들이 법률의 적용범위, 한계 및 한계사례
에 특별히 관심을 기울이는 이유도 바로 이 점 때문이다. 따라서 법률
가에게 법률이 관심의 대상이 되는 것은 자연 탐구자에게처럼 일반적
언명 그 자체도 아니고, 수많은 개별적 언명의 사유경제적(denkökono-
misch) 요약도 아니다. 그러므로 법의 법칙적 성격에도 불구하고
법학은 개별적 사례에 관한 서술의 성격을 갖는다.

3. 그렇지만 개별화 과학은 개개의 사실들 가운데 본질적인 사실과
비본질적인 사실을 구별할 수 있게 해주는 기준을 갖고 있지 않을 때
는 수많은 사실의 바다에서 질식하고 말 것이다. 이러한 기준이 곧 **가**

---

18 *Walther Schönfeld*, Vom Problem der Rechtsgeschichte, in: Schriften der Königs-
berger Gelehrtengesellschaft, 4. Jahrgang 1927, S. 324.
19 다수의 국가법질서를 처리하는 수단이 되는 선험적 법주체계의 통일성은 외관상
분할되어 있다고 보이는 법학이 다시 눈에 보이지 않는 통일성을 갖게 만들고, 이
러한 통일성을 *Max Salomon*, Grundlegung der Rechtsphilosophie, 1929에서 말하
는 의미대로 '법의 문제점'이라고 규정할 수 있을 것이다.
20 *Isay*, Rechtsnorm und Entscheidung, 1929, S. 29.

치관련(Wertbeziehung)이다. 이를 통해 문화과학은 문화과학이 지향하는 문화가치와 친화적(가치의 실현, 가치의 촉진) 또는 적대적(가치실현의 실패, 가치의 저해) 관계에 있는 사실들만을 고려의 대상으로 삼는다. 하지만 이러한 가치관련은 동시에 문화과학의 대상이 가변적이라는 것을 뜻한다. 즉 관련된 가치에 대한 평가를 변경한다는 것은 관련된 대상의 층위를 변경한다는 뜻이다. 모든 새로운 시대는 지금까지 가치와 관련된 사실들로부터 그 본질적 성격을 박탈하고, 거꾸로 지금까지 가치와 아무런 관련이 없었던 사실들을 가치와 관련된 것으로 상승시킨다. 이를 통해 모든 시대마다 예컨대 역사적 사실과 단순히 오래된 사실을 구별하는 방식이 달라진다. 이 점에서 모든 시대는 역사를 새롭게 쓴다. 따라서 모든 시대가 자신의 법학을 새롭게 써야만 한다는 것은 결코 놀라운 일이 아니다. 키르히만Julius Hermann von Kirchmann은 「법학의 학문으로서의 무가치성」이라는 그의 유명한 강연에서 다음과 같은 유명한 말로 법학의 학문적 성격을 끝장낼 수 있다고 생각했다. "입법자가 법률을 세 마디만 수정하면 도서관의 모든 책은 휴지가 되고 만다."[21] 파스칼도 이미 이렇게 말한 적이 있다. "기후의 변화에 따라 성격이 변하지 않는 정의와 부정이란 거의 존재하지 않는다. 극으로부터 위도가 3도만 멀어지면 전체 법학은 완전히 붕괴하고 만다. 위도 1도의 차이가 무엇이 진리인지를 결정하고, 몇 년의 세월이 소유권의 존재 여부를 결정한다. 근원적 법률도 바뀌기 마련이다. 법은 나름의 시대가 있기 때문이다. 강과 산맥이 그어놓은 경계

---

[21] 키르히만에 대해서는 법학에 대한 수많은 옹호와 변론을 함께 담고 있는 *Hermann Sternberg*, Julius Hermann von Kirchmann, 1908 참고.

에 따라 정의가 달라지다니, 참으로 희한한 정의가 아닐 수 없다! 피 레네산맥 이쪽 편에서는 진리가 저쪽 편에서는 착각이라니!" 그러나 앞에서 설명한 내용에 따르면 시간과 장소에 따라 법학의 대상이 가 변적이라는 사실은 결코 법학의 학문성을 부정하는 증거가 되지 못한 다. 만일 그렇다면 역사학의 학문성도 똑같이 부정해야 할 것이다. 물 론 키르히만이나 파스칼의 얘기는 법학의 대상이 갖는 가변성 자체가 아니라 대상의 자의적 가변성을 이유로 법학의 학문성을 부정하려는 주장에 해당할 것이다. 즉 법학에서는 과거의 대상에서 벗어나, 새로 운 대상을 부여하는 입법자가 펜을 놀리는 일이 미적 판단을 변경하 고 문학의 역사를 새로 쓰게 만드는 작가가 펜을 놀리는 일보다 결코 더 '자의적'이지 않으며, 정치적 가치판단을 변경하고 새로운 정치적 역사서술을 요구하는 장수의 칼끝보다도 더 '자의적'이지 않다. 입법 자가 펜을 놀리는 일은 받아 적는 일, 즉 역사가 불러주는 대로 받아 적는 일이다. 법학적 대상의 가변성과 역사학적 대상의 가변성 사이 의 유일한 차이는 전자의 경우에는 역사적 행위를 통해 순간적으로 변화가 일어나는 반면, 후자의 경우에는—언제나 그런 것은 아니지 만—대부분 긴 역사적 전개 과정을 통해 변화가 수행된다는 점일 뿐 이다.

각론으로의 전환

이상의 고찰과 함께 이제 법철학의 총론에 해당하는 내용이 마감되 었다. 이제부터는 개별 법영역의 핵심문제들을 법철학적으로 고찰해야 한다. 모든 대상은 개별 학문이나 철학의 관점에서 다룰 수 있기 때문에 다루게 될 문제들의 선택에는 필연적으로 어느 정도 자의가 개입하지 않을 수 없다. 이하에서 다루게 될 문제들을 선택한 이유는 상당 부분 총론에서 펼친 개념들이 이론적으로 풍성한 성과를 가져온다는 점을 보여주기에 특히 적절한 문제들을 선택해야겠다는 생각에 기인한다. 하지만 각 법영역의 핵심문제를 자세히 다루기 전에 먼저 모든 법에 관한 기초적 분류를 법철학적으로 밝히도록 하겠다.

그러므로 사법 전체는 공법이라는 토대에 기초하고 있다.

베이컨

§16. 사법과 공법

'사법'과 '공법'이라는 개념은 실정법적 개념이 아니다. 즉 개개의 실정법질서에 따라서는 이 개념이 얼마든지 존재하지 않을 수 있다. 하지만 이 개념은 논리적으로 볼 때 모든 법적 경험에 앞서고, 모든 법적 경험에 대해 구속력을 갖는 타당성을 주장한다. 따라서 사법과 공법은 **선험적 법개념**이다. 물론 사법과 공법의 차이를 이미 오래전부터 인식했다는 의미는 아니다. 예를 들어 독일의 옛 법은 이 구별을 알지 못했고, 로마법을 계수하면서 비로소 양자를 구별하게 되었다. 그리고 사법과 공법이 선험적 법개념이라는 말은 모든 법질서가 사법의 영역과 공법의 영역을 명시적으로 갖고 있어야 한다는 의미도 아니다. 예를 들어 사회주의는 사법을 거의 완전히 공법으로 해소한다는 것을 뜻하고, 무정부주의는 순수한 사법적 법질서만을 요구한다. 더 나아가 사법과 공법이 선험적 법개념이라고 해서 사법과 공법을 구별하는 경계선이 어디에서나 똑같이 설정되어야 한다는 뜻도 아니다. 예컨대 근로관계와 같은 하나의 현상은 때로는 사법의 현상이 되고, 때로는 공법의 현상이 된다. 끝으로 모든 법영역이 명백하게 공법 또는 사법 가운데 어느 하나에 귀속될 수 있다는 의미도 아니다. 노동법

과 경제법의 경우에는 사법과 공법이 떼려야 뗄 수 없을 정도로 혼합
되어 있다.[1] 이렇게 볼 때 '사법'과 '공법'은 각각의 개별 법명제가 사
법 또는 공법에 속하는지를 묻고 이 물음에 대답을 요구할 수 있다는
의미에서만 선험적일 따름이다.[2]

양 개념의 선험적 성격

선험적 법개념은 법의 선험적 개념으로부터 도출할 수 있어야 한
다. 실제로 사법과 공법의 구별은 법의 개념 자체에 기초하고 있다.
실정 규범의 총체로서의 법은 규범을 정립하는 기관의 존재를 전제
한다. 하지만 개인들의 공동생활을 위해 이 기관에 의해 제정된 사법
적 법명제가 모든 실정법의 존재근거, 즉 법적 안정성을 사실상으로
충족해야 한다면, 규범 제정기관 자체도 이 존재근거에 구속되어야
한다. 이 점에서 수범자를 위해 규범 제정기관을 구속한다는 것을 뜻
하는 이러한 구속, 즉 상하질서 관계에서의 구속은 필연적으로 공법
이다.

법의 개념뿐만 아니라 법이념에도 이미 사법과 공법의 구별이 내재
해 있다. 즉 정의가 평균적 정의 또는 배분적 정의라면, 다시 말해 같

---

1 *Kelsen*, Allgemeine Rechtslehre im Lichte materialistischer Geschichtsauffassung, in:
   Archiv für Sozialwissenschaft und Sozialpolitik, Bd. 66, 1931, S. 495에서 타당하게 강
   조하고 있는 사실, 즉 사법이라는 개념이 여러 가지 측면에서 예컨대 사용자의 지
   배관계와 같이 실제로는 공법적 성격을 갖는 지배관계를 은폐하는 데 이용되지 않
   을 수 없다는 사실에도 불구하고 공법/사법 개념 자체는 선험적 성격을 갖고 있다.
2 *Burckhardt*, Organisation der Rechtsgemeinschaft, 1927, S. 10 이하에서도 같은 문제
   를 제기하고 있다. 선험성에 반대하는 견해로는 *Erich Kaufmann*, Kritik der neu-
   kantischen Rechtsphilosophie, 1921, S. 86 이하 참고.

은 등급 내에서의 정의 또는 상하질서 관계에서의 정의라면, 정의 자
체는 이미 사법과 공법이라는 정의의 두 가지 실질적 기반을 지시하
고 있는 셈이다.

따라서 '사법'과 '공법'이라는 개념은 선험적이다. 그렇지만 공법
과 사법의 가치관계 및 서열은 역사적 변화, 즉 세계관적 평가에 따라
바뀐다.

자유주의

자유주의에서 사법은 모든 법의 심장이고, 공법은 사법과 특히 사
소유권을 보호하기 위한 얇은 틀이다. 1789년의 인권과 시민권 선언
은 왕권을 국민이 — 철회 조건부로 — 양도한 대리권으로 파악하고,
이 대리권은 군주의 이익을 위해서가 아니라 모든 국민의 이익을 위
해 행사되어야 한다고 보긴 했지만, 사소유권은 자연적이고 침해할
수 없으며 불멸의 신성한 권리라고 보았다. 그 때문에 절대적 지배자
는 왕위를 이양해야 했고, 절대적 자본이 이 자리를 차지할 수 있었다.

사법과 공법에 관해 자유주의가 전제했던 이러한 서열은 사회계약
이론을 통해 사상적으로 표현된다. 이 이론은 '사법과 공법의 매개',[3]
즉 국가에서의 상하질서를 근원적으로 평등한 개인들의 합의에 기초
하게 만들려는 시도를 뜻한다. 다시 말해 사회계약이론은 공법을 사
법으로 해소한다는 가정을 토대로 삼는 시도이다. 극단화된 형태의
자유주의인 무정부주의는 단순한 가정이 아니라 실제로 공법을 사법

---

3 *Leopold von Ranke*, Politisches Gespräch, Ausgabe v. 1924, S. 34.

으로 해소하고자 한다. 무정부주의는 자기구속 이외에는 어떠한 구속
도 인정하지 않으려고 함으로써 사회계약이론을 단순히 국가이론으
로뿐만 아니라 사회적 공동생활의 조직원칙으로도 만들게 된다.

실정법적으로 사법과 공법의 서열에 관한 자유주의적 견해는 상호
조율(Koordination)이라는 사법적 사고를 법치국가의 본질에 속하는
공법에까지 침투시킨다는 점에서 더욱 강하게 드러난다. 즉 자유주의
적 견해에 따르면 국고(國庫; Fiskus) 작용으로서의 국가는 그 자체 사
법에 속한다. 형사소송과 행정소송에서 국가는 개인들과 마찬가지로
소송당사자라는 평등한 차원에서 등장한다. 그리고 공법적 계약이라
는, 논란이 많은 법적 개념은 이러한 계약의 경우 국가는 개인과 마찬
가지로 평등한 법적 차원에 놓여 있음을 뜻하게 된다.

양자의 관계에 관한 보수주의적 견해와 사회적 견해

자유주의와는 반대로 공법이 사법보다 우월하다는 견해에서는 자
유주의에서와는 정확히 반대되는 결론이 도출된다. 이 관점에서 사법
은 단지 모든 것을 포괄하는 공법의 공간 속에서 일시적이고 철회 조
건부로 사적 주도권에 허용된 작은 틈새에 불과하고, 의무에 따라 사
용할 것이라는 기대 하에 허용될 뿐이며, 기대가 충족되지 않는 즉시
박탈할 수 있는 대상이다. 이는 분명 **초개인주의적-보수적**인 관점이
다. 하지만 적어도 이 문제와 관련해서는 **개인주의적-사회적**인 관점
도 원칙적으로 같은 견해를 갖고 있다. 다만 공법의 우위를 인정하는
동기는 다르다. 즉 초개인주의적-보수적인 관점에서는 국가가 궁극

적으로 개인보다 우위에 있다는 사고가 동기인 반면, 개인주의적-사
회적인 관점에서는 국가가 경제적으로 약한 개인의 보호자라는 사고
가 동기이다. 이처럼 동기는 서로 다르지만, 사법과 공법의 서열과 관
련해서는 두 관점이 같은 입장을 갖는다.

사회적 법

사회적 법의 관점에서 이러한 관계를 파악하는 견해는 사회적 법의
본질, 즉 사회적 존재로서의 개인에 초점을 맞추는 태도로부터 도출
된다.[4] 사회적 법(das soziale Recht)[5]은 개인들의 사회적 차이, 즉 사
회적 권력 및 무기력(Macht und Ohnmacht)의 측면에서 개인들의 차
이를 분명하게 밝히고, 법을 통해 이러한 차이를 명시적으로 고려하
며 사회적 무기력에 대한 지원과 사회적 과잉권력의 제한을 최우선으
로 가능하게 만들어 평등이라는 자유주의적 사고를 사회적 보충과 상
쇄라는 사고로 대체하며, 평균적 정의 대신 배분적 정의가 관철되도
록 하고, ― 배분적 정의를 통한 보충과 상쇄는 필연적으로 개인보다
상위에 있는 기관을 전제로 삼기 때문에 ― (자유주의적) 자력구제를
조직화된 사회의 구제, 특히 국가의 구제로 대체한다. 이는 곧 개인들
의 가장 사적인 법적 관계와 이 관계에 참여하는 사적 개인들의 배후

---

4 이러한 연관성에 주의를 환기하고 있는 *Kaspar Anraths, Das Wesen der soge-
nannten freien wissenschaftlichen Berufe*, 1930, S. 8 이하 참고.
5 '사회적 법'이라는 단어가 갖고 있는 다양한 의미에 관해서는 *Gurvitch, L'Idée du
Droit Social*, 1931, S. 154 이하 참고. 내가 여기서 주장하고 있는 사회적 법에 관한 견
해(이에 관해서는 앞의 115면 이하도 참고)는 *Leon Duguit, Les Transformations du
droit privé depuis le code Napoléon*, 2. Aufl. 1920에 가장 가깝다.

에서도 조직화된 사회라는 거대한 형태, 즉 국가가 제3자이자 핵심 참여자로 등장하고, 이러한 국가는 관찰하고 개입할 태세를 갖추고 있으며 또한 실제로 자주 개입을 함으로써 가장 사적인 법적 관계마저도 이 관계에 참여하는 사인들의 문제일 뿐만 아니라 사회적인 법적 관계, 즉 공법적인 법적 관계로도 파악하게 된다.

그 때문에 사회적 법질서에서 사법과 공법은 뚜렷한 경계가 설정된 상태에서 별개로 존재하는 것이 아니라 서로 맞물려 있다. 이러한 혼합 상태, 즉 사법과 공법의 동반성장은 무엇보다 노동법 및 경제법과 같은 새로운 법영역에서 이루어지고 있다. 개인들보다 상위에 있는 권력을 통해 이루어지는 사회적 보충과 상쇄라는 수단을 통해 노동법은 사회적으로 힘이 없는 자들을 지원하고, 경제법은 사회적으로 과도하게 힘을 가진 자들에게 한계를 설정하고자 한다. 이로써 이 두 가지 법영역에서는 모두 공법과 사법을 구별할 수는 있지만, 양자가 서로 분리할 수 없을 정도로 뒤섞여 있다.

객관적 법의 측면에서 사법의 공법화로 표현되는 내용은 주관적 권리의 측면에서는 사적인 권한에 사회적 의무내용이 침투하는 현상으로 나타난다. 예컨대 제국헌법(바이마르공화국 헌법)의 소유권 조항(제153조)에서는 이러한 현상이 강령적으로 표현되어 있다. "소유권은 의무를 수반한다. 소유권의 사용은 동시에 공통의 최고선(das Gemeine Beste)에도 이바지해야 한다." 따라서 사회적 법은 중세의 봉건법(Lehnrecht)과 유사한 구조를 보여주고 있다. 왜냐하면 중세의 봉건법도 봉직의무(Dienst)라는 실질적 토대를 전제로 권리를 부여했기 때문이다. 물론 훗날에는 봉직의무를 전제로 권리가 부여되는 것이 아니라 공직(Amt)이 권리에 기초하고 그로 인해 공직 자체가 특권으로 여겨지게 되었다. 하지만 오늘날의 사회적 법은 권한에 수반되는 의무내용을 법적으로 보장함으로써 봉건법과 비슷한 변질을 겪지 않도록 하고 있다. 즉 의무에 부합해 행사되지 않은 권리를 제한하거나 박탈하는 적극적인 입법 활동이 보장된다는 전제하에서만 사회적 법이 기능한다. 이렇게 해서 바이마르공화국 헌법의 사소유권의 머리 위에는 공공수용, 즉 사회화(Sozialisierung)라는 다모클레이스의 칼[제153조, 제155조(토지공개념), 제156조(공공수용 및 보상)]이 걸려 있는 셈이다.

한 법질서의 성격은 이 법질서가 공법과 사법의 관계를 어떻게 설정하고 있는지, 즉 사법과 공법의 법적 관계를 구별하는 방식에서 가장 뚜렷하게 드러난다.[6] 이 점에서 봉건주의의 극복은 사법과 공법의 차이를 의식하게 된 것과 일치한다. 또한 행정국가(Polizeistaat)의 등장은 공법이 사법을 통한 오염에서 벗어났음을 뜻하고, 이와는 반대로 법치국가의 시작은 사법이 공법의 구속으로부터 해방되었음을 뜻한다. 이와 마찬가지로 자유주의 법으로부터 사회적 법으로의 전환이라는, 행정국가나 법치국가에 버금가는 획기적인 변화 ─ 우리는 현재 이러한 변화 속에 살고 있다 ─ 는 특히 소유권의 자유와 계약의 자유라는 사적 권리에 대해 부과되는 새로운 공법적 제한에서 표현되어 있다.

---

6 이에 관해서는 *Martin Drath*, Das Gebiet des öffentlichen und des privaten Rechts, in: Zeitschrift für soziales Recht, 3. Jahrgang, 1931, S. 229 이하 참고.

> 현실의 개별적 인간이 추상적 국민을 폐기하고
> 개별적 인간으로서 자신의 경험적 삶과 자신의 개별적 노동,
> 자신의 개별적 상황에서 유적 존재가 되었을 때
> 비로소 인간의 해방이 완수된다.
>
> 카알 마르크스

§ 17. 인격

질서 사상과 함께 법의 개념에 목적사상이 내재하고, 그 때문에 수단과 목적의 관계뿐만 아니라 목적의 목적, 즉 종국적 목적 및 자기목적이라는 사상도 법의 개념 자체와 함께 필수 불가결한 법적 사고형식으로 정립된다. 그렇다면 인격, 즉 권리주체라는 개념 역시 법적 경험에 기초하거나 이러한 경험에 국한된 범주가 아니라 법적 고찰을 위한 사유필연적이고 보편타당한 범주로 여겨야만 한다. 왜냐하면 "권리주체는 역사적으로 주어진 특정한 법을 통해 자기목적이라는 의미로 여겨지는 존재이고, 이에 반해 권리객체는 이와 같은 상태에서 일정한 조건에 따른 목적을 위한 단순한 수단으로 취급되기 때문이다."[1]

평등개념으로서의 인격

그 자체가 목적인 존재, 즉 자기목적(Selbstzweck)은 인격들 상호

---

1 *Stammler*, Unbestimmtheit des Rechtssubjekts, in: Festschrift für die Juristische Fakultät in Gießen zum Universitäts-Jubiläum, 1907, S. 452 이하; *ders.*, Theorie der Rechtswissenschaft, 1911, S. 194 이하.

간의 서열을 배제한다. 그 때문에 인격개념은 평등개념이다. 앞에서
(110면 이하) 이미 밝혔듯이 개별적 인간 자체를 법적 질서의 궁극적
목적으로 고찰하는 개인주의는 개인을 구체적 개별성으로 파악하지
않는다. 개인주의에서 말하는 개인은 오히려 개별성이 없는 개인이
고, 그 자체 개별화된 인간의 자유 이상의 것이 아니며, 이처럼 개별성
없는 자유의 구체화를 통해 모든 개인의 평등까지 정립한다. 하지만
우리는 또한 개인의 고유한 특성을 탈색시키고 그로 인해 개인의 사
회화를 제거해버리는, 법에 관한 개인주의적인 견해의 개인 개념에
대항해 사회적 법이라는 사고방식을 제시했다(115면 이하). 즉 노동자
와 사용자, 노동자와 사무직 노동자와 같이 사회적 및 경제적인 권력
의 차이가 있는 구체적이고 사회화된 인간을 통해 개인주의적 견해를
대체할 수 있다는 사실을 알게 되었다.

　하지만 이러한 발전과정과는 전혀 상관없이 인격개념(Begriff der
Person)은 여전히 평등개념으로 남아 있다. 즉 이 개념에서는 힘 있는
자와 힘없는 자, 가진 자와 못 가진 자, 연약한 개별인격과 너무나도
강한 단체인격을 똑같이 취급한다. 이러한 평등개념이 없다면 사법은
생각할 수 없을 것이다. 왜냐하면 우리가 앞에서 보았듯이 사법은 평
균적 정의, 즉 교환되는 재화와 용역의 등가성에 해당하는 영역이지
만, 이 재화와 용역은 이를 교환하는 주체들이 평등하다고 여겨질 때
만 비교할 수 있기 때문이다.[2] 따라서 개인주의적 견해와 사회적 견해
는 모두 인격의 평등이라는 개념으로부터 출발해야 한다. 즉 사회적

2　이 점에서 마르크스는 다음과 같이 말한다. "물건을 상품으로 서로 관련시키기 위
　해서는 상품을 보유한 자들이 서로서로 인격으로 행동해야 한다." 이에 관해서는
　Paschukanis, Allgemeine Rechtslehre und Marxismus, 1929, S. 87 이하 참고.

견해라고 해서 인격의 평등이라는 개념을 사용자, 노동자, 사무직 노동자 등과 같은 유형으로 해체하지는 않는다. 왜냐하면 사회적 견해에서 사용자, 노동자, 사무직 노동자는 단지 평등하다고 여겨지는 인격들이 처해 있는 다양한 상황을 의미할 뿐이기 때문이다. 만일 이와 같은 사회적 유형들의 배후에 인격의 평등이라는 개념이 자리 잡고 있지 않다면, 비교와 상쇄, 정의에 대한 고려 그리고 사법의 토대가 되는 공통분모가 존재하지 않게 될 것이고, 심지어 법 자체를 생각할 수 없을 것이다.

법인의 문제에 대한 목적론적 해석

이러한 고찰만으로도 이미 "권리주체가 현실의 실제 주체와 비교해 볼 때 극히 인위적 성격을 갖는다"라는 점이 드러난다.[3] 법적 평등, 즉 인격의 본질을 구성하는 평등한 권리능력은 인간과 인간의 단체에 내재하는 것이 아니라 법질서가 이들에게 부여한 속성일 따름이다. 누구도 자연적으로 또는 생래적으로 인격인 것은 아니다. 노예제는 이 점을 분명하게 보여준다. 따라서 인격적 존재라는 것은 법질서가 대상을 인격화(Personifikation)하는 행위에 따른 결과이다. 자연인이든 법인이든 모든 인격은 법질서의 피조물이다. 따라서 자연인 역시 엄격한 의미에서는 법인이다. 그러므로 자연인이든 법인이든 모든 인격의 '가상적', 즉 인위적 성격에 관해서는 더 이상 다툴 여지가 없다.

---

3 이에 관해서는 *Marck*, Substanz- und Funktionsbegriff in der Rechtsphilosophie, 1925, S. 117 참고.

다만 법인(juristische Person)과 관련된 문제 ― 즉 법인은 가상의 인
격인가 아니면 실재하는 집단적 인격인가? ― 는 법인이 법 바깥에 있
는 어떤 실질적 기반을 갖는가에 관련된 문제이다. 즉 자연인의 배후
에 인간이 자리 잡고 있듯이 법인의 배후에도 법과는 관계없는 어떤
존재가 자리 잡고 있어서, 이러한 법 이전의 존재에게 법이 법인격을
부여할 따름이라고 생각해야만 하는 것일까? 바로 이 문제가 법인의
본질에 대한 논쟁의 핵심에 해당한다.

　이러한 존재가 어떠한 종류의 것이어야만 하는지는 이 고찰에 앞선
법철학적 인격개념이 알려준다. 즉 인격은 곧 자기목적이다. 인간은
육체적-정신적 생명체이기 때문에 인격인 것이 아니라 법질서의 관
점에서 볼 때 자기목적을 뜻하기 때문에 인격이다. 따라서 인격들의
단체가 법적 인격이 될 가능성을 증명하기 위해서는 이러한 단체가
인간과 마찬가지로 생물학적 존재, 즉 유기체라는 것을 증명할 필요
는 없고, 단지 이 단체가 개별 인간과 마찬가지로 자기목적을 뜻한다
는 사실을 증명하는 것만으로 충분하다. 이에 반해 '유기체적' 법인이
론은 법인의 목적론적 기반이 아니라 생물학적 기반을 찾으려고 하는
나머지, 법인의 목적을 자연주의적 형상으로 실체화하거나 기껏해야
자연주의적 언어를 동원해 목적론적 확인을 은폐하려고 한다. 물론
앞에서 권리주체에 관한 법철학적 개념규정을 서술할 때도 권리주체
는 법이 자기목적으로 여기는 '본질'이라는 의미로 설명했다. 하지만
이 경우 본질과 목적의 관계는 유기체적 이론에서 말하는 것과는 완
전히 반대된다. 유기체적 법인이론은 일단 법인의 실질적 기반이 갖
는 본질을 확인하고자 시도하고, 그다음에 이 본질로부터 그 목적을

억지로 끄집어내려고 하는 반면, 목적론적 이론은 목적의 독자성으로부터 본질의 통일성을 도출해낸다. 당연히 법인의 뒤편에 무엇이 있는지를 살펴보면 대부분 법인과 관련을 맺는 다수의 개인, 즉 법인의 구성원과 기관만을 볼 수 있을 뿐이다. 그리고 구체적인 사례에 따라서는 법인의 배후에 '공동체'라는 사회학적 통일성(단위)이 자리 잡고 있을 수도 있지만, 이러한 사실은 법인의 배후에 있는 '실질적' 통일성에 대한 물음과 관련해서는 아무런 의미도 갖지 못한다. 통일성은 결코 그 자체로 있는 통일성이 아니라 언제나 특정한 관점에서의 통일성일 따름이다. 그러므로 법인의 기반이 되는 통일성은 법인의 통일적인 목적이라는 관점에서 바라본 통일성이어야 한다. 즉 초개인적인 통일적 목적이라는 관점에서 이 목적을 실현하기 위해 결합한 개별 인격들이 목적의 통일성으로 결합한 것일 뿐이다. 따라서 법인의 실질적 기반은 초개인적인 목적을 통해 '목적론적 통일성(teleologische Einheit)'으로 결합한 다수의 개별적 인격이고, 개별 인격들은 곧 이와 같은 목적의 실현에 봉사하게 된다.[4]

그러나 개인이 초개인적 목적을 가질 수 있는가, 즉 인간이 초인간적이고 실질적인 목적을 추구할 수 있고, 그 때문에 법인의 구성원인 자들의 개인적 목적으로는 해소할 수 없는, 법인의 특수한 목적이 존재할 수 있는가라는 더 근원적인 물음은 앞의 고찰만으로는 아직 대답이 이루어지지 않았다. 이 물음에 대한 대답은 원칙적인 법철학적 입장에 달려 있고, 법에 관한 개인주의적, 초개인주의적 및 초인격적

---

4 법인격의 원칙으로서의 목적론적 통일성에 관해서는 *Georg Jellinek*, Allgemeine Staatslehre, 3. Aufl. 1921, S. 171 참고.

견해 가운데 어느 것을 선택하는지에 달려 있다. 세 가지 이론들과 세 가지 실정법적 인격 유형들을 법에 관한 이 세 가지 견해들과 관련해 서술하는 것은 우리가 이 책에서 펼치고 있는 이론의 토대가 타당하다는 것을 다시 한번 확인해주는 좋은 계기가 될 것이다.

개인주의: 의제이론, 초개인주의: 실재하는 단체인격, 초인격주의: 목적재산

법인 **의제이론**(Fiktionstheorie)은 개인주의적 법이론의 표현이다. 이 이론에 따르면 오로지 개인적 목적만이 존재한다. 이 맥락에서 사비니는 기이하게도 자신의 낭만주의적-초개인주의적 태도에 반하는 모순을 범하면서 "모든 법은 개개의 인간에 내재하는 윤리적 자유를 위해 존재한다. 따라서 인격이라는 근원적 개념은 인간이라는 개념과 일치한다"라고 말한다. 즉 법인은 별도의 실질적 기반이 없는 인격이고, 목적주체는 오로지 개개의 인간이라는 말이다. 그리하여 인간들의 단체가 법인격을 갖추게 되면 이 단체는 오로지 목적주체와 비슷하게 다루어지고, 따라서 거대한 형태의 인간이라는 목적주체로 가정(의제)하게 된다. 이렇게 되면 법적 인격은 단지 특정한 개인적 개별 목적에 대해 법적으로 개인과는 별도로 평가를 한다는 의미만을 갖게 된다. 다시 말해 법인은 입법적-기술적 조치의 의미만을 갖게 되고, 당연히 이러한 조치에 상응하는, 법 이전의 특수한 실질적 기반은 존재하지 않는다고 생각하게 된다.

법인에 관한 이러한 개인주의적 이론에 대항해 기르케Otto Giercke는

실체적 단체인격(reale Verbandsperson)에 관한 이론을 제기한다. 이
이론이 안고 있는 유기체적-자연주의적 성격을 제거하면, 이 이론은
특수한 초개인적 단체목적이 존재한다는 주장으로 집약할 수 있다.
즉 단체 구성원들의 개인적 목적의 단순한 총합으로 해석할 수 없는
초개인적 단체목적이 별도로 존재한다는 것이 이 이론의 내용이다.

끝으로 **목적재산**(Zweckvermögen)에 관한 브린츠Alois von Brinz의 이
론에서는 초인격적 내용을 갖는 법인이론이 전개된다. 이 이론에서도
법인은 개인의 목적과는 별개로 특수한 목적을 갖는다고 보지만, 이
특수한 목적은 인격적 목적이나 개별적 인격의 목적 또는 단체인격
의 목적이 아니라 예컨대 문화목적과 같이 초인격적이고 순수하게
실질적인 목적을 뜻한다. 그리하여 인격은 문화적 과제와 같이 특정
한 실질적 과제에 특정한 재화와 인간이 구속되어 있다는 것을 뜻하
게 된다.[5]

이 세 가지 이론은 모두 법인을 형성하는 특정한 방식을 이론의 원
형(Prototyp)으로 삼아 출발한다. 즉 의제이론은 개별 인간을, 실체적
단체인격이론은 사법상의 사단과 공법상의 단체를, 목적재산이론은
사법상의 재단과 공법상의 영조물(Anstalt)을 원형으로 삼고 있으며,
다른 유형의 법인들은 이러한 원형에 근접시켜 사고하는 방식을 취한
다. 그 때문에 의제이론이 법인을 개인주의적으로 변형해 해석하지
않을 수 없다면, 이와는 반대로 두 가지 다른 이론은 자연인에 대해서
도 초개인주의적-초인격적 견해를 표방하지 않을 수 없게 된다. 그리

---

5 집단적 제도에 대한 모리스 오리유Maurice Hauriou의 견해 역시 초인격적 성격을 갖는
  다고 보인다. 이에 관해서는 *Gurvitch, Les idées-maitresses des Maurice Hauriou*, in:
  Archives de Philosophie du droit et de sociologie juridique 1, 1931, S. 151 이하 참고.

하여 이러한 초개인주의적-초인격적 이론에서는 주관적 권리마저도 공직과 단체를 위한 봉사가 되고, 개개 인간의 인격적 속성은 곧 조직의 속성을 뜻하게 되며 "개별적 인간은 그가 공동체의 기관으로 고찰되는 한에서만 주체로 여겨진다."[6] 그러나 현실의 실정법에서 개별적 인격은 오로지 개인주의적으로만 존재하고, 사단과 단체는 오로지 초개인주의적으로, 재단과 영조물은 오로지 초인격적으로만 해석할 수 있는 현상으로 존재하며, 이들은 각각 서로 연관성을 맺지 않은 채 별개의 것으로 병존하고 있다.

---

6 *Binder*, Philosophie des Rechts, 1925, S. 448.

유노 루도비시(Juno Ludovisi)를 소유하고
있는 인간은 이것을 파괴할 권리를 갖고 있다.

프리드리히 헤벨(Friedrich Hebbel)

§ 18. 소유권

소유권개념의 선험적 성격

인간 사이의 관계에 대한 규율은 삶을 위한 재화의 양이 제한된 세계에서는 인간과 물건 사이의 관계에 대한 규율, 즉 인간들에게 물건을 분배하는 것에 대한 규율이기도 해야 한다. 그 때문에 물건에 대한 권리는 생각할 수 있는 모든 법질서에서 결코 없어서는 안 될 개념이다. 하지만 물권 가운데 특히 소유권은 법적 경험에 기초하고 있는 것이 아니라 모든 법적 경험에 앞선 범주로서 법적 사고의 대상이 된다.[1] 즉 물건을 다루는 다양한 행동방식을 제한된 내용의 몇몇 물권으로 남김없이 분할하는 것은 불가능하고, 따라서 특정한 행동방식에 국한하지 않고 권한을 가진 자에게 물건을 완전히 복속시키는 주관적 권리가 필요하다. 다시 말해 물건에 대해 '마지막 말'을 할 수 있는 권리, 즉 소유권이 필요하다. 소유권에는 소유권자가 물건에 대한 모든 개개의 행동방식을 취할 권한이 포함되어 있기 때문에 내용적으로 제한

---

1 이에 관해서는 *Stammler*, Theorie der Rechtswissenschaft, 1911, S. 253 이하 참고.

된 여타의 물권은 자신의 물건에 대한 권리가 아니라 타인의 물건에 대한 권리로서만 고려의 대상이 된다. 이와 같은 (상대적) 권리는 개별 법질서의 피조물이지, 결코 사유필연적 권리가 아니다. 이에 반해 소유권은 법적인 고찰에서 필수 불가결한 사고형식이다. 따라서 모든 물건과 관련해 누가 소유권자인가의 물음은 모든 법질서에 대해 유의미하게 제기될 수 있는 물음이다. 물론 이 물음에 대한 대답은 오로지 경험에서만 도출될 수 있고 비판을 받을 수 있다. 이 점에서 소유권은 선험적인 법적 개념범주일 뿐, 그 자체만으로는 개별 소유권 또는 공동 소유권 가운데 어느 것이 타당한지가 결정되지 않는다. 개별 소유권이 타당한지 아니면 공동 소유권이 사실상으로 효력을 갖는지는 오로지 법적 경험만이 말해줄 수 있고, 이 가운데 어느 것이 타당해야 하는지는 오로지 법철학만이 말해줄 수 있다. 사적 소유권의 법철학은 소유권이론에 표현되어 있다.[2]

점유이론과 특화이론

가장 오래되고 또한 가장 일반적으로 확산해 있는 소유권이론은 **점유이론**(Okkupationstheorie)과 **특화이론**(Spezifikationstheorie)이다. 주인이 없는 물건을 점유하여 자신의 것으로 삼는 일은 자연에 대한 인간의 지배를 확대한다. 이러한 행위는 단순한 자연적 대상을 경제적 및 문화적 재화로 만들고, 새로운 국민재산 한 조각을 창설하는 일

---

2 이에 관해서는 *Karl Diehl/Paul Mombert*, Ausgewählte Lesestücke zum Studium der politischen Ökonomie, Bd. 14: Das Eigentum, 1924 참고.

이다. 그 때문에 자신의 것으로 만든 물건에 어떠한 변경도 가하지 않는 점유(Okkupation)는 동시에 예컨대 '자원채굴'과 같은 특화(Spezifikation)를 뜻하기도 한다. 그러나 더 좁은 의미의 특화이론 또는 노동이론에 따르면 자연적 대상은 이것을 취득하는 것이 아니라 이 대상을 처리함으로써, 즉 원재료를 가공함으로써 비로소 완벽하게 인간의 지배하에 놓이게 된다고 한다. 즉 재화를 창조하는 노동이 소유권이라는 법적 권리의 근거가 된다는 것이다.

노동이론(Arbeitstheorie) ─ 점유취득이론(Besitzergreifungstheorie)은 노동이론의 변형으로 여겨졌다 ─ 에 대해서는 두 가지 반론이 제기된다. 첫째, 노동이론은 단지 특정한 경제적 상황에서만, 즉 재화의 생성이 개별 인간이 자신의 노동수단, 육체노동, 건축노동 그리고 특히 정신적 노동을 투입해 이룩한 작품인 한에서만 개별 소유를 정당화하려는 이 이론의 과제를 충족시킬 수 있을 뿐이라고 한다. 하지만 생산이 공장이나 노역장에서 타인의 노동수단을 동원해 분업적으로 이루어지고, 이런 의미에서 집단적으로 수행된 이후에는 노동이론은 어쩔 수 없이 노동에 참여하지 않는, 생산수단 소유자들의 소유권을 박탈하고 노동자들의 공동 소유권을 정립하는 사회주의적 결론에 도달하지 않을 수 없다는 것이다. 그리하여 노동이론이 민법(제950조)에 따라 하나 또는 다수의 원재료를 가공 및 변형해 새로운 동산을 만든 자는 이 새로운 물건에 대한 소유권자라고 규정한다면, 이 규정은 오늘날의 경제 상황에 적용할 경우 이미 사회주의를 뜻하는 것이고, 이 규정에 대한 해석에서 재료를 가공한 자 또는 변형한 자는 직접 자신의 손으로 노동한 자가 아니라 자신의 이름으로 가공 또는 변형한 자로 이해해야 한다고 한다. 이 맥락에서 사회질서에 관한 교황 피우스 11세Pius XI.의 칙서는 노동을 소유권의 근거로 승인하면서 곧장 여기에 '물론' 인간이 자신의 이름으로 수행한 노동만이 소유권을 창설하는 힘을 갖는다는 식으로 내용을 제한하고 있다.

둘째, 노동이론 및 점유취득이론이 갖는 이러한 양면성과 관련된 실질적인 문제점과는 별개로 이 이론들에 대해서는 다음과 같은 방법론적 반론을 제기할 수 있다. 즉 이 두 이론은 사적 소유권이라는 기존 제도의 전제하에 소유권취득을 정당화할 뿐, 이 제도 자체를 정당화하지는 못한다. 즉 이 이론들은 "누가 사소유권자인가?"라는 물음에 대답하긴 하지만, "과연 사적 소유권이 있어야 하는가?"라는 물음에는 대답하지 못한다. 이 궁극적 물음에 대한 대답은 법질서의 궁극적 목표에 관한 근원적인 견해로부터만 얻어낼 수 있다. 권리 전체가 그렇듯이 소유권도 개인, 즉 소유권자 자신을 위한 것으로 볼 수도 있고 사회를 위한 것으로 볼 수도 있으며, 이 측면에서 개인주의적 소유권이론과 사회적 소유권이론을 구별할 수 있다.[3] 개인주의적 소유권이론은 자유주의와 민주주의 견해에 부합하는 반면, 사회적 소유권이론은 보수주의와 사회주의에 부합하고, 보수주의와 사회주의는 다시 사회주의적 견해에서는 사회적 소유권이 궁극적으로는 개인, 즉 개인들로 구성된 '사회'를 위한 것이며, 보수주의적 견해에서는 소유권이 사회적 총체, 즉 공동체 자체를 궁극적 목적으로 삼는다는 점에서 서로 구별된다. 따라서 로마의 소유권개념은 개인주의적 견해에, 독일의 소유권개념은 보수주의적-사회주의적 견해에 속한다.

---

3 *Rudolf von Jhering*, Der Zweck im Recht, Bd. 1, 4. Aufl. 1904, S. 404 이하.

개인주의적 소유권이론

괴테

개인주의적 소유권이론 또는 — 아마도 같은 의미로 이렇게 표현할 수도 있을 것이다 — 소유권에 관한 **인격이론**은 괴테에 의해 가장 고결한 형태로 등장한다. 괴테는 이 인격이론을 직접 체험했고 그가 체험한 것을 의식적으로 형성했으며 이를 명확하게 표현했다. 이를 보여주는 여러 가지 구절이 있지만 여기서는 두 가지 구절만을 소개한다.

에피메테우스 도대체 얼마만큼이 그대의 것인가?
프로메테우스 나의 작용이 미치는 범위만큼이지. 그 이상도 그 이하도 아닐세.

파우스트 그대가 조상들로부터 물려받은 것은
그대가 소유하기 위해 취득한 것일세.
사용하지 않는 것은 커다란 짐일 따름이고
순간이 만들어주는 것만을 사용할 수 있을 따름이네.

여기서는 한번 취득되면 계속 정당성을 갖는다는, 사소유권에 관한 정태적(statisch)인 견해에 대항해 동태적(dynamisch)인 견해가 제기되고 있다. 이 견해에 따르면 소유권은 — 유행어를 사용한다면 — 지속적인 '통합'을 필요로 한다. 즉 사소유권은 언제나 소유권자의 작용으로 채워지고, 사용되어야 하며, 이를 통해 늘 새롭게 취득되고 창조되어야 하며, 늘 새로운 점유와 늘 새로운 특화를 거쳐 계속 작용하는 작품이라는 것이다. 괴테가 이러한 소유권이론을 통해 자신이 소유한 것들 가운데 가장 아끼는 것, 즉 자신의 애장품들을 염두에 두었다는 점은 의문의 여지가 없다. 그의 애장품은 그의 위대한 업적들 가운데 하나이고, 결코 그의 위대한 업적 가운데 가장 낮은 가치를 갖는 것이 아니다. 이 애장품을 통해 괴테는 자신의 인격을 한껏 체험했고, 인격을 충만하게 발현했으며 또한 인격을 온전히 표현했다. 그 때문에 자신의 애장품을 통해 괴테에게는 소유권이 인격의 확장과 인격의 표현, 인격의 투사로 의식되었다. 이와 같은 소유권은 인격에 지향되고 인격에 의해 지배되는 가운데 모든 개개의 대상이 서로 밀접한 관련을 맺는 일련의 대상들로 편입됨으로써 경제적 가치를 포함한 어떤 가치를 획득하게 되는 유기적 전체로 승화하게 된다. 이로써 새로운 통일성이 성립하고, 이 통일성은 부분들의 총합보다 더 높은 가치를 갖게 되고, 소유권은 그 존재 자체만으로 생산적이게 된다. 수집가의 정신은 다른 요소에 의해 오염되지 않은 화학적 순수성을 통해 소유권의 한 측면만을 묘사하곤 한다. 즉 '희귀품 수집가'는 물건 자체가 아니라 자신만이 그 물건을 가지고 있고 다른 사람들은 배제된다는 사실 때문에 기뻐한다. 그러나 괴테의 경우에는 소유의 기쁨과 물건의 향유가 아름다울 정도로 균형을 이루고 있다. 그는 각료 폰 뮐러 Freidrich von Müller에게 이렇게 말한다. "내게 소유는 대상에 대한 올바른 개념을 얻는 데 필요합니다. 물건에 대한 욕심이 가져다주는 온갖 기만에서 벗어나 그 물건을 소유할 때 비로소 침착하고 공정하게 판단을 내릴 수 있지요. 그래서 나는 소유한 물건 때문이 아니라 나의 교양 때문에 소유를 사랑하고, 소유가 나를 침착하고 행복하게 만들기 때문에 소유를 사랑합니다." 물건을 온전히 향유하기 위한 물건 소유!
하지만 괴테에게 물건의 향유는 타인에게 이 향유를 알려줄 때 비로
소 완벽한 단계에 도달한다. 이 점에서 자신의 「편력시절(Wilhelm
Meisters Wanderjahre)」에서 개인주의적 소유권이론을 명쾌하게 표현
하면서도 동시에 개인주의적 소유권이론이 사회적 소유권이론으로
전환된다는 것을 너무나도 탁월하게 규정하고 있는 것은 바로 수집가
괴테이다. 괴테가 말하는 '소유와 공동재산'은 곧 공동재산**으로서의**
소유를 뜻한다.

　소유권에 관한 인격이론에서 소유권은 물건에 대한 인간의 지배가
아니라 인간과 물건 사이의 관계이다. 인간만이 품위를 갖는 것이 아
니라 물건도 품위를 갖는다. 즉 인간이 물건을 단순히 사용할 뿐만 아
니라 물건이 인간에게 무언가를 요구하고, 물건의 가치에 맞게 소중
히 다루고 잘 간직하며, 가치에 맞게 사용하고 향유하라고 요구한다.
이렇게 해서 인간과 물건의 관계는 인간과 인간의 관계에 근접한다.
이 물건이 법률가가 아닌 일반인들은 물건이라고 부르기를 꺼리는 애
완동물인 경우뿐만 아니라 생명이 없는 대상인 경우에도 마찬가지이
다. 종교적 인간은 인간과 물건 사이의 이러한 雙方的 의무관계, 즉 단
순히 소유되는 것이 아니라 물건이 갖는 고유한 법칙에 따라 다루어
지기를 바라는 물건의 요구를 '신의 선물'이라는 단어로 표현한다. 특
히 '일용할 양식'은 신의 선물로서 양식의 신성함이 담겨 있으며, 성
당의 의식에서는 주님의 육신으로 변하기도 한다.[4] 그 때문에 엄마는

---

4 소유권을 '가치에 대한 실질적 봉사'로 파악하는 견해를 아름답게 묘사하고 있는
　문헌으로는 *Friedrich Brunstäd*, Das Eigentum und seine Ordnung, in: Festschrift für
　Julius Binder, 1930, S. 122 이하 참고.

아이가 밥을 가지고 장난치는 것을 금하고, 이 금지에 반하는 행동을 한 자들에게 내린 벌에 관한 전설을 얘기해준다.[5] 심지어 무솔리니마저도 자국의 농업을 촉진하기 위해 빵을 경배하는 휴일을 제정해 일용할 양식에 대한 오래된 경배를 이용하고 있을 정도이다.

하지만 이상의 서술은 소유권에 관한 인격이론이 적용될 수 있는 영역이 극히 좁다는 것을 보여주기 위한 것이었다. 즉 극히 좁은 범위의 물건에 대해서만 소유권에 관한 인격이론이 전제하고 있는 감정적 관계를 생각해 볼 수 있을 뿐이다. 즉 옷이나 집, 책 또는 소장품, 작업 도구나 작품에나 해당할 수 있는 이론이다. 따라서 이 이론은 수공업자나 농부의 경제 세계에는 맞을지 모르지만, 공장, 은행, 작업장으로 이루어진 경제 세계에는 부합하지 않는다.[6] 후자의 세계에서는 그 자체만으로 평가되는 물건이 오로지 가격에 따라 평가되는 가치와 상품으로 급속도로 전환되고, 계속해서 보유하기 위해서가 아니라 최대한 빨리 벗어나기 위해 물건을 소유하며, 화폐로 전환함으로써 물건을 비로소 진정으로 '실현'하기 위해 소유한다. 인격이론에서는 '소유(Eigentum)'라는 표현에 깃들어 있는 '고유성(Eigentümlichkeit)', 즉 물건과 소유자 사이의 질적 연관성을 강조하는 반면, 오늘날 물건의 총체는 오로지 화폐가치로 환산된 '재산(Vermögen)'으로서만, 다시 말해 재화 시장에서 물건들이 갖는 양적 힘에 비추어서만 파악될 뿐이다. 그리하여 재산이라는 개념을 통해 소유권은 변질하고 만다. 즉

---

5 이에 관해서는 예컨대 *Ernst Deecke*(Hrsg.), Lübische Geschichten und Sagen, 5. Aufl. 1911, N. 216 참고.
6 제한된 범위의 경제적 재화에 대해서만 소유권이론이 상대적 타당성을 갖는다는 점은 *Tönnies*, Eigentum, in: Handwörterbuch der Soziologie, 1931, S. 106 이하도 지적하고 있다.

재산은 전체 화폐가치이고, 무엇보다 화폐 그 자체이다. 하지만 화폐
는 원래 물건이 아니고, 물건에 대한 청구권일 따름이며, 이 점에서 청
구권과 전혀 다르지 않으며, 현재의 경제구조에서는 물건, 화폐, 청구
권이 하나의 새로운 개념적 통일성으로 결집해(원문에는 'zusammen-
schießen'으로 되어 있지만, 문맥상 'zusammenschließen', 즉 '결합' 또는
'결집'이라고 해야 옳다)있다. 이 새로운 개념적 통일성은 소유권이라는
과거의 개념적 통일성과 일치하지 않으며, 오히려 서로 교차하는 반
대의 통일성이다. 이처럼 법적 소유권질서의 개념들과 경제질서에서
이루어지는 개념구성 사이의 불일치 그리고 이러한 경제질서에서 소
유권개념이 담당하는 기능의 변화는 최근 들어 매우 예리한 통찰과
서술의 대상이 되고 있다. 이를 여기서 자세히 다룰 수는 없다.[7] 다만
우리의 맥락에서는 소유권이 매우 좁은 범위의 물건을 제외하면 감정
적 관계의 성격을 상실했고 단순한 목적적 관계로 변했다는 사실만이
관심 대상이다.[8]

피히테

이와는 별개로 소유권에 관한 인격이론에 대해서는 두 번째 반론도
제기할 수 있다. 베까리아Cesare Beccaria는 소유권을 '가장 끔찍한 권리'
라고 부른 적이 있다. 즉 소유권은 물건의 향유라는 긍정적 측면만이
아니라 다른 사람을 배제한다는 부정적 측면도 갖고 있으며, 사회학

---

7 이에 관해서는 Karl Renner, Die Rechtsinstitute des Privatrechts und ihre soziale
Funktion, 1929 참고.
8 이 점에서 퇴니스는 본질적 의지의 대상으로서의 소유권과 선택적 의지의 대상
으로서의 소유권을 구별한다. 이에 관해서는 Tönnies, Das Eigentum(Schriften der
soziologischen Gesellschaft in Wien), 1926, S. 19 이하 참고.

적 측면에서 자본으로 형성된 소유권은 다른 사람을 특정한 소유대상 뿐만 아니라 소유권 자체로부터도 배제한다. 이로 인해 자본은 프롤레타리아를 배제하고, 자본이라는 형태의 소유권은 소유가 없는 인간을 배제한다. 그리하여 소유권을 통한 인격의 발현은 몇몇 소수의 사람에게서만 이루어지고, 그 대가로 수없이 많은 사람에게는 인격의 발현이 불가능해진다. 그 때문에 자유주의에서처럼 오로지 강자들만을 위한 가능성을 제공할 것이 아니라, 민주주의에서처럼 모든 사람에게 평등한 기회를 제공하고자 한다면 소유권에 관한 인격이론을 변경할 필요가 있다. 즉 인격이론은 소유하고 있는 권리에 덧붙여 소유할 수 있는 권리, 즉 노동의 권리도 추가해야 한다. 사소유권을 부정하는 사회주의자가 아니라 사소유권을 긍정하는 민주주의자 피히테가 바로 이러한 사고를 펼쳤다. 피히테에 따르면 사소유권은 한 사람에게 허용되는 물건의 향유로부터 다른 사람을 배제한다. 그러나 민주주의적 평등의 관점에서 보면 사소유권은 물건의 향유가 전면적이고, 배제가 상호적인 경우에만 정당성을 갖는다. 이와 같은 사고는 소유권자들이 체결하는 가상의 상호적 보장계약(gegenseitiger Gewähr-leistungsvertrag)이라는 전제를 통해 표현된다. 즉 개인들이 사회계약을 통해 상호적으로 자신들의 자유를 보장하듯이 소유권 계약을 통해 자신들의 소유권을 보장한다. 하지만 이 계약은 오로지 소유권자들 사이에서만 체결되었고 이들 사이에서만 효력을 갖는 것으로 볼 수 있다. 소유가 없는 자는 그 자신의 법적 이익에 대한 존중을 요구할 권리를 전혀 획득하지 못한 채 그저 타인의 소유권을 존중한다고만 약속하게 되는 계약을 체결해야 할 어떠한 이해관계도 갖고 있지 않다.

다시 말해 소유가 없는 자는 이 계약의 상대방으로 가정할 수 없다. 그러므로 소유권 계약은 소유가 없는 자에게는 구속력이 없다. 이 점에서 각자는 모두가 자신의 소유에 힘입어 살아갈 수 있다는 조건에서만 자신의 소유권을 보유한다. 따라서 누군가가 빈곤에 고통받는 순간부터는 곤경에 처한 사람이 이 곤경에서 벗어나는 데 필요한 부분은 누구의 소유권에도 속하지 않게 된다. 이 점에서 단 한 사람만이라도 소유권에서 배제되면, 사회에서 소유권은 더 이상 존재하지 않게 된다.

소유권자의 계약이라는 법철학적 가정의 배후에는 다음과 같은 사회학적 사실이 자리 잡고 있다. 즉 실제로 사적 소유권에 기초한 경제질서는 순수하게 소규모의 재산을 가진 소유권자들이 비교적 평등한 상태로 서로 마주하고 있는 사회상태만을 염두에 두었고, 이러한 사회상태에서는 별다른 문제 없이 기능할 수 있었다. 따라서 모든 참여자가 똑같이 이러한 사회상태를 유지할 이익을 갖고 있었다. 누구든지 다른 사람에게 "네가 주면 나도 준다"라고 말할 수 있을 때는 누구나 다른 사람에게 "내가 가진 것은 너도 가져야 한다"라고 말할 수 있다. 이렇게 상품시장의 상호성은 소유권에 대한 상호 승인을 창출했다. 상당 부분 폐쇄성을 갖는 가계 중심의 경제에서 각 경제단위가 자급자족을 수행할 수 있었던 시대에 소유권은 다른 인간에 대한 관계이기보다는 물건과의 관계였다. 물건이 상품이 되면서 비로소 자신의 물건이 타자와 맺게 되는 관계 그리고 타인의 물건이 나와 맺게 되는 관계가 등장했고, 소유권의 상호적 승인에 대한 요구가 등장했으며, 이제 소유권은 과거와는 비교할 수 없을 정도로 분명하게 인간들 사이의 관계로 의식되게 되었다. 그 이후 자유 시장경제가 고유의 법칙에 따라 발전되면서 소유권자와 비소유권자를 명확하게 분리하고, 소유권을 승인해야 할 어떠한 이해관계도 갖지 않는 계급이 형성되면서 상호성을 통한 소유권의 정당화는 즉시 의미를 상실하게 되었다.[9]

사회적 이론

칙서 40년 후/바이마르공화국 헌법

하지만 개인주의적 소유권이론 역시 결코 순수하게 개인주의적 이론인 적은 없었다. 즉 이 소유권이론은 개인주의적 자기효용과 공공복리 사이의 예정조화라는 전제에 기초했었다. 따라서 **사회적 소유권이론**(soziale Theorie des Eigentums)은 이와 같은 예정조화가 환상일 따름이고, 소유권의 사회적 기능은 소유권의 개인주의적 기능과 불가분의 상태로 결합해 있는 것이 아니라 개인주의적 기능과는 별도로 특별하게 추구해야 하고 확보해야 한다는 인식을 통해 개인주의적 이론과는 구별된다.[10] 사회적 소유권이론은 최근에 앞에서 언급한 교황 피우스 11세의 칙서 「40년 후(Quandragesimo anno)」에서 권위적인

---

9 이에 관해서는 *Paschukanis, Allgemeine Rechtslehre und Marxismus*, 1929, S. 102 이하 참고.
10 사회적 소유권이론은 소유권이 국가의 법질서에 의해 창설된다는 의미에서 **법률이론**(Legaltheorie)으로 지칭되곤 한다. 하지만 이는 쓸데없이 복잡하고 형식주의적인 사고의 소산이다. 이 명칭은 법률 이전의 자연법이 법률에 대해 특정한 의미에 따라 소유권을 규율하도록 의무를 부과하는 것이 아니라 법률이 자율적으로 소유권에 대한 규율을 결정한다는 사실을 표현하고 있다. 그러나 법률이론이 대항하고자 하는 자연법은 개인주의적 성격을 지니기 때문에 법률이론 자체는 오로지 사회적 소유권이론의 의미로만 이해할 수 있을 따름이다.

형태로 등장했다. 이 칙서는 소유권과 소유권의 사용을 구별한다. 그리하여 소유권에는 오로지 개인의 복리에 속하는 개인적 측면만이 표현되어 있지만, 공공복리에 속하는 소유권의 사회적 측면은 소유권의 사용에서 표현되어 있다고 한다. 이 점에서 소유권의 개인적 기능은 자연법에 속하고, 소유권의 사용을 구속하는 사회적 기능은 윤리에 속하게 된다. 따라서 소유권의 사회적 기능은 법적 소송을 통해 다툴 수 없게 된다. 단지 소유권자의 윤리적인 사회적 의무가 실정법을 통한 입법의 대상이 되는 경우에만 소송을 통해 다툴 수 있을 뿐이다. 그러나 입법자는 공공복리를 고려하면서 소유권의 사용을 더 정확하게 규율할 수 있고 또한 규율해야 한다고 본다. 입법자는 심지어 (물론 칙서에는 눈에 잘 띄지 않는 곳에 표현되어 있긴 하지만) "특정한 종류의 재화를 공공의 재산으로 유보할 수 있다"라고 한다. "왜냐하면 특정한 종류의 재화와 결부된 거대한 권력이 사인의 손에 장악될 때는 공공복리를 위협할 수 있기 때문이다." 이렇게 해서 소유권에 관한 개인주의적 자연법, 소유권 사용의 사회적 윤리 그리고 사회적 목적을 위한 소유권의 사용 및 사회적 이유로 인한 소유권의 박탈과 관련된 실정법적 규율 가능성이 서로 타협하면서 공존하게 된다. 매우 흥미롭게도 이와 같은 규율은 바이마르공화국 헌법의 소유권 규정들 가운데 하나와 일치한다. 즉 바이마르공화국 헌법 제153조에서도 일단은 개인주의적 소유권을 보장하고 있지만, 이러한 보장에 다시 소유권의 사회적 사용이라는 윤리적 의무에 연결하고 있다. "소유권은 의무를 수반한다. 소유권의 사용은 동시에 공통의 최고선에 이바지해야 한다." "이 규정은 시민에게는 단지 도덕적으로 구속력을 갖지만, 법관에게는 해석규칙으로서, 입법자에게는 지시적인 법명제로서 구속력을 갖는다(기제Friedrich Giese)." 따라서 사회적 관점으로부터 도출되는 법률은 소유권과 관련해 법적 기준이 되는 제3의 권력으로 등장한다. "소유권의 내용과 소유권의 한계는 법률로부터 도출된다." 그리고 입법은 '소유권의 사회적 담보(soziale Hypothek des Eigentums)'를 윤리적 효력영역으로부터 법적 효력영역으로 상승시킬 수 있다. 이를 통해 여전히 윤리적 영역에 속한다고 보았던, 권리의 사회적 기능이 법적 의무로 전환되는 결과를 낳는다. 물론 소유권의 사회적 의무는 아직 개별 실정법을 통해 인정받지는 않았지만, 앞으로 제정될 법률을 통해 인정받게 될 것이다. 법적인 고찰에서도 사소유권은 오늘날 이미 공공성이 개인에게 맡겨 놓은 사적 주도권의 여지로, 다시 말해 사회적으로 사용할 것이라는 기대와 함께 개인에게 허용한 자유로 여겨지고 있고, 따라서 이러한 기대가 충족되지 않을 때는 언제든지 박탈될 수 있으며, 이 점에서 소유권은 이제 더 이상 그 자체만으로 정당화되고 무제한적이며 '신성하고 불가침'의 권리가 아니라 조건적이고 제한된 권리로 여겨진다.

　사소유권의 사회적 기능이 얼마만큼 개인주의적 기능과 화합할 수 있는지 또는 도저히 제거할 수 없는 개인주의적 남용이 얼마만큼 사소유권의 사회적 기능의 제재를 행사하지 않을 수 없도록 만들어 토지와 생산수단과 같은 일정한 대상에 대한 사소유권을 공공의 소유로 전환해야 하는지는 경험적 사실과학이 다루어야 할 문제이지, 법철학적 가치학문이 다루어야 할 문제는 아니다. 다시 말해 이들 문제는 목적에 관한 물음이 아니라 목적의 달성 가능성에 관한 물음이고, 바로

그 때문에 당연히 명확하게 대답할 수 있는 물음이다. 하지만 이 물음
에 대한 대답은 우리가 여기서 처리해야 할 일이 아니다.

내가 뱉은 말이 영원히 나의 삶을
지배하는 것으로 충분하지 않단 말인가?
세계는 모든 갈래로 하염없이 흘러가는데
나는 약속에 얽매여야 한다는 말인가?

파우스트

§ 19. 계약

법생활의 정태성과 역동성

물권과 채권은 법의 세계에서는 마치 재료와 동력과 같은 것이다. 즉 물권은 법세계에서 정지해 있는 요소라면, 채권은 움직이는 요소에 해당한다. 채권은 자신 속에 이미 죽음의 씨앗을 품고 있다. 즉 채권법은 자신의 목표에 도달하면 소멸한다. 이에 반해 물권, 특히 소유권은 지속적인 상태와 관련된다. 즉 물권은 자신을 충족함으로써 존속하게 된다. 그 때문에 법생활이 주로 물권에 기초할 때는 법생활은 정태적이게 되고, 채권이 법생활의 핵심적 토대가 되면 법생활은 역동적이게 된다. 예컨대 노동질서가 소유권에 기초하거나, 노동하는 자가 노동의 수단 및 노동의 결과의 소유권자이거나 또는 주인이 노동하는 노예의 소유권자이었을 때만 해도 법생활은 정태적이었다. 이에 반해 오늘날의 자본주의적 법생활은 역동적이다. 소유권이 더 이상 물건을 지배하는 권력을 부여하는 것이 아니라 오히려 사람을 지배하는 권력을 부여하게 되면 소유권은 자본이 된다. 그 때문에 자본주의적 경제질서에서 소유의 자유는 무엇보다 계약의 자유로 작용하고, 소유권은 권력을 부여하는 계약관계의 경제적 중심을 이루게 되며, 계약관계는 '소유권의 연결제도'가 된다.[1] 예컨대 노동계약에서는 소유권이 노동을 유혹하고, 소비대차에서는 노동이 소유권을 유혹한다. 경제적 가치는 한 채권으로부터 다른 채권으로 옮겨 가는 끝없는 운동 속에 있다. 경제적 가치의 정지상태, 즉 물권으로의 정착은 갈수록 짧아지고 있다. 경제적인 최종상태인 축적된 자본도 청구권 관계와 채권 관계라는 법형식을 취한다. 권리의 객체들이 쉬지 않고 움직이는 이러한 법생활이 갖는 역동적인 유동성은 권리의 객체들이 원칙적으로 법세계의 특정한 지점에 얽매여 있는 법생활의 정태적 고정성과는 뚜렷이 구별된다.

그러나 이 끝없이 움직이는 세계 전체의 지렛대는 자유로운 계약이다. 이 자유로운 계약의 본질을 제대로 파악하길 원한다면 자연법이 자신의 체계에서 계약에 어떠한 지위를 부여했는지를 성찰해보는 것이 바람직하다.

사회계약과 사법적 계약

자연법론에서 계약은 모든 법의 토대이고, 법이 어떻게 오로지 개인에게만 봉사하면서도 동시에 개인을 구속할 수 있는가라는 개인주

---

[1] 이에 관해서는 *Karl Renner*, Die Rechtsinstitute des Privatrechts und ihre soziale Funktion, 1929, S. 43 이하 참고.

의적 법철학의 근본문제에 대한 해결책이다. 법적 명령권을 가진 국가를 국가 구성원들의 계약에 기초하게 만든다는 것은 곧 모든 의무구속은 궁극적으로 각자가 자기 자신에게 부과한 의무구속이라는 점을 뜻한다고 여겨졌다. 그리하여 사회계약을 통해 모든 타율을 자율로 소급시키고, 이로써 공법을 사법으로 해소하는 데 성공한 것처럼 생각했다.

그러나 실제로는 사회계약을 통해 타율이 전혀 극복되지 않았고, 자율이 전혀 정당화되지도 않았으며, 특히 사회계약에서 말하는 의미의 자율은 조금도 정당화되지 않았다. 왜냐하면 자율은 오로지 자기 스스로 인식한 의무에 대한 구속만을 의미하지만, 사회계약에서는 전혀 다른 의미의 자기구속으로 자율을 이해하기 때문이다. 하지만 계약의 의지는 자기 자신을 구속하는 의지이긴 하지만, 이것만으로는 구속이 아니다. 의지는 결코 의무를 생성할 수 없고, 타인의 의무뿐만 아니라 자신의 의무도 생성할 수 없으며, 기껏해야 자신의 상위에 있는 규범이 의무에 연결되는 상황을 야기하고자 의욕할 수 있을 뿐이다. 다시 말해 계약이 구속력을 갖는 것이 아니라 계약이 법률에 구속되도록 만들 뿐이다.[2] 이 점에서 계약을 통한 구속은 법률이 구속력을 갖게 되는 토대로 이용하기에는 적합하지 않으며, 오히려 거꾸로 법률의 구속력을 전제할 때만 계약이 구속력을 갖게 된다.

그러나 사회계약은 이보다 훨씬 더 단순한 의미에서 이미 타율적이다. 즉 사회계약에서 구속하는 의지와 구속되는 의지는 서로 같지 않

---

2 이에 관해서는 *Adolf Reinach*, Die apriorischen Grundlagen der Bürgerlichen Rechts, 1913, S. 42 이하; *Friedrich Bassenge*, Das Versprechen, 1930, S. 10 이하 참고.

다. 사회계약에 복종하는 자는 현실의 개인이지만, 사회계약을 체결하는 당사자들은 이성적이고 오로지 자신들의 진정한 이익만을 추구하는 개인으로 가정한다. 따라서 사회계약은 사실이 아니라 단지 척도가 되고자 할 따름이다. 즉 국가가 현실의 인간들이 체결한 실제 계약을 통해 형성된다고 주장하는 것이 아니라 순수한 이성적 존재로 여겨지는 인간들의 계약을 통해 성립된 것처럼 사고하려는 시도의 성패에 비추어 국가의 가치를 측정할 수 있다고 주장할 따름이다. 따라서 사회계약에서는 가상의 이성적 존재의 가상의 의지를 통해 경험적 개인이 타율적으로 구속되는 셈이다.

이렇게 분석된 사회계약을 통상의 사법적 계약과 비교해보는 것은 의미가 있다. 사법에서 계약의지(Vertragswille)도 사회계약 당사자들의 의지만큼이나 가상적이고, 어떤 측면에서 더욱 가상적이라고도 말할 수 있다. 즉 사회계약에서는 국가가 국가생활의 모든 순간마다 사회계약이라는 척도에 비추어 가늠해야 하고, 따라서 사회계약은 특정한 순간에 체결되어야 하는 것이 아닌 반면, 사법상의 계약은 특정한 시점에 속한다. 그렇지만 사법상의 계약은 이 시점을 넘어 계속 구속력을 가지며, 이는 곧 이 계약에서는 사회계약에서보다 구속하는 의지와 구속되는 의지가 훨씬 더 강한 정도로 분리된다는 뜻이다. 왜냐하면 구속하는 의지는 어제의 의지이고, 구속되는 의지는 오늘과 내일의 의지이기 때문이다. 구속되는 의지는 유동적이고 경험적인 의지인 반면, 구속하는 의지는 어제 의욕한 것을 오늘도 의욕한다는 의미에서 일관된 것으로 여겨지는 의지이다. 따라서 의지가 자기 자신을 구속하는 것이 아니라 가변적인 경험적 의지가 가상의 지속적 의지에 구속되는 것이다. 이 점에서 계약을 통한 구속은 자율이 아니라 타율이다.

하지만 사법상의 계약에서는 현실의 인간이 실제로 의지를 표현하는 반면, 사회계약에서는 가상의 계약에 연결되는 사실상의 지점이 필요하지 않기 때문에 사법적 계약에서는 최소한 한 번이라도 사실이 존재해야 한다는 이유로 사법적 계약에서의 계약의지가 사회계약에서의 계약의지보다 덜 가상적이라고 설명하고자 한다면, 양자의 차이를 지나치게 과장하는 것이 되고 만다. 왜냐하면 사회계약이라는 가정도 하나의 사실에 연결되어 있기 때문이다. 즉 국가에 속하는 자만이 사회계약의 당사자로 가정할 수 있으며, 오로지 국가에 속하는 자에 대해서만 사회계약에 포함된 모든 내용을 의욕한 것으로 가정한다. 다른 한편 사법적 계약의 당사자들이 실제로 행한 의지의 표현에는 이 당사자들에 의해 논리적으로 함께 의욕될 수밖에 없는 모든 내용도 함께 의욕되었다고 보는 해석이 추가된다. 다시 말해 한편으로는 사법상의 계약의 당사자에게는 일단 표현한 의지가 지속한다고 여겨지고, 다른 한편으로는 표현된 의지의 논리적 결론도 당사자가 함께 의욕한 것으로 여겨진다. 따라서 당사자의 의지는 상당 부분 마치 그가 의욕한 것처럼 여겨지지만, 실제로는 입법자의 의지이다. 그러므로 당사자의 의지가 그 자신을 구속하는 것이 아니라 법률이 당사자의 의지를 법률의 의지에 구속하는 셈이다.

의지이론과 표시이론

이와 같은 생각들을 통해 우리는 사법상의 계약에 관한 의지이론
(의사설 Willenstheorie), 즉 계약의 구속력이 당사자에 의해 경험적으
로 의욕된 것의 영역에 국한된다는 이론이 결코 법논리적인 사유의
필연성이나 자연법적인 사유의 필연성이 아니라는 견해를 취할 수 있
게 되었다. 즉 의지 자체가 구속하는 것이 아니라 계약의 구속력이 의
지에 구속되는 것이며, 이 점에서 법률을 통해 계약의 구속력이 의지
에 구속되는 것일 뿐이다. 따라서 소유권도 그렇듯이 계약에 대해서
도 법률이론(Legaltheorie)이 옳다. 하지만 법률이론을 토대로 삼게
되면 법논리적 개념논쟁이 아니라 법철학적인 원칙논쟁, 즉 **의지이론**
과 표시이론(표시설 Erklärungstheorie) 사이의 투쟁이 새롭게 불붙게
된다. 즉 법률은 계약의 구속력과 관련해 얼마만큼 의지를 기준으로
삼아야 하고, 얼마만큼 표시를 기준으로 삼아야 하는지가 쟁점이 된
다. 이 논쟁에서는 사적 자치라는 이익과 거래의 안전이라는 이익, 개
인적 자유라는 이익과 사회적 평화라는 이익, 다시 말해 법에 관한 개
인주의적 견해와 사회적 견해가 서로 대립한다.[3] 개인주의적 견해는
계약의 의지가 미치는 범위 **내에서만** 계약이 구속력을 갖는다(의지이
론)고 주장하면서도, 다른 한편으로는 계약의 의지가 미치는 범위 내
에서는 계약은 **언제나** 구속력을 갖는다(계약의 자유)고 주장한다. 이
이론에 대해 사회적 견해는 두 가지 다른 명제를 대립시킨다. 첫째, 계

---

3 이에 관해서는 *Arnold Gysin*, Das Rechtsgeschäft in der modernen Privatrechtsjuris-
prudenz, Sonderausgabe aus der Zeitschrift des Bernischen Juristenvereins, 1929, S. 38
참고.

약은 의지가 미치는 범위 내에서 구속력을 가질 수 있을 뿐만 아니라 계약 상대방이 표시에 대해 갖는 신뢰가 미치는 범위 내에서도 구속력을 가질 수 있다(표시이론). 둘째, 계약은 그저 의지가 미치는 범위 내에서 구속력을 갖는 것이 아니라 여러 가지 이유에서 구속력을 갖지 않을 수도 있다(계약자유의 제한).

법률을 통한 계약자유의 제한은 다음과 같은 이유에서 필연적이다. 즉 하나의 변증법적 과정을 거쳐 계약의 자유는 자기 자신을 제한하고 여러 측면에서 자기 자신을 지양하기 때문이다. 계약자유에 대해서는 처음부터 이 자유가 움직이는 사회적 공간과 계약의 환경(milieu contractuel)[4]에 의해 한계가 설정되어 있다. 예컨대 매매계약의 경우 목적물의 가격은 계약을 체결하는 두 당사자에 의해 결정되는 것이 아니라 같은 종류의 목적물에 대해 계약을 체결하는 모든 사람, 즉 시장에 의해 결정된다. 더 나아가 사회적으로 평등한 권력을 가진 사람들로 구성된 사회, 즉 전적으로 소규모 소유권자들로 구성된 사회에서만 계약의 자유는 모든 사람을 위한 계약의 자유일 수 있었다. 계약 당사자들이 유산자와 무산자로 마주 서 있다면 계약의 자유는 사회적 강자의 지시할 자유와 사회적 약자의 복종으로 전락한다. 그리하여 자유로운 자본주의적 경제를 구속된 자본주의적 경제로 전환할수록 개인의 계약자유는 단체들의 지배를 통해 제한을 받게 된다. 즉 계약의 자유 자체가 온갖 형태의 단체를 형성하도록 만들었다면, 이제 이 단체들은 갈수록 계약의 자유에 엄격한 한계를 설정하고 있다.[5]

---

4 이 개념에 관해서는 *Emmanuel Lévy*, La Vision Socialiste du Droit, 1926, S. 99 참고.

5 이에 관해서는 *Max Pappenheim*, Die Vertragsfreiheit und die moderne Entwicklung des Verkehrrechts, in: Festschrift für Georg Cohn, 1915, S. 291 이하 참고.

법적 차원에서의 계약의 자유가 사회적 차원에서는 계약의 예속이
된다면, 법률로서는 법적 차원의 계약자유에 대한 제한을 통해 사회
적 차원의 계약자유를 회복해야 할 과제를 담당하게 된다. 법률을 통
해 계약의 자유를 제한하는 것은 극히 다양한 방식으로 가능하고, 상
당 부분은 이미 법적으로 실현되어 있다. 예를 들어 특정한 약정은 법
적으로 무효라고 선언하는 형태, 특정 행정기관이 갖는 계약해지 권
한의 형태, 필수 불가결한 집단적 계약의 형태, 체약강제 및 강제계약
의 형태가 여기에 속한다. 노동법이나 경제법과 같이 상당히 커다란
법영역은 궁극적 관점에서는 기존의 계약자유에 대한 법률적 제한의
총체를 뜻한다. 소유권과 마찬가지로 계약의 자유도 법률의 한계 내
에서만 인정되고 또한 개인적 이익도 사회적 이익의 한계 내에서만
인정된다. 이런 의미에서 바이마르공화국 헌법 제 152조는 다음과 같
이 규정하고 있다. "경제적 거래에서 계약의 자유는 법률의 기준에 따
라 효력을 갖는다."[6]

---

6 이상의 내용에 관해서는 *Friedrich Darmstaedter*, Sozialwissenschaftliche Theorie
und sozialwirtschaftliche Praxis des kapitalistischen Zeitalters, in: Archiv für Rechts-
und Wirtschaftsphilosophie, Bd. 25, 1931/32, S. 180 이하 참고.

> 여기서도 삶이 자신에게 필수 불가결한 어떤
> 형식을 마련하긴 하지만, 그것이 하나의 형식
> 이라는 사실만으로 이미 유동성에 대항하고
> 삶의 개별성에 적대적인, 비극적인 근본 현상이
> 등장한다. 이제 과거의 형식은 힘을 잃었고,
> 새로운 형식은 아직 마련되어 있지 않다.
> 그래서 사람들은 무형식적인 것에서 절박한
> 삶에 대한 적절한 표현을 찾을 수 있다고 생각한다.
>
> 게오르그 짐멜(Georg Simmel)

§ 20. 혼인

문제점

'이념의 소재 규정성(24면)', 즉 법의 '이념'이 법의 '현실'에 의존한다는 것[1]이 혼인법만큼 구체적으로 드러나는 곳은 없다. 혼인에서는 강력한 자연주의적 고유법칙성과 사회학적 고유법칙성을 가진 자연적 및 사회적 사실들이 법과 대립하고, 그 때문에 법은 이 사실을 당당하게 일정한 형태로 구성할 수 있는 것이 아니라 오히려 이 사실과 씨름해야 하는 형국이다. 이 점에서 로마의 법률가가 혼인공동체와 자녀의 출산 및 양육을 자연법, 즉 입법자도 결코 피할 수 없는 사물의 본성에 대한 예로 든 것은 결코 우연이 아니다. "우리가 혼인이라고 부르는, 남자와 여자의 결합 그리고 자녀의 출산과 양육은 자연법에

---

1 이 점에 관해서는 *Eugen Huber*, Über die Realien der Gesetzgebung, in: Zeitschrift für Rechtsphilosophie, Bd. 1, 1914, S. 39 이하 참고.

속한다(hinc descendit maris atque feminae coniunctio, quam nos matrimonium appellamus, hinc liberorum procreatio, hinc educatio)." 따라서 혼인과 관련해 법철학의 과제는 이미 주어진 것으로 여겨야 할 자연적 및 사회적 사실로서의 혼인에 대해 법이 어떤 식으로 씨름할 수 있고 또한 씨름해야만 하는지를 보여주는 것일 따름이다. 이 사실 자체를 비판하는 일은 혼인에 관한 사회철학의 과제일 것이다.

물론 이와 같은 법철학적 과제는 오늘날 혼인의 법철학이 이미 주어져 있다고 전제할 수 있는 자연적 및 사회적 사실 자체가 흔들리고 있다는 점으로 인해 어려움을 겪게 된다. 즉 혼인과 가족이라는 자연적 토대, 다시 말해 양성의 관계와 출산 및 양육의 관계에 대해 사회학적 층위가 덧씌워졌고, 이 사회학적 층위는 혼인의 법적 형식에 대해서도 결정적인 의미를 지니게 되었으며, 이에 따라 자연적인 토대만으로는 혼인을 명확하게 규정하기가 어려워졌다. 예를 들어 법적 형식은 자연적으로는 똑같은 형식의 양성관계를 때로는 법적으로 승인되는 혼인관계로, 때로는 법적으로 거부되는 혼외관계로 평가하며, 자연적으로 똑같은 형식의 부모자식 관계를 때로는 친생자로, 때로는 혼외자로 평가한다. 그렇지만 우리가 현재 목도하고 있는 전개 과정은 이와 같은 사회학적 중간층위가 붕괴하고 있고, 따라서 혼인법을 혼인이라는 사실의 자연적 토대보다 더 중시하려는 경향이 갈수록 강화되고 있다는 점이다.

이러한 몰락은 어떻게 해서 이루어진 것일까? 자본주의 이전의 전개 과정은 가계와 농장만을 경제단위로 알고 있었고, 경제적 체계의 근원적 형태는 수공업과 농업이었다. 남자와 여자, 부모와 자식은 공동의 경제적 과제에 비추어 서로 분리되고 결합되었다. 자본주의는 이러한 가계, 농장, 가족이라는 생산공동체를 파괴했다. 이보다 훨씬 더 사회학적 형상인 새로운 경제단위, 즉 영업적 경영은 가족으로부터 구성원들을 충원했고, 구성원들 각자를 가족과는 전혀 다른 경제단위의 구성원으로 만들었다. 남편은 공장으로 가고, 부인은 다른 가정에서 돕는 일을 하며, 딸은 상점 점원으로 일하고 아들은 아마 사무실 보조원으로 일할 것이다. 이제 가족은 더 이상 독자적인 생산과제를 담당하는 사회학적 형상이 아니다. 가족은 그저 소비공동체일 뿐이고, 그마저도 이 공동체의 성격이 갈수록 희석되고 있으며, 다른 소비경제적 과제로 말미암아 껍데기만 남은 실정이다. 물레질과 베를 짜는 일, 양초 만들기, 빨래, 빵 굽기, 저장식품 마련하기, 닭장, 채소밭은 가계에서 배제되고, 특수한 영업적 활동이 담당하는 과제가 되었으며, 가족에서 이루어지는 보육과 교육이라는 과제도 어린이집, 유치원, 학교에 의해 분담되고 있다. 이처럼 가족이 껍데기만 남게 됨으로써 가족은 유기체, 즉 개별성이라는 성격을 점차 상실하게 되었다. 대규모 임대주택이 다수의 가족을 수용하고, 가족들 모두를 형태도 없고, 그 때문에 심각한 마찰을 겪는 복도 공동체 또는 복층 주택 공동체로 해체해버렸다. 그리하여 가족은 형태를 상실하고 가족 구성원들 사이의 단순한 관계가 되고 만 반면, 가족 바깥에서 새로운 공동체, 영업공동체, 직업공동체, 정치적 심정 공동체들이 형성되기 시작했다. 경제적 이유로 인해 가족이 낱낱의 요소로 해체되는 이러한 개인주의적 전개 과정으로부터 문화적 및 법적 결론을 도출하려는 노력은 여성운동과 청소년운동에서 표현되고 있다. 혼인과 가족이 이렇게 공동체로부터 남편과 아내, 부모와 자녀가 어떤 실질적 과제를 통해 결합하지 않은 채 오로지 개인적, 심리적 및 생리학적 결합을 통해서 만 서로 마주하는 관계로 변화하는 과정 속에는 오늘날 우리가 알고 있는 혼인과 교육을 둘러싼 모든 문제가 내재해 있다.[2]

그러나 혼인이라는 사회적 및 자연적인 사실은 단순히 이 사실이 변화하기 시작했다는 이유만이 아니라 이 사실이 극히 복잡하고, 법에 대해 다양한 측면을 제공하며, 법이 이 사실을 극도로 다양한 관점에서 규율할 수 있다는 이유 때문에도 법이 혼인을 제대로 포착하기가 매우 어렵다. 즉 법은 혼인을 성적 생활공동체, 에로틱한 생활공동체 또는 윤리적 생활공동체로 여길 수 있고, 친권, 교육이 이루어지는 장소, 인구정책의 기관으로 여길 수도 있으며, 경제적 단위나 사회의 사회적 및 문화적 최소단위로도 다룰 수 있으며, 세속적 및 국가적 제도나 종교적 제도로 여길 수도 있다. 그리고 이 각각의 관점으로부터 혼인법을 얼마든지 다르게 형성할 수도 있다.[3] 하지만 혼인과 가족에 관한 이 모든 법적 견해들을 개략적으로 구별하면 개인주의적 견해와 초개인주의적 견해로 나눌 수 있다. 개인주의적 혼인관은 배우자들이 쌍방적으로 체결하는 계약관계라는 관점에서 혼인을 파악하고, 초개인주의적 견해는 결혼하는 자들이 발을 들여놓는 혼인상태라는 개념에 비추어 혼인을 파악한다. 전자는 주로 배우자들 상호 간의 관계를, 후자는 자녀와의 관계를 출발점으로 삼는다.

---

2 이에 관해서는 가족의 해체를 설명하고 있는 *Karl Renner*, Die Rechtsinstitute des Privatrechts und ihre soziale Funktion, 1929, S. 34 이하, 특히 프롤레타리아 가족의 끔찍한 현실에 관한 S. 133 이하 참고.
3 이와 똑같은 방향에서 탁월하게 서술하고 있는 *Friedrich Gundolf*, Goethe, 10. Aufl. 1922, S. 566 참고.

혼인에 관한 초개인주의적 견해

칙서 '정결한 결합'

초개인주의적 혼인관은 **가톨릭** 혼인이론에서 놀라울 정도로 완결된 형태로 등장한다. 이 형태가 가장 최근에 표현된 것은 혼인에 관한 교황의 칙서인 '정결한 결합(Casti connubii; 1930년)'이다. 교황의 이 칙서는 교회법(CJC. Canon 1013 § 1)과 마찬가지로 다음과 같이 천명하고 있다. "혼인의 핵심 목적은 자녀의 출산과 교육이다", "이차적 목적, 즉 상호부조, 배우자 사이에 사랑의 실천, 자연적 욕구에 대한 규율을 배우자들이 추구하는 것은 결코 금지할 수 없다. 다만 이러한 목적을 추구하면서 행위의 본성과 핵심적 목표에 대한 복종이 침해되어서는 안 된다." 혼인에 관한 이러한 목적설정에 부합해 배우자의 의지와 규범이 이 목적설정에 참여하는 몫이 결정된다. 배우자의 자유는 "단 하나만을 대상으로 삼는다. 즉 혼인을 맺는 자들이 진정으로 혼인관계를 맺고자 하는지 또는 혼인관계를 바로 이 사람과 맺고자 하는지와 관련해서만 배우자는 자유를 갖는다. 이에 반해 혼인의 본질은 인간의 자유에서 완전히 벗어나 있으며, 따라서 일단 혼인관계를 맺은 이후에는 누구나 신으로부터 주어진 혼인의 법칙과 혼인의 본질적 성격에 복종해야 한다." 이처럼 혼인을 배우자의 계약의지보다 더 상위에 있는 혼인상태로 파악함으로써 혼인의 계약적 성격으로부터 도출될 수 있는 결론을 거부하게 된다. 즉 배우자들의 법적 평등이나 계약위반을 이유로 한 혼인의 해소와 혼인에 반하는 계약을 통한 혼인의 해소는 거부된다. 기독인의 혼인은 "그리스도와 교회 사이의 완벽한 통일성이 갖는 의미를 보여주는 형상이고" 그리스도가 교회의 수장이듯이 남편은 부인의 수장이며, 그리스도를 교회로부터 분리할 수 없듯이 배우자들도 서로 분리할 수 없다는 것이다. 끝으로 혼인은 성립 및 규율에 비추어 볼 때 종교와 교회에 속하고, 혼인의 연원에 비추어 볼 때든 "지상에서 인간종족을 보존하고 확산하는 일을 담당하고, 참된 신을 경배하는 자들을 새롭게 만들고 그리스도의 교회에 후손을 가져다준다는" 혼인의 목표에 비추어 볼 때든 혼인은 성사(Sakrament)에 속한다.

바이마르공화국 헌법

가톨릭교회의 견해에 따르면 이와 같은 종교와 교회의 규정에 부합해 "가족은 국가보다 더 높은 곳에 있다"라고 한다. 이에 반해 **정치적-보수주의적** 견해는 혼인을 완전히 국가목적에 맞게 규율한다. 바이마르공화국 헌법의 혼인 관련 규정도 여전히 이러한 보수주의적 혼인관의 영향을 받고 있다.[4] 이 헌법 제119조는 교회법 규정과 똑같이 혼인을 자녀의 출산과 교육이라는 두 가지 목적에 이바지하는 것으로 보고 있다. 왜냐하면 이 헌법 조항에서 혼인은 '**국민**의 보존과 증식'과 함께 '가족생활의 토대'로 여겨지고 있고, 그렇다면 혼인과 관련된 이 두 번째 성격 규정은 명백히 제120조에 규율되어 있는, 교육이라는 가족의 과제와 관계를 맺고 있기 때문이다. 하지만 이 두 가지 목표가 교회법에서 교회와 종교의 지배 아래 있는 것처럼 바이마르공화국 헌

---

4 이하의 서술에 관해서는 *Alfred Wieruszowski*, Art. 119, Eherecht, in: *Hans Carl Nipperdey*(Hrsg.), Grundrechte und Grundpflichten der Reichsverfassung, Bd. 2, 1930, S. 72 이하 참고.

법에서는 세속적-국가적 맥락에 편입되어 있다. 즉 가족의 인구정책
적 과제가 '국민의 보존과 증식'이라는 말로 표현되고 있다. 그렇다면
교육이라는 과제는 이 과제의 종국적 목표인 '사회적 덕성의 함양'에
비추어 볼 때든 이 과제의 담당 기관인 '국가공동체를 통한 감독'에
비추어 볼 때든 극히 세속적이고 국가적으로 파악되고 있는 셈이다.
따라서 교황의 칙서에 표방된 견해와 마찬가지로 바이마르공화국 헌
법에 나타난 견해에서도 자녀를 목표로 삼는다는 점에서 혼인의 초개
인주의적 성격이 표출되어 있고, '다자녀'를 혼인의 목표로 고찰한다
는 점에서는 교황의 칙서보다 초개인주의적 성격이 더욱 강하게 드러
나 있다. 이 점에서 '국민의 보존과 증식'은 비록 인구수를 최대한 높
여야 한다는 뜻은 아닐지라도, 최소한 인구수가 감소해서는 안 된다
는 뜻이다. 그 때문에 특히 경제적 상황을 포함한 여러 상황으로 인해
인구수를 억제해야 할 수도 있다는 사고, 우생학적 이유에서 후손의
양보다 후손의 질이 우선해야 한다는 사고에 대해서는 바이마르공화
국 헌법이 어떠한 여지도 인정하지 않고 있다. 순수하게 양적인 인구
정책은 오로지 초개인주의적 국가관과만 합치할 수 있다. 이러한 국
가관은 개인의 행복과 완전성을 국가생활의 목표로 삼는 것이 아니라
군사력과 경제력을 강화해 다른 나라의 인구팽창으로 인한 압박에 안
일하게 대처하지 않으면서 동시에 자기 나라의 인구팽창으로 인한 압
박을 국경을 확장하는 방향으로 해결하는 것을 목표로 삼는다. 물론
한 가지 점에서는 바이마르공화국 헌법이 혼인에 관한 개인주의적 견
해를 인정하고 있다. 즉 혼인에 관한 초개인주의적 견해는 혼인상태
자체가 배우자들의 이해관계보다 상위에 있다는 것을 남편이 부인보

다 상위에 있다는 것으로 표현하는 반면, 바이마르공화국 헌법은 혼인을 계약으로 파악하는 견해와 같이 '양성의 평등'을 요구하고 있다.

혼인에 관한 개인주의적 견해

초개인주의적 견해는 혼인을 기본적으로 생식공동체로 보지만, **개인주의적 견해**는 혼인의 성격을 사랑의 공동체로 규정한다. 자유주의의 부상과 함께 사랑에 기초한 혼인이라는 이상이 시작되었고, 자연법이 애지중지하는 계약 사고를 통해 혼인의 법적 형식을 찾게 되었다.[5] 그러나 사랑에 기초한 혼인과 법형식은 극복하기 어려운 모순 관계에 놓여 있다. 가장 기분에 좌우되고 가장 제멋대로 날뛰는 현상인 에로틱과 인간의 삶에서 가장 합리적이고 가장 일관성을 갖는 질서인 법은 소재와 형식처럼 서로 적절한 관계를 맺으려고 하지 않는다. 에로틱은 엑스터시가 될 수도 있지만 아무런 격정도 없는 의식적인 기쁨이 될 수도 있으며, 신비가 될 수도 있지만 너무나도 가볍고 경박하기 그지없는 놀이가 될 수도 있다. 그 때문에 에로틱은 그 모든 존재를 쏟아부어서라도 단 한 가지에 대해서만 철저히 저항한다. 그것은 바로 '혼인의 의무'이다. 따라서 에로틱한 혼인은 법으로부터 자유로운 혼인이고, 강제적인 혼인이 아니라 양심의 혼인이며, 어쩌면 양심의 혼인이기보다는 '자유로운 사랑'이 되지 않을 수 없다고 보인다. 이 점에서 에로틱한 혼인은 일련의 다른 현상들과도 밀접하게 연결된 것

---

5 이에 관해서는 *Friedrich Engels*, Der Ursprung der Familie, des Privateigenthums und des Staats, 20. Aufl. 1921, S. 70 이하 참고.

으로 보이는데, 법은 이러한 현상들로부터 언제나 일관되게 먼 거리를 유지하고 있다. 왜냐하면 이 현상들의 본질은 인간의 내면에 속하고, 내면은 법적 강제를 통해 접근할 수 있는 영역이 아니기 때문이다. 우정과 사교, 예술과 학문, 도덕과 종교가 바로 그러한 현상들이다.

그러나 혼인법을 부정하고 자유로운 사랑을 요구하는 것만으로 혼인에 관한 개인주의적 견해가 하고자 하는 말이 끝나지는 않는다. 에로틱은 법이 하나의 딜레마에 봉착하게 만든다. 즉 정신적 사실로서 쉽게 사라지고 가변적인 에로스Eros는 이 에로스가 발휘되는 최상의 형식에서는 의식의 내용에 비추어 볼 때 역설적이게도 지속성과 영원성을 주장한다. 그 때문에 사랑의 허망함을 알고 있을지라도 모든 새로운 사랑은 자신이 영원할 것이라고 믿는다. 사랑의 영원성에 대한 믿음은 의지의 자유에 대한 의식과 똑같은 상황에 놓여 있다.[6] 즉 도저히 반박할 수 없을 정도로 의지의 부자유를 뚜렷이 인식하고 있을지라도 의지는 언제나 자유롭다고 체험되는 것과 마찬가지로 사랑도 영원하다는 주장을 통해 자기 자신을 구속하고 또한 구속되어 있고자 한다. 따라서 에로스는 법적 혼인과 기이할 정도로 이중적인 관계를 맺고 있다. 즉 에로스는 법적 혼인의 저항에 격렬하게 반대하면서도 법적 혼인을 통해 자신의 궁극적 충족을 찾으려고 한다. 따라서 혼인법 및 혼인법에 관련된 모든 조건은 에로틱한 의식내용과 의지내용 자체에 기초할 수 있다. 그리하여 혼인법의 과제는 이 에로틱한 영원성 의식과 영원성 의지를 지원하는 일이며, 이러한 의식과 의지를 환

---

6 자유의 문제와 관련된 의지의 자유(Willensfreiheit)에 대해서는 이 책에서 더 이상 반복하지 않고 이 책의 제1판에 해당하는 *Radbruch*, Grundzüge der Rechts-philosophie, 1914, S. 64를 참고하기 바란다.

상으로부터 현실로 끌어내리는 일이다. 이는 자유를 전제하면서도 동시에 "너는 해야만 하기 때문에 할 수 있다"라는 말로 이러한 자유가 실제로 생성하는 에토스Ethos와 조금도 다르지 않다. 그렇지만 혼인법이 담당해야 할 이러한 과제는 결코 무한한 과제가 아니라 얼마든지 충족할 수 있는 과제이다. 왜냐하면 에로틱한 관계는 혼인을 통해 부지불식간에 수많은 실질적 관계와 연결되고, 이러한 실질적 과제는 지속성을 가진 내용으로서 에로틱한 관계의 흠결과 변화를 적절하게 매개하며, 에로틱한 관계의 소멸보다 더 지속성을 갖기 때문이다. 즉 극히 다양한 형태의 공통 이익, 특히 부모로서의 공통 이익이 근원적으로 주관적이며 깨지기 쉬운, 혼인의 감정적 토대를 대체하는 확고하고 지속적이며 갈수록 강화되는 토대를 제공하기 때문이다.[7]

그러나 법적 혼인에 관한 이러한 견해는 이 견해가 안고 있는 문제점을 극복할 수 없다. 법적 형식은 사회적 현상의 평균적 사례에 맞게 재단되는 경향이 있는 반면, 앞에서 서술한 개인주의적 견해의 내용은 이상적인 사례를 지향하고 있기 때문이다. 혼인법이 현재 겪고 있는 위기는 바로 이상적인 사례에 맞추어져 있는 법적 혼인이라는 형식이 단순히 예외적으로 불행한 사례뿐만 아니라 평균적인 사례에서도 이 이상이 실현되지 않는다면 배우자에게는 커다란 재앙으로 다가오지 않을 수 없다는 사실에 기인한다. 다시 말해 혼인에 대한 개인주의적 정당화에는 당연히 혼인의 해소 불가능성이 포함되어 있지만, 에로틱한 체험이 영원할 것이라는 환상이 나중에 부모로서의 공통 이

---

7 이러한 내용에 관해서는 *Marianne Weber*, Die Idee der Ehe und die Ehescheidung, 1929 참고.

익이나 다른 공통 이익이라는 현실 속에 정착되지 않게 되면 혼인의 해소 불가능성은 곧 감옥이 되고 말 것이다. 그 때문에 개인주의적 견해를 주장하는 사람들은 영원성 주장을 통해서도 결코 배제될 수 없는, 에로스의 허망함과 순간성을 어떤 식으로든 인정하지 않을 수 없는 상황에 마주하게 된다. 그리하여 이혼권의 확대를 요구하거나 유책주의(Verschuldensprinzip) 대신 파탄주의(Zerrüttungsprinzip)를 도입해야 한다고 요구하기도 하며, 혼인관계의 시간적 제한, 시험적 혼인, 동료관계로서의 혼인 등의 도입을 제안하기도 한다.

이 방향에서 거의 아무런 법형식도 없는 계약혼(Vertragsehe)이라는 가장 극단적 형태를 취하고 있는 것은 **소련** 혼인법이다.[8] 즉 혼인관계가 아무런 형식이 없이 성립하고, 또한 아무런 조건과 형식이 없이 해소될 수 있다. 따라서 혼인관계의 성립은 국가의 참여가 필요하지 않으며, 혼인신고는 증명을 쉽게 만들기는 하지만, 혼인의 성립을 위한 전제조건은 아니다. 이로써 혼인은 순전히 사실적인 상태가 되고, 더 이상 법적 관계가 아니며, 법적으로 영향을 미치는 사실관계일 따름이다. 이러한 '사실혼'을 통해 혼인과 혼외관계를 대립적으로 파악하는 기존의 제도는 파괴된다. 이를 통해 기존의 혼인관계가 갖는 법적 구속력이 감소하긴 하지만, 다른 한편으로는 지금까지 전혀 법적 대상이 아니었던 혼외관계가 법적으로 보장되는 결과를 낳는다. 이러한 계약적 성격에 부합해 혼인에서는 배우자들의 완벽한 평등, 쌍방

---

8 이에 관해서는 *Heinrich Freund*, Das Zivilrecht der Sowjetunion, in: *Karl Heinsheimer* (Hrsg.), Die Zivilgesetzen der Gegenwart, Bd. VI, 1927과 소련 민법을 편견 없이 평가하고 있는 *Agnes Martens-Edelmann*, Das sowjetrussische Eherecht in: Zeitschrift für Religion und Sozialismus, 1931, S. 38 이하 참고.

적 부양의무, 공동의 성취에 대한 쌍방적 지분이 인정된다. 끝으로 특정한 전제조건과 특정한 형식에 구속받지 않는 이러한 혼인은 쌍방의 합치된 의지 또는 일방의 희망에 기초해 얼마든지 해소할 수 있다. 이 점에서도 혼인신고는 단지 선언적 의미만을 가질 뿐, 창설적 의미를 갖지 않는다. "무형식적인 것 속에서 절박한 삶에 대한 적절한 표현을 찾을 수 있다고 생각한다(짐멜)."

소련 혼인법

소련의 혼인법은 아우구스트 베벨August Bebel이 그의 유명한 저서 「여성과 사회주의」에서 이미 제기한 주장에 부합한다. 즉 이미 베벨은 혼인을 '국가기관이 중간에 개입해서는 안 될 사적 계약'이라고 선언했다. 언제나 법적 관계의 사회적 성격을 강조하고 사법적 관계 자체도 사회적 목적과 관련을 맺는다는 것을 항상 강조해 마지않는 사회주의가 혼인법과 관련해서는 극히 개인주의적이고 탈국가적이며 탈사회화된 형태를 부여하려고 노력하는 일은 이상하게 여겨질지도 모른다. 하지만 혼인과 가족의 개인주의적 해체는 사회주의의 요구가 아니라 ─ 이 절의 서두에서 설명했듯이 ─ 자본주의적 전개 과정의 소산이다. 사회주의는 사회현실의 법형식에 적응하려는 사회주의적 경향에 걸맞게 혼인법과 관련된 요구사항에서는 이미 주어져 있는 사회적 상태에 따른 요구만을 제기한다. 다시 말해 가족법의 전개 과정은 사회주의에서는 단순히 기존의 사회적 관계의 탈사회화만을 뜻하는 것이 아니라 기존의 사회적 형상을 다른 사회적 형상으로 대체하는 뜻이기도 하다. 가족법과 관련해 사회주의가 취하고 있는 견해의 진정한 의미는 교육에 관련된 법을 살펴보면 분명하게 드러난다. 자녀의 교육에 관련된 민법전의 규율은 부모의 권력, 즉 부모의 근원적 권리에 기초하고 있다. 바이마르공화국 헌법 제120조도 이 권리를 "부모의 최상의 의무이자 자연적 권리로서, 이 의무와 권리의 실행은 국가가 감독한다"라고 선언하고 있다. 하지만 청소년복지법과 청소년형법은 — 비록 명시적으로 표현하고 있지는 않지만, 규율내용에 비추어 볼 때 — 교육권이 부모의 권력으로부터 국가공동체로 옮겨가고 있음을 알 수 있다. 이 두 법의 규정에 따르면 가정교육은 궁극적으로 부모가 공동체의 이익에 부합해 가정교육을 한다는 전제하에 공동체가 부모에게 위탁한 것이고, 만일 이러한 신뢰가 충족되지 않을 때는 부모로부터 교육권을 얼마든지 박탈할 수 있다. 이 점에서 청소년의 교육에 관한 새로운 법이 좁은 범위의 사회적 형상(부모, 가정)의 권리를 제한하는 목적은 오로지 더 포괄적인 사회적 형상(공동체)의 권리로 대체하기 위한 것이다. 따라서 이 새로운 법도 사회적 법의 전개과정에 완벽하게 부합한다.

우리가 이미 계약, 소유권, 혼인에 관한 법에서 관찰했듯이 개인적 기능과 사회적 기능의 협력과 대립은 이제 우리가 다음 절에서 살펴보고자 하는 상속법의 핵심 모티브이기도 하다.

백만장자로 죽는 것은 부끄러워해야 할 일이다.

카네기

§ 21. 상속법

개인주의, 초개인주의, 초인격주의 견해에 따른 유언의 자유, 상속
순위법, 강제 유산분할, 강제 유산결합

경제적 단위, 즉 농업적, 영업적, 상업적 사업장은 단순히 사업장
소유자의 소득 이익만을 위해서가 아니라 '공통의 최고선에 이바지하
기' 위한 것이다. 경제적 단위의 이러한 사회적 기능 때문에 소유자가
죽은 이후에도 존속하는 것이 바람직하다고 여겨진다. 즉 사회 자체
가 조직화하는 수단이 되는 경제적 단위들이 이 단위를 지탱하는 사
람의 사망과 함께 사라져버리고 새로운 사람에 의해 다시 만들어져야
한다면 이는 엄청나게 비생산적인 힘의 낭비가 될 것이다. 그 때문에
모든 사회에서는 경제단위의 소유자가 사망하면 그를 대체하는 새로
운 소유자의 지정을 법으로 규율해야 한다. 즉 모든 사회는 '승계질서
(Sukzessionsordnung)'를 필요로 한다.[1]

이러한 승계질서의 개인주의적 형태가 상속법이다. 소유에 관한
법과 마찬가지로 상속법도 개인적 이익과 사회적 이익 사이의 예정조

---

[1] 이 점 및 아래의 서술과 관련해서는 *Karl Renner*, Die Rechtsinstitute des Privatrechts
und ihre soziale Funktion, 1929, S. 134 이하 참고.

화라는 사고에 기초하고 있다. 이러한 견해에 따르면 유언장에 명시
된 피상속인의 이익 또는 상속순위에 관한 법률규정의 토대가 되는
가족의 이익은 동시에 사회적 이익의 방향과 합치한다고 한다. 이러
한 생각이 환상에 불과할 뿐이라는 통찰 그리고 재화의 사회적 기능
을 적절히 보장하려는 노력은 소유에 관한 법에 비해 상속법에서는
지금까지 제대로 힘을 발휘하지 못했다. 이렇게 된 이유는 아마도 오
늘날의 상속법이 서로 대립하는 체계와 원칙의 막연한 타협이라는 사
정에 기인하는 것 같다. 즉 유언의 자유에 따른 상속형태와 법률상의
상속순위에 따른 상속형태 그리고 강제적 유산분할과 강제적 유산병
합을 서로 결합하고 있고,[2] 개인주의적 목적규정, 사회적 목적규정,
가족의 목적규정이 혼합된 상태에서 가족의 목적규정은 다시 비교적
개인주의적 관점에 가까운 가족관과 비교적 초개인주의적 관점에 가
까운 가족관을 포함하고 있으며 이 모든 것들이 혼란스럽게 뒤엉켜있
는 상황이다.[3]

상속법에 관한 개인주의적 원칙은 유언의 자유이다. 이 자유는 죽
음 이후에까지 연장된 소유권의 자유를 뜻한다. 따라서 자유롭게 선
택한 상속순위가 상속법의 일차적 형식이고, 유언이 없을 때 이를 대
체하는 법정 상속순위는 가장 가까운 친족의 권리승계가 피상속인의
묵시적 의지에 부합한다는 추정에 기초하고 있다.

하지만 상속순위에 관한 법은 유류분에 관한 법과 마찬가지로 직접

---

2 이 세 가지 상속형태의 구별은 *Anton Menger*, Das bürgelrliche Recht und die be-
sitzlosen Volksklassen, 4. Auf. 1908, S. 214 이하에 따른 것이다.
3 상속법의 원칙에 관해서는 *Gustav Boehmer*, Art. 154, Erbrecht, in: *Hans Carl
Nipperdey*(Hrsg.), Grundrechte und Grundpflichten der Reichsverfassung, Bd. 3,
1930, S. 262 이하 참고.

개인주의적 관점으로 정당화할 수도 있다. 물론 피상속인의 관점이
아니라 상속인의 관점에 따른 정당화에 해당한다. 경제적 삶으로 전
환하지 않고서는 견디기 어려운 상황을 알지 못했던 시대는 피상속인
의 삶을 공유했던 사람의 욕구, 삶의 스타일, 인격 등이 피상속인의 재
산관계를 토대로 형성되었다는 사실에 초점을 맞추는 경향이 있었고,
이런 이유에서 피상속인의 재산은 일종의 가족재산이라고 불러야 마
땅하고, 그 때문에 가장이 사망한 이후에도 남은 가족들이 그의 재산
을 계속 향유할 수 있는 권리는 사회학적으로 충분한 근거가 있고, 가
족들의 권리는 '오랜 기간에 걸쳐 형성된 청구권'으로 여겨졌다.[4] 이
처럼 지나칠 정도로 '별다른 위험이 없는 삶'에 초점을 맞추어 상속권
을 정당화하는 증명을 인정할 수 있을지라도 이 증명은 오로지 극히
좁은 범위의 친족, 즉 피상속인과 가정을 공유했거나 피상속인이 지
원했던 친족에게만 해당할 뿐이고, 촌수에 따라 상속순위를 제한하지
않고 있는 현행 상속법, 즉 피상속인과 아무런 친족관계도 없는 '행복
한 상속인'의 상속권을 정당화하는 데는 적합하지 않다. 소수의 귀족
가문이나 극소수의 부르주아 가문을 제외하고는 같은 피와 같은 성으
로 결합한 모든 사람이 함께 사는 '대가족'은 더 이상 사회학적 현실
이 아니게 된 이후에는 아무런 제한이 없이 상속순위를 정한 상속법
은 이 법이 서 있던 토대를 이미 상실했다.[5]

물론 상속법의 가족적 기능은 개인주의적으로 파악할 수 있을 뿐만

---

4 이에 관해서는 *Albert Schäffle*, Kapitalismus und Sozialismus(1870년 4월 강연) 참고.
5 이에 관해서는 저명한 사법개혁가인 아셔스레벤Aschersleben의 사법고문 *Georg Bamberger*, Für das Erbrecht des Reichs, 1912; *ders.*, Erbrecht des Reichs und Erbschaftssteuer, 1917 참고.

아니라 초개인주의적으로도 파악할 수 있다. 이렇게 되면 가족은 친족관계에 있는 사람들 사이의 개인적 관계의 총체에 그치는 것이 아니라 이 사람들의 상위에 있는 비개인적 전체가 되고, 이 전체는 개인적 관계의 범위에 국한되지 않고, 오히려 시간적 간격을 뛰어넘어 현재의 세대와 과거의 세대를 하나의 통일체로 결합하며, 촌수의 거리를 뛰어넘어 가까운 친족과 먼 친족을 하나의 통일체로 결합하게 될 것이다. 이처럼 초개인주의적으로 파악된 가족이 갖는 의미를 표현하는 상징이 곧 가문의 '문장'이나 '명문가'이고, 개인은 이를 존중하고 이를 위해 희생할 책임이 있다고 생각한다. 그리하여 상속법이 이런 식으로 이해되는 가족의 사회학적 존속을 위한 물질적 토대, 즉 '가족의 번영'을 보장해야 한다면, 상속재산은 분할되지 않은 상태로 보존되어야 할 것이다. 따라서 상속법의 가족적 기능을 개인주의적으로 파악할 때는 '강제적 유산분할'이 필연적이었다면, 이를 초개인주의적으로 파악할 때는 강제적 유산결합, 즉 신탁유증(Fideikommiß; 처분과 분할을 불가능하게 만들어 가족재산을 보존하는 법제도 ─ 옮긴이)과 일인상속이 적합하다.

하지만 바로 이 지점에서 신탁유증의 폐지를 규정하고 있는 바이마르공화국 헌법 제155조를 통해 성공적으로 표현되고 있는 민주주의적 평등사상의 관점과의 모순이 드러난다. 즉 상속법은 신탁유증의 형태로만 소수의 상속권으로 인해 다수가 '상속에서 배제'되는 상황을 낳는 것이 아니라 부의 상속 자체가 사회질서의 다른 쪽에서는 빈곤의 상속을 의미한다. 이 맥락에서 발터 라테나우Walter Rathenau는 "우리의 사회적 계층화의 본질 자체, 즉 국민의 힘의 분배가 불변적이고 아무런 생동감도 찾아볼 수 없는 지속성을 갖는 상태"가 상속권 탓이라고 말한다.[6] "자연이 지배하는 대로 삶이 올라갔다 내려가는 생동감, 봉사하는 부분과 결정하는 부분의 유기적 변화, 황금단지를 차지하려는 공정한 게임은 고작 인간의 작품에 불과한 상속권이라는 가족적 숙명의 힘으로 말미암아 경직되고 말았다. 이 숙명의 힘은 프롤레타리아에게는 영원한 봉사를, 부자에게는 영원한 향유를 선언한다." 이러한 생각을 통해 사소유권의 유지와 관련해서도 그렇듯이 사적 상속권의 제한 또는 폐지를 끊임없이 요구해왔다. 예컨대 살아 있을 때 증여를 하는 방법과 같이 법률을 회피하는 것을 억제할 수만 있다면, 사적 소유권의 폐지는 짧은 시간 내에 전체 국민재산이 국가의 손에 쥐어지는 결과를 낳을 것이며 사회주의를 건설할 수 있도록 만들 것이다.

그러나 사적 소유권과 특히 강제적 유산결합과 관련해서는 '가족 사회주의적' 동기와는 별도로 사회적 동기도 제시해왔다. 우리는 이미 승계질서가 일단 구축된 경제적 단위를 설립자의 사망 이후에도 존속하도록 만드는 의미를 지니고 있다는 사실을 지적했다. 한 사람이 자신의 작품을 통해 계속 살아남게 될 것이라는 의식은 경제적 및 문화적 창조를 위한 강력한 계기가 된다. 이런 식으로 이해되는 승계질서의 원칙은 "소유의 진정한 목적을 계속 유지할 소명을 받은 자만이 상속자가 될 수 있다"가 될 것이다.[7] 하지만 피상속인의 영향 속에

---

6 *Walter Rathenau*, Von kommenden Dingen, 1917, S. 129.

7 이에 관해서는 *Karl August Buschauer*, Das Erb-Unrecht. Eine Widerlegung der bisherigen Prinzipien bei der Erb-Zuteilung vom moralphilosophischen Standpunkte aus 1918, S. 53 참고.

서 성장했거나 피상속인 스스로 자신의 상속자로 양성한 자, 즉 법정 상속인 또는 피상속인이 직접 선택한 상속인 이외에 도대체 누가 피상속인의 작품을 더 잘 존속하게 만들 수 있을 것인지를 묻지 않을 수 없게 된다.[8]

상속법에 대한 이러한 사회적 정당화가 현행 상속법, 즉 강제적 유산분할에 따른 상속재산의 해체와 아무런 제한이 없는 상속순위의 우연성과 합치하지 않는다는 사실은 자세히 설명할 필요가 없다. 상속인뿐만 아니라 상속재산의 측면에서 볼 때도 상속법은 사회적 기능을 이미 상실한 셈이다. 오늘날 압도적으로 많은 경우에 유산은 더 이상 특정한 경제적 목적에 지향된 물질적 총체여서 이를 해체하는 것은 손해가 된다고 생각하지는 않는다. 유산은 오히려 그저 가치의 혼합이나 총합 또는 아무 형태도 없는 가치 덩어리로 여겨질 뿐이다. 우리는 소유권에 관한 설명에서 이미 소유로부터 재산으로, 질로부터 양으로의 전개 과정을 살펴보았다. 그저 우연히 함께 쌓여 있는 가치 더미, 증권, 채권, 국채, 저당권증서 등 다양하기 짝이 없는 종류의 재화로 가득 찬 금고는 보존할 필요가 있는 경제적 단위가 아니다. 유산은 대부분 이처럼 단순히 양적인 성격만을 취하기 때문에 강제적 유산분할도 관철될 수 있었다. 이에 반해 사람의 교체를 통해 보존할 필요가 있는 경제적 단위는 자주 원용되곤 하는, 경제의 탈개인화와 경영의 객관화와 함께 죽어가는 자연인의 손에서 벗어나 죽지 않는 법인의 손으로 넘어갔고, 그 때문에 상속법의 적용 범위에서도 벗어나게 되었다.

---

8 이에 관해서는 *Albert Schäffle*, Kapitalismus und Sozialismus 참고.

　이처럼 상속법의 영역에서는 소유권법과 가족법의 영역에서 등장
하는 문제가 더욱 첨예한 형태로 등장한다. 상속법이 안고 있는 현재
의 문제점은 바이마르공화국 헌법 제154조에서 극명하게 표현되어
있다. 즉 개인주의적 상속법과 상속재산에 대한 국가의 몫, 다시 말해
상속법의 개인적 기능과 사회적 기능이 서로 대립하고 있고, 상속법
이 법률의 도끼 아래 놓여 있다.

> 인간을 벌해야 할 때도 있고 벌하지 말아야 할 때도 있다.
> 어느 경우이든 인간을 인간적으로 바라보아야 한다.
>
> 괴테

§ 22. 형법

형법에 관한 이론은 전통적으로 형벌의 근거와 형벌의 목적을 구별한다.

형벌의 근거에 대한 이론

형벌의 근거에 대한 물음은 한편에서는 개인이, 다른 한편에서는 이 개인이 아무런 적극적 몫도 갖고 있지 않고 국민의 의지에도 기초하지 않은 국가가 서로 대립하고 있던 시대의 특수한 역사적 상황에서 비롯된 물음이다. 이러한 상황에서는 국가목적을 통해 명령된 형벌일지라도 개인에 대해 별도의 정당화를 거쳐야 할 필요가 있다. 왜냐하면 칸트의 말처럼 "인간은 결코 **타인**의 의도를 위한 단순한 수단으로 취급해서는 안 되고 물건법(Sachenrecht)의 대상으로 뒤섞여서는 안 되며, 이에 대항해 인간의 천부적 인격성을 보호해야 하기" 때문이다. 국가는 개인에 대해서는 단지 타인일 뿐이다! 국가를 이렇게 파악할 때는 오로지 두 가지 방식으로만 형벌을 정당화할 수 있다. 즉 범죄자 자신이 형벌을 의욕했다고 증명하거나 범죄자가 형벌을 받아

마땅하다고 증명해야 한다.

동의이론

첫 번째 방식인 **동의이론**(Einwilligungstheorie)은 현실의 범죄자가 자신에 대한 처벌을 사실상으로 동의한다는 전제의 의미에서 초기의 포이어바흐Johann Anselm Feuerbach가 주장한 이론이다. 즉 형법을 알고 있으면서 — 이를 포이어바흐는 처벌의 전제조건으로 요구한다 — 도 범죄를 저지른 자는 형벌의 조건이 되는 범죄를 저질렀기 때문에 형벌이라는 결과에 동의한 셈이고, 따라서 체결한 계약의 이행을 청구할 권한이 있는 것과 똑같은 권리에 기초해 범죄자에게 형벌을 부과할 수 있다고 한다. 이러한 경험주의적 이론은 사회계약과 유사하고, 아마도 사회계약에 개인이 범죄를 저지를 경우는 처벌을 달게 받겠다고 사전에 의지를 표명하는 내용의 조항을 추가한 계약의 형식을 거쳐 더욱 강화된 형태를 갖출 수도 있다. 물론 이때 개인은 현실의 개인이 아니라 이성적 존재로 여겨지는 개인이고, 자신의 행위가 낳을 결과를 논리적으로 수용하는 것을 의욕한다고 여겨지는 개인이다. (앞에서 말한 내용을 반복하자면) 절도범은 타인의 소유권을 침해함으로써 자신의 소유권을 설정하고자 하며, 이로써 원칙적으로 자신이 침해한 법익의 보호 필요성을 인정한 셈이고, 논리 필연적으로 이 법익을 보호하기 위해 필수 불가결한, 침해자에 대한 처벌, 다시 말해 그 자신에 대한 처벌에 동의하지 않을 수 없다. 문서를 위조한 자는 그가 문서위조를 통해 동요를 불러일으킨 공공의 신뢰를 주장하며, 따라서 법익을 보호할 가치와 이를 보호하는 데 필요한 법적 규정과 함께 그 자신을 처벌하는 형법까지도 인정하지 않을 수 없다. 이처럼 자신의 행위를 통해 행위자가 논리적으로 의욕할 수밖에 없었던 것을 행위자가 의욕했다고 여김으로써 — 헤겔의 표현을 빌리자면 — 범죄자는 이성적 존재로 존중받게 되고, 형벌은 그의 행위 속에 그 자신의 권리로 이미 포함된 것으로 여기게 된다.

응보이론

동의이론이 형벌에 관한 개인주의적 정당화를 뜻한다면 **응보이론**(Vergeltungstheorie), 즉 형벌을 마땅히 부과해야 한다는 사실로 형벌을 정당화하는 이론은 권위적인 사고에 기초하고 있다.[1] 물론 응보이론을 주장하는 핵심인물은 하필이면 자율이론을 건설한 위대한 철학자 칸트이다. 칸트는 개인적 동의와 개인적 이익과는 무관하게 형벌을 응보이론을 통해 정당화하면서, 자신의 이론을 다음과 같은 유명한 비유를 통해 표현하고 있다. "설령 시민사회의 모든 구성원의 동의하에 시민사회를 해체한 경우(예컨대 한 섬에 거주하는 주민들이 서로 헤어져 전 세계로 흩어지기로 결정한 경우)에도 감옥에 남아 있는 마지막 살인자는 미리 처형해야 한다. 그래야만 누구나 자신의 행위가 어떠한 대가를 치르는지를 충분히 경험하게 될 것이고 **사람을 죽인 피의 죄악이 국민에게까지 붙어있지 않게 될 것이다.**" 놀랍게도 이 비유에서 '국민'은 개인들의 총합이 아니라 개인의 개인적 이익을 뛰어넘는 초개

---

1 이에 관해서는 *Richard Schmidt*, Die Strafrechtsreform in ihrer staatsrechtlichen und politischen Bedeutung, 1912, S. 10 참고. 슈미트는 형벌근거로서의 응보만을 초개인주의적 견해로 파악하고, 이에 반해 형벌목적으로서의 응보는 법치국가적-자유적 견해로 파악한다. 이에 관해서는 뒤의 267면 각주 2 참고.

인주의적 고유가치의 주체로 등장한다.

형벌의 목적에 관한 이론

형벌을 국가와는 무관하게 정당화하는 이 두 가지 이론적 형태는 이미 과거가 되었다. 국민의 의지 — 그것이 수학적 다수이든 아니면 다른 방식의 '통합'이든 — 에 기초한 국가는 개인에 대해 더 이상 '타인'이 아니라 오히려 '우리 모두'이다. 이런 식으로 이해되는 국민국가에 대한 정당화는 이 국가의 유지를 위해 필요한 형벌에 대한 정당화도 포함하고 있다. 따라서 형벌의 근거에 관한 이론은 국가의 정당화에 관한 이론으로 해소되고, **형벌의 목적**에 관한 이론, 다시 말해 형벌이 국가에 필요한 이유에 관한 이론 또는 — 더 정확히 말하면 — 형벌이 국가, 사회 또는 법질서에 필요한 이유에 관한 이론만이 남게 된다. 우리가 이제부터 형벌의 이념을 법이념과 법이념의 세 가지 요소인 정의, 합목적성, 법적 안정성으로부터 전개하기 시작하면 형벌의 목적규정과 관련된 다양한 가능성도 저절로 펼쳐질 것이다.

1) 정의
평균적 정의

정의는 일단 평균적 정의의 형태를 제공함으로써 형벌을 이러한 정의에 기초할 수 있도록 해준다. 이 평균적 정의에 따라 상품이 가격에, 노동이 임금에, 배상이 손해에 부합하듯이 형벌도 범죄에 부합하게 된다. 그래서 형벌은 상응하는 대가로서의 **응보**이다. 물론 우리는 앞에서 수행한 고찰에서 평균적 정의, 즉 평등한 자들 사이의 정의를 사법의 정의로 파악했다. 실제로 형벌을 평균적 정의의 기준에 귀속시키는 것은 형법이 여전히 사법이었고, 국가가 피해자로부터 박탈한 복수 대신 무엇보다 피해자의 감정을 충족시키기 위해 형벌을 다루었던 시대에 유래한다. 하지만 형법이 국가 자신의 이익을 위해 운영되는 공법으로 인식된 이후에도 형벌을 평균적 정의의 기준에 따라 측정하는 것이 의미를 상실하지는 않았다. 왜냐하면 개인들보다 더 우위에 있는 국가가 다수의 관계에서 국가의 시민들과 평등한 차원에서 행동하는 것은 법치국가의 본질에 속하기 때문이다. 국고(Fiskus), 형사소송, 행정법원은 여기에 해당한다. 따라서 응보이론은 형법에 관한 법치국가적-자유주의적 견해라고 해석할 수 있다.[2] 물론 이러한 견해는 ― 비스마르크 제국의 '국가자유주의적' 구상과 똑같이 ― 예컨대 전적으로 권위 사상에 지향된 빈딩Karl Binding의 형법이론처럼 권위적이고 초개인주의적 응보이론과 뒤섞여 있었다.

배분적 정의/합목적성

형법의 목적이론은 정의이론에 대립한다. 하지만 목적이론도 정의를 요구한다. 다만 평균적 정의가 아니라 **배분적 정의**를 요구한다는 차이가 있을 뿐이다. 목적이론에서 말하는 정의로운 형벌은 범죄에

---

2 나는 내가 예전에 발표한 논문(*Radbruch*, Die politische Prognose der Strafrechts-reform, in: Aschaffenburgs Monatsschrift für Kriminalpsychologie und Strafrechts-reform, Bd. 5, 1908/09, S. 1 이하)에서 응보라는 형벌목적을 일방적으로 초개인주의적으로 해석했던 입장을 철회한다. 그 이유는 *Richard Schmidt*, Die Strafrechts-reform in ihrer staatsrechtlichen und politischen Bedeutung, 1912, S. 189 이하의 서술 때문이다. 이에 관해서는 또한 *Herbert Dannenberg*, Liberalismus und Strafrecht im 19. Jahrhundert, 1925도 참고.

상응하는 형벌이 아니라 한 범죄자를 다른 범죄자와 비교해 양쪽의 책임에 비례해 처벌한다는 것을 뜻한다. 물론 응보이론은 평균적 정의라는 사고만으로 완벽하게 전개될 수 있는 반면, 배분적 정의라는 사고는 이로부터 목적이론을 도출하기에는 충분하지 않다. 왜냐하면 형벌에 관한 배분적 정의는 똑같은 부담을 지고 있는 자들은 똑같이, 다르게 부담을 진 자들은 부담에 비례해 처벌해야 한다는 뜻이긴 하지만, 우리가 어떠한 기준에 따라 부담의 같음과 다름을 측정해야 하는지는 명확하게 말해주지 않기 때문이다. 즉 책임을 기준으로 해야 하는지 위험성을 기준으로 해야 하는지 아니면 다른 것을 기준으로 삼아야 하는지가 확실하게 밝혀져 있지 않다. 다른 한편 배분적 정의는 형벌 상호 간의 비례에 대해서만 말해줄 뿐, 형벌의 절대적 양과 방식을 말해주지는 않으며, 단지 주어져 있는 형벌체계에서 여러 가지 형벌의 위치에 대해서만 말해줄 뿐, 이 형벌체계가 맨 아래 감옥형과 신체형에서 시작해서 맨 위의 잔혹한 사형으로 끝나야 하는지 아니면 맨 아래 벌금형에서 시작해서 맨 위의 종신형에서 끝나야 하는지는 대답하지 않는다. 정의이론이 대답하지 않은 채 남겨 놓은 이 물음에 대한 대답은 오로지 법이념의 두 번째 요소, 즉 **합목적성**으로부터만 도출될 수 있다. 목적과 합목적성을 원용하게 되면 형벌도 정의라는 특수한 법이념의 틀에서 벗어나 국가목적과 사회목적에 봉사할 수 있게 된다.

2) 개인주의적 이론
일반예방/특별예방
이 맥락에서 우리는 다시 한번 형벌에 관한 법치국가적-자유주의적 견해에 마주치게 된다. 하지만 이번에는 응보이론처럼 정의와 법의 이념이 아니라 합목적성과 국가의 이념과 관련을 맺게 되고, 그것은 바로 포이어바흐가 제시한 형태의 **위하이론**(Abschreckungstheorie) 이다. 왜냐하면 계몽시대의 형벌이론에서도 그렇듯이 포이어바흐의 형법사상에서도 역설적이게도 위하이론은 형법을 법률과 구성요건에 구속하면서도 동시에 범죄와 형벌 사이의 비례성을 보장하는 수단이 되며, 이 점에서 응보이론과 매우 유사하기 때문이다.[3] 이는 곧 위하이론도 응보이론과 같이 행위를 행위자로부터 분리하거나 행위자를 인간으로부터 분리한다는 것을 뜻한다. 이 이론의 토대가 되는 형법적 행위개념은 사법의 인격개념과 일치한다. 즉 전통적인 사법에서 예컨대 노동자는 개별성이 없는, 노동력의 보유자이고, '노동이라는 상품'을 판매하는 자라면, 응보형법과 위하형법에서 범죄자는 개별성이 없이 그저 그의 행위의 행위자에 불과하다. 이때 형법적 관계는 범죄자라는 인간 전체가 아니라 이 행위의 행위자로서만 부분적인 관계에 발을 들여놓는 셈이다. 노동관계에 대한 개인주의적 견해에 따라 노동력이라는 상품을 판매한다고 말하듯이 이에 상응하는 형법에 관한 견해에 따라 범죄는 그에 상응하는 대가를 치른다고 말하게 된다.[4] 응보이론과 위하이론의 자유주의적 성격은 바로 형법적 관계의 이러

---

3 위하이론과 응보이론에 대해서는 초개인주의적 의미를 부여할 수 있기 때문이기도 하다. 이에 관해서는 뒤의 271면 이하 참고.

4 *Paschukanis*, Allgemeine Rechtslehre und Marxismus, 1929, S. 149 이하에서는 양자 사이의 유사한 관계를 심지어 인과적 관계로까지 해석한다. 즉 응보사상은 더욱 근대적인 사회에 복종하는 '기본형식', 다시 말해 등가적 교환의 형식을 통해 규정된다고 한다. 이에 대한 반론으로는 *Kelsen*, Allgemeine Rechtslehre im Lichte materialistischer Geschichtsauffassung, in: Archiv für Sozialwissenschaft und Sozialpolitik, Bd. 66, 1931, S. 433 이하 참고.

한 부분적 성격에서 특히 뚜렷하게 표현되고, 실제로 자유주의는 모든 영역에서 인간과 인간의 인격권적 유대가 갖는 총체성을 완화하고, 이 총체성을 선명한 윤곽이 그려져 있는 부분적 관계로 대체한다. 이 점에 관한 한, 형법적 관계는 노동관계와 조금도 다르지 않다.

법치국가적-자유주의적인 응보이론과 위하이론에 대립하는 것은 사회적 형법에 관한 이론인 **보안 및 개선이론**(Sicherheits- und Besserungslehre)이다. 앞에서도 이미 밝혔듯이 사회적 법은 개인주의적 법과는 반대로 추상적이고 고립된 개인, 즉 추상적 인격과 행위자에 끼워 맞추는 것이 아니라 구체적이고 사회화된 개별성의 관점에서 행위자를 파악한다는 특성이 있다. 노동법은 노동력이 인간으로부터 분리될 수 있는 어떤 것이 아니라 특정한 관점에서 바라본 인간 자체라는 사실을 인식한 것과 마찬가지로 사회적 형법은 범죄가 범죄자와 분리될 수 있는 어떤 것이 아니라 특정한 관점에서 바라본 인간 자체라는 사실을 인식하고 있다. 이 점에서 "행위가 아닌 행위자!"라는 슬로건으로 새로운 형법을 표현했지만, 아마도 "행위자가 아닌 인간!"이라고 표현해야 할 것이다. 이로써 심리학적 및 사회학적 특성을 가진 구체적인 인간이 법의 시야에 들어오게 된다. 그리하여 행위자라는 개념은 보안 및 개선이론의 관점에서는 다양한 성격 유형과 다양한 사회학적 유형으로 해체된다. 즉 상습범과 기회범, 개선의 여지가 있는 자와 개선이 불가능한 자, 성인과 청소년, 완전한 책임능력을 가진 자와 감경된 책임능력을 가진 자 등이 이러한 유형에 해당한다. 그 때문에 새로운 형법학파를 '사회학적 학파'라고 부르는 것은 타당한 일이다. 왜냐하면 새로운 형법학파는 지금까지 오로지 사회학에만 속했던 사실들이 법학의 시야에 포착되게 만들었기 때문이다.

파시즘 형법

물론 같은 시기에 위하이론도 부활을 경험했지만, 부활한 위하이론은 바로 앞에서 설명한 법치국가적-자유주의적 형태가 아니라 초개인주의적 재구성을 거쳐 파시즘의 테러형법의 형태로 등장했다. 즉이탈리아 신형법(1930년)에 첨부된 의견서는 명시적으로 국가를 유기체로 파악하는 파시즘적 견해에서 출발하고 있다. "국가는 더 이상국가를 구성하는 개인들의 수학적 총합이 아니라 국가를 표현하는 개인, 집단, 계급을 종합하고 집약한 결과로서 고유한 생명, 고유한 목적, 고유한 욕구와 이익을 갖고 있으며, 국가의 욕구와 이익은 그 확장과 지속에 비추어 볼 때 개인, 집단, 계급의 생명을 뛰어넘어 과거, 현재, 미래의 모든 세대에까지 뻗어 나간다." 이러한 국가의 형법은 사회를 방위(페리Enrico Ferri가 말하는 사회방위 difesa sociale)하는 성격을 갖는 것이 아니라 국가 자체를 방위(difesa propria dello Stato)하는 성격을 갖고 있으며, 이 국가방위의 수단을 위하와 말살로 삼고, 따라서수없이 많은 범죄에 대해 사형으로 위협하는 결과를 낳는다. "초인을영도자로 전제하고 있는 이러한 국가가 염두에 두고 있는 인간은 약자 또는 도움과 지원이 필요한 자가 아니라 강자이다. 따라서 범죄자는 일차적으로 국가의 통치에 반항하는 적으로 여겨지고, 이러한 적에 대해서는 위하와 말살이 국가형벌권의 가장 중요한 기능이어야한다."[5]

---

5 *Eberhard Schmidt*, Strafrechtsreform und Kulturkrise(Recht und Staat, Heft 79), 1931,

소련 형법

이밖에도 소련 형법 역시 테러형법의 부활을 뜻한다. 1926년의 소련 형법은 과도기 국가의 형법으로서 프롤레타리아 독재에 부합하는 권위주의적 형법과 미래의 계급 없는 사회를 예감하고 선취하는 사회적 형법이 독특한 방식으로 뒤섞여 있다. 예를 들어 소련 형법이 "응보와 형벌은 형법의 과제가 아니다"라고 선언한 것은 형법에 관한 사회적 견해에 부합하지만, 보안과 개선 이외에 무엇보다 정치범죄와 관련해 위하를 형벌목적으로 유지하고, 특히 '사회보호를 위한 최상의 조치'로 사형의 적용을 남발하고 있는 것은 형법에 관한 권위주의적 견해에 부합한다.

하지만 소련 형법에서 권위주의적 형법의 요소보다 더욱 특징적인 측면은 형법과 관련된 법치국가적 보장을 완전히 포기하고 있다는 점이다. 즉 법률이 형벌로 위협하고 있는 행위가 구체적 사례에서 공동체를 위협하는 성격을 갖고 있지 않으면 범죄가 되지 않으며, 형벌로 위협하는 행위가 아닐지라도 이 행위가 공동체에 위협이 되면 범죄가 된다. 따라서 "법률 없으면 범죄 없다"라는 원칙은 소련 형법에서는 효력을 갖지 않는다. 심지어 예비행위 전체가 형벌의 대상일 뿐만 아니라 "범죄적 환경과의 연결을 통해 또는 과거의 활동을 통해 위험하게 여겨지는" 사람들도 사회보호 조치의 대상이 되도록 규정함으로써 "누구도 생각 때문에 처벌받지 않는다(cogitationis poenam nemo patitur)"는 원칙도 파괴되고 있다.

S. 18.

3) 법적 안정성

보안 및 개선이론은 이를 일관되게 관철할 경우 이 이론이 법이념의 세 번째 요소, 즉 **법적 안정성**이라는 사고를 통해 단절되지 않는다면 실제로 파시즘 형법이나 소련 형법과 같은 결론에 도달하게 된다. 특별예방이론만으로는 결코 형법의 형성을 규정할 수 없고, 오로지 특별예방적 목적사상과 정의 및 법적 안정성 사상을 결합할 때만 형법의 형성이 가능하다는 점은 특별예방이론이 지닌 난점에 해당한다는 사실은 결코 부정할 수 없다. 더욱이 양자 사이의 결합은 단순히 양자가 서로 대립적으로 작용하는 것 이상의 의미를 지닌다. 따라서 법이념 내부의 긴장관계는 형법의 구체적 문제에서 너무나도 뚜렷하게 반복된다. 즉 법적 안정성이라는 이념을 통해 특별예방이 끝까지 관철되어 예비행위, 심정과 사고에까지 형벌을 확장하는 결과를 방지한다면, 어떤 정도이든 서로 같지 않은 인격과 상황에 대한 평등취급을 요구하는 정의사상은 특별예방적 목적사상으로 인해 발생할 수 있는 극단적 개별화를 억제한다. 그 때문에 이렇게 보안 및 개선형벌에 기초한 형법을 법이념의 모순과 대립에 비추어 형성하는 것과 비교하면 응보사상은 방법적으로 훨씬 더 높은 역량을 발휘한다. 즉 응보사상은 형벌의 정당화와 형벌의 목적규정 모두에 이바지하고, 그 자체 정의사상과 법적 안정성 사상을 동시에 충족한다.

끝으로 응보이념의 의미에 따라 형성된 법적 제도도 의심의 여지없이 '형벌'이라고 볼 수 있는 반면, 일관되게 보안 및 개선이론의 의미에 따라 형성된 형법은 궁극적으로는 '형'법이라는 존재가 아니게 된다. 그 때문에 이미 페리의 초안에서도 그렇듯이 소련의 형법전도 특별예방이론을 일관되게 관철하면서 '형벌'이라는 명칭을 이미 '제재', '사회적 보호처분'과 같은 다른 명칭을 통해 대체하고 있다. 이 점에서 형벌이라는 개념이 장래에 기존의 '형'법을 형성할 때 기준이 되는 규범과 한계가 될 수 없으며 또한 응보이론의 방법적 안락함이 형법이론의 모든 문제에 대한 통일적인 해결 가능성으로서 진리기준이 될 수도 없다는 점은 별도로 강조할 필요가 없을 것이다. 오히려 사정은 정반대이다. 즉 형법의 발전은 형법을 뛰어넘어 이루어지고 있고, 형법의 개선은 **더 좋은** 형법의 방향이 아니라 형법**보다 더 좋고** 형법보다 더 현명하며 더 인간적인 개선법과 보호법(Besserungs-und Bewahrungsrecht)의 방향으로 흘러가고 있다.

사형집행관이여, 도대체 누가 그대에게
나를 처단할 권력을 주었단 말인가?

감옥의 그레첸(Gretchen)

§ 23. 사형

초개인주의적 정당화

법에 관한 초개인주의적 견해만이 사형을 정당화할 수 있으며, 오로지 이 견해만이 국가에 대해 삶과 죽음을 처분할 권리를 인정한다. 예를 들어 비스마르크는 1870년 3월 1일의 연설에서 이렇게 말한다. "하늘이 부여하는 정당화를 감지하지 못하는 인간의 힘은 심판의 칼을 휘두를 수 있을 만큼 강하지 못하다." 개인주의적 국가관으로부터의 탈피가 사형이 부활하는 배경이 된다는 사실은 특히 이탈리아의 파시즘 신형법에 첨부된 의견서에서 사형의 부활을 이러한 국가관의 승리로 찬양하고 있는 말에 뚜렷하게 표현되어 있다. "이러한 개혁은 이탈리아 국민의 정신적 변화를 보여주는 또 하나의 행복한 상징이고, 우리 민족이 남성성과 행동력을 다시 쟁취했고 우리의 법적 및 정치적 문화가 사형제도의 폐지와 직접 결부되어 있던 낯선 이데올로기로부터 해방되었음을 보여주는 기쁜 상징이 아닐 수 없다." 이 소견서는 이와 같은 이데올로기를 명시적으로 "알프스산맥 저편에서 승리했던 개인주의적 이념"으로 이해하고 있으며, "자기목적으로서의 개

275

인은 수단의 단계로 전락할 수 없다는 칸트의 주장은 착각"이라고 한다. "오히려 그 반대가 진리이다. 즉 헤아릴 수 없이 많은 세대를 포괄하는 유기체로 여겨지는 사회와 사회의 법적 조직으로서의 국가는 고유한 목적을 가지며, 이 목적을 위해 살아간다. 이에 반해 개인은 사회적 유기체의 극히 작고 일시적인 요소일 뿐이고, 따라서 개인의 행위와 존재는 사회적 유기체의 목적에 봉사하는 것이어야 한다."

사형과 계약이론

그러나 파시즘 이탈리아가 저주해 마지않는 개인주의적 이념을 토대로 사형을 반대한 최초의 적대자는 이탈리아인이었고, 오늘날에도 이탈리아의 명성을 드높인 자로 여겨지는 그의 이름은 **체사레 베까리아**이다(Cesare Beccaria 「범죄와 형벌에 관하여」, §16). 베까리아는 사회계약이론의 형태를 빌려 사형이 개인주의적 국가관과 합치할 수 없음을 증명한다. 즉 생명은 결코 포기할 수 없는 법익이고, 자살은 비난받아야 마땅하며, 사회계약을 통해 사형에 동의하는 것은 자살과 마찬가지로 선량한 풍속에 반하고 무효이기 때문에 사형은 사회계약과 모순된다고 한다. 물론 이런 식의 논증은 범죄자가 **실제로** 사형을 의욕했을 때만 사형이 정당화된다고 생각하는 계약이론을 전제해야만 설득력이 있다. 이에 반해 범죄자가 의욕한 것으로 **생각할** 수 있는 경우, 즉 이성적 측면에서 볼 때 그렇게 의욕하지 않을 수 없고, 범죄자 자신의 진정한 이익에 비추어 볼 때도 당연히 그렇게 해야 하는 경우는 이미 사형이 정당화된다고 보는 합리적인 형태의 계약이론에서 출발하면 베까리아의 이 논증은 설득력이 없다. 더욱이 자신의 생명에 대한 처분을 그저 자신의 죽음에 대한 이익을 표현하는 한 가지 모습으로 인식하는 즉시 생명에 대한 처분 불가능성은 더 이상 논거가 되지 못하며, 따라서 사형의 정당성에 대한 물음은 범죄자가 사형에 동의하는 것이 **허용되었는가의** 규범적인 문제가 아니라 단지 범죄자가 사형에 동의**할 수 있었는가의** 사실적인 문제가 된다.

하지만 베까리아의 이론적 적대자인 **루소**도 베까리아와 똑같은 사고의 오류를 범한다. 루소는 국가계약에서 사형에 동의하는 것이 다음과 같은 이유에서 정당하다고 한다. 즉 이러한 동의가 어쩌다가 살인을 저지르는 예기치 않은 사례만을 염두에 두고 이루어지는 막연한 동의이기 때문이고, 따라서 사형에 대한 동의는 죽음에 대한 동의가 아니라 죽음과는 상당히 동떨어진 죽을 위험에 대한 동의일 뿐이며, 생명을 보존하기 위해 죽을 수도 있다는 위험에 복종하는 것은 선량한 풍속에 반하지 않기 때문이라고 한다. "살인자의 피해자가 되지 않기 위해 그 자신이 살인자가 될 경우는 죽게 된다고 동의하는 것이다. 이러한 계약은 자기 자신의 생명을 처분하는 것과는 아무런 상관이 없고, 단지 자신의 생명을 보호하기 위한 것이며, 계약당사자들이 처음부터 자신이 교수형을 당할 수도 있다고 추측해야 할 이유가 전혀 없다(「사회계약론」 II, 5)." 그 때문에 루소는 살인자의 막연한 동의를 이 살인자가 자신이 살인자가 되리라고는 전혀 예상하지 않았던 시점으로 소급시킴으로써 살인자가 자신의 죽음에 완벽하게 동의했다고 이론을 구성할 가능성을 얻게 된다. 루소가 이렇게 "언젠가 동의했었다"를 통해 국가계약을 시간적으로 고정된 사실, 즉 역사적 사실로 만들고, 이로써 「사회계약론」 서두에서 그렇게도 단호하게 거부했던, 계약이론에 대한 역사적 이해방식을 은근슬쩍 다시 활용하고 있다는 사실을 간파하지 못할 사람은 없을 것이다. 국가계약을 단순히 가상의 모습으로 파악하는 자는 국가계약을 시간을 초월한 것으로 생각해야 한다. 다시 말해 국가계약은 언젠가 체결되었던 계약이 아니라 순간순간마다 갱신할 수 있는 계약으로 생각해야 한다. 따라서 제대로 된 국가는 순간순간마다 국가의 모든 현상과 관련해 국가가 과연 전체 구성원의 계약을 통해 성립한 것으로 생각할 수 있는가라는 물음을 제기할 수 있도록 허용해야 하며, 따라서 살인자의 머리를 단두대의 구멍에 집어넣는 순간에도 이 물음을 제기할 수 있어야 한다. 다시 말해 이 순간에도 자신의 죽음에 대한 범죄자의 동의를 가정할 수 있다고 설명할 수 있을 때만 사형은 계약이론에서 정당성을 가질 수 있다.

칸트도 베까리아의 '궤변과 법의 왜곡'에 대항해[1] 사실상 루소와 비슷하게 이 의심스러운 논증을 펼친다. 즉 칸트는 그의 사고방식 특유의 방법을 동원해 루소가 시간적 관계로 여겼던 것을 선험적 관계로 파악한다. 그리하여 루소처럼 범죄자가 자신의 죽음에 언젠가 동의했었다는 사실이 아니라 이러한 동의의 필연성에 대해 범죄자의 이성이 내린 초시간적 판단을 앞세운다. 따라서 국가계약의 당사자는 현실적인 의지를 가진 경험적 개인이 아니라 — 우리는 앞에서 여러 번에 걸쳐 계약이론은 단지 이성적으로 볼 때 의욕하지 않을 수 없는 것을 의욕한 것으로 가정할 따름이라는 점을 강조했다 — 오히려 경험적 개

---

1 *Kant*, Metaphysik der Sitten(hrsg. von Vorländer), 1907, S. 163 이하.

인이 갖추어야 한다고 요구되는 이성이 곧 계약의 당사자인 셈이다. "내가 형법을 범죄자인 나에게 대항하는 것으로 파악한다면, 형법은 내 속에 있는, 법적으로 입법을 하는 순수한 이성(예지적 인간 homo noumenon)이고, 이 순수한 이성이 범죄를 저지를 수 있는 존재, 즉 다른 인격(현상적 인간 homo phaenomenon)으로서의 나를 다른 시민적 결합의 모든 사람과 마찬가지로 형법에 복종시킨다." 이렇게 해서 경험적 의지가 아니라 "범죄자의 이성에 대해 필연적으로 요구할 수 있는 범죄자 자신의 판단"이 사형이 집행되는 순간에도 사형에 필연적으로 동의하게 된다고 칸트는 생각한다.

하지만 설령 개인을 경험적 사실성이 아니라 이성의 구체화로 파악할지라도 개인이 사형에 동의한 것으로 생각할 수는 없다.[2] 아무리 궁핍한 형태에 불과할지라도 생명만은 남겨 놓는 형벌에 대해서는 그것이 범죄자 자신의 이성을 통해서든 아니면 자신을 처벌하는 것에 대한 범죄자 본인의 이익을 통해서든 원칙적으로 정당화가 가능하다. 즉 종신형도 처벌을 받는 자에게 그에 대한 처벌을 통해 또는 그의 처벌이 불러일으키는 타인에 대한 위하를 통해 보호되는 법익 몇 가지는 여전히 남겨 놓기 때문이다. 그러나 사형은 어떠한 경우도 범죄자 자신의 이익에 이바지하는 것으로 증명할 수 없다. 왜냐하면 사형은 이러한 이익의 주체를 말살하기 때문이다. 따라서 계약이론의 관점에서는 베까리아처럼 사형을 거부해야 마땅하다. 하지만 범죄자가 사형에 동의해서는 **안 되기** 때문이 아니라 사형에 대한 어떠한 이익도 없

---

2 아래의 서술에 대한 반론으로는 *Leonard Nelson*, Die Rechtswissenschaft ohne Recht, 1917, S. 135 이하 참고.

어서 이성적으로 볼 때 사형에 동의**할 수 없기** 때문에 사형을 거부해야 한다. 사형은 국가에 관한 모든 개인주의적 기본사상과 결코 합치할 수 없다. 슈타믈러(「정법론」, 208)는 이 기본사상을 다음과 같이 표현한다. "모든 법적 요구는 이 요구로 인해 의무를 부담하는 자가 여전히 자기 자신이 될 수 있다는 의미에서만 존립할 수 있다."[3]

그러나 계약이론은 너무 많은 것을 증명하는 것은 아닐까? 즉 계약이론은 이 이론의 논증을 통해 국가가 예컨대 전쟁이 발발한 경우 국민에게 목숨을 걸라고 요구할 수 있는 권리를 완전히 박탈해버리는 것은 아닐까? 전혀 그렇지 않다! 자신의 생명을 투입하는 것, 즉 자신의 생명이 위험에 빠지는 일은 위험에 빠지긴 하지만, 아마도 살아남게 될 사람 자신의 이익에도 얼마든지 부합한다고 증명할 수 있다. 국가는 전쟁에서조차도 생명의 희생, 즉 확실한 죽음을 요구하지 않는다. 이 경우에는 '자원자는 앞으로!'라고 말한다. 왜냐하면 하나의 이념을 위해 생명을 **자발적**으로 희생하는 것은 개인주의와도 모순되지 않으며, 생명을 헌신함으로써 생명의 가치를 실현하는 것을 뜻하기 때문이다. 물론 죄지은 자가 사형을 속죄로 받아들이는 경우는 생명의 헌신을 통한 생명가치의 충족이 사형을 통해 실현**될 수도** 있다. 그렇지만 이 경우에도 부과된 사형과 자발적으로 받아들인 속죄 사이의 개념적 차이는 여전히 존재한다.[4]

---

3 이와 유사한 증명방식으로는 *Friedrich Meß*, Nietzsche. Der Gesetzgeber, 1930, S. 70 이하 참고.

4 심리학적으로도 목숨을 거는 다른 모든 절망적인 방식에 비해 사형이라는 특수한 방식은 이로부터 도저히 벗어날 수 없다는 점에서 완전히 다른 성격을 갖는다는 사실은 *Boris Sapir*, Dostojewski und Tolstoi über Probleme des Rechts, 1932, S. 11에 제시된 도스토옙스키의 표현이 잘 보여주고 있다.

사형과 정당방위

사형을 반대하는 개인주의적 논증에 대한 다른 반론, 즉 비스마르크도 앞에서 언급한 연설에서 제기하는 반론인 '정당방위 상황에서 살인의 허용'을 끌어들이는 논거는 루소나 칸트의 반론보다 더 커다란 무게를 지니고 있다. 즉 관헌과 개인에게는 설령 반드시 살인의 의지를 갖고 있지 않은 공격자일지라도 예방을 목적으로 이 공격자를 살해하는 것이 허용되는데, 왜 체포한 살인자를 억압하기 위한 살해는 허용되지 않아야 하는가라고 반론을 제기한다.[5] 이미 베까리아도 이 반론을 상세히 다루었다. 즉 베까리아는 "타인이 범죄를 저지르지 못하도록 막기 위한 유일한 수단이 그를 살해하는 것밖에 없다면" 타인을 살해하는 것이 허용된다고 인정하면서, "노골적인 저항과 반란 또는 폭동을 일삼는 경우는 저항하는 반란자들을 살해함으로써 순간적으로 이를 억압할 수 있다"라고 생각한다. 하지만 베까리아는 이러한 살해는 '사실상의 선전포고'에 따른 결과로서 법과 사회계약이 아니라 단지 권력 — 물론 여기서 권력은 정의롭고 필요한 권력이다 — 에 기초한 것일 뿐이라고 말한다. 베까리아의 이와 같은 사고과정을 계약이론의 형태로 끝까지 생각해 보자. 정당방위 상황에서 사회계약은 사회계약의 체결을 통해 보호하고자 하는 법익을 더 이상 보호할 수 없다. 왜냐하면 사회계약을 통해 설립된 기관을 이 순간에는 이용할 수 없기 때문이다. 그 때문에 이 순간에는 자연상태가 발생하고, 이

---

5 *Cesare Beccaria*, Über Verbrechen und Strafe(hrsg. von Esselborn), 1905, S. 108, 각주 1, S. 192.

와 함께 자력구제권이 다시 권리가 된다. 하지만 이 권리는 법적 상태의 범위 내에 머물러 있어야 하고, 법질서의 승인하에 행사되어야 한다. 따라서 정당방위권은 공격을 받은 자에게 남아 있는 근원적인 인권이다. 이에 반해 사형의 권리는 단지 국가계약에 기초해 비로소 창설된 권리로 생각할 수 있는 권리이거나 또는 어쩌면 개인주의적 토대 위에서는 아예 생각할 수 **없는** 권리이다. 정당방위를 끌어들여 사형을 찬성하려는 논증은 특히 다음과 같은 또 다른 논거를 통해 반박할 수 있다. 즉 정당방위권은 공격을 방어하는 것에 지향되어 있고, 때로는 공격능력 자체의 말살을 통해 사실상 공격자의 죽음을 유발할 수도 있긴 하지만, 결코 공격자의 죽음 자체를 지향하지는 않으며, 따라서 정당방위권은 생명의 말살이 아니라 생명의 위협에 지향되어 있다. 정당방위로 인해 죽은 자와 사형을 통해 죽은 자의 관점에서 보면 이러한 개념적 차이는 상당히 현실적인 심리적 사실에서도 표현된다. 즉 전자는 최후의 순간까지 죽음에서 벗어날 가능성이 있다고 믿는 반면, 후자는 시간적으로 정확하게 정해진 죽음에서 도저히 벗어날 수 없다는 끔찍한 감정에 끝까지 고통받아야만 한다.

이상의 서술은 사형 자체의 문제보다는 사회계약이라는 사고형식이 개인주의적 법이론에서 어떠한 난점과 동시에 어떠한 생산성을 갖는지를 밝히려는 과제에 더 많은 의미를 부여했다. 사형에 반대하는 결정적인 논거는 법철학이 아니라 이보다 더 높고 더 깊은 차원에서 찾아야 할 것이다. 즉 사형의 허용에 반대하는 윤리적 및 종교적 논거들이나 사형의 필요성에 반대하는 통계적 및 심리학적 측면의 경험적 증거에서 찾는 것이 더 바람직하다.

> 용서의 방식은 강제를 모른다.
>
> 셰익스피어

§ 24. 사면

법제도로서의 사면

사면이라는 법제도는 모든 법은 의심스럽다는 사실, 즉 법이념 내부의 긴장관계 및 법이념과 윤리적, 종교적 이념과 같은 다른 이념들 사이의 갈등 가능성을 조금도 감추지 않고 인정한다는 뜻이다. 바로 그 때문에 자연법과 계몽의 시대처럼 별다른 문제를 느끼지 않았던 시대, 즉 이성이 혼자서 모든 것을 지배한다고 인정했던 시대는 사면권에 대항해 투쟁했다. 베까리아가 그랬고 칸트도 그의 뒤를 따랐다. 즉 칸트는 "주권자가 가진 모든 권리 가운데 가장 저열한 권리"가 사면권이라고 보았다.

법이념 내부의 긴장, 정의, 합목적성 그리고 법적 안정성의 서로 모순되는 요구, 법이념의 이 세 가지 측면의 상위에 있는 규범의 부재 및 이에 따라 이들 사이의 갈등에 관해 결정을 내릴 수 없다는 사정은 이미 앞에서(123면 이하) 서술했다. 사면의 의미는 서로 다투는 법이념의 세 요소 사이의 긴장관계를 판결을 통해 완화했던 것보다는 더 나은 방식으로 완화하고 또한 사면권자의 견해에 따라 완화한다는 것이다. 사면은 실정법에 비해 정의가, 정의의 도식적인 평등에 비해 개별화하는 합목적성이 관철되도록 하는 과제를 담당한다. 사면은 또한 세 가지 요소 각각의 내부에서 가능한 모순과 대립을 판결에서 이루어졌던 것과는 다르게 해결할 수 있다. 예컨대 오판의 확정력이라는 소송법 대신 실체법을, 정의 대신 형평을, 특수한 형사정책적 합목적성 대신 일반적인 정책적 합목적성, 즉 현명한 국가활동을 관철할 수 있다.

이렇게 이해하면 사면은 "사면 없는 법은 불법이다" 또는 "사면은 법에 앞선다"라는 독일의 법격언에서 말하는 의미에서 '정당한 법에 도달하기 위한 특수한 종류의 수단'[1]이 되는 법제도이다. 물론 이러한 견해에 대해서는 규범의 일반성, 즉 규범에 대한 수범자들의 평등이 곧 법의 개념에 속한다고 생각하면 우려를 표명하지 않을 수 없게 된다. 그 때문에 사면권을 행사하는 자는 자의가 아니라 일정한 지침에 따라 사면권을 행사하도록 노력한다. 이 점에서 사면도 그 토대가 되는 규칙의 보편타당성을 추구하고, 법의 역사에서는 사면권이 행사되었던 규칙으로부터 다시 새로운 법원칙이 탄생했다. 즉 '은총에 따른 심판'이라는 중세의 규칙이나 조건부 사면이라는 최근의 규칙으로부터 새로운 법원칙이 성립했다. 그렇지만 사면의 지침이 입법을 할 수 있을 정도로 충분한 형식을 취하게 되면, 엄격한 관점에서 볼 때 이미 사면권이라 할 수 없다. 정당한 법에 관한 그러한 규범은 입법이지, 결코 법률을 희생시켜 사면을 행사하는 것이 아니다. 이 점은 형평이 개별적 사례에서 벗어나 일반적 법명제로 수립되면, 더 이상 형평이 아니라 정의 자체가 되는 것과 같은 이치이다. 따라서 사면은 — 물론 보

---

1 *Stammler*, Die Lehre von dem richtigen Rechte, S. 131.

편타당성을 향한 의지를 갖고 있긴 하지만 — 개별사례에 관한 권리
이지, 새로운 법규범을 성립시키기 위한 권리가 아니다.[2] 물론 사면권
자에게 예컨대 사형판결에 대한 사면 여부를 결정하면서 사형에 대한
그의 일반적인 태도를 배제하라거나 낙태로 인한 처벌의 사면을 결정
하면서 낙태죄에 대한 그의 일반적인 태도를 배제하라고 요구하는 것
과 같이 사면권자에게 자신의 개인적 입장을 극복하라고 요구하는 것
은 과도한 요구이다.

법에 앞서는 사면(법보다는 은총이)

그렇지만 사면은 하나의 법제도라는 점에서 끝나지 않는다. 사면
의 성격을 더 좋은 법으로 규정하는 독일의 법격언과는 달리 사면(은
총)이 '법보다 더 좋은 것'이라고 부르면서 사면(은총)이 "법에 우선한
다"라고 말하는 법격언도 있다. 이 점에서 사면은 결코 법 내부의 긴
장을 조정하는 데 국한되지 않고, 오히려 이 세계가 결코 "하늘이 무
너져도 정의를 세우라!"라는 말에 따라 오로지 법의 세계인 것만은
아니고, 법 이외에 다른 가치도 존재하며, 법에 대항해 이러한 가치들
이 관철되도록 돕는 일도 필요하다는 사실을 인정한다는 뜻도 갖고
있다. 예컨대 나라에 기쁜 사건이 생기면 이것이 사면의 계기가 되는
경우는 사면은 더 이상 법의 가치에 근거하지 않는다. 이처럼 더 이상
법의 가치에 기초하지 않는 사면은 법공동체의 기관에 속하지 않았던

---

2 이런 의미에서 *Wolfgang Heimann, Die Begnadigung*, 1931, Heidelberg(박사학위논
문)는 사면의 이념을 '정당한 자의(여기서 '자의'는 슈타믈러가 말하는 의미의 자
의이다)'라고 부른다.

사람들이 사면을 행사할 수 있는 권한을 가졌던 경우, 예컨대 복음서에 나오는 바르바라의 사면에 관한 얘기에서 부활절 축제 때 예루살렘의 국민에게 주어졌던 사면권이나 중세에 해마다 종교단체와 수도원에 대해 특정 숫자의 죄인들을 석방하도록 청원할 권리를 부여한 것에서 가장 뚜렷하게 표현되었다.[3] 끝으로 우리는 고대에 우연 또는 우연 속에 깃들어 있다고 추측한 신의 의지가 사형의 집행에서 수행했던 역할을 상기해볼 필요가 있다. 즉 교수대의 밧줄이 끊어지거나 칼이 빗나가면 사형수를 석방했다. 이와 같은 과거의 제도를 (슈타믈러처럼) '그저 사회의 역사에서 등장하는 기이한 일'이나 단순한 '미신'으로 여겨서는 안 된다. 오히려 이러한 제도로부터 사면이 갖는 의미에 관한 본질적인 설명을 끄집어내야 마땅한 일이다.

이 시대에 사면은 우리 시대의 사면보다 훨씬 더 풍부하고 더 광범위한 개념이었다. **우리는** 사면마저도 법의 저울 위에서 그 양을 섬세하게 측정한다. 즉 사면은 원칙에 따라 행사되는 법적 선행善行이 되었고, 사면에 대해서도 정의가 지배하며, 선행에 대해서도 이성이 지배해야 한다고 생각한다. 그러나 자선慈善이 오래전부터 자연스럽게 흘러가는 충만한 감정이었지, 계산된 선행이 아니었듯이 사면 역시 어떠한 강제도 알지 못하고, 당연히 정의의 강제도 알지 못한다. 사면은 단순히 완화된 형태의 법이 아니라 법과는 아무런 관계도 없는 세계에서 법의 영역으로 밝은 빛을 비춰 법의 세계가 얼마나 차갑고 어두

---

3 사면 청원의 개혁을 주장하는 견해로는 *Friedrich Meß*, Nietzsche. Der Gesetzgeber, 1930, S. 28 참고. "자신의 생명을 바쳐 인류를 위해 놀라운 업적을 수행한 선구자에게는 유죄판결을 받은 자에 대한 사면을 청원할 수 있는 권리를 수여하는 것이 최상의 품격에 걸맞은 훈장이 아니겠는가?"

운지를 비로소 알게 해주는 광채이다. 기적이 물리적 세계의 법칙을 파괴하듯이 사면은 법률의 세계에서 법률을 벗어나는 기적이다. 사면을 통해 법과는 전혀 다른 가치영역, 즉 종교적 자비와 윤리적 용서라는 가치가 법의 세계 한가운데로 당당히 걸어 들어오게 된다. 심지어 사면을 통해 법의 전면적인 합리화 주장에 대항해 부드러운 우연이 자신의 주장을 관철하게 된다. 언젠가 니체가 세계에서 가장 오래된 귀족이라고 말했던 저 '우연적인 것'이 관철되는 셈이다.

따라서 사면은 예링의 표현에 따른 '법의 안전장치'에 그치는 것이 아니다. 오히려 사면은 세계 내에는 법보다 훨씬 더 깊은 심연에서 흘러나오고 법보다 훨씬 더 높은 곳을 향하고 있는 가치들이 존재한다는 사실의 상징이다.

> 자네 생각에는 선고된 판결이 아무런 힘도 갖지 못하고,
> 개인이 판결을 무효로 만들어버리고 판결의 집행을 가로막는 나라가
> 계속 존재할 것 같은가 아니면 소멸할 것 같은가?
>
> 소크라테스

§ 25. 소송

법관의 독립

(예링의 말에 따르면) 목적은 모든 법의 창조자이다. 하지만 법은 창조되자마자 자신의 창조자를 부정하고, 자신을 창조한 목적에서 벗어나 곧장 목적의 충족을 고려하지 않은 채 자신의 존재만을 위해 효력을 갖고자 하며, 자신 나름의 법칙에 따라 자기목적으로 살고자 한다. 그리하여 조심스럽게 국가의 목적활동에 대항해 법의 고유한 법칙성이 폐쇄성을 갖거나 행정에 대항해 사법이 폐쇄성을 갖게 된다. 바로 이것이 **법관의 독립**이라는 원칙이 지닌 의미이다.

이 원칙은 법질서와 국가질서가 일치하지 않고, 법이 고유한 법칙에 따르는 세계로서 국가와 대립한다는 것을 전제한다. 우리는 정의, 합목적성 및 법적 안정성을 법이념의 세 가지 측면으로 인식했다. 무엇보다 국가의 합목적성을 뜻하는 합목적성의 특성을 통해 법이념이 국가와 밀접한 관련을 맺는다면, 다른 두 가지 특성을 통해 법이념은 국가의 범위를 뛰어넘는다. 왜냐하면 정의는 국가목적을 고려하지 않은 채 수범자들에 대한 규범의 일반성과 평등을 요구하고, 법적 안정

성은 설령 실정법이 국가에 합목적성이 없을지라도 실정법의 효력을 요구하기 때문이다. 법의 내용은 주로 합목적성을 통해 규정될지라도, 무엇이 법적으로 옳은 것인지는 국가목적의 영향권 바깥 또는 그 위에 자리 잡고 있다.

물론 법은 국가목적의 영향에서 벗어난 독자적인 확정성을 갖는다는 측면에서도 다시 국가에 포함된다. 하지만 이처럼 법이 국가에 포함되는 것은 예컨대 학문과 예술과 같은 다른 문화가치들이 국가과제로 격상되는 것과 마찬가지이다. 다시 말해 법이 국가에 포함된다고 할지라도 법은 합목적성의 고려로부터 영향을 받지 않고 법 나름의 법칙성을 갖게 된다. 물론 법은 국가에 대해 목적을 위한 수단일 따름이지만, 이는 학문이 국가에 대해 수단일 따름인 것과 같은 이치이다. 다시 말해 국가는 법과 학문에 봉사함으로써, 법과 학문이 국가에 봉사할 수 있도록 만든다. 진리에 해당하는 내용은 정의에도 해당하는 내용이다. 즉 (프래그머티즘이 생각하듯이) 합목적적인 것이 진리인 것은 아니지만, 진리가 어떤 목적을 고려하지 않고 발현될 수 있을 때 진리는 극히 합목적적이게 된다. 따라서 국가에 의한 학문의 관리와 국가로부터의 학문의 자유는 동시에 타당성을 갖는다. 사법부의 판결이 아무런 이유도 없이 '인식(Erkenntnisse)'으로 불리는 것이 아니듯이 법관의 독립은 실천적 법학의 영역에 적용된 학문의 자유인 셈이다.

법과 목적 사이의 관계에 관한 앞의 서술, 즉 목적으로부터 법이 탄생하지만, 법의 효력은 목적에서 벗어난다는 사실은 **실체법과 절차법**의 관계에서도 반복된다. 소송법은 실체법의 실현을 돕는다는 목적에 봉사해야 하지만, 소송법은 무조건 그 자체로 효력을 갖는다. 다시 말해 소송법이 법의 실현이라는 목적에 이바지하지 못하고, 심지어 법의 실현에 장애가 되는 경우일지라도 그 자체로 효력을 갖는다. 다른 모든 규범영역에서는 절대적 명령(kategorisches Imperativ)에 대해 이 절대적 명령의 충족을 위해 요구되고, 실제로 이 절대적 명령의 목적에 이바지할 때만 효력을 갖는 명령을 조건적 명령(hypothetisches Imperativ)으로 대비시킨다. 오로지 법만이 절대적 명령만을 알고 있을 뿐이며, 따라서 실체법에 봉사하는 절차규범도 조건적 명령이 아니라 절대적 명령으로서의 성격을 갖는다. 즉 법의 명령에는 높낮이가 있을 수 없다. 입법자는 명령하는 목소리를 올리거나 낮추지 않으며, 입법자가 요구하는 것은 모두 똑같은 절대적 구속의지를 갖고 요구한다.

소송법적 관계

이렇게 소송법의 효력이 실체법의 실현을 위한 합목적성으로부터 독립성을 갖고 있다는 사실은 **소송법적 관계**(Prozeßrechtsverhältnis)와 실체법적 관계(materielles Rechtsverhältnis) ― 소송법은 원래 이 실체법적 관계를 확인하는 데 이바지해야 한다 ― 사이의 엄격한 구별을 통해 도그마틱적으로 표현되어 있고, 이러한 토대 위에서 다양한 실제적 결과를 불러일으킨다. 이러한 결과들 가운데 가장 눈에 띄는 것은 다음과 같은 잘 알려진 논쟁에 관한 결정이다. 즉 피고인의 유죄사실을 개인적으로 잘 알고 있는 변호인이 과연 피고인의 무죄를 주장하는 변론을 할 권한이 있는가를 둘러싼 논쟁이다. 유죄인 자는 처벌해야 한다는 원칙과는 별도로 유죄로 밝혀진 자만이 유죄판결을 받아야 한다는 원칙도 존재한다. 따라서 유죄이긴 하지만 유죄로 밝혀지지 않은 자에 대한 무죄선고를 주장하는 변호사는 여전히 법의 관리자로 남아 있고, 비록 실체법의 관리자는 아니지만, 소송법의 관리자이다. 이처럼 실체법의 과제에 반하는 경우일지라도 소송법의 효력을 정당화하는 데 적합한 가치이념이 곧 법적 안정성이다.

확정력

더욱이 법과 법의 목적, 실체법과 절차법 사이에 이미 존재하는 긴장관계가 소송법 내부에서 판결의 **확정력**(Rechtskraft)을 통해 더 강력한 모습으로 등장한다. 즉 법이 법을 창조한 목적을 충족하는지에 관계없이 효력을 갖고, 소송법이 원래 봉사하도록 규정되어 있는 실체법을 고려하지 않고 효력을 갖듯이, 실체법적 상태를 확인하고 절차의 정확성을 준수한 판결은 이 판결이 실체법에 모순되거나 소송의 측면에서 부정당하게 성립했는지를 전혀 고려하지 않고 확정력을 발휘한다.

부정당한 판결의 확정력까지도 정당화할 수 있는 유일한 법이념은 다시 법적 안정성이다. 하지만 판결의 확정력과 관련해서는 우리가 법률의 법효력의 측면에서 이미 알게 되었던 문제가 발생한다. 즉 우리는 앞에서 오로지 법적 안정성만이 부정당한 법의 법효력을 지탱할 수 있지만, 법내용의 부정당성, 즉 부정의와 반합목적성이 지나칠 정도로 강한 나머지 일단 제정된 법의 효력을 통해 보장되는 법적 안정성이라는 가치마저도 더 이상 비중을 갖지 못하게 되는 경우를 얼마 든지 생각할 수 있다는 점은 이미 살펴보았다. 이처럼 제정된 법이 부 정당성으로 말미암아 효력을 갖지 못하는 경우는 특정한 실체법적 또 는 절차법적 오류로 말미암아 확정판결이 **절대적으로 무효**가 될 수 있 다는 사고와 거의 일치한다. 다만 후자의 경우에는 단순히 판결의 내 용적 부정당성과 반합목적성이 판결의 효력에 저항하는 것이 아니라 법적 안정성 내부에서 갈등이 발생한다는 점에서 차이가 있을 뿐이 다. 즉 법적 안정성에 따라 요구되는 판결의 확정력에 대해 역시 법적 안정성이라는 똑같은 사고로부터 출발하는, 실체법과 절차법의 실현 이라는 요구가 대항하고 있다.

이처럼 소송법은 왜 모든 법이 의문의 대상인지를 특히 강렬하게 보여주고 있다. 즉 법의 영역에서는 수단이 자기목적이 되어버리는 경향이 있다. 이 측면에서 법이념의 수단인 법, 실체법의 수단인 소송 법 그리고 실체법과 절차법의 수단인 확정력은 모두 자기목적이 되려 는 경향이 있다는 공통점을 갖고 있다.

전하! 국가의 효용이 전하께는 정의로
여겨지지 않도록 삼가고 삼가소서!

실러

§ 26. 법치국가

법이 우선인가 국가가 우선인가?

국가를 국가의 법에 구속하는 것이 어떻게 가능하고, 개인의 권리
를 국가에 대항해 관철하는 것이 어떻게 가능하며, 국가와 행정을 구
속하는 국가법과 행정법 — 당연히 국가불법과 행정불법 역시 — 이
어떻게 가능하고 법치국가가 어떻게 가능한 것일까? 이 문제는 오래
전부터 법이 국가에 '앞서는가?' 아니면 국가가 법에 '앞서는가?'라는
물음, 즉 국가 명령권의 범위와 한계가 법에 힘입은 것인가 아니면 거
꾸로 법의 효력이 국가의지를 통해 규정되고 제약되는 것인가라는 물
음의 형태로 제기되곤 한다.[1]

이 물음에 대해 가능한 두 가지 대답은 커다란 난관에 봉착하게 되
는 것 같다. 즉 국가가 법에 앞선다는 견해는 국가가 단순히 법의 원천
인 것이 아니라, 그 자체 법이 만든 구성물이고, 국가라는 법적 존재가
궁극적으로는 국가법의 산물이라는 사실에 배치된다. 이와는 반대로

---

[1] 이 문제에 관해서는 *Georg Jellinek*, Allgemeine Staatslehre, 3. Aufl. 1921, S. 364 이하
참고.

국가 이전의 법과 국가의 상위에 있는 법이라는 가정은 자연법론의 반복이거나 국가법을 관습법에 고착시키려는 것에 불과하다는 반론을 받게 되고, 더욱이 국가법의 근본적 물음들은 평화로운 법적 관습을 통해서가 아니라 법적 견해들 사이의 투쟁 속에서 결정되어야 하고, 승인된 국가권력의 의지적 결단만이 이 투쟁을 종식할 수 있다는 반론도 받게 된다.

동일성 이론

국가와 법의 동일성에 관한 이론(한스 켈젠Hans Kelsen)은 이 딜레마로부터 빠져나올 수 있는 길을 찾을 수 있다고 약속한다. 이 이론은 국가의 우위 또는 법의 우위에 대해 아예 묻지 않는다. 양자는 같은 것이기 때문이다. 법률가에게 국가는 단지 국가가 법률을 통해 표현되는 한에서만 존재할 뿐이고, 사회적 권력이나 역사적 구성물로 존재하는 것이 아니라 국가 법률의 창조자 또는 법률의 총체로서만 존재할 따름이다. '입법'이라는 단어가 이미 이 표현으로 끝나는 모든 단어가 그렇듯이 하나의 과정과 이 과정의 산물을 동시에 지칭한다. 즉 입법은 의지를 표현하는 활동이자 동시에 이 의지 활동의 결과이다. 우리가 특정한 의지의 내용을 입법으로 본다면, 입법은 우리에게 법으로 나타나고, 입법을 특정한 내용의 의지 활동으로 본다면 입법은 국가로 인격화된다. 다시 말해 질서를 형성하는 질서로서의 입법은 국가이고, 질서로 형성된 질서로서의 입법은 법이다. 따라서 국가와 법의 관계는 유기체 활동과 유기조직의 상태 사이의 관계와 유사하다. 그리하여 국가는 규범화하는 활동으로서의 법이고, 법은 규범화된 상태로서의 국가이다. 따라서 양자를 구별할 수는 있지만, 분리할 수는 없다.

국가와 법을 동일시하는 이러한 견해에 따른다면 국가는 언제나 법적으로 타당하며, 불법을 행하는 국가는 더 이상 국가가 아니다. 다시 말해 법을 통한 국가의 구속이라는 문제가 해결되는 것이 아니라 아예 사라져버린다. 왜냐하면 국가가 언제나 법적으로 타당하다는 확인은 결코 경찰국가를 옹호하려는 신념이라 할 수 없고 동시에 불법을 행하는 국가는 국가가 아니라는 주장은 법치국가를 옹호하려는 신념이라 할 수도 없기 때문이다. 따라서 이러한 확인과 주장에서는 **모든** 국가가 곧 법치국가라는 의미 이외의 다른 어떤 의미도 찾아볼 수 없다.[2] 이 점에서 법과 국가의 동일성에 관한 이론은 순전히 개념적-분석적 의미만을 가질 뿐, 결코 법철학적-정치적 내용을 갖고 있지 않다.

실제로 동일성 이론은 법 또는 국가의 우위라는 문제가 잘못 제기된 문제라는 것을 증명하는 데 성공한 것일까? 순수한 법학적 고찰방식에서는 법과 국가의 동일성은 반박할 여지가 없을 정도로 타당성을 갖는다. 법학적 고찰방식에서 국가는 실제로 국가법을 통해 자신의 모습을 드러내는 구성물이기 때문이다. 하지만 국가에 관한 이러한 법적 개념 이외에도 국가에 관한 현실개념도 존재한다. 물론 이러한 역사적-사회학적 현실개념도 국가에 관한 법적 개념이 없이는 수행될 수 없고, 따라서 이러한 개념 역시 **법적** 현실개념으로서 가치와 관련된 현실이라는 개념과 똑같은 구조를 갖는다. 즉 법적 현실로서의

---

2 이에 관해서는 *Kelsen*, Allgemeine Staatslehre, 1925, S. 91, 100 참고.

국가는 법, 특히 국가법이 실현되기 위한 실질적 기반이다. 그렇지만 법과 국가법을 법의 실현이라는 관점에서 고찰해보면, 다시 말해 현실개념으로서의 국가를 국가의 법적 규율과 비교해보면 국가라는 실질적 기반 위에서 법과 국가법이 반드시 실현되는 것은 아니며 또한 반드시 실현될 필요도 없다. 따라서 국가에 관한 법적 개념은 국가에 관한 현실적 개념과 예컨대 다음과 같은 관계를 맺는다. 즉 "지배권의 담당자는 형식적인 권리주체(법주체)로부터 법을 강제할 권한을 가진 일련의 공직자로 변화하고, 지배권 자체는 공직자의 명령이 정당하다고 여겨지고 사실상으로 준수될 개연성으로 변화한다."[3] 물론 이렇게 구별되는 두 개념 — 법적 개념으로서의 국가와 현실적 개념으로서의 국가 — 에 대해 똑같이 '국가'라는 명칭을 붙일 수는 없다고 반박한다면, 이러한 반박에 대해서는 다음과 같은 점을 지적할 수 있을 것이다. 즉 이 경우에만 규범과 규범의 기반을 하나의 단어로 지칭하는 것이 아니라 예컨대 '예술'이라는 개념도 비예술적인 것을 예술의 영역으로부터 배제하기 위한 이상적 개념이자 기준이 되는 개념이면서 동시에 한 시대의 모든 예술 활동, 즉 예술적인 것과 상투적인 것을 모두 포괄하는 현실개념이다. 그리고 '학문'도 한편으로는 실패한 인식을 비학문적인 것으로 판단하게 해주는, 인식활동의 진리 기준이 되는 개념이면서 동시에 다른 한편으로는 학문적 진리와 학문적 착오 모두를 가치중립적으로 포괄하는 역사적 문화개념이기도 하다. 이밖에 문화개념 자체도 역사적-사회적 문화 사실에 관한 이상이자 동시에 이

---

3 이에 관해서는 막스 베버를 원용하고 있는 *Hermann Kantorowicz, Staatsauffassungen. Eine Skizze*, in: Jahrbuch für Soziologie, Bd. 1, 1925, S. 108 참고.

러한 문화 사실 자체의 총체로 이해할 수 있다.

물론 국가에 관한 법적 개념과 현실적 개념의 구별은 앞에서 설명한 것 이외에도 국가에 관한 다른 법적 개념이 존재하고, 이 개념은 다시 국가에 관한 현실적 개념과 밀접한 관련을 맺는다는 사실로 말미암아 한층 더 복잡해진다. 우리는 앞에서(198면 이하) 두 가지 종류의 법개념을 구별한 적이 있다. 즉 법규범의 내용이 집약된 진정한 법개념과 법규범 자체에, 특히 구성요건에 구성부분으로 포함된, 법적으로 중요한 법개념으로 구별했다. 양자의 차이는 예컨대 하나의 법제도의 총체로서의 '소유권' 개념을 이 개념의 모든 법적 요건과 법적 결과(법률효과)와 비교해보거나 법을 창설하는 사실적 특성으로서의 '계약'이라는 개념을 이 개념의 모든 법적 요건과 법적 결과와 비교해보면 분명하게 드러난다. 앞에서 서술한 국가에 관한 법개념은 이러한 표현방식을 기준으로 삼으면 진정한 법개념, 즉 주체로서의 국가에 반영된 법질서의 내용 또는 국가법의 내용이다. 예컨대 인격화된 바이마르공화국 헌법으로서의 독일제국이 이러한 법개념에 해당한다. 그렇지만 독일제국은 수많은 지점에서 바이마르공화국 헌법의 법명제를 통해 권한을 가진 국가 또는 의무를 부담하는 국가로 등장하고, 따라서 국가는 '법적 본질에 관한 개념'일 뿐만 아니라 '법적 내용에 관한 개념'이기도 하다.[4] 이처럼 국가를 법적 내용에 비추어 포착하는 개념은 법적으로 중요한 개념의 범주에 속한다. 하지만 법적으로 중요한 개념은 법질서와 관련이 있는 법 바깥의 현실에 관한 개념이고, 법질서는 이러한 현실을 일정한 관계에 비추어 더 명확하게 만

---

4 이에 관해서는 *Kelsen*, Allgemeine Staatslehre, 1925, S. 275 참고.

들거나 변형하기도 하지만, 기본적으로는 사실적인 삶으로부터 수용하게 된다. 따라서 법적 내용에 비추어 포착된 국가의 법적 내용에 관한 개념은 궁극적으로 국가를 현실 속의 사실로 여기며, 그 때문에 국가에 관한 현실개념이 법적으로 중요한 개념으로서 법의 세계에 발을 들여놓게 된다.

법 또는 국가의 우위에 대한 물음은 한편으로는 법이라는 규범적 개념과, 다른 한편으로는 국가라는 현실적 개념과 관련을 맺는다. 이두 가지 개념 사이에는 어떠한 동일성도 없으며, 오히려 극단적 긴장이 존재한다. 이 긴장은 규범과 현실 사이에 존재하는 통상의 긴장이지만, 이 경우에는 긴장이 더욱 고조된다. '법'이라는 규범은 '국가'라는 현실에서는 어쩌면 부적절한 규범이다. 왜냐하면 법의 **이념**은 국가의 이념과 일치하지 않고, 법은 국가목적 이외에도 구체적인 국가목적과 충돌하는 이념, 즉 법적 안정성이라는 이념과 국가와는 무관한 이념, 즉 정의라는 이념에도 봉사할 수 있기 때문이다. 물론 국가는 사후적으로 정의와 법적 안정성까지 자신의 목적으로 수용할 수 있고, 이를 위해 국가의 절대성(국가이성 Staatsraison)을 일부분 희생시킬 수도 있으며, 이에 따라 국가와는 근본적으로 다른 법을 국가를 평가하는 기준으로 삼아 양자 사이의 긴장을 약간은 완화할 수도 있다.

자기구속 이론

우리는 법이 우위인지 아니면 국가가 우위인지의 물음이 무의미하다고 밝히려는 (켈젠의) 시도가 성공하지 못한다는 사실 때문에 다시 한번 이 물음에 봉착하게 된다. 국가의 우위를 국가에 대해 법이 갖는 구속력과 결합하려는 시도 가운데 하나는 국가가 자신의 법에 스스로 구속당한다는 이론(게오르그 옐리네크)이다. 우리는 계약이론을 비판하면서 이미 이른바 법적 자기구속이 실제로는 자율이 아니라 타율이고 또한 의지가 자기 자신을 구속하는 것이 아니라 오늘의 의지가 어제의 의지에, 경험적 의지가 이상적으로 여겨지는 주체의 의지에 구속되는 것이라는 점을 살펴보았다. 이와 마찬가지로 이른바 법에 대한 국가의 자기구속도 구속하는 주체와 구속된 주체는 서로 다르다. 즉 구속된 주체는 법적 현실로서의 국가이고, 구속하는 주체는 국가법의 총체로서의 국가이며, 전자가 법 또는 국가의 우위에 관한 물음에서 유일하게 고찰의 대상이 되는 의미의 국가, 다시 말해 현실개념에 따른 국가라면, 후자는 법질서 자체이다. 바로 그 때문에 우리는 도대체 국가를 벗어난 어떤 규범이 국가를 국가의 법에 구속하는가라는 전혀 단순하지 않은 물음에 봉착하게 된다. '사실적인 것의 규범성' 이론, 즉 궁극적으로는 특정한 시대의 관점에 따라 국가 스스로 국가 자신의 추상적 의지표현을 통해 자기 자신을 구속하는지 여부가 중요하다는 게오르그 옐리네크의 설명은 문제에 대한 대답이 아니라 문제를 없애버리는 일이다. '사실적인 것의 규범성'은 역설이다. 왜냐하면 존재 자체로부터는 어떠한 경우도 결코 당위가 발생할 수 없으며, 특정한 시대의 견해와 같은 사실은 이 사실에 대해 어떤 규범이 규범성을 부여할 때만 비로소 규범적일 수 있기 때문이다.

문제의 해결

따라서 법의 우위 또는 국가의 우위에 관한 물음을 다루기 위해서는 실정법과 국가를 벗어나지 않을 수 없다. 그렇다고 해서 사실의 세계를 향해 실정법과 국가를 벗어나는 것이 아니라 더 이상 국가의 법이 아니고 실정법도 아니며, 따라서 자연법적일 수밖에 없는 규범의 세계를 향해 벗어나야 한다. 실제로 ― 앞에서(144면 이하) 이미 밝혔듯이 ― 철저하게 사고된 국가실증주의와 법실증주의는 "한 공동체에 최고 권력자가 존재한다면 그가 명령한 것에 복종해야 한다"라는 하나의 자연법적 법명제를 전제한다. 우리는 법의 효력에 관해 고찰하면서 오로지 권력자만이 법적 견해를 둘러싼 다툼에 대해 권위적으로 결정을 내릴 수 있고, 자신의 결정을 관철할 수 있으며, 오로지 권력자만이 법적 안정성을 보장할 수 있다는 점에서 권력자의 명령이 정당화된다는 사실을 알게 되었다. 이를 통해 보장되는 법적 안정성이 국가권력이 법을 창조할 수 있는 권리의 토대라면, 법적 안정성은 다시 국가권력의 한계가 되기도 한다. 즉 국가가 입법권을 갖는 이유는 오로지 법률의 안정적 효력을 위해서일 뿐이다. 따라서 국가 스스로 이와 같은 법률의 구속으로부터 벗어날 수 있게 되면 안정성은 훼손된다. 이 점에서 국가가 입법을 담당하도록 만드는 근거가 되는 법적 안정성이라는 사고 자체가 이미 국가 역시 법률에 구속될 것을 요구한다. 즉 국가는 자신이 제정하는 법률을 통해 자신도 이 법률에 구속된다고 여긴다는 조건에서만 입법을 담당하는 주체가 될 수 있다. 그 때문에 권력자의 법제정권에 관한 자연법적 명제는 이 권력자가 자신의 법률에 구속된다는 또 다른 자연법적 명제와 필연적으로 결합한다. 즉 권력자 스스로 자신이 제정한 법률에서 벗어나는 즉시 권력자는 더 이상 법을 제정할 권한을 갖지 않는다. 국가권력의 장악과 동시에 법치국가에 대한 의무를 받아들이는 것은 필연적이고 또한 도저히 거부할 수 없는 일이다. 따라서 국가는 초실정적인 자연법, 즉 실정법의 효력의 유일한 근거가 될 수 있는 자연법적 명제 자체를 통해 이미 자신의 실정법에 구속당하게 된다.

형식적 법치국가의 가치

이처럼 단순히 국가 스스로 제정한 실정법에 국가가 구속된다는 최소한의 정도의 구속은 법치국가 사상을 실증주의적으로 해체해 버린 것이라고 비판하면서, 근원적 형태의 법치국가 사상은 국가 이전의 인권과 국가를 초월한 자연법에 대한 구속을 의미한다고 지적하고 법사상이 다시 특정한 법의 **이념**의 적용이어야 하지, 단순히 법의 **개념**을 개인과 국가 사이의 관계에 적용하는 것을 뜻해서는 안 된다고 주장하는 목소리가 있다.[5] 그러나 법치국가를 구성하기 위해 단순히 법의 개념을 적용하기만 하는 일을 과소평가해서는 안 된다. 왜냐하면 오로지 정의롭다는 의미를 지닌 것만이 법이기 때문이다. 정의는 동시에 평등을 전제하게 된다. 따라서 개별적 인간 또는 개별적 사례에 대해서만 효력을 갖고자 하는 국가명령은 법이 아니라 자의일 따름이

---

5 *Friedrich Darmstaedter*, Die Grenzen der Wirksamkeit des Rechtsstaats. Eine Untersuchung zur gegenwärtigen Krise des liberalen Staatsgedankens, 1930.

다. 이러한 사고는 사실상으로는 자의와 이해관계에 불과한 것일지라도 최소한 법의 외양을 갖추도록 강제할 정도로 정치 현실에서 충분한 힘을 발휘한다. 이것만으로도 이미 어느 정도 의미가 있다는 점은 앞에서(45면 이하) 분명히 설명했다. 즉 부르주아들이 자신들의 계급적 이해관계에 기초해 자유를 요구하면서 이 요구에 대해 법의 형식을 입혀놓았기 때문에 이러한 자유는 필연적으로 노동자계급에도 유리했고, 심지어 부르주아의 이익에 대항하는 단결의 자유를 주장할 수 있었다는 사실은 앞에서 이미 밝혔다. 더 나아가 국가의 자의적 명령도 그것이 법의 형식을 취하게 되면 사법기관에 의해서는 평등원칙에 따르는 법명제로 해석될 것이다. 법률과 관련된 작업을 능숙하게 다루는 것을 자신들의 직업적 명예로 삼는 '법률 전문가(Rechtshono-ratioren; 막스 베버)' 신분에 의해 수행되는 해석은 법으로부터 이해관계의 뿌리를 제거하고, 심지어 법의 뿌리에 해당하는 이해관계에 대항해 법을 관철하는 법형식의 고유한 법칙성이 전개되기 위한 수레바퀴의 역할을 한다. 법형식이 갖는 이러한 고유한 법칙성 때문에 억압받는 계급 역시 지배계급이 정립한 법이 실현되는 것에 이해관계를 가질 수 있다. 그 때문에 억압받는 계급은 법을 둘러싼 수많은 투쟁 속에서 지배계급이 그들에게 옭아맨 법질서의 수호자가 되기도 한다. 왜냐하면 이 법이 **계급**의 법이긴 하지만, 여전히 계급**법**이기 때문이며, 법이 지배계급의 이익을 노골적으로 드러내는 것이 아니라 법의 옷을 입혀놓고 있기 때문이며, 법의 내용이 무엇을 원하든지 관계없이 법형식은 언제나 억압당하는 자에게 이바지하기 때문이다.

진정한 법률가는 나쁜 크리스천이라고 말하듯이
법률가들은 그리스도의 적인 경우가 많다.

루터

§ 27. 교회법

교회법의 철학은 단지 법의 종교철학의 한 단면일 뿐이고, 교회와
교회법이라는 문제는 종교와 법이라는 문제의 한 부분일 따름이다.
가톨릭에서는 교회법이 신에게서 온 것이라고 말하는데, 그렇다면 모
든 법은 어떤 식으로든 신으로부터 유래한 것이어야 한다. 이에 반해
루터는 법을 완전히 세속적으로 설명했고, 그 때문에 교회법의 성격
도 세속적인 법으로 규정했다. 다시 말해 교회법은 신이 없는 법이다.
그리고 레오 톨스토이처럼 모든 법이 종교와 모순된다고 생각해야 하
고 모든 법은 신을 거역하는 법으로 보지 않고서는 루돌프 조옴Rudolf
Sohm처럼 교회법이 교회의 본질에 모순된다고 주장할 수 없다.

가톨릭주의

가톨릭주의에서는 종교적 의미의 교회와 법적 의미의 교회가 하나
이고, 교회법은 교리와 똑같이 종교적 의미를 지닌다. 교회와 교회법
은 이를 설립한 신에게는 목적과 수단의 관계에 있을지 모르지만, 인
간에게 교회법과 교리는 단순히 조건적 구속력이 아니라 절대적 구속

력을 갖는다. 이는 곧 법적 의미의 교회가 단순히 종교적 삶이라는 목
적을 위한 수단이 아니라 그 자체 자기목적이라는 뜻이다. 그리하여
신의 설립으로부터 곧바로 교회는 고유의 가치를 갖는다는 결론을 도
출한다. 즉 교회의 가치는 신도들의 종교적 삶에 이바지한다는 데서
끝나는 것이 아니라 신도들을 구원하기 위한 모든 작용과는 별개로
그 자체로서 가치를 갖는다. 이 점에서 교회는 개인주의적 이익사회
의 형상이 아니고, 초개인주의적 단체인격은 더더욱 아니며, 오히려
초인격적 작품공동체이다. 다시 말해 단체가 아니라 영조물(Anstalt)
이다. 그리하여 사제가 미사를 집전하는 것은 반드시 미사에 참석해
야 할 필요가 없는 신도들을 위한 것이 아니고, 사제 자신을 위한 것도
아니다. 왜냐하면 미사의 기적은 행위하는 자에 의해서가 아니라 행
위하는 자의 행위 자체를 통해서만 수행되고, 따라서 빵과 포도주가
예수의 몸과 피로 변화하는 것 자체만을 위한 것이기 때문이다. 그러
므로 가톨릭 사제는 교회의 초인격적 사명을 표현하는 의미형상이다.
교회의 초인격적 사명은 교회의 조직과 관련해서도 결정적인 의미가
있다. 즉 교회는 아래로부터가 아니라, 다시 말해 구원이라는 재화로
부터 이득을 얻는 자들에 의해서가 아니라 위로부터, 다시 말해 구원
을 수행하는 종교적 힘을 가진 자들에 의해 위계적인 지배 구조를 갖
게 된다. 법적 교회가 신에 기원한다는 것은 국가 및 국가법과 교회의
관계도 규정한다. 즉 모든 법은 교회법의 신적 성격을 나누어 갖고 있
다. 법적 교회의 토대가 되는, 신이 계시한 법 이외에도 신이 인간에게
심어준 자연법이 존재하고, 국가는 이 자연법을 실현할 의무가 있다.
그리고 교회의 법과 국가의 법은 국가의 법이 교회의 법의 규정을 충

실히 따르는 이상 신이라는 같은 원천으로부터 흘러나온 것이고, 따라서 서로 모순되지 않는다. 하지만 국가의 법이 신적인 기원에서 벗어나는 경우는 신법이 절대적으로 우선하게 된다. 이렇게 해서 계시된 신법이라는 지배적 중심으로부터 하나의 통일된 법의 세계가 놀라울 정도로 거대한 폐쇄성을 갖고 펼쳐지게 된다.

가톨릭 체제의 출발점이 되는, 영적 교회와 법적 교회의 동일시가 안고 있는 위험을 귄터 홀스타인Günther Holstein은 예리하게 표현하고 있다. "말씀과 성령을 법과 사제직을 통해 보장하고자 하고, 그 때문에 법, 사제직, 성령이 언제나 함께 결합해 있다고 믿게 되면, 실제로는 법과 사제직이 성령과 말씀의 위에 있게 되고, 궁극적으로 — 이는 피할 수 없는 결과이다 — 말씀과 성령이 사제직의 종류와 수행을 결정하는 것이 아니라 사제직의 권위와 법의 권위가 이 권위에 기초한 결정을 통해 말씀의 종류와 내용을 규정하게 된다."[1] 도스토옙스키가 재림한 그리스도를 심판하는 대규문관(Großinqusitor)에 대한 탁월한 묘사를 통해 가톨릭교회의 현실을 지적한 것 역시 기본적으로 이와 같은 위험이다. 루돌프 조옴도 바로 이 지점에서 교회와 교회법의 모순에 관한 이론을 제기한다. 즉 믿음과 사랑, 다시 말해 내면성과 자발성에 기초해야 할 교회의 본질과 법적 형식주의 및 법적 강제는 결코 합치할 수 없다는 것이다. 법적 형식주의는 성령에 관해 결정을 내릴 수 없으며, 법적 강제는 기독교적 삶을 강제할 수 없다는 것이다. 하지만 실제로는 법적인 것과 종교적인 것 사이의 긴장은 단순히 법적 형식주의와 법적 강제에 기인하는 것이 아니라 법적 사고방식의 근본적

---

[1] *Günther Holstein*, Die Grundlagen des evangelischen Kirchenrechts, 1928, S. 220.

성격에 기인한 것이며, 이러한 성격에 비추어보면 법적 형식주의와 법적 강제는 오로지 외적 징후가 되는 의미, 즉 '외면성'만을 중시할 수 있을 따름이다. 법적 사고방식이란 외적 행태를 본질적인 것으로 여기고, 이 외적 행태의 연원인 심정은 부차적인 것으로 여긴다. 따라서 법적 사고방식은 법에 부합하는 외적 행태만으로 만족할 뿐, 이에 상응하는 심정을 요구하지 않으며, 법적 의무의 이행을 단지 타인 및 외부에서 제정된 법의 요구를 충족하는 것으로 파악할 뿐이다. 이에 반해 종교적 고찰에서는 심정, 믿음, 사랑이 무엇보다 중요하고, 이는 타인의 요구와 명령의 압박으로 강제될 수 있는 것이 아니라 영혼으로부터 자유롭게 흘러넘치는 것이다. 이밖에도 법에서는 의무와 권리가 서로 대립할 뿐만 아니라 쌍방적 계약관계에서처럼 한 사람의 권리와 다른 사람의 권리가 대립하기도 한다. 이것이 바로 두 개의 이기주의의 조정이라고 성격을 규정하지 않을 수 없는 평균적 정의의 본질이다. 즉 평균적 정의는 "네가 주면 나도 준다"라는 원칙에 따라 자신에게 이익이 되는 경우에만 타인의 이익에 부응한다는 것을 뜻한다. 따라서 이러한 관계는 사랑에 기초한 관계와는 정반대에 해당한다. 법 및 믿음과 사랑 사이의 이러한 모순을 일관되게 사고해보면 루돌프 조옴처럼 교회와 교회법 사이의 대립을 전제하는 것에서 그치는 것이 아니라 레오 톨스토이처럼 종교와 법 사이의 대립까지 전제하지 않을 수 없다. 왜냐하면 기독교적 사랑의 윤리가 요구하는 것은 교회 내부의 삶에만 적용되는 것이 아니라 세속의 삶에도 적용되며, 이 세속의 삶의 모든 곳에서 법과 충돌을 겪기 때문이다. 다시 말해 단순히 교회법만이 아니라 모든 법은 신에 반한다.

루돌프 조옴

가톨릭의 견해에 따르면 신이 교회와 세계에 이들의 법을 지시했다고 하고, 루돌프 조옴과 레오 톨스토이에 따르더라도 교회와 세계에 대한 법적 형성은 신의 지시에 기초하는 것이라고 한다. 그렇다면 이 신의 지시는 가톨릭의 견해와는 정반대로 모든 법적 규율에서 벗어나는 자유, 즉 무정부주의적 사랑의 공동체를 지향하고 있다고 볼 수도 있다. "가톨릭은 그리스도가 자신의 교회에 기본적인 윤곽이 확정된 불변의 법적 형태까지 함께 부여했다고 가르친다. 조옴은 그리스도가 자신의 교회에 처음부터 모든 시대에 걸쳐 근본적으로 법과의 결합을 배제하는 방식으로 불변의 조직을 부여했다고 가르친다."[2] **루터**의 견해에 따르면 예수는 교회에 대해 법질서를 지시하지도 않았고 박탈하지도 않았으며, 법은 신에게서 온 것도 아니고 신에 반하는 것도 아니며, 단지 신이 없는 것일 따름이라고 한다. 물론 법이 신에게서 온 것이라고 주장하고, 따라서 법적 교회가 영적 교회에만 허용된 공간에 침투할 때는 신에 반하는 것이 된다고 한다. "세속의 정부는 법률을 갖고 있고, 이 법률은 육신과 재화 그리고 지상의 외적인 것을 넘어 확장될 수 없다. 왜냐하면 신은 그 자신 이외에는 누구에게도 영혼에 대해 통치할 힘을 주지 않았다. 그 때문에 두 가지 통치를 엄격히 구별하고 계속 구별된 상태에 있도록 노력해야 한다. 하나는 경건하게 만드는 통치이고, 다른 하나는 외적 평화를 마련하고 악행을 저지하는 통

---

2 이에 관해서는 *Wilhelm Kahl*, Lehrsystem des Kirchenrechts und der Kirchenpolitik, 1894, S. 74 참고.

치이다(루터)."[3]

물론 조옴과 톨스토이는 법이 필연적으로 "영혼에 법칙을 부여하는 데 실패하지 않을 수 없다"라고 주장한다. 왜냐하면 기독교적 사랑의 적용 범위는 무제한적이지만, 법적 사고방식이 시작되는 곳에서 기독교적 삶은 끝나기 때문이라는 것이다. 그러나 이처럼 법이 기독교에 반하는 것이라 할지라도 다른 한편 법이 없이는 기독교도 있을 수 없다. 최소한 위대한 사랑만을 유일한 충족으로 보지 않는 기독교가 있어야 한다. 기독교 윤리 자체도 이웃을 자신처럼 사랑하라고 요구할 때는 인간에게 초인적인 것이 아니라 단지 인간적인 것만을 요구할 따름이고, 이로써 자기보존을 보장하기 위한 최소한의 것과 이러한 목적에 필요한 법적 장치를 묵시적으로 전제하고 있다. 다시 말해 최소한 자기보존 본능이 일부라도 충족될 때만 이웃 사랑에 대한 충동 자체도 의식할 수 있게 된다.

루터

그 때문인지 루터도 사랑 이외에 법에 대해서도 갈수록 더 많은 의미를 부여한다. 물론 그렇다고 해서 사랑과 법 사이의 긴장관계를 완화하려는 의지는 조금도 드러내지 않는다. 오히려 이 긴장을 각 개인의 영혼으로 옮겨 놓음으로써 긴장을 극단적으로 첨예하게 만든다. 즉 그리스도는 악에 저항하지 말라는 가르침을 통해 인간을 관헌의

---

3 이에 관해서는 *Karl Köhler*, Luther und die Juristen. Zur Frage Nach dem gegenseitigen Verhältniss des Rechtes und der Sittlichkeit, 1873, S. 8 이하 참고.

지배를 받는 인격이 아니라 그리스도인으로 여겼다고 한다. "그리스
도는 관헌들에게는 그들의 권리와 직위를 허용하면서도, 직위와 통치
를 벗어난 개개의 사람으로서의 그리스도인들에게 그들이 자신들의
인격을 위해 어떻게 살아야 하는지를 가르쳤고, 심지어 결코 복수를
꿈꾸지 말 것이며 왼뺨을 맞거든 오른뺨도 내밀도록 가르쳤다." 관헌
은 권리를 보존할 의무가 있지만, 피해자 자신은 아무것도 행해서는
안 된다. "그러므로 피해자의 고소나 호소 또는 자극이 없이 권력 스
스로 또는 다른 이의 자극으로 피해자를 돕고 보호하도록 해야 한다.
만일 권력이 그러한 일을 하지 않는다면, 피해자는 그리스도의 말처
럼 옷을 빼앗기고 욕을 당할지언정 어떠한 악에 대해서도 저항하지
말아야 한다." 하지만 루터도 훗날 관헌뿐만 아니라 개인에게도 자신
의 권리를 보존하는 일을 허용한다. "그리스도인은 어떤 식으로든 세
속의 인간이기도 해야 한다. 왜냐하면 그리스도인이라 할지라도 어떤
신분이나 공직을 갖고 있고, 집과 농장, 부인과 자식을 갖는 이상 최소
한이나마 황제의 치하에서 육신과 재화를 갖고 있으며, 그와 같은 것
모두가 황제의 것이기 때문이다. 너는 너의 인격 자체로는 그리스도
인이지만, 너의 노예에 대해서는 다른 한 인격이고 너의 노예를 보호
해야 할 책임이 있는 자이다. 지금 우리는 다른 사람과의 관계 속에 있
는 그리스도인에 관해 말하고 있다. 그러니까 한 그리스도인이 아니
라 이 세속의 삶에서 자신의 위나 아래 또는 자신의 옆에 있는 다른 사
람과 얽혀 있는 그리스도인에 대해 말하고 있음에 주의할지어다."[4]
따라서 루터에 따르면 그리스도인은 동시에 두 세계에 살고 있다. 즉

---

4 *Karl Köhler*, Luther und die Juristen, S. 12, 13 이하.

한 세계에서는 그리스도인으로, 다른 세계에서는 세속의 인격으로 살고 있다. 하지만 그리스도인은 자신이 마치 법의 세계에서 살고 있지 않은 것처럼 법의 세계에서 살아야 한다.

이렇게 해서 법은 신의 축복과 본질과는 아무런 관계도 없는 그저 세속적인 것일 따름이고, 종교와 아무런 관련도 없고 종교적으로 아무런 의미도 없는 것이 된다. "세속의 법은 유약하고 저급하며 불순한 법이고, 순간의 평화와 물질적 삶을 누릴 뿐인 긍휼하기 짝이 없는 것이다." 이 점에서는 교회법과 국가법 사이에 아무런 차이가 없다. 왜냐하면 교회**법**도 루터에게는 국가법이기 때문이다. 그의 관심은 전적으로 교리의 개혁에 있었고, 교회법은 그에게 아무런 종교적 의미도 갖지 않는 인간의 작품이었기 때문이다. 그리하여 루터에게는 가톨릭주의 교회라는 형태도 진정한 복음의 가르침을 내용으로 채우고 있기만 하다면 얼마든지 종교적 의미가 없는 법적 조직으로 지속할 수 있다고 생각했다. 하지만 가톨릭교회는 그렇게 하지 않았고, 그 때문에 가톨릭교회를 벗어나 프로테스탄티즘을 위한 새로운 법적 조직을 수립해야만 했다. 하지만 루터는 그리스도의 사도가 갖는 이상주의를 표방하면서 종교적으로 무의미한 모든 외면성에 대해서는 당당하고도 숙명적인 무관심으로 일관하는 가운데 법적 조직은 결코 종교적 조직이 아니라 세속적인 조직일 뿐이고, 따라서 교회의 과제가 아니라 국가의 과제에 속한다고 생각했다. 그 때문에 군주는 '교회의 탁월한 구성원'으로서 그가 군주로서 가진 권력을 교회에도 유용하게 행사할 의무가 있고, 국가와 함께 그리고 국가를 통해 교회까지도 조직하고 통치할 의무가 있다고 한다. "법 전체는 세속의 칼과 그 관헌의 몫이다. 교회법과 세속법의 본질은 전혀 다르지 않다."[5]

프로테스탄티즘의 교회조직

법에 관한 루터의 이러한 견해로부터 (칼뱅주의와는 달리) 프로테스탄티즘의 정신은 순수한 국가적 교회조직을 조직적 표현으로 여기지 않았고, 각 국가의 경계 안에서 하나의 법적 교회는 하나의 정신적 교회에 상응하며, 국가와 함께 교회도 절대적 지배자의 사명 하에 놓이게 된다는 결론이 도출된다. 물론 루터가 교회의 조직을 담당할 사명을 갖는다고 본 국가는 기독교 국가로 여겨졌으며, 이러한 국가의 수장은 단순히 국가권력의 담당자가 아니라 의무를 부담하고 있는 교회 구성원으로 여겨졌다. 하지만 기독교 국가가 세속화될수록 국가기관은 갈수록 교회조직의 삶에서 이물질로 여겨지지 않을 수 없었다. 그 때문에 수 세기에 걸친 법학적 및 입법적 작업을 통해 신교는 점차 국가로부터 분리되는 과정을 거쳤고, 독자성과 통일성을 갖는 방향으로 발전했으며, 마침내 바이마르공화국 헌법에서 이 과정이 종지부를 찍게 되었다. "국교는 존재하지 않는다(제137조)." 이와 동시에 신교는 갈수록 자신의 본질적인 법형식에 대해 성찰하게 되었다. 교회를 종교적 고유가치로 파악하는 가톨릭의 견해와는 달리 신교의 견해에서 교회는 유일하게 종교적 가치를 갖는 개인의 영혼에 봉사한다는 의미에서 합목적성을 갖는 인간의 제도이고, 이에 따라 교회의 조직을 아래로부터, 다시 말해 개인들로부터 구성한다. 즉 초인격적인 지배에

---

5 *Günther Holstein*, Die Grundlagen des evangelischen Kirchenrechts, S. 87.

기초한 가톨릭교회의 조직과는 달리 신교의 교회에서는 개인주의적이고 공동체적인 형성의지가 우선한다. 교회조직에 대해서도 정치적 개념을 적용하는 것이 허용된다면, 신교의 교회조직은 그 본질적 특성에 비추어 볼 때 민주주의적이고 동시에 자유주의적이라고 말할 수 있다. 교회의 조직이 누구나 사제가 될 수 있다는 종교적 사상에 따라 궁극적으로는 개개의 교회구성원에 의해 유지된다는 점에서 민주주의적이고, 교회조직이 신앙의 주권, 즉 신앙에 작용하는 신의 주권을 인정하며, 교회 내에서 진정한 종교적 삶이 시작되는 곳에서는 교회조직이 영향력을 행사할 수 없도록 하고 있다는 점에서 자유주의적이다.

이로써 우리는 교회법에 관한 가톨릭의 견해와 신교의 견해가 완전히 갈라지는 지점에 도달하게 되었다. 프로테스탄티즘에서는 신앙적 의미의 교회는 법적 교회의 형태를 취하지 않는다. 왜냐하면 이러한 신앙은 신앙의 내용(fides quae creditur)이나 신앙이라는 행위(fides qua creditur)를 뜻하지 않기 때문이고, 신앙의 진리라는 지적 내용의 총체가 아니라 개인적이고, 의지적이며 감정적인 과정으로 여겨지는 신앙은 애당초 법적 형태를 취할 수 없기 때문이다. 이에 반해 가톨릭에서 교회법은 신앙의 진리라는 고정된 알맹이를 둘러싸고 있는 법적 껍질로서 가능할 뿐만 아니라 필연적이기도 하다.[6]

---

6 이에 관해서는 *Hans Barion*, Rudolf Sohm und die Grundlegung des Kirchenrechts(Recht und Staat, Heft 81), 1931 참고.

이제 지구상의 민족들 속에서 완벽하게
정착한 공동체가 지구상의 어느 한 곳에서
발생한 권리침해를 다른 모든 곳에서도 느끼게
될 정도로 발전했기 때문에 세계시민법의
이념은 결코 법에 관한 환상이나 과장된 사고가 아니라
국가법과 국제법에 관한 불문의 법을 보충함으로써 공적인
인권 자체와 영원한 평화를 향해 가는 필연성이다.

임마누엘 칸트

§ 28. 국제법

문제점

보편성은 법질서의 본질에 속한다. 즉 법은 인간의 관계들 가운데 규율되는 부분을 선택할 때 규율되지 않는 부분 — 이에 대해서는 법의 작용을 배제한다 — 에 대해서도 일정한 관점을 취하지 않고서는 규율할 수 없다. 그 때문에 '법이 없는 영역(rechtsleerer Raum)'은 오로지 법질서 자체의 의지에 힘입어서만 법이 없는 영역이 되며, 엄밀한 의미에서는 법이 없는, 즉 법으로 전혀 규율되지 않은 사실적 영역이 아니라 소극적인 의미에서 법으로 규율된, 즉 어떠한 법적 결과도 부정하도록 규율되어 있는 사실적 영역이다. 법이 없는 영역에서는 흔히 생각하는 것과는 달리 법질서가 이 영역을 규율하지 않겠다고 의욕한 것일 뿐이지, 예컨대 의욕하지 않는 것을 의욕했다는 것이 아니다. 의욕하지 않는 것을 의욕한다는 말은 그 자체 모순이다. 따라서

법질서와는 별개로 또는 법질서 위에 있는 무정부 상태는 외관과는 달리 실제로는 문제의 사실적 영역을 법질서가 무정부주의적으로 규율한 것이고, 이 영역을 이 영역에서 작용하는 힘들의 자유로운 게임에 맡겨 놓은 것이다. 다른 법질서도 하나의 특정한 법질서의 관점에서 보면 이 법질서가 다른 법질서에 공간을 허용했기 때문에 효력을 갖게 된다. 물론 다른 법질서도 당연히 자신의 힘으로 효력을 갖는다고 주장하면서 자신 이외의 다른 법질서에 대해 효력을 가질 가능성을 허용해 주었다고 주장한다. 그러므로 각 개별적 법질서의 효력 주장은 지구 전체를 포괄한다. 즉 '국제사법과 국제형법'이 한 국가법질서의 구성부분이라는 사실은 국제법이 국내에서 법적 결과를 갖는 것을 부정함으로써 ― 따라서 대부분 단지 소극적으로만 ― 외국에서 발생한 모든 사실에 대해서도 처분권을 주장하고 있음을 분명하게 보여준다. 이 점에서 모든 법질서는 자신이 곧 세계법이라는 주장을 제기하며, 모든 법질서에는 '규범적 체계의 통일성(한스 켈젠)'의 주장이 포함되어 있다. 이를 통해 한편으로는 법체계에 대해 세계법의 왕관을 씌워야 할 사고의 필연성이 정당화된다. 즉 모든 국내법질서는 법체계의 세계법적 완결성을 자신 안에 포함하고 있다고 주장한다. 다른 한편 각 법질서는 다른 모든 법질서에 대항해 이 주장을 제기하는 것이기 때문에 법적 안정성의 필요성으로 인해 모든 국내법질서의 상위에 있는 국제법이라는 존재를 요청하게 된다. 물론 이를 통해 국제법 자체의 문제점, 즉 각 법질서에 대해 단순히 특수한 효력범위만을 인정하는 국제법의 보편적 효력 주장과 오로지 자신의 의지를 기준으로 삼아 효력 여부를 판단할 수 있는 개별 국내법의 보편적 효력 주장

사이의 모순도 이미 암시되고 있는 셈이다.

개인주의: 세계국가

물론 **법에 관한 개인주의적** 견해에서는 이 문제점이 아주 간단하게
해소된다. 즉 개별 국가는 장래의 **보편국가**(Universalstaat)에 의해 소
멸할 운명을 갖는다고 생각하며, 개별성이 없고, 따라서 국적도 없는
개인, 즉 개인주의적 국가의 근원적이고 원자적 구성부분인 개인은
타고난 세계시민인 셈이다. 그 때문에 개별성이 없는 개인에 초점을
맞춘 사고과정은 부단히 국적 없는 인류국가를 향해 나아간다. 인류
가 국가와 국적으로 분리된 것은 역사적 우연이자 잠정적 상태일 뿐
이고, 개인주의적 국가관에서 출발하면 전체 인류를 포괄하는 세계국
가만이 논리적 필연성을 가지며, 세계국가를 향한 길에서 굳이 국가
와 국민이라는 단계를 거쳐야 할 필요는 없다. "개인주의를 일관되게
관철한다면, 개인주의가 국가의 경계를 확장함으로써 세계국가에 도
달할 수는 있지만, 초국가적이고 국가 상호 간의 법질서인 국제법에
도달할 수는 없다."[1] 세계국가로부터 행정기술적인 하위단위로서의
여러 국가, 즉 전체 인류를 같은 언어를 사용하는 지방으로 분할한 결
과로서의 국가로 후퇴시키는 것은 가능하긴 하지만, 체계적으로 고찰
해 볼 때 — 물론 역사적인 고찰에서는 그렇지 않다 — 이런 식으로 파
악된 국가는 세계국가를 통해서 그리고 세계국가가 성립된 이후에 가
능한 일이지, 세계국가가 성립되기 이전에는 가능하지 않다. 이는 지

---

1 *Julius Binder*, Philosophie des Rechts, 1925, S. 562.

방자치단체가 국가가 성립한 이후에 국가 **내에서** 비로소 가능하게 되는 것과 마찬가지이다. 이 맥락에서 레오나르드 넬슨Leonard Nelson은 이렇게 말한다. "순수한 법이념은 그 자체 사회가 개별 국가로 분리되는 것을 전혀 고려하지 않는다. 법률의 보편타당성으로부터 직접 사회 전체에까지 확장되는 법공동체의 필연성이 도출된다. 다수의 국가가 존재한다는 것은 다수의 정치공동체가 존재하는 것과 마찬가지로 법적으로는 어떤 우연적인 일일 뿐이다. 다수 국가의 존재가 법적으로 요구되는 것도 아니고 그렇다고 배제되는 것도 아니다. 다수 국가의 존재는 그저 합목적성의 문제일 따름이다. 즉 지리적 조건이나 언어, 풍속과 관습, 종교, 인종 따위에 의해 결정되는 우연적인 경계에 부합해 사회에서 별도의 법적 조직이 바람직한지 여부 및 그 정도의 문제가 남아 있을 뿐이다."[2] 이와 같은 사고과정으로부터는 오로지 탈중심적 세계국가를 도출하는 것만이 논리적 일관성을 가질 수 있지, 이로부터 국가연합이라는 결론을 도출할 수는 없다. 실제로 칸트에게도 국가연합(Völkerbund)은 국가들 사이의 느슨한 결합으로서 현실적으로 도저히 실현할 수 없는 세계국가(Weltstaat)의 대안이었을 따름이다.[3] 이에 반해 세계국가는 이 세계국가의 궁극적 토대인 개별성 없는 개인과 마찬가지로 어떠한 개별성도 포함하고 있지 않다. 세계국가가 인간에 내재하는 추상적 인간성으로부터 출발하듯이 세계국가는 구체적 전체로서의 인류가 아니라 추상적 일반성으로서의 인류로 흐르게 되고, '역사적이고 실제적인 유적 주체'로서의 인류가 아니라 '자

---

2 *Leonard Nelson*, System der philosophischen Rechtslehre und Politik, 1924, S. 511 이하.
3 *Herbert Kraus*, Das Problem internationaler Ordnung bei Immanuel Kant, 1931, S. 30.

연체계적 관점에서 본 유類의 명칭'으로서의 인류로 흘러가게 된다. 그 때문에 라가르드Paul Anton de Lagarde는 이런 식으로 파악된 인류국가를 '잿빛 인터내셔널(graue Internationale)'이라고 부른다.

초개인주의: 주권 도그마와 국제법의 부정

세계국가 사상은 국가가 전적으로 법사상에 의해서만 사고되고 — "인간이 법률하에 결합하는 것(칸트)" — 국민과 권력이라는 개념과 이중적으로 결합하지 않았던 시대에 속한다. 국민에 기초한 권력국가라는 사상은 **주권 도그마**(Souveränitätsdogma)에서 법적으로 표현되었다. 그렇지만 주권적 국가가 국제법의 지배 아래 있다고 생각하려는 시도에서는 불가양의 인권을 가진 주권적 개인에서 출발해 국가에 도달한다는 개인주의적 법이론의 헛된 노력이 그대로 반복되고 있다. 즉 국제법의 지배라는 사고와 개인주의적 법이론 모두 자기구속이라는 사고를 통해 문제를 해결하려고 한다. 그 때문에 국가가 사회계약에 기초하는 것과 마찬가지로, 국제법도 국가의 합의에 기초한다고 생각한다. 하지만 두 경우 모두 자세히 관찰해보면 자기구속이 아니라 외부에 의한 구속이라는 사실이 밝혀진다. "모든 것을 자기구속으로 설명할 수 있지만, 한 가지만은 결코 자기구속으로 설명할 수 없다. 즉 국제법이 존재해야 한다면, 이른바 자유로운 자기구속에서 자유롭게 벗어나는 것을 법위반으로 규정하는 외부의 의무부과가 존재하고 있어야 한다."[4]

---

4 이에 관해서는 *Richard Thoma*, in: *Ius naturae et gentium*(후고 그로티우스 추모 기

이렇게 볼 때 자기구속이라는 허상은 구체적 개별성 안쪽으로 개인의 진정한 이익으로부터 논리적으로 도출되는 추상적 개인을 은근슬쩍 집어넣을 때만 성립할 수 있었을 뿐이다. 다시 말해 구체적 개별성에서 출발해 도달하게 되는 지점은 사회계약이 아니라 무정부 상태이다. 이와 마찬가지로 국가의 구체적 개별성이라는 출발점으로부터 논리적으로 일관되게 사고하게 되면 국제법에 도달하는 것이 아니라 국가 무정부 상태에 도달하게 된다. 왜냐하면 '무정부주의적 법(게오르그 옐리네크)'은 그 자체 모순이고, '조율하는 법(Koordinationsrecht)'은 사법과 같이 복종의 법(Subordinationsrecht)의 토대 위에서만 가능할 뿐, 국제법처럼 어떠한 상위 질서에 의해서도 압도되지 않는 법질서로 성립할 수 없다. 구체적인 계약을 통한 부분적 자기구속마저도 무정부주의적 조율을 토대로 파악할 수는 없다. 즉 어떤 상위의 규범이 오늘의 의지가 어제의 의지에 구속되도록 강제하지 않는다면, 왜 오늘의 의지가 어제의 의지에 구속되어야 하는지를 설명할 수 없다. 따라서 엄격한 형태의 무정부주의 — 예컨대 막스 슈티르너의 무정부주의 — 는 심지어 계약의 구속력마저도 부정하듯이 주권 도그마는 사정변경의 원칙을 승인함으로써 최소한 국제법적 계약의무를 현저하게 완화하는 결과를 낳는다. 그 때문에 주권 도그마에서 출발하면 국제법의 법적 성격을 부정하지 않을 수 없으며, 국가조약의 구속력 역시 부정해야 한다.[5]

넘 설문조사), Zeitschrift für internationales Recht, 1925, S. 67 참고.

5 *Hermann Heller*, Souveränität, 1927, S. 161에서는 주권을 국가가 자신의 절대적 자기보존주장에 기초해 "어떤 때는 법에 대항해서까지도 자신을 절대적으로 관철할 수 있는" 속성으로 파악한다.

초인격주의: 국제법

하지만 주권 도그마 자체는 엄청난 비판을 불러일으킨다. 국제법을 무정부주의적 조율법으로 파악하는 이론적 구상은 다수의 주권적 국가가 동시에 존립할 가능성으로부터 출발한다. 그러나 진실은 그렇지 않다. 즉 "국가가 주권을 갖는다고 선언되는 한, 다시 말해 **최상의** 법적 존재로 절대화되는 한, 국가는 **유일한** 법적 존재가 되어야 한다. 따라서 한 국가의 주권은 다른 모든 국가의 주권을 배제하고 다른 모든 국가가 주권적 공동체라는 사실을 부정한다."[6] "한 국가의 주권은 직접 다른 국가의 주권을 배제하고, 이것이 보편적 법원칙이 되면 자기 자신을 말살한다."[7] 일반적으로 모든 국가는 이 국가의 지배영역에서는 주권적이라고 생각하지만, 제한된 효력범위에 대한 절대적 효력 주장은 형용의 모순이다. 주권이 특정한 실질적 영역에 국한될 수 없다는 사실은 연방국가의 주권 분할에 관한 이론에 대항하면서 명확히 의식하게 되었다. 실질적 효력범위에 해당하는 내용은 장소적 효력범위에 대해서도 이에 못지않게 타당성을 갖는다. 즉 모든 개개의 주권적 법질서가 지구 전체에 대한 지배를 주장하지 않는 이유는 단지 현명한 자기제한에 힘입어 이 법질서가 국경에서 멈추기 때문이지, 결코 다른 법질서가 국경에서 멈추라고 명령하기 때문이 아니다. 왜냐하면 만일 어떤 법질서가 다른 법질서의 명령에 따라 국경에서 멈춘다면 그 법질서는 주권적 법질서가 아닐 것이기 때문이다. 모든

---

6 *Kelsen*, Allgemeine Staatslehre, 1925, S. 106.
7 *Leonard Nelson*, System der philosophischen Rechtslehre und Politik, 1924, S. 517.

국가는 자신의 국경을 스스로 설정해야 한다(바이마르공화국 헌법 제2
조). 주권 도그마의 관점에서 보면 한 국가 스스로 설정한 국경이 이웃
국가들이 스스로 설정한 국경과 일치하는 것은 다행스러운 우연일 따
름이다. 하지만 우연은 설명할 수 없다는 뜻이고, 이는 곧 주권 도그마
가 국가들의 헌법에서 규정한 국경이 서로 일치하는 현상을 제대로
설명할 수 없다는 뜻이다. 국가를 평등한 국제법 주체이자 계약당사
자로 상호 승인하는 것 역시 이 점을 설명할 수 없기는 마찬가지이다.
주권 도그마에서 출발하면 여기서도 국가와 교회의 관계에서 종교협
약에 관한 법률이론(Legaltheorie; 국가가 교회에 법률에 근거해 자율성을
부여했다는 이론)과 특권이론(Previlegientheorie; 교회가 국가에 특권으로
서의 자율성을 부여했다는 이론)에서 등장하는 것과 똑같은 대립이 발생
한다. 즉 모든 국가는 다른 국가에 대한 승인과 계약을 통한 동의를 일
방적인 법적 행위를 거쳐 상대방에게 부여한 시혜로 여길 것이다. 그
때문에 주권 도그마가 국가들의 병존에 관해 그려놓은 그림은 쌍방적
으로 승인할 의무를 부담하는 권리주체들의 법적 공동체가 아니라 누
구나 혼자서만 자리를 차지하겠다고 주장하지만, 아직 서로서로 말살
하거나 추방할 힘이 없는 나머지 어쩔 수 없이 일단은 상대방의 존재
를 용납하는 상태에서 서로 씩씩거리고 으르렁대면서 어슬렁거리는
야수들의 각축장이다.

국가주권이라는 사상은 국가 이전의 인권을 국가로 끌고 들어와 이
인권을 기준으로 국가를 형성해야 한다고 주장하는 주권적 개인에 관
한 자연법사상과 완전히 일치한다. 그사이 인간은 권리주체로서 국가
로 발을 들여놓는 것이 아니라 국가에 의해 비로소 권리주체로 격상

된다는 사실을 인식하게 되었다. 이제 주권은 국제법적 주체로서의 속성을 뜻한다. 즉 국가는 주권적이기 때문에 국제법주체인 것이 아니라 국제법주체이기 때문에 주권적이다. 따라서 주권개념은 자연법적 사변에서처럼 국제법과 무관하게 전개될 수 없으며, 오히려 국제법을 전제할 때만 이 개념이 전개될 수 있다. 그리고 이러한 방법에 따라 획득된 주권개념은 한 국가가 지구상에서 자신의 상위에 있는 어떠한 법적 권력도 갖고 있지 않고, 따라서 국제법조차도 갖고 있지 않다는 의미가 아니라 국가가 직접 국제법의 지배 아래 있고, "법적으로 국제법 이외에는 어떠한 다른 법규범에도 복종하지 않는다"라는 의미이다.[8] 이렇게 파악할 때만 주권적 국가의 상위에 있는 국제법이라는 표현이 형용의 모순이 아니라, 국제법은 당연히 주권국가의 상위에 있다는 동어반복이 될 수 있다.

국제법과 국가연합을 통해 결집한 주권적 국민국가들, 바로 이것이 **초인격적 문화사상과 작품사상**(überindividueller Kultur- und Werkgedanke)이 설정하고 있는 외교정책의 목표이다. 초인격주의는 일단 국민국가를 세계국가로 해체하는 것을 반대한다. 초인격주의는 개인이 국민공동체에서만 문화를 창조한다는 사실을 결코 간과할 수 없다. 다른 한편 초인격주의는 국가무정부주의의 형태로 국민국가를 절대화하는 것에도 반대한다. 왜냐하면 초인격주의는 문화적 과제 자체가 국제적 성격을 갖는다는 사실을 간과할 수 없기 때문이다. 어떤 문

---

8 이에 관해서는 *Richard Thoma*, in: Ius naturae et gentium(후고 그로티우스 추모 기념 설문조사), Zeitschrift für internationales Recht, 1925, S. 69; *Viktor Bruns*, Völkerrecht als Rechtsordnung, Sonderausgbe aus der Zeitschrift für ausländisches öffentliches Recht und Völkerrecht, 1929, S. 34 참고.

화 활동이 특수한 독일적 진리, 특수한 독일적 아름다움, 특수한 독일
적 윤리를 과제로 삼을 수는 없다. 문화국민과 국민의 문화는 결코 목
적사상이 아니다. 따라서 개인적 취향과 마찬가지로 국민적 색채는
문화적 작업에 수반되는 부차적 사고조차도 될 수 없다. 실질 그 자체
가 아니라 자기 것, 즉 개별적 인격 또는 개별적 국민의 특성을 표현하
는 것만을 고집하는 자는 인격성이나 국민성에 도달하지 못한 채 실
질적 문제마저 그르치고 말 것이다. 인격성과 마찬가지로 국민성 역
시 이를 의도적으로 추구하지 않고, 자기를 망각한 채 실질적 문제에
만 헌신할 때 도달할 수 있는 가치이다. 국민의식의 모든 표현에서 오
로지 국민의 성격만을 추구하는 것은 성숙하지 못하고 유약한 국민의
식을 보여주는 상징이지, 결코 이를 치유할 수 있는 수단이 아니다. 하
루하루 살아가는 동안 삶은 선, 진, 미라는 보편타당한 법칙 아래 놓여
있다. 이렇게 영위되는 삶만이 '인격성'과 '국민성'이라는 가치판단의
대상이 된다. 따라서 인격성과 국민성은 역사에 속하고, 전적으로 사
후적인 역사적 고찰의 대상에 속하는 가치평가를 목표로 설정해 삶으
로 옮겨 놓을 수 있다고 생각하는 것은 역사적 시대의 특징이다. 국민
의식은 한 국민이 국민을 초월하는 이념을 전파하는 것이 소명이라고
생각한 때만 가장 강한 모습을 지녔다. 이것이 바로 국민의식의 구조
이다. 즉 먼저 태어나 인류의 가치를 담당하는 '인류의 국민'이 되었
다는 것이 진정한 국민의식이다. 따라서 국민의식 스스로는 이 국민
이 요구하고 달성한 것이 국민의 속성에 해당한다는 것을 전혀 알지
못한다. 특정한 국민을 전제로 했고 이 국민의 색채를 갖고 있었다는
사실의 확인은 훗날의 역사가 떠맡아야 할 몫이다. 인류의 가치는 손

에 거울을 들고 특수한 문화를 창조하는 일이 아니며, 실질적으로 높은 가치를 갖는 것 속에서 특정 국민 특유의 필체를 찾아내는 일은 후손에게 맡겨진 일이다. 한편으로는 문화가 초국가적 목표를 지향하면서도, 다른 한편으로는 이러한 문화적 목표가 오직 국민을 통해 국민의 형태로만 실현될 수 있기 때문에 국제적 문화공동체는 국민에 따라 문화가 분화하는 토대 위에서만 요구할 수 있고, 따라서 통일적이지만 탈중심적 세계조직이 필요하다.

국제법의 현실

이상의 서술에서도 법철학적 관점의 삼분법이 풍성한 성과를 가져다준다는 점을 다시 한번 확인할 수 있었다. 즉 개인주의는 세계국가를 요구하고, 초개인주의적 국가사상과 법사상은 주권 도그마 및 국제법의 부정이라는 결론에 도달하며, 초인격주의적 견해는 국제법과 국제연합의 토대가 된다는 것을 밝혔다. 따라서 오늘날 현실적인 발전 경향은 초인격주의적 견해와 일치한다. 왜냐하면 오늘날에는 초국가적 공통의지에 의해 지탱되고, 명시적으로 체결된 협정과 묵시적으로 승인되는 관습법으로 표현되는 실정 국제법이 **존재**하기 때문이다. 물론 아직은 국제적인 법적 관계 가운데 극히 일부분만이 이런저런 방식으로 규율되어 있을 따름이다. 하지만 스위스 민법전 제1조에 규정된 고전적인 법발견 원칙에 따라 흠결을 보충하고 있다. 즉 적용되어야 할 법적 규칙은 일차적으로 '확립된 학설과 관습' 그리고 자연법의 토대 위에서 형성되었고 자연법이 절대적인 이성의 필연성으로부터 거대한 역사적 사실로 변화된 이후에도 여전히 정신을 지배하고 있는, 보편타당하다고 여겨지는 '법원칙'이 실정 국제법이 되었다.[9] 이와 함께 국제법적 결정을 내려야 할 과제를 담당하는 자는 이차적으로 "자신이 입법자라면 설정하게 될 규칙에 따라" 결정을 내려야 한다. 이로써 정당한 법은 실정법으로 실체화하게 되고, 법의 절대적 타당성과 현실적 효력 사이의 경계가 희미하게 된다는 반론이 제기될 수 있다. 그러나 이 반론은 국제법의 법적용과 국내법의 판결 가운데 어디에도 맞지 않는다. 왜냐하면 이와 같은 방식을 거쳐 창조적으로 발견된 법명제의 배후에는 국내법질서와 국제법질서 전체를 지탱하고 있는 국가적 공통의지와 초국가적 공통의지가 자리 잡고 있기 때문이다. 개인들 사이에서와 마찬가지로 국가들 사이에도 법이 존재해야 하고, 법을 향한 이러한 공통의 의지에는 흠결이나 법에서 벗어난 영역을 전혀 용납하지 않는 보편적 완결성 — 이에 관해서는 이 절의 서두에서 이미 언급했다 — 경향이 내재하고 있다.[10]

이에 반해 어쩔 수 없이 국제법을 인정하는 견해와 노골적으로 국제법을 부정하는 견해 사이를 불안하게 떠도는 주권 도그마는 전쟁의 법에 관한 신념을 특징으로 삼고 있으며, 따라서 이와 같은 주권 도그마의 관점에서 전쟁이 국제법의 현상이자 동시에 국제법의 부정을 뜻한다는 것은 이 도그마의 특징을 있는 그대로 반영하고 있다.

---

9 이에 관해서는 *Ernst Troeltsch*, Naturrecht und Humanität in der Weltpolitik, 1923; *Radbruch*, in: Ius naturae et gentium(후고 그로티우스 추모 기념 설문조사), Zeitschrift für internationales Recht, 1925, S. 55 이하 참고.
10 이에 관해서는 *Viktor Bruns*, Völkerrecht als Rechtsordnung, S. 31 참고.

평화는 최상의 가치이다(Pax optima rerum)

키일(Kiel) 대학 옛 인장

§ 29. 전쟁

전쟁에 대한 평가는 흔히 그렇게 하는 것처럼 유리한 또는 불리한 부수효과가 아니라 오로지 전쟁이 전쟁 고유의 사명을 충족하는지 여부에 기초해 내려져야 한다. 전쟁이 그리고 전쟁만이 실제로 영웅적 미덕과 생명력을 시험하고 이를 일깨우기에 적합하다 할지라도 소송이 예리한 통찰력을 연습하고 법적 지식을 확장한다는 사실로 소송을 평가할 수 없는 것과 마찬가지로 전쟁을 그와 같은 측면에 기초해 평가할 수는 없는 일이다. 전쟁이 지닌 특수한 의미는 승리와 패배, 분쟁에 관한 결정 — 그것이 법적 분쟁에 관한 결정인지 아니면 이익을 둘러싼 분쟁, 즉 가치의 충돌에 관한 결정인지에 대해서는 더 많은 논의가 필요하다 — 이고, 전쟁에 대한 비판은 오로지 전쟁이 과연 분쟁에 관해 결정하기 위한 유의미한 방법을 뜻하는지에 대한 탐구에 기초해서만 이루어질 수 있다.[1]

---

1 아래의 서술에 관해서는 *Radbruch*, Zur Philosophie des Krieges, in: Archiv für Sozialwissenschaft und Sozialpolitik, Bd. 44, 1917, S. 139 이하; *Max Scheler*, Der Genius des Krieges und der Deutsche Krieg, 1915; *ders.*, Die Idee des Friedens und der Pazifismus, 1931 참고.

전쟁의 윤리학

그러므로 ─ 인간의 행위에 대한 평가를 대상으로 삼고 있는 모든 철학적 분과들의 방법적 도구들을 동원해 전쟁을 낱낱이 분석해 보면 ─ **윤리학**은 전쟁의 문제를 해결할 수 없다. 윤리학의 가치판단은 전쟁 및 전쟁에 포함되는 결정과 관련을 맺는 것이 아니라 전쟁에 참여하는 개인의 몫, 전쟁에 대한 개인의 책임 또는 책임 없음과 관련을 맺는다. 전쟁책임(Kriegsschuld)은 전쟁을 의욕했다는 것과는 다른 의미가 있다. 이렇게 보면 전쟁책임 자체를 명확하게 확인하는 것은 불가능하다. 왜냐하면 전쟁이 법적 제도로서 효력을 갖는 이상 아무리 섬세하게 희석할지라도 모든 외교적 발걸음에는 전쟁의 미필적 고의가 내재하기 때문이고, 모든 정치는 전쟁의 가능성에 지향되어 있기 때문이다. 유명한 말에 따르면 전쟁은 단지 다른 수단으로 이루어지는 정치의 연장이라는 것은 전쟁이 정치를 통해 규정되는 것이 아니라 정치가 근본적으로 전쟁을 통해 규정된다는 생각에 기초한다. 화폐의 효력(가치)이 화폐가 거쳐 가는 주인들은 전혀 생각하지 못하지만, 은행에 저장된 금에 기초하는 것과 마찬가지로, 사소하기 짝이 없는 외교적 조치의 실효성도 이것이 최후수단이라는 생각은 털끝만큼도 없는 상태에서 필요하다면 이 외교적 조치를 관철하기 위해 동원될 수 있는 병사와 무기, 말과 대포, 전투기와 탱크에 기초한다. 따라서 정치와 전쟁의 관계는 폭력을 행사하겠다는 위협과 폭력 자체의 관계와 같아서 정치를 담당하는 자들의 의지와는 상관없이 마치 폭력을 행사하겠다는 위협이 아무런 효과가 없을 때는 실제로 폭력이 행사되지 않을 수 없는 것과 똑같은 필연성으로 인해 결국은 전쟁에 도달하게 된다. 어떤 계기로 인해 **칼을 휘두를** 수밖에 없는데도 그저 계속해서 **칼끝만** 내리칠 수는 없기 때문이다.

전쟁의 법철학

전쟁에 대한 책임에 관한 물음만이 윤리학의 문제이고, 전쟁의 권리에 관한 물음, 즉 정당한 전쟁에 대한 물음은 **법철학**의 문제이다. 전쟁에 관한 법이론들은 전쟁이 가해진 불법 또는 목전에 다가온 불법에 대한 반작용, 응보, 이행강제, 특히 정당방위의 경우에 정당한 전쟁이 된다는 기준을 제시한다. 하지만 전쟁이 실제로 법적 문제를 처리하는 것에 불과하다면, 전쟁은 법과 권력 사이의 예정조화를 믿지 않는 사람들에게는 가장 무용한 수단이고, 법정에서의 결투가 폐지됨으로써 민사법적 분쟁이 이미 오래전에 벗어났던 소송수행 형태에 불과하다. 더 나아가 전쟁은 흔히 칭송해 마지않는 '인류의 원동력'이 아니다. 왜냐하면 전쟁의 권리가 가해진 불법 또는 목전에 다가온 불법에 의존한다는 것은 ― 권리는 언제나 기존상태의 편이기 때문에 ― 이 권리가 기존의 국가체계를 보존하기 위해 노력하는 자에게만 인정될 뿐, 기존의 국가체계를 변경하려고 노력하는 자에게는 전혀 인정되지 않는다는 뜻이기 때문이다. 다시 말해 지구표면을 분할하고 있는 현재의 상태가 갖는 역사적 우연성에 법의 이름으로 모든 시대에 걸친 불변성을 부여한다는 뜻이다. 하지만 전쟁에 관한 법이론들은 무엇보다 전쟁이라는 개념 자체를 폐기한다. 즉 정당한 전쟁이 실제로 불법에 대항하는 정당방위라면, 이에 대한 적의 저항, 즉 정당방위에 대한 정당방위는 어불성설이고, 또 다른 불법이며, 따라서 전쟁은 윤리적으로 저열한 적에 대한 형벌집행이며, 적은 범죄자이고, 이로써 평등한 두 당사자 사이의 결투라는 전쟁의 성격은 파괴된다.[2] 그러나 전쟁의 과제가 기존의 권리를 증명하는 것이 아니라 새로운 권리를 창설하는 것일 수도 있다. 따라서 승리에 대한 권리는 전쟁의 전제조건이 아니라 전쟁의 결과이며, 전쟁을 통해 비로소 획득되고 증명된다.

전쟁의 역사철학

그러나 이렇게 생각하면 전쟁의 법철학으로부터 전쟁의 **역사철학**으로 넘어가게 된다. 왜냐하면 현상을 이 현상의 결과에 기초해 평가하는 것은 역사철학에 속하기 때문이다. 역사철학에 따르면 정당한 전쟁은 곧 승리한 전쟁이다. 하지만 정당한 전쟁에 대한 물음은 전쟁을 통해 비로소 대답할 물음이 아니라 전쟁 이전에 이미 대답해야 할 물음이다. 물음의 대상이 되는 전쟁의 권리는 승리를 통해 비로소 확인되는 승리의 권리가 아니라 오로지 전쟁을 수행할 권리일 따름이다. 더욱이 이렇게 되면 전쟁 당사자들 가운데 어느 한쪽에만 적용될 수 있는 정당한 전쟁이라는 법철학적 전쟁개념은 양 당사자에게 똑같

---

2 켈로그협약(Kellogpakt)은 침략전쟁을 경멸하고 그 때문에 기존의 의미의 전쟁 자체를 부정한다. 따라서 켈로그협약에 따르더라도 허용되는, 침략에 대한 방어는 결코 방어전쟁이 아니다. 왜냐하면 이 경우에는 불법에 대항하는 권리일 뿐이기 때문이다. 따라서 전쟁은 똑같은 권리를 가진 적대자를 전제한다는 결론에 도달한다.

이 정당한 전쟁이라는 개념으로 대체된다. 왜냐하면 전쟁의 정의가 진정으로 전쟁 당사자의 어느 한쪽의 지위가 아니라 전쟁이라는 총체성 자체와 관련을 맺게 될 때 비로소 적에 대한 존중, 즉 전쟁의 본질이라고 할 수 있는 적의 평등한 권리도 인정하는 사고가 가능하기 때문이다. 역사철학적 고찰에서 한편으로는 전쟁이 승리를 통해 승자에게 정당화되면서도, 다른 한편으로는 전쟁을 수행하는 것이 나중에 패자로 판명된 자에게도 충분한 권리가 있었다고 인정해야 한다는 딜레마는 '의의(Bedeutung)'와 '의미(Sinn)'의 차이를 통해 해소할 수 있다. 우리는 한 사건이 "가치와 관련될 때"는 이 사건에 대해 '의의'를 부여하는 반면, 사건의 결과로 가치가 발생할 때는 이 사건에 '의미'를 부여한다.[3] 이 점에서 '좋은 일'을 위해 싸우는 전쟁은 이 전쟁에서 패배했을지라도 충분한 의의가 있다. 물론 의미가 있지는 않다. 이러한 용어상의 구별에 따르면 전쟁 당사자 양쪽 모두에게 정당한 전쟁이라는 개념은 전쟁의 '의의'만을 인정할 뿐, 전쟁의 '의미'를 인정하지는 않는다. 따라서 전쟁을 통해 양쪽 모두가 전쟁을 둘러싼 중요한 문제에 관해 결정을 내려야 하고, 전쟁 이외의 수단으로는 결정을 내릴 수 없는 이익충돌과 가치충돌이 존재한다면 전쟁은 양 당사자 모두에게 정당한 전쟁이다.

물론 전쟁에 대해 가치충돌에 관한 결정이라는 의의를 부여할 수 있는지 여부는 과연 승리를 통해 이와 같은 가치충돌에 관한 결정이

---

3 우리가 앞의 §1에서 사용했던 용어의 의미에서 벗어나 여기서는 가치와 관련되긴 하지만, 반드시 가치를 담고 있어야 할 필요는 없는 의미, 즉 매개개념으로서의 의미를 '의의'라고 부르고, 가치를 담고 있는 의의에 대해서만 '의미'라는 단어를 사용한다.

내려지는가의 원칙적인 물음에 어떻게 대답하는지에 달려 있다. 전쟁에 관해 물음을 제기하는 것은 승리가 이 물음에 대한 대답이 될 수 있다는 전제하에서만 가능하다. 즉 승리에 전쟁의 '의미'를 부여할 때만 전쟁에 '의의'를 부여할 수 있다. 이 맥락에서 우리는 승리를 통해 승리에 대한 권리가 실현되고, 이 권리는 전쟁의 진행 과정에서 비로소 창설되는 것이 아니라 단지 증명될 뿐이라는, 앞에서 가설적으로 제시한 명제를 다시 심사해보기로 한다. 다시 말해 군사적 우위는 이러한 우위와는 아무런 관계가 없는 것까지 증명하는가의 물음, 예컨대 한 국가가 가진 무력이 이 국가의 문화의 척도로 이용될 수 있는가라는 물음을 검토해보자.

국가의 문화는 양적으로는 결코 측정할 수 없는, 순수하게 질적인 측면에서 국민을 규정한다. 이에 반해 군사주의적 견해에서는 국가는 곧 '무력'이고, 여러 국가는 무력의 양에 비추어 서로 다르고 또한 서로 비교할 수 있다. 따라서 모든 국가가 질적으로는 똑같다고 생각한다. 군사주의적 국가관의 최고지점에 해당하는 전쟁은 동시에 국가의 고유한 특성의 구별과 관련해서는 최저지점이다. 평화 시에 각 국가의 유니폼은 극히 다양한 색깔을 띠지만, 전쟁이 발발하면 모든 국가가 거의 똑같이 흙빛에 가까운 유니폼을 입는 상태로 전락한다. 투쟁하는 국가는 다른 국가에게까지 똑같은 투쟁수단을 이용하지 않을 수 없도록 강제한다. 물론 국가가 가진 무력의 양을 국가의 문화적 질을 보여주는 징표로 파악하곤 했고, 문화와 무력의 비례관계를 주장했으며, 무력을 가늠할 수 있는 전쟁을 문화의 시험장으로 칭송하기도 했다. 실제로 고도로 발전된 자연과학과 기술, 경제조직과 교통조직, 교육과 사회윤리는 이에 상응하는 정도의 군사적 우위로 표현되지만, 한 국가가 보유하고 전체 문화와 문화의 본질적 내용은 결코 문화적 에너지로 전환될 수 없다. 괴테, 단테, 셰익스피어, 몰리에르라는 문화가치는 어뢰를 발사해 타격하거나 독가스로 말살할 수 없다. 그런데도 어뢰와 독가스가 세계에서 언어와 문화가 어느 정도까지 확산할 것인지를 결정한다면 전쟁이라는 신의 법정이 결정하는 것이 아니라 그저 우연의 주사위게임이 결정을 내리는 것에 불과하다. 그리고 사후의 역사서술이 세계사를 세계법정(Weltgericht)으로 칭송한다면, 이는 단지 언제나 승자가 역사를 서술하기 때문일 따름이다. 최상의 문화가치는 군사적 무력의 수치와 같은 양적 규정에서는 결코 표현될 수 없다. 문화는 비교가 가능한 양이 아니라 비교 불가능한 질이며, 국가를 그저 서로 경쟁하거나 투쟁하는 여러 가지 크기의 문화 덩어리로 보는 자의 시야에서는 문화국가 자체가 사라져버린다.

전쟁의 종교철학

이처럼 역사철학은 전쟁을 무력투쟁 이외의 다른 어떤 것을 찾아낼 가능성을 남겨 놓지 않는다. 물론 전쟁의 문화적 결과를 파악할 수 있게 해줄지는 모르지만, 전쟁 자체는 아무런 문화적 의의가 없다. 모든 존재에게 궁극적으로 축복과 가치가 흘러 들어가게 만드는 원천을 근거로 삼을 때만 전쟁을 옹호할 수 있다. 이 원천은 곧 **종교**이다. 모든 존재에 대해 그렇듯이 전쟁에 대해서도 세 가지 행동, 즉 학문의 가치 맹목적 행동, 철학의 가치평가적 행동, 종교의 가치초월적 행동이 가능하다. 즉 학문은 전쟁의 가치와 반가치에 대해 맹목적인 상태에서 전쟁의 원인과 법칙을 탐구한다. 철학은 가치평가적 행동을 통해 정당한 전쟁의 기준을 탐색한다. 그러나 종교는 가장 부정당한 전쟁에서조차도 더 높은 종류의 가치를 찾는다. 모든 순수한 경험적 고찰을 통해 회의적인 비관주의를 갖지 않을 수 없는데도 불구하고 갑자기 종교적 태도가 지닌 형이상학적 낙관주의가 용솟음치는 것은 인간의 본성이 갖는 가장 역설적인 특성에 속한다. 행복은 너무나도 그럴듯한 가치를 담고 있어서 근원적인 형이상학적 가치에 대한 물음을 일깨울 수 없는 반면, 불행은 일단 행복에 모순되게 보인다는 사실로 인해 모든 인간에게 심어 있는 종교적 본능을 강력하게 자극한다. 그렇지만 ─ 약간 적절하지 않은 단어를 사용해도 좋다면 ─ 변신론, 즉 신을 정당화하는 이론은 인간을 정당화하는 이론이 아니고, 종교철학이 윤리학은 아니며, 완결된 사실과 타협하는 종교적 태도는 결코 이 사실의 원인에 대한 사후적 정당화가 아니라는 점을 잊어서는 안 된다. 유다의 행동에 대해 그의 짜증나는 행동이 필연적이고 어쩔 수 없는 것이라고 설명하면서도 다시 짜증을 불러일으킨 자가 고통을 받으리라 저주하는 복음서의 말씀은 작품과 작품을 생산하는 행위가 완전히 다른 평가의 법칙에 따른다는 것을 보여준다. 이 점에서 종교적 고찰과 전쟁의 관계는 종교적 고찰과 고통의 관계와 유사하다. 즉 종교적 고찰은 고통이 정화하는 힘을 갖고 있다는 이유로 성스러운 것으로 칭송하면서도 고통을 부과하는 것을 저주한다.

그러므로 오로지 종교만이 전쟁에서 축복을 발견할 뿐, 종교 이외의 다른 모든 고찰에서 전쟁은 언제나 아무런 의미도 없고 어떠한 의의와도 관계없는 불행한 사건이다. 오로지 우리를 모든 악으로부터 구원하기 위해서만 존재하는 종교적 고찰 이외의 다른 모든 고찰은 전쟁을 전적으로 재앙으로 보아야 하고, 전쟁의 승리는 두 가지 재앙 가운데 더 작은 재앙으로 보아야 한다. 전쟁을 마치 불가피한 재앙으로 여기고 이를 감수하는 일은 법률가의 윤리와 결코 합치할 수 없다. 전쟁에 비추어 우리는 무엇보다 우리 인간에게 맡겨진 행성을 우연이 지배해야 하는지 아니면 이성이 지배해야 하는지를 물어야 한다. 지구의 운명이 결정되는 바로 그 지점에서 법은 자신의 전면적 지배를 정당화하는 대신 아무런 힘도 없이 무정부 상태에게 자리를 내주어야 하는가? 채 완성되기도 전에 폐허가 된 법질서라는 돔Dom은 지금의 높이에서 한탄에 젖은 채 가건물이라도 짓는 방향으로 나가야 할까 아니면 당당한 원형 돔을 끝까지 완성해야 할까?

[부록 Ⅰ]

- "**법이념과 법소재. 짧은 소묘**"["Rechtsidee und Rechtsstoff. Eine Skizze", in: ARWP(Archiv für Rechts- und Wirtschaftsphilosophie) 17(1923/24), S. 343-350]

- "**법이념의 문제점**"["Die Problematik der Rechtsidee", in: Die Dioskuren, Jahrbuch für Geisteswissenschaften, 3. Bd., 1924, S. 43-50]

- "**법률적 불법과 초법률적 법**"["Gesetzliches Unrecht und über-gesetzliches Recht", in: Süddeutsche Juristenzeitung 1(1946), S. 105-108]

- "**「법철학」 신판 후기 초고**"["Nachwort-Entwurf zur Neuauflage der 'Rechtsphilosophie'", 1949, in: Gustav Radbruch Gesamtausgabe, Bd. 20, 2003, S. 25-39]

법이념과 법소재 — 짧은 소묘

이념(Idee)은 자신이 소재(Stoff)를 지배한다는 주장한다. 하지만
이는 곧 이념이 특정한 소재에 대해 의미가 있다는 것, 즉 이 소재를
향해 있고, 따라서 이념이 지배하고자 하는 소재에 의해 함께 규정당
한다는 것을 뜻한다. 예를 들어 한 예술가가 자신의 예술적 이념을 동
銅을 통해 구현하고자 하는 경우와 대리석을 통해 구현하고자 하는 경
우마다 이념 자체도 달라지듯이 이념은 재료에 적응하게 된다. 이처
럼 모든 이념에는 처음부터 재료에 부합하고자 하는 속성이 내재해
있다. 우리는 이러한 관계를 **이념의 소재 규정성**(Stoffbestimmtheit der
Idee)이라고 부른다. 물론 우리는 이 표현이 가진 이중적 의미 — 즉
소재에 **맞게** 규정되기 때문에, 소재를 **통해** 규정된다는 것 — 를 분명
하게 의식하면서 이 표현을 사용하며, 우리가 모든 소재 규정성에 앞
서 그리고 모든 소재 규정성과는 무관하게 사고하고자 한다는 점에서
는 이념을 **순수한 형식의 이념**으로 부르고자 한다.

　이념의 소재 규정성을 통해 표현되는 이념과 소재의 관계를 **경험
적-인과적** 관계로 오해해서는 안 된다. 그와 같은 관계는 오로지 두 가
지 사실들 사이에만 존재할 수 있을 뿐이다. 하지만 우리가 이해하는
이념은 사실적인 가치관이 아니라 현실을 뛰어넘은 가치 그 자체이

다. 다시 말해 우리는 인간의 가치관에 환경, 역사, 성격이 영향을 미친다는 당연한 사실에 대해 말하려는 것이 아니고, 따라서 우리가 여기서 문제로 제기하는 이념과 소재의 관계는 사회학적, 역사적, 심리학적 세계가 아니라 논리적 영역에 관련된 것이다. 그렇지만 이 관계는 **형식논리적** 관계, 즉 형식과 소재가 함께 연계해서 그 논리적 결론으로 이념을 정당화하는 포섭관계를 뜻하지 않는다. 왜냐하면 형식과 소재는 그저 형식논리적으로 다루기만 하면 되는 완결된 사고가 아니고, 이념은 소재 규정성이 없이는 아예 사고할 수 없기 때문이다. 그러므로 소재를 통해 이념을 규정하는 문제의 체계적 위치는 사고의 대상 자체가 갖는 구조를 파악하는 논리학, 즉 **선험적 논리학**이다.

그러나 선험논리학은 사고의 대상을 분석할 수는 있지만, 대상을 생산할 수는 없다는 특징을 갖고 있다. 즉 선험논리학은 하나의 인과판단에서 인과성 형식이 일련의 구체적 사건이라는 소재와 함께 결합했다는 것을 증명할 수는 있지만, 선험논리학 스스로 인과성 형식과 구체적 사실을 하나의 인과판단으로 결합할 수는 없다. 그 때문에 인과판단이 내려지는 경우 인과성 형식이 특정한 사건으로 끌려가는 것처럼 느끼게 만드는 흡입력, 다시 말해 인과성 형식이 이 형식의 소재를 향해 움직이는 것은 매우 신비로운 일이며, 따라서 어떻게 해서 이념을 통해 형식이 이러한 소재를 향하고 있다는 경험을 하는지는 여전히 신비로운 일로 남아 있다. 그리하여 소재가 이념을 자극함으로써 주어져 있는 이념이 성립한다는 것을 확인하는 데 그쳐야 하고, 이점에서 형식적인 요소를 소재와는 전혀 관계없이 서술할 수는 없고 형식의 소재 규정성을 실험을 통해 밝힐 수도 없으며 이러한 규정성의 정도를 확인할 수도 없다. 어쨌든 이념의 형식적 요소는 언제나 이 요소가 소재의 요소와 맺는 관계에 비추어서만 사고할 수 있을 뿐이며, 그 때문에 이념에 대한 선험논리적 비판은 현실의 차원에서 이루어질 수 없고 그렇다고 해서 극도로 순수한 초현실적 영역에서 이루어질 수 있는 것도 아니다. 이념에 대한 선험논리적 비판은 오히려 형식과 소재 사이를 끝없이 왕래하는 것과 유사해질 수밖에 없으며, 이와 같은 끝없는 왕래는 현실적인 것을 이념화하는 것으로 서술할 수도 있고 동시에 가치이념을 이 이념의 소재적 기반(stoffliches Subst-rat)을 고려해 규정하는 것으로 서술할 수도 있다. 이는 엄격한 방법 이원론적 도그마를 조금은 완화하는 데 적합한 통찰이다.

이념의 소재 규정성은 법이념에 비추어 생각해 보면 특히 뚜렷하게 파악할 수 있다. 자연법론과 역사법학 및 사적 유물론 사이의 다툼은 법이념의 소재 규정성의 정도를 둘러싼 다툼으로 파악하는 것이 가장 적절하다.

자연법론은 이념에 대항하는 소재의 저항을 거의 제로로 만들 수 있다고 생각한다. 즉 법의 소재는 법의 이념에 의해 완전히 제거될 수 있다는 것이다. 그리하여 자연법론은 특정한 역사적 상태가 아니라 자연상태를 법이념의 소재로 파악하고, 이 자연상태를 어떤 사회학적 관계가 아니라 개인들이 서로 교류하지 않고 흩어져 있는 상태로 묘사하고, 이미 존재하고 있는 어떠한 사회적 유대를 통해서도 전혀 방해받지 않으면서 이러한 개인들 사이에 비로소 사회적 관계를 수립하는 것은 전적으로 법이념에 맡겨져 있다고 본다. 그리고 자연법론은 소재가 행사하는 어떠한 역사적 또는 사회학적 저항도 알지 못하기 때문에 법이념의 변화 가능성을 부정하고, 변화 가능성은 단지 구체적인 소재에 관련된 요소로 인해 발생할 수 있을 뿐, 완전히 비어있고, 그 때문에 완벽하게 일반적인 순수한 형식은 결코 변화할 수 없다고 한다. 바로 이 측면에서 자연법론은 어느 곳에서나 영원히 똑같은 법적 이상이 존재한다고 주장한다.

자연법론을 통해 부정된 소재의 저항이 어떤 식으로 자연법론에게 은밀하게 복수하는지는 자주 서술되곤 했다. 즉 자연법론은 겉으로는 초시대적 이성이라는 법이념으로 등장했지만 실제로는 새롭게 부상한 개인주의 시대의 법이념, 즉 사회적으로 급부상한 부르주아 계급의 법이념이라는 점이 폭로되곤 했다. 이러한 폭로 과정을 거쳐 자연법론은 **역사법학을 통해** 대체되었고, 그 뒤에는 자연법론과는 완전히 반대로 법이념이라는 형식적 요소를 거의 제로로 만들고, 법이념을 단지 법소재의 발현형식에 불과한 것으로 고찰하는 **역사적 물질주의**(사적 유물론)를 통해 대체된다. 역사법학의 법소재가 민족정신이었다면, 사적 유물론의 법소재는 경제였고, 두 이론에서 법이념은 아무런 저항도 하지 못한 채 법소재를 따르게 되며, 법이념은 완전히 시대와 민족을 통해 제약을 받는다고 이해되었다.

그렇지만 심지어 **프리드리히 엥겔스**Friedrich Engels마저도 처음에는 서로 대립하는 이해관계, 즉 사회의 상부에 자리 잡은 것 같지만 실제로는 '허상'에 불과하다고 서술하던 법과 국가를 나중에는 은근슬쩍 "나름의 독자성을 가질 수 있다"라거나 "사회에서 갈수록 멀어질 수 있다"라는 식으로 이념의 독자성을 은연중에 인정하지 않을 수 없었다. 이렇게 해서 법이념과 법소재의 관계를 둘러싸고 상대적 의존성을 가진 상대적 독자성이라는 표현이 등장하게 된다. 물론 이 표현은 선험논리학적 문제라는 우리의 이론적 토대와 관련된 것이 아니다. 다시 말해 현실을 뛰어넘는 이념이라는 순수한 형식과 이 형식의 소재에 해당하는 요소 사이의 관계를 염두에 둔 표현이 아니다. 오히려 이 표현은 실제로 지배하는 법질서 및 법에 관한 견해가 그 시대의 사회적 현실과 맺고 있는 역사적 관계에 관련된 것일 뿐이다. 앞의 서술에서도 이미 알 수 있듯이, 양자 사이에 선험논리적 척도의 관계가 존재한다고 증명하는 것은 불가능하다. 이 선험논리적 관계는 오로지 한 시대의 법적 현실의 역사와 사회적 현실의 역사 사이의 경험적 관계에 비추어서만 분명하게 밝혀낼 수 있다.

법형식과 사회적 상태 사이에 존재하는 긴장의 정도가 변화한다는 것, 즉 사회적 상태가 법형식에서 표현되는 정도가 변화한다는 것을 밝히는 일은 **법의 역사철학**이 떠맡은 고결한 과제에 해당한다.[1] **개인주의 시대**의 역사철학은 개인주의의 수용과 계몽철학에서 표현되어 있듯이 법의 형식과 소재 사이의 긴장이 극히 높다는 사실을 확인하지 않을 수 없을 것이다. 전통적인 **사법**私法은 **평등한 자들 사이의 법**으로서 의식적으로 개인의 사회적 불평등을 도외시하고, 그 때문에 예컨대 기업가와 노동자라는 대립하는 유형에 대해서는 조금도 관심을

---

1 물론 법소재가 법형식에서 얼마만큼 **표현**되는가의 물음은 법소재가 얼마만큼 법형식에 **영향을 미치는가**의 물음과는 구별해야 한다. **의미연관성**에 관한 앞의 물음과 **인과적 연관성**에 관한 뒤의 물음은 전혀 일치하지 않는다. 법에 관한 개인주의적 견해는 — 위의 본문에서 보듯이 — 흐름이 강하게 변화한 그 시대의 사회적 상태를 내용적으로 표현한 것일 뿐이지만, 새롭게 부상한 부르주아 계급의 필요를 통해, 다시 말해 법소재를 통해 완벽하게 인과적으로 규정되어 있었다. 이 점에서 궁극적으로는 법이념, 즉 순수한 의미를 파악하려는 우리의 고찰에서는 오로지 전자에 해당하는 의미연관성만이 고려의 대상이다.

보이지 않는다. 즉 전통적인 사법은 **계약의 자유**에서 출발하지만, 법 현실 속에서 이 계약의 자유는 사회적으로 의존되어 있는 자의 배후에 그를 지지하는 조직이 자리 잡고 있지 않은 이상 자유와는 정반대 되는 상태로 전락하고 만다. 더욱이 전통적 사법은 **개별적 계약**에 관해서만 관심을 기울일 뿐이어서 이러한 계약의 배후에 도사리고 있고 사실상으로 계약을 체결하는 집단적 힘에 대해서는 아무것도 말해주지 못한다. 민주주의의 **공법** 역시 각자에게 단 하나의 투표권만을 부여함으로써 **평등**을 가상적으로 전제하고, **투표를 개인의 가장 고유한 결단의 결과로 그리고 다수와 소수를 단지 평등한 개인들의 우연적 결단의 사후적 총합으로만 고찰함으로써 자유**를 가상적으로 전제하며, 국민의 대표를 — 비록 규모가 축소되긴 하지만 — 국민 전체를 있는 그대로 충실히 반영하고 있는 모상模像으로 그리고 공무원 제도를 헌법에 따른 다수의 의지를 아무런 마찰도 없고 남김없이 실현하는 도구로 파악함으로써 **대표의 가능성**을 가상적으로 전제한다. 이에 반해 민주주의 사회에 대한 사회학적 고찰은 소유, 교육, 소질의 **불평등** 및 지휘하는 자와 지휘받는 자의 **불평등**을 밝혀준다. 그리고 인간은 자유로운 개인적 결단이 아니라, 극도로 다양한 집단적 기대의 영향을 받아 선택하고 표결하는 **집단적 존재**임을 밝혀준다. 더 나아가 사회학적 고찰은 **다수**란 자유로운 개인적 결단의 사후적 총합이 아니라, 개개의 표결을 처음부터 규정하고 있는 사회학적 세력을 구현한 것이라는 사실도 밝혀준다. **국민의 대표** 역시 국민 전체를 충실히 반영하는 모상이 아니라, 사회학적으로 볼 때 매우 강력한 역동성을 지진 특수한 사회학적 형상이며 **공무원 제도**는 결코 의회의 다수의 손에 장악된 기

계가 아니라, 독자적인 의지를 강하게 갖는 사회학적 조직이라는 점
도 밝혀준다.

이에 반해 **사회정책과 경제민주주의**는 법형식이 법소재에 다시 가
까이 다가간다는 것을 뜻한다 — 파시즘이 표방하는 **직능단체 중심의
국가조직**[2]도 같은 의미일 것이다 — . 오늘날에는 자유롭고 평등하다
는 가상적 전제에 따른 개별적 존재가 아니라, 현실 속에서 사회화된
구체적인 인간이 법질서의 출발점을 구성한다. 사회 자체가 만들어냈
지만, 정작 법은 지금까지 주목하지 않았던 다양한 형태의 집단들이
이제는 법의 시야에 포착되고 있다. 선거명부에서는 정당이라는 사회
학적 구성체가 법적으로 현실적인 의미를 획득했다. 배심법관이나 배
심원을 선발할 때 법질서가 지금까지는 해당자의 계급을 전혀 고려하
지 않았던 반면, 오늘날에는 영업법원이나 상인법원을 구성할 때 일
반인 법관이 속한 **계급**을 고려하게 되었다. 단체협약법에서는 기존의
법적 고찰의 배후에서만 의미를 지니던 거대 **경제단체**들이 예전에는
서로 대립하는 개별적 당사자들만이 활동하던 무대에 본격적으로 등
장하게 되었다. 그리고 경영위원회법에서는 법률가들이 과거에는 단
순히 한 사용자가 서로 법적 관련성을 맺지 않는 개개의 노동자들과
체결한 다수의 노동계약으로만 파악했던 **사업장**(Betrieb)을 이제는
법적으로 조직된 하나의 통일적 단위로 파악하게 되었다.

이렇게 볼 때 사회적 법이념에서는 자유주의적 및 민주주의적 법이

---

2 나는 민주주의가 가상적 전제의 성격을 갖고 있음에도 불구하고 이를 인정하는 반
면, 직능단체별 전체구조는 소재에 훨씬 더 가까움에도 불구하고 이를 부정한다.
이 점에서 법형식과 법소재 사이가 멀다 또는 가깝다는 구별은 가치판단과는 관계
가 없다.

념과 비교해볼 때 소재 규정성의 정도가 더 강하다는 것을 확인할 수 있다.[3]

우리는 앞의 고찰에서 법이념의 형식과 소재를 마치 두 명의 서로 알지 못하는 사람처럼 다루었다. 이제부터는 법이념의 소재 또는 — 법이념의 소재와 같은 결론에 도달하겠지만 — 법의 소재를 더 자세히 규정하도록 시도할 필요가 있다.[4]

무엇이 법과 법이념이 자신을 적용하고자 하는 기반일까? **감각을 통해 지각할 수 있고**, 범주의 측면에서 아무런 형식도 갖추지 않은 **존재사실**(Gegebenheit)이 그러한 기반이 아니라는 점은 분명하다. 왜냐하면 법적용이란 법적 사안을 법적 규범에 포섭하는 것을 의미하고, 개념의 형식을 갖추고 있는 사실만을 (법적) 개념에 포섭할 수 있기 때문이다. 따라서 법학은 자신의 소재가 사전에 개념적 형식을 갖추고 있다는 것을 전제하고, 이 점에서 법학은 자연과학처럼 처음으로 개념을 생산하는 것이 아니라, 두 번째 단계의 개념 작업(즉 개념을 개념적으로 포착하는 것)이다.

하지만 사실을 개념적으로 처리하는 작업은 여러 방향으로 움직일 수 있고, 따라서 사실을 극히 다양한 개념체계에 귀속시킬 수 있다. 이

---

3 하지만 이와 같은 측면을 충분히 신뢰할 정도로 확인하려는 목적을 갖고 있을 때는 법적 구성요건과 사회적 사실 사이의 관계뿐만 아니라, 법적 구성요건에 연결되는 법률효과와 사회적 사실이 미치는 사회적 영향 사이의 관계도 검토해야 할 것이다.
4 이 맥락에서는 **법이념의 순수 형식**을 규정해야 할 필요는 없을 것이다. 하지만 이 순수 형식은 얼마든지 개념적으로 규정될 수 있다. 왜냐하면 이 형식 자체도 소재의 요소로부터 완전히 벗어나지는 않기 때문이다. 즉 법이념의 순수 형식은 '법'이라는 소재를 통해 규정된 이념 그 자체를 뜻한다. 이념 자체의 순수 형식은 이념이 바로 이념이 될 수 있게 해주는 속성으로서만 규정될 수 있을 따름이다(법이념에 관한 이러한 서술 및 이 글 전체의 서술은 의미 분화 Begriffsdifferenzierung에 관한 라스크Emil Lask의 이론으로부터 영향을 받은 것이다).

처럼 사실을 개념을 통해 형식화하는 방향들 가운데 법질서는 어떠한 방향을 전제하고 있는 것일까?

자연법론은 **자연주의적 개념을 통해 사전에 형식을 갖춘 존재사실**로부터 출발한다. 자연법론에서는 법을 통해 설립되지 않은 사회는 아예 존재하지 않는다. 그 때문에 자연법론은 법 이전의 사회를 오로지 자연주의적 개념의 눈을 통해서만 볼 수 있는 것, 즉 어떠한 결합도 없이 원자로 흩어져 있는 개인들의 총합으로만 파악할 뿐이다. 하지만 자연법론 이외에 실정법학에서도 순진한 자연주의가 중요한 의미를 지니기도 한다. 예컨대 **행위개념**을 형법의 핵심으로 여기면서 행위를 외부세계에 일정한 변경을 야기하는 의지적 신체활동으로 규정하는 경우가 여기에 해당한다. 그러나 자연주의적 행위개념은 구성요건 해당성, 위법성, 책임이라는 다른 범죄표지들을 지탱하기에는 턱없이 부적절한 개념이다. 자연주의적 행위개념은 범죄구성요건, 위법성의 근거가 되는 사실 및 고의나 과실의 사고내용을 그저 신체활동과 외부세계의 변화로 표현하려고 시도한다. 예를 들어 모욕을 일련의 후두 활동, 음파의 진동, 청각의 자극 및 뇌의 현상으로 표현하려는 시도가 여기에 해당한다. 그러나 가장 중요한 측면, 즉 모욕의 언어적 의미와 사회적 의의는 이런 식으로 구성된 개념과는 전혀 관계가 없다. 모욕이나 학대 또는 매음매개, 문서위조 등등 어떠한 구성요건이든 결코 특정한 방식의 자연주의적 사고를 통해서는 제대로 파악할 수 없고, 오히려 처음부터 사회적 생활에서 발생하는 사건으로서만 개념적으로 포착할 수 있을 뿐이다. 이 점에서 형법의 소재(= 원재료)는 사회적 개념을 통해 사전에 형식을 갖춘 사실이지, 아무런 형식도 없는 자연주의적 사실이 아니다.

이밖에도 **매매계약**을 체결하기 위해서는 양 당사자가 두 개의 특정한 방식의 음파가 서로 만나는 것을 의식하거나 특정한 획으로 이루어진 잉크 자국이 있는 두 개의 종이가 서로 만나는 것을 의식하는 것으로 충분하지 않다. 그보다는 계약의 당사자들이 법적 의미의 매매를 구성하는 모든 법규범까지는 아닐지라도 일상생활에서 매매라고 부르는 사안을 그들의 의지 안으로 수용해야 한다는 점이 더 중요하다. 이 경우에도 역시 자연주의적으로 사고되는 과정이 아니라, 사회적 개념을 거쳐 사전에 형식을 갖춘 사실이 계약을 체결하려는 의지의 내용을 형성한다. 즉 그와 같이 사전에 형식을 갖춘 사실이 계약법의 근원적 소재(= 원재료)가 된다.

그 때문에 법의 소재는 **사회적[5] 개념을 거쳐 사전에 형식을 갖춘 존재사실**이라고 말할 수 있다.

이와 같은 사회적 개념은 법 이전의 개념이고, 이 개념이 비로소 법적 개념에 부합하게 된다. 더 정확하게 말하면, 법적 개념, 즉 법질서가 사용하는 개념이 사회적 사안의 형태에 최대한 적응해 사회적 사안을 제대로 포착하고 이를 법적으로 다룰 수 있게 되는 것이다. 이 점에서 법률 구성요건의 토대가 되는 개념 역시 사회적 개념이다.[6] 법을

---

5 **사회적 개념**이란 사회과학적 개념이나 사회과학의 영역에 속하는 학문 이전의 개념을 뜻한다.

6 나는 다른 글에서 '**좁은 의미의 법적 개념**', 즉 법규범이 처리하는 내용을 개념적으로 포착하기 위해 법학이 비로소 생성한 법적 개념(권리, 의무, 법적 관계 등)과는 반대되는 '**법적으로 중요한 개념**'을 부각해 이를 사회적 개념과 대비시킨 적이 있다. 왜냐하면 법적으로 중요한 개념은 법학을 통해 구성된 것이 아니라, 사회과학으로부터 수용하거나 학문 이전의 상태의 개념(물론 법적 차원에서 '실용성'을 갖도록 법기술적으로 변용 과정을 거친다)을 수용한 것이기 때문이다.

적용할 때 사회적 개념을 거쳐 사전에 형식을 갖춘 사실이 이러한 개념에 부합해 나중에 형성된 구성요건 개념에 포섭된다. 따라서 사실문제에 대해 답을 할 때와 법률문제에 대해 답을 할 때 개념이 서로 일치하는 것처럼 보이게 되고, 이러한 개념의 적용을 사실의 확인으로 볼 것인지 아니면 법적 평가로 볼 것인지를 확실하게 구별할 수 있는 기준은 없으며, 그 때문에 양 측면의 대립을 토대로 항소(Berufung)와 **상고**(Revision)를 구별하는 것은 사실상 불가능하다. 이 점은 중죄법원(Schwurgericht) 절차에서 사실문제와 법률문제를 엄격히 구별하기 어렵고, 그 때문에 이 구별보다는 책임문제와 형벌문제의 구별이 더 부각하지 않을 수 없다는 익히 알려진 사정에서도 드러난다.

이 맥락에서 **포섭의 착오**(Subsumtionsirrtum)의 본질 역시 자세히 밝힐 필요가 있다. 형법학에서는 포섭의 착오를 대부분 법률의 착오에 속한다고 본다. 하지만 이 착오에서 행위는 — 예컨대 행위자가 그 존재를 전혀 알고 있어야 할 필요가 없던 법률의 구성요건이 아니라 — 법률구성요건에 상응하는 사회적 개념을 착오로 인해 잘못 포섭한 것이다. 따라서 포섭의 착오는 법률의 착오가 아니라 사실의 착오에 속한다고 보아야 한다.

이와 같은 논의를 통해 획득된 통찰이 분명하게 밝혀주는 대상은 무엇보다 '**사물의 본성**(Natur der Sache)'이다. 법적 결정을 법적 소재의 본성으로 정당화하는 것은 법소재가 사회적 개념을 통해 사전에 형식을 갖춘 사실이기 때문에 비로소 가능하다. 다시 말해 예컨대 매매에 대한 법규범의 소재가 사회생활의 사실로서의 매매이기 때문에 가능하다. 그러므로 사물의 본성에 따라 결정을 한다는 것은 곧 그와

같은 사회적 생활사실의 의미내용을 수용하고 (현상학적으로) 이 의미
내용을 철저히 사고한다는 뜻이다. 물론 법적 결정을 오로지 법적인 방
식의 사회적 사실로부터만 도출하는 것도 가능하다. 예컨대 매매, 임대
차, 혼인 등 법의 소재를 형성하는 것들은 법적 사실이고, 그 때문에 법
자체가 법의 소재에 속한다는 모순에 봉착하게 되는 것처럼 보인다.

그러나 실제로는 그와 같은 순환이 존재하지 않는다. 왜냐하면 사
회적 삶의 맥락과 떼려야 뗄 수 없을 정도로 밀접하게 맞물려 있는 법
과 법률의 내용을 구성하는 법, 다시 말해 법현실과 법질서 또는 (아돌
프 메르켈Adolf Merkel의 표현을 빌리자면) 힘으로서의 법과 이론으로서의
법(Recht als Macht und Recht als Lehre)은 뚜렷하게 구별할 수 있기 때
문이다. 앞의 법이 사회적 사실들 가운데 하나의 사실이라며, 뒤의 법
은 현실과는 별개인 의미의 세계이다. 따라서 법현실이 법과 법이념
의 소재에 속한다고 말하는 것은 얼마든지 의미가 있으며, 법이념의
소재 규정성에 대한 물음도 기존의 법(권리), 획득된 법(권리), 주어져
있는 법적 사실들이 얼마만큼 법이념을 함께 규정하고 있는가라는 방
향으로 제기될 수 있다. 이 물음에 대해 자연법은 법이념만을 부각하
고, 현재의 권력자가 갖는 정통성을 주장하는 이론은 법적 사실만을
부각해 대답한다. 이에 반해 괴테는 (그의 「편력시절 Wilhelm Meisters
Wanderjahre」에서) 그때그때 확립된 국가형태를 무시하지도 않고 그
렇다고 신성시하지도 않는 가운데 이를 주어져 있는 것으로 받아들이
면서 이 물음을 첨예한 방식으로 해결하는 탁월한 정신을 발휘하고
있다. 즉 괴테는 "시민사회가 어떠한 국가형태에 속하든 관계없이 시
민사회는 하나의 자연상태로 여겨야 한다"라고 말한다.

법이념의 문제점

이제는 지나간 시대의 유물에 해당하는 공리주의와 실증주의 법철학의 가장 뚜렷한 특징은 이들 법철학이 정의에 대한 사고에서 벗어날 수 있다고 믿었고, 정의라는 단어는 고작해야 법의 합목적성 또는 사법의 합법성의 다른 이름으로 기억할 필요가 있을 뿐이라고 믿었다는 사실이다. 이 글을 쓰는 나 자신도 예전의 저작 속에서 이러한 오류로부터 완전히 자유로웠다고 말할 수 없다. 이러한 오류를 수정하고 더 좋은 통찰에 도달하게 가르쳐준 것은 어떤 철학적 사변이 아니라, 정치적 체험이었다. 일상의 정치적 투쟁은 모두 정의를 둘러싼 끝없는 논쟁의 표현이다. 자기 몫이라고 주장하는 것을 다른 사람에게는 주지 않는다거나 자신이 취하는 것은 다른 사람에게도 부여해야 한다는 것 또는 다른 사람은 얼마든지 요구할 수 있는 것을 자신을 위해서는 요구해서는 안 된다는 것 등등 이 모든 말은 정치가와 그의 정치적 적대자들 사이에서 마치 배드민턴 셔틀콕처럼 하늘을 끝없이 왔다 갔다 날아다니는 비난과 요청 그리고 반박의 방식이다. 하지만 투쟁하는 당사자들에게 이러한 방식의 묵시적 전제조건은 한 사람에게 타당한 것은 다른 사람에게도 마땅히 타당해야 한다는 사실이다. 이것이 곧 정의의 이념이다. 철학이 삶에 대한 해석, 즉 삶의 의미내용을 분명하게 밝히는 일이라면 특히 법철학은 일상의 정치에 대한 해석, 즉 일상의 정치가 갖는 의미를 포착하는 일이다. 이를 뒤집어 생각하면 정당들의 투쟁은—그렇게 할 수 있는 능력을 전제한다면—거대한 법철학적 논의이다.

물론 정치 현실에서 정의이념이 지배한다는 것을 밝힌다고 해서 곧장 이 이념이 현실적으로 효력을 발휘한다는 법철학적 증거로 삼을 수는 없다. 정의이념을 무언가로부터 논리적으로 도출하는 것은 불가능할 뿐만 아니라 필요하지도 않다. 왜냐하면 이 이념은 진, 선, 미와 마찬가지로 가장 심오한 의미에서 독자성과 자명성을 갖고 있고, 더 이상의 논리적 추론이 가능하지 않고 추론할 필요도 없는 절대적 가치에 속하기 때문이다. 심지어 진, 선, 미라는 가치들마저도 궁극적으로는 정의에 기초하고 있고, 이 점에서 정의를 유일한 궁극적 가치로 파악하려고 시도할 수 있을 정도이다. 이 점에서 시적 정의(poetische Gerechtigkeit)라는 말은 결코 은유가 아니고, 한 조각상의 형태와 색깔의 관계 또는 평면과 규모의 관계에서도 일종의 미학적 정의가 지배한다는 느낌 역시 결코 단순한 비유가 아니다. 그 때문에 진리를 "사실에 부합하는(gerecht; 정의로운)" 것으로 여기거나 성경 말씀을 윤리 및 정의와 동일시하거나 플라톤 철학처럼 정의를 보편적 미덕으로 보는 것도 얼마든지 가능하다. 그리고 모든 존재자를 균형 잡힌 정의의 질서, 즉 하나의 우주(Kosmos)로 보는 세계관도 얼마든지 생각할 수 있다.

하지만 우리는 정의가 다른 모든 가치의 상위에 있다는, 증명할 수 없는 사고를 여기서 다룰 생각은 없다. 단지 정의가 다른 고귀한 가치들과 똑같은 정도로 그 자체만으로 정당화되는 것이 아니라 오히려 세 가지 가치로부터 파생된다고 생각하는, 우리와는 반대되는 관점을 거부하는 것만으로 만족하고자 한다. 특히 정의로운 것을 윤리적 선의 한 종류로 규정하는 것은 완전히 잘못된 생각이다. 물론 정의를 인간의 속성으로 이해한다면 정의는 주관적 정의로서 윤리적 선에 속한다고 생각할 수 있을지 모르지만, 이러한 주관적 정의 역시 객관적 정의에 지향된 심정으로 서술할 수 있을 뿐이다. 그러나 이러한 심정 자체도 윤리에 속하는 것으로 볼 수 없다. 왜냐하면 객관적 정의의 대상은 결코 윤리적 판단의 대상이 될 수 없기 때문이다. 다시 말해 객관적 정의의 대상은 인간과 인간의 의지가 아니라, 인간들 사이의 관계이다.

하지만 우리는 정의의 본질을 서술하는 일을 소홀히 했다. 정의를 어떤 의미에서든 평등으로 규정하는 것을 반박하지는 못할 것이다. 하지만 즉시 두 가지 물음이 떠오른다. 첫째, 무엇의 평등인가? 즉 활동의 평등인가 아니면 인격의 평등인가? 둘째, 절대적 의미의 평등인가 아니면 상대적 의미의 평등인가? 즉 누구에게나 똑같은 것을 주어야 하는가 아니면 각자에게 각자의 몫을 주어야 하는가? 이 두 가지 구별은 19세기 중반까지 어느 형태의 법철학에서도 빠져서는 안 될 정도로 중요하고 생산적이었던 이론과 함께 거의 흔적도 없이 — 가톨릭 철학은 예외에 해당한다 — 사라져 버렸다. 그것은 바로 배분적 정의와 평균적 정의(dikaiosyne diametike/dikaiosyne diortotike; justitia distributiva/justitia commutativa)를 구별했던 아리스토텔레스의 정의 이론이다.

평균적 정의는 일정한 활동을 서로 교환할 때 절대적 평등을 요구한다는 뜻이다. 예컨대 노동과 임금의 평등, 손해와 배상의 평등 ― 다수의 견해에 따르면 ― 죄와 벌의 평등이 여기에 해당한다. 배분적 정의는 인격을 다룰 때의 상대적 평등, 즉 부담과 이익을 능력과 욕구에 따라 그리고 책임과 업적에 따라 분배하는 것을 요구한다는 뜻이다. 전자의 평등이 교환이 이루어지는 두 사람 사이의 관계에 관한 것이라면, 후자의 평등은 최소한 두 사람과 이 두 사람에게 분배를 수행하는 제3자 사이의 관계에 관한 것이다. 이 점에서 평균적 정의는 법적으로 평등한 사람들 사이의 관계, 즉 사법에 적용되고, 이에 반해 배분적 정의는 상하질서의 관계, 즉 공법에 적용된다.

그러나 배분적 정의와 평균적 정의는 각각 별개로 존재하는 관계가 아니다. 오히려 평균적 정의는 배분적 정의를 전제한다. 즉 평균적 정의는 평등한 사람들 사이의 정의인데, 이를 위해서는 미리 배분적 정의가 관련된 당사자들이 평등한 관계에 있도록 이들에게 평등한 지위를 부여해야 한다. 그러므로 우리는 배분적 정의를 법의 근본원칙으로 고찰하고, 따라서 "같은 것은 같게 다른 것은 다르게 취급하라!"를 법의 원칙으로 고찰해도 무방하다.

예컨대 특정한 개인 또는 특정한 집단에게만 불리한 예외적 명령과 같이 같은 것은 같게 다른 것은 다르게 취급하려는 의지가 조금도 내재하지 않는 명령이 실정적으로 효력을 갖고 합목적적일 수 있고, 심지어 필연적이고 그 때문에 절대적으로 타당할 수도 있다. 하지만 이와 같은 명령에 대해서는 법이라는 이름을 붙이기를 거부해야 마땅하다. 왜냐하면 법은 최소한 정의에 봉사할 것을 목적으로 삼는 것이기 때문이다. 이는 마치 진리에 봉사하기 위해 ― 성공 여부와는 관계없이 — 행해지는 것만이 학문이 되는 것과 마찬가지이다. 이 점에서 정의는 법이라는 종種을 규정하는 이념이다.

그러나 정의로부터는 '올바른 것'의 형식만을 도출할 수 있을 뿐, 그 내용까지 도출할 수는 없다. 즉 정의는 같은 것은 같게 다른 것은 다르게 취급하라고 가르쳐주긴 하지만 '어떻게' 취급해야 하는가와 '무엇을' 같은 것 또는 다른 것으로 여겨야 하는가의 두 가지 물음에 대답해주지 않는다. 왜냐하면 평등은 결코 주어져 있는 존재사실이 아니고, 사물들은 마치 '이 계란과 저 계란이 다르듯이' 너무나도 다르며, 이 점에서 '같음'은 언제나 특정한 관점에 따라 이미 주어져 있는 '다름'으로부터 벗어나 추상화한 것일 따름이고, 법의 영역에서는 오로지 법의 목적에 대한 성찰만이 이 특정한 관점을 제공해줄 수 있으며, 이러한 성찰만이 같다고 여겨지거나 다르다고 여겨지는 것을 취급하는 방식에 대한 물음에 대해서도 해결책을 제시할 수 있을 뿐이기 때문이다.

오로지 정의와 합목적성이 함께 할 때만 형식과 내용이 확정된 법이념을 제공할 수 있다. 정의와 합목적성은 형식과 내용이 그렇듯이 서로서로 필요로 한다. 하지만 양자는 서로 모순되기도 한다. 즉 근본적으로 개별화를 지향하는 합목적성은 근본적으로 일반화를 해야 하는 정의의 한계에 봉착하지 않을 수 없다. 행정과 행정법원 사이의 투쟁, 형법에서 정의를 지향하는 경향과 합목적성을 지향하는 경향 사이의 대립, — 법 이외의 영역에 속하지만 — 학교 교육에서 등장하는 교육적 요구와 훈육적 요구 사이의 모순은 이러한 긴장관계를 잘 보여준다. 일반화와 개별화는 개별적 사례에 따라 중간지점에서 이루어지는 어느 정도의 특화(Spezifikation)를 거쳐 서로 조화를 이루긴 하지만, 이러한 특화 역시 법의 본질에 비추어 달리 생각할 수 없듯이 개별화보다는 일반화에 더 가깝고, 따라서 일반화의 한 형태로서 낮은 정도의 일반화에 해당하며 궁극적으로는 개별화에 대립하는 것이다.

법의 목적과 합목적성도 더 자세히 규정할 필요가 있다. 법의 목적과 합목적성에 대한 궁극적 정당화는 모든 목적설정의 궁극적 정당화를 찾아내야 하는 지점, 즉 절대적 가치를 통해서만 가능하다. 즉 합목적적인 법이란 가치를 촉진하는 법을 뜻한다. '올바른 것'의 형식을 통해 정의라는 절대적 가치가 직접 충족된다면, 법은 법의 내용을 통해 진, 선, 미라는 다른 절대적 가치의 실현에 이바지해야 한다. 이 가치들은 다시 가치들이 실현되는 대상을 기준으로 세 가지 그룹으로 나눌 수 있다. '선'은 개별 인격, 집단적 인격 또는 인류 전체에서 구현되고, '미'와 '진'은 예술적 및 학문적 작품 속에서 구현된다. 개별적 인격, 집단적 총체 및 문화적 작품 이외에는 이 세계의 그 어느 것도 하나의 절대적 가치를 떠받치고 있는 존재자가 될 수 없다. 하지만 이 세 가지 모두에 똑같이 봉사할 수는 없기 때문에 법은 개인주의적으로 개인의 완성에 봉사하고자 할 것인지, 초개인주의적으로 총체성을 확고하게 만드는 일에 봉사할 것인지 아니면 초인격적으로 창조적 활동에 봉사하고자 할 것인지를 결정해야 한다. 간단히 표현하자면, 인격과 자유, 민족과 권력 또는 문화 가운데 어느 것이 궁극적 근거가 되어야 할 것인지에 대해 결정을 내려야 한다. 이와 같은 세계관적 결정은 각 정당의 태도에 구체적으로 표현되어 있다. 보수주의 정당 이데올로기, 자유주의 정당 이데올로기, 민주주의 정당 이데올로기, 사회주의 정당 이데올로기 — 각 이데올로기의 구체적 내용에 대해서는 여기서 다시 자세히 밝힐 필요 없다 — 등 다양한 정당 이데올로기는 언제나 이 세 가지 세계관적 가능성에 근원을 두고 있다. 따라서 법의 목적에 대한 물음은 정당 이데올로기 사이에서 벌어지는 투쟁의 한 가운데로 발을 들여놓게 만들고, 학문적 근거에 기초해 이 투쟁에 대한 명확한 결정을 내리는 것은 가망 없는 일이다. 그 때문에 법의 목적에 대한 물음과 관련해 학문적 법철학이 취할 수 있는 궁극적 태도는 상대주의(Relativismus)일 수밖에 없다. 상대주의는 이데올로기들 사이의 대립을 단지 서술할 뿐이고, 이 대립에 대해 어떠한 태도도 취하지 않으며, 어떠한 태도를 취할 것인지는 깊은 내면에서 우러나는 개인적 확신에 맡길 따름이다.

그러나 상대주의가 법이념에 대한 마지막 말이 될 수는 없다. 즉 법철학은 법이 취해야 할 태도를 개인의 확신에 맡길 수는 없다. 법은 공동생활의 질서로서 한 사람의 의무가 다른 사람의 권리와 서로 화합할 수 있도록 만들기 위해서 모든 사람에게 적용되는 하나의 규범을 전제한다. 이처럼 초개인적이고 확실한 규범이 필요하다는 사실 그리고 상대주의가 이와 같은 규범을 제공할 능력이 없다는 사실 때문에 명확하게 **확인**할 수 없는 것은 명확하게 **확정**하지 않을 수 없다는 사실, 특히 확정된 것을 **관철**할 능력이 있는 기관을 통해 확정되지 않을 수 없다는 사실이 도출된다. 이렇게 해서 법적 안정성은 법이념의 세 번째 측면으로 밝혀지며, 따라서 관철할 능력이 있는 권력을 통한 실정법제정의 필요성 및 이러한 권력에 의해 제정된 법의 효력(구속력)은 법적 안정성이라는 법이념의 결과로 밝혀진다. 그러므로 법이 실

정적인 권력에 의해 지탱되고, 이런 의미에서 효력을 갖는 법이 된다
는 점 역시 법의 이념에 속한다.

이렇게 해서 정의와 합목적성의 요구 및 법적 안정성의 요구는 심각
한 모순에 빠지게 된다. 즉 법이념이 자기 자신과 모순에 빠지지 않을
수 없게 된다. 이념과 사실 사이의 근원적 대립에도 불구하고 법의 영역
에서 이념은 사실과 매우 가까운 관계를 맺는다는 독특한 측면이 드러
난다. 이 관계를 '사실적인 것의 규범성(Normativität des Faktischen)'
이라고 서술하기도 했다. 이 측면에서는 법이 자의와 권력에 대립하
는 것임에도 불구하고 동시에 자의와 권력을 조건으로 삼는다는 근원
적 역설이 밝혀진다. 즉 법의 파괴를 통한 법의 성립, 다시 말해 실패
한 반역은 중범죄이지만 성공한 반역은 법의 새로운 토대라는 기이한
사실의 법철학적 위치는 바로 이러한 역설이다. 하지만 혁명이라는
사실뿐만 아니라, 관습법이라는 현상에서도 이미 이러한 역설이 표현
되어 있다. 이렇게 볼 때 법의 효력만이 아니라, 법의 내용과 관련된
다양한 측면 역시 법적 안정성의 필요성을 통해 규정된다. 즉 법을 안
정적이고 확실하게 다룰 수 있어야 한다는 요청, 다시 말해 법의 '실
용성(Praktikabilität)'에 대한 요청은 법이 개별화에 초점을 맞춘 합목
적성과는 모순되는 여러 가지 특성을 갖게 만든다. 예컨대 법은 삶에
서는 그저 유동적인 과정만이 있을 뿐인 곳에서도 뚜렷한 경계를 설
정한다. 확정력은 법적 안정성을 위해 내용적으로 부정당한 판결에
대해 판결의 대상이 된 개별사례와 관련해 효력을 부여하고 심지어
'선례숭배(Präjudizienkult)'는 개별사례를 넘어서까지도 효력을 부여
한다. 소멸시효, 취득시효, 사법상의 점유보호 그리고 국제법상의 기

존상태(status quo) 등에서는 지속성, 즉 법적 생활의 안정성을 위해 위법한 사실에 대해서도 권리를 박탈하거나 권리를 부여하는 작용을 인정한다. 이 모든 경우에서 법적 안정성은 정의 및 합목적성에 모순될 수 있을 뿐만 아니라, 오늘의 법적 안정성이 내일의 법적 안정성과 모순될 수도 있다.

　우리는 앞에서 법의 형식으로서의 정의는 그 내용을 채우기 위해 합목적성을 요구하고 또한 모든 목적설정의 상대성에 관한 상대주의는 다시 법의 안정성 확보라는 문제를 불러일으키지 않을 수 없지만, 서로서로 요구하는 이 세 가지 법이념 요소, 즉 정의, 합목적성, 법적 안정성이 즉시 모순을 겪게 된다는 점을 살펴보았다. 아마도 이 세 가지 원칙들에 대해 각 원칙의 작업영역을 기준으로 정직한 분업을 제안함으로써 이 모순을 해소하고 싶을지도 모른다. 다시 말해 하나의 명령이 '올바른 것'의 형식을 갖추고 있는지, 즉 이 명령이 '올바른 것'이라는 개념에 속하는지는 정의를 기준으로 판단하고, 명령이 그 내용에 비추어 올바른 것인지는 합목적성에 비추어 결정하며, 명령에 효력을 부여할 것인지는 확보되는 법적 안정성을 기준으로 판단한다는 식으로 제안할 수도 있다. 실제로 우리는 하나의 명령이 법적 성질을 갖는지, 즉 명령이 법의 개념에 부합하는지는 오로지 목적으로 삼은 정의만을 기준으로 결정한다. 그러나 법의 내용에 대해서는 세 가지 원칙 모두가 규정한다. 물론 대부분의 법적 내용은 합목적성 원칙에 의해 지배된다. 하지만 원칙적으로 중요한 의미가 있는 몇몇 규정들은 오로지 정의를 통해 지배된다. 예컨대 법률 앞의 평등과 성별, 출생, 신분을 고려하지 않는 법률 앞의 평등 그리고 예외법원의 금지 등이 여기에 해당한다. 끝으로 법적 안정성 원칙도 법의 내용에 이바지한다. 즉— 앞에서 밝혔듯이 — 취득시효, 소멸시효, 점유보호, 확정력 등 법의 '실용성'을 고려한 결과들은 전적으로 법적 안정성의 필요에 기인한 것이다. 다른 한편 법의 효력은 실정법제정을 통해 보장되는 법적 안정성만으로는 정당화될 수 없다. 물론 법률가 자신은 일차적으로 법적 안정성에 봉사하는 자로서 방법적 자기제한을 분명히 의식함으로써 모든 실정법의 효력의지를 실정법의 실제적 효력과 동일시해야 한다. 그러나 법철학자로서는 비록 실정성을 갖고 있긴 하지만, 합목적성에 반하거나 심지어 부정의한 규범이 효력을 주장하는 경우 이 규범을 통해 보장되는 법적 안정성이 과연 얼마만큼 반합목적성과 부정의보다 더 커다란 비중을 가질 수 있는지 묻지 않을 수 없다. 법철학자가 대부분 법적 안정성을 위해 반합목적성 또는 부정의를 감수해야 한다는 결론에 도달하는 것은 결코 법철학이 효력을 갖는 법으로 여기도록 요구하는 실정법에 대해 언제나 아무런 저항도 하지 않고 복종하는, 실정법학의 노예이기 때문이 아니다. 실정법을 그 형식과 내용 및 효력에 비추어 초실정적으로, 이 의미에서 자연법적으로 평가하는 것은 법철학의 본질과 필연적으로 결부되어 있고, 법실증주의 시대에도 이와 관련된 의식을 언제나 생생하게 유지한 것은 가톨릭 법철학의 공헌이다. 법철학은 법에 관해 누구나 가지고 있는 태도에 대한 학문적 서술일 뿐이기 때문에 법에 복종하는 자의 관점에서도 때로는 실정법이 효력 또는—더 적절한 표현을 사용한다면—타당성을 갖지 못할 수 있다는 사실을 고려하게 된다. 문화투쟁(Kulturkampf)의 시기, 사회주의자 법률(Sozialistengesetz)의 시대 그리고 현재 우리가 목격하고 있는 불안과 동요는 이와 관련된 현실적 사례에 해당한다. 법률가가 해석하고 다루어야 할 의무가 있는 법이 그와 같은 확신에 주목할 이유는 없다. 그 때문에 '확신범'에서는 법이념이 비극적 문제점, 즉 정의 또는 합목적성과 법적 안정성 사이의 모순, 다시 말해 법이념이 자기 자신과 겪게 되는 해소할 수 없는 모순이 가장 뚜렷한 형태로 모습을 드러낸다.

우리의 결론은 아마도 다음과 같은 점일 것이다. 즉 법이념의 세 가지 요소인 정의, 합목적성, 법의 안정성은 이 요소들이 서로 첨예한 모순을 겪을 수 있고 이 모순을 보편타당하게 해결해줄 수 있는 상위의 규범이 존재하지 않음에도 불구하고 세 가지 요소들이 함께 법의 모든 측면을 지배하고 있다는 점이다. 물론 각 시대에 따라 세 가지 원칙들 가운데 어느 하나에 더 커다란 비중을 두는 경향이 있다. 예를 들어 경찰국가는 합목적성을 가장 지배적인 원칙으로 삼아 각료사법(Kabinettjustiz)에 의한 대권판결을 통해 정의와 법적 안정성을 거리낌 없이 배제한다. 자연법의 시대에는 정의라는 형식적 원칙으로부터 모든 법의 내용과 효력을 끄집어내려는 마술을 부리려고 시도한다. 그리고 과거의 법실증주의 시대가 오로지 법의 실정성과 안정성만을 강조하고 이로써 제정법의 합목적성과 정의에 관한 체계적인 연구가 오랫동안 정지상태를 겪게 만들고 법철학과 법정책이 수십 년에 걸쳐 침묵하게 만든 것은 너무나도 커다란 재앙을 불러일으킨 편파성이 아닐 수 없다.

우리는 법이념의 세 요소 사이의 모순을 밝혔지만 이를 해결할 수는 없다. 이 점을 우리는 체계의 흠결로 여기지 않는다. 철학은 결정권을 빼앗아 스스로 결정하는 것이 아니라 결정 앞에 서게 만들어야 한다. 철학은 삶을 더 쉽게 만드는 것이어서는 안 되고, 오히려 삶이 문제가 있도록 만들어야 한다. 세계를 이성의 목적적 창조로 여기지 않으면서도 세계를 이성의 체계를 통해 아무런 모순도 없이 해소하려는 철학이야말로 몹시 의심스러운 철학이 아니겠는가? 세계가 궁극적으로는 모순이 아니고 삶이 결정이 아니라면 우리 인간 존재는 얼마나 부질없는 것이겠는가?

이 논문은 이 마지막 통찰을 얻기 위해 쓰인 것이지, 구체적인 문제들을 다루기 위해 쓰인 것이 아니다.

법률적 불법과 초법률적 법

I

민족사회주의는 두 가지 원칙을 수단으로 군부와 사법부를 장악했다. 그것은 바로 "명령은 명령이다"라는 원칙과 "법률은 법률이다"라는 원칙이었다. "명령은 명령이다"라는 원칙은 결코 무제한으로 적용되지는 않았다. 나치 군형법은 명령자가 범죄를 목적으로 행한 명령에 대해서는 복종의무가 없다고 명문으로 규정(군형법 제47조)했기 때문이다. 이에 반해 "법률은 법률이다"라는 원칙에 대해서는 어떠한 제한도 없었다. 이 원칙은 법실증주의 사상의 표현으로, 수십 년 동안 아무런 저항도 받지 않고 독일의 법률가들을 지배했다. 이 원칙에 따른다면, '법률적 불법'이나 '초법률적 법'은 그 자체 모순된 표현이다. 그러나 현재의 법실무는 다시 이 두 가지 문제를 처리해야 할 상황에 놓이게 되었다. 최근에 「남독일 법률신문」(SJZ 1946, S. 36)에 실린 비스바덴 지역법원의 한 판결은 이러한 맥락에서 이해할 수 있다. 이 판결은 "유대인의 재산을 국고에 귀속시키도록 규정한 법률은 자연법에 모순되며, 따라서 이 법률이 공포된 때부터 이미 무효였다"라고 판시했다.

II

형법의 영역에서도 특히 러시아 점령지역에서 이루어지는 법적 논의나 판결을 통해 같은 문제가 제기되어 있다.

1. 노르트하우젠Nordhausen에 있는 튀링엔 중죄법원은 상인 괴티히 Göttig를 밀고하여 결국 사형에 처하게 만든, 사법공무원 푸트파르켄 Puttfarken에게 종신형을 선고했다. 푸트파르켄은 괴티히가 어느 공중변소에 남긴 낙서 '히틀러는 학살자이고, 전쟁은 그의 책임이다'라는 글을 이유로 신고를 했다. 그러나 괴티히에 대한 유죄판결은 이 낙서뿐만 아니라, 그가 외국방송을 청취했다는 사실까지 포함해 이루어졌다. 푸트파르켄에 대한 튀링엔 주 검찰총장 쿠쉬니츠키 박사Dr. Kuschnitzki의 논고는 신문(「Thüringer Volk」, 1946.5.10.)에 자세히 보도되었다. 검찰총장은 먼저 "푸트파르켄의 행위가 위법성이 있는가"를 논의했다. "자신의 신고행위가 민족사회주의에 대한 신념에서 이루어진 것이라는 피고인의 주장은 법적으로 아무런 의미도 갖지 않는다. 왜냐하면 밀고를 해야 할 어떠한 법적 의무도 존재하지 않았고, 더욱이 정치적 신념에 따라 밀고를 해야 할 의무도 존재하지 않았기 때문이다. 히틀러 시대에도 그러한 법적 의무는 존재하지 않았다. 문제는 피고인이 과연 사법司法에 봉사하기 위해 그러한 행위를 했는가 하는 점이다. 사법에 봉사했다고 말하기 위해서는, 사법이 법을 말할 수 있는 힘을 갖고 있다는 사실을 전제해야 한다. **합법성, 정의를 추구하**

는 것 그리고 법적 안정성은 사법이 존재하기 위한 전제조건이다. 그러나 히틀러 시대의 정치적 사법은 이 세 가지 요건 가운데 그 어느 것도 충족시키지 못했다."

"히틀러 시대에 다른 사람을 밀고한 자는 자신이 피고인을 진실발견과 정당한 판결을 법적으로 보장하는 합법적 소송이 아니라, 완전한 자의恣意에 내맡긴다는 사실을 알아야 했고, 실제로 그러한 사실을 알고 밀고를 했다."

"따라서 본인은 이 문제에 관해 예나 대학교 법과대학 학장인 랑에 Lange 교수가 제출한 법적 소견서를 그대로 원용하겠다. 즉 제3제국의 상황을 고려할 때 전쟁이 발발한 후 3년째에 누군가 '히틀러는 학살자이고, 전쟁은 그의 책임이다'라고 쓴 쪽지 때문에 재판을 받는다면, 결코 생명을 보존할 수 없을 것이라는 사실은 누구나 잘 알고 있었다. 푸트파르켄 같은 사법공무원이 사법이 **어떻게** 법을 왜곡시킬 것인지를 몰랐을 수는 없다. 오히려 그는 사법이 아주 완벽하게 법을 왜곡하리라는 **사실**을 신뢰할 수 있었다."

"그리고 형법 제139조에 따른 신고의무도 이 경우에는 존재하지 않았다. 물론 이 법규정에 따르면, 반역기도에 대해 믿을 만한 정보를 적시에 당국에 신고하지 않은 자는 처벌하게 되어 있었다. 그리고 카셀 고등법원이 괴티히를 **반역예비죄**로 사형에 선고한 것도 사실이다. 그러나 법적 의미에서 볼 때, 반역의 예비는 존재하지 않았다. 괴티히가 용기를 갖고 썼던 '히틀러는 학살자이고, 전쟁은 그의 책임이다'라는 말은 명백한 진실이었을 뿐이다. 그가 그런 말을 공공연히 퍼뜨렸다고 해서 제국과 제국의 안전이 위협받지는 않았다(즉 반역죄의 구성

요건 해당성이 없다). 그는 오히려 제국을 파탄에 몰아넣은 자를 제거하
여 제국을 구하려고 했을 뿐이다. 따라서 그의 행위는 반역죄의 정반
대에 해당한다. 이 명백한 사실을 법률적 형식논리로 은폐하려는 어
떠한 시도도 거부해야 마땅하다. 더욱이 이른바 영도자이자 제국수상
이었던 히틀러를 과연 합법적 국가원수이자 반역죄의 보호객체로 볼
수 있는지조차 의심스럽다. 피고인 푸트파르켄은 신고를 할 때 괴티
히의 행위가 법적으로 어떠한 의미가 있는지에 대해 깊이 생각한 적
이 없으며, 또한 그의 통찰능력에 비추어 볼 때 그러한 생각을 할 수도
없었다. 그가 괴티히의 행위를 반역예비죄로 보았고, 그래서 신고할
의무를 느꼈다고 진술한 적은 없다."

다음에 검찰총장은 "푸트파르켄의 행위가 유책한가?"의 문제를 다
루었다.

"푸트파르켄은 자신이 괴티히가 사형에 처해지는 것을 적극적으로
의욕했다는 사실을 기본적으로 시인했다. 몇 명의 증인도 이 사실을
확인했다. **이는 형법 제211조의 살인의 고의에 해당한다.** 제3제국의
한 법원이 괴티히에게 사형을 선고했다는 사정은 푸트파르켄의 정범
성립 여부에 아무런 영향을 미치지 않는다. **그는 간접정범**이다. 물론
제국법원의 판례에 의해 발전된 간접정범이라는 개념이 원칙적으로
이 사건과는 다른 경우, 특히 간접정범이 의사능력과 책임귀속능력이
없는 자를 도구로 이용한 경우를 대상으로 했다는 점은 인정할 수 있
다. 독일의 한 법원이 범죄의 도구로 이용되는 상황이 발생하리라고
는 그 누구도 생각하지 못했다. 그러나 우리는 지금 바로 그러한 상황
에 놓여 있다. 푸트파르켄 사건이 **유일한 사건으로 남지는 않을 것이**

다. 법원이 불법적인 판결을 선고하면서 **형식적** 합법성을 준수했다는 사실이 간접정범의 성립을 불가능하게 만들지는 않는다. 더욱이 1946년 2월 8일에 공포된 튀링엔 주 법률보충법을 통해 간접정범의 논리구성과 관련된 몇 가지 난점들도 제거되었다. 즉 이 법률은 제2조에서 의문을 제거할 목적에서 형법 제47조 제1항에 다음과 같은 보충을 가했다: '직접 또는 타인을 이용하여 가벌적인 행위를 유책하게 수행한 자는, 설령 타인이 합법적으로 행위했을지라도 처벌된다.' 이 법률로 인해 소급효를 갖는 새로운 실체법이 제정된 것은 아니며, 단지 1871년부터 이미 효력을 갖는 현행형법에 대한 유권해석을 마련했을 뿐이다."[1]

"나 자신도 찬반 논거를 섬세히 검토해 볼 때, 살인죄의 간접정범을 인정하는 것에 대해 반론을 제기할 수 없다고 생각한다. 하지만 만일 재판부가 이와 다른 견해를 갖게 되면 어떠한 문제가 발생할 것인지를 생각해 보자. 간접정범의 논리구성을 거부한다면, 결국 **법과 법률에 반하여 괴티히를 사형에 처한 법관들을 살인자로 보는 것** 이외의 다른 결론이 있을 수 없다. 그렇다면 피고인은 **살인의 방조범**이 되며, 그에 따라 처벌되어야 할 것이다. 또 다른 반론들을 재반박해야 한다면 — 내가 그러한 반론들을 무시하는 것은 물론 아니다 —, 1946년 1월 30일에 연합국 통제위원회가 공포한 법률 제11호를 근거로 제시

---

1) 리히아르트 랑에Richard Lange 교수는 그의 형법 주석서(StGB in der Thüringischen Fassung, Weimar 1946)에서, "행위자가 범죄목적을 실현하기 위해 사법을 오용한 경우(소송사기, 정치적 밀고 등)에 간접정범을 인정하는 것에 대해서는 여러 가지 의문이 제기되었다. 이런 의미에서 1946년 2월 8일에 공포된 법률보충법 제2조는 이용을 당한 자가 공무를 수행했거나 그 자신 합법적으로 행위했을 때도 간접정범이 성립한다는 사실을 분명히 했다"라고 쓰고 있다.

할 수 있다. 이 법률 제2조c에 따르면, 피고인 푸트파르켄은 반인류범
죄로 처벌될 수 있다. 이 법률은 한 나라의 국내법이 침해되었는가를
대상으로 하지 않는다. 이 법률은 반인간적인 행위와 정치적·인종적
또는 종교적 근거에서 행해진 박해를 처벌하기 위한 것이다. 제2조와
제3조에 따르면, 그와 같은 범죄를 저지른 자에 대해서는 법원이 정
당하다고 결정한 형벌을 부과할 수 있다. 사형 또한 가능하다."[2]

"나는 법률가로서 오로지 법률적 평가에 나의 견해를 국한하는 데
익숙해 있다. 하지만 문제를 직업적 관점에 한정시키지 않고, 상식에
비추어 고찰하는 것이 언제나 바람직하다. 법적 사고는 법적 근거를
갖는 판결에 도달하기 위해 책임의식을 가진 법률가들이 이용하는 수
단에 지나지 않는다."

튀링엔 배심법원은 간접정범이 아니라 살인방조로 푸트파르켄에
게 유죄를 선고했다. 그렇다면 괴티히에게 법과 법률에 반하여 사형
을 선고한 법관들이 살인의 책임을 부담해야 할 것이다.[3]

---

2 연합국 통제위원회의 법률 제10호에 따른 가벌성에 관해서는 아래에서 논의하지
않겠다. 독일 법원은 일차적으로 그에 대한 관할권이 없기 때문이다(동법 제3조
1d).

3 밀고와 관련된 다른 소송으로는 숄Scholl 남매[히틀러에 저항한 지하단체 '백장미
(Weiße Rose)를 결성했던 한스 숄과 소피 숄 남매. 두 사람 모두 1943년에 나치에 의
해 처형되었다 ― 옮긴이]를 밀고한 자들에 대한 뮌헨 지역법원의 재판이 있다. 탈
나치화(Denazifizierung)는 정치적 및 도덕적으로 저열한 심정에 대항하는 것이며,
따라서 그러한 심정을 행동으로 옮긴 것이 합법적이었느냐 또는 유책한 것이었느
냐는 고려할 필요가 없다. 이 점에서 나치의 과거를 청산하는 형사사법은 통상의
형사사법과 구별되며, 양자가 중첩되는 경우에도 이 점을 고려해야 할 것이다. 이
에 관해서는 '민족사회주의 및 군국주의로부터 해방을 위한 법률(Gesetz zur
Befreiung von Nationalsozialismus und Militarismus)', 제22조 참고[이 법률 제22조
는 다음과 같다. (1) 민족사회주의자와 군국주의자의 범죄행위는 이 법률에 의해
독립적으로 소추될 수 있다. 이는 특히 전쟁범죄 및 민족사회주의 폭력정권하에서
처벌되지 않았던 기타 범죄행위에 적용된다. (2) 동일한 행위에 대한 형사법원의

2. 작센 주 검찰총장인 슈뢰더 박사Dr. J. U. Schroeder는 얼마 전 한 언론(Tägliche Rundschau, 1946.3.14.)에서, 설령 민족사회주의의 명문의 법률에 근거하여 내려진 것일지라도 "비인간적인 판결에 대해서는 형법적 책임을 묻겠다"라는 의도를 밝혔다.

"민족사회주의 일당국가의 입법 — 이에 근거하여 수많은 사형판결이 내려졌다 — 은 **전혀 법적 타당성을 갖고 있지 않다.**"

"그러한 입법은 이른바 '**수권법**[1933년 3월 24일에 제정된 '수권법'의 정확한 명칭은 '민족과 국가의 위난을 배제하기 위한 법률(Gesetz zur Behebung der Not von Volk und Reich)'이다. 이 법률을 통해 국가권력이 실질적으로 나치에 의해 장악되었다 — 옮긴이]'에 근거하고 있지만, 수권법은 헌법상 요구되는 2/3의 동의도 받지 않은 채 제정되었다. 히틀러는 강제로 공산당의 제국의원들이 의결에 참석하지 못하도록 했으며, 면책특권을 묵살하고 그들을 체포하도록 명령했다. 나치의 추종자들이 아니었던 나머지 의원들도 나치돌격대(SA)의 협박을 받고, 수권법에 찬성하도록 강요당했다."**4**

"어떠한 법관도 부정당할 뿐만 아니라, 심지어 **범죄적인** 법률을 근거로 판결을 내릴 수는 없다. 우리는 모든 실정규범을 초월한 **인권**, 즉 박탈할 수 없는 시원적인 권리를 원용한다. 그러한 권리에 근거하면 비인간적인 폭군의 범죄적인 명령은 그 효력이 부정된다."

소추와 이 법률에 따른 형사소송과 별개로 이루어질 수 있다. 다만 이 법률에 따라 부과된 형벌은 형사법원이 동일한 행위를 근거로 부여한 형벌을 고려하여 선고될 수 있다 — 옮긴이].

4 이렇게 볼 때, 과연 혁명적으로 성립한 질서가 "사실의 규범력"에 의해 효력을 갖는 법이 될 수 있는가 하는 문제를 논의할 필요가 있을지도 모른다. 그리고 수권법이 공산당원을 배제함으로써 비로소 2/3 이상의 동의가 성립했다는 보도도 동료인 옐리네크Jellinek 박사의 친절한 지적에 따르면 맞지 않는다.

"나는 이러한 고려에서 인간성의 원칙에 합치하지 않는 판결을 선고했고, 무효인 법률에 근거하여 사형을 선고한 법관들을 형사소추해야 한다고 생각한다."[5]

3. 할레에서는 사형집행인 클라이네Kleine와 로제Rose가 수많은 불법처형에 적극적으로 가담한 사실 때문에 사형선고를 받았다고 전해졌다. 클라이네는 1944년 4월부터 1945년 3월 사이에 무려 931건의 사형집행에 가담했고, 그 대가로 총 26,433 제국마르크(RM)를 받았다고 한다. 그에 대한 유죄판결은 연합국 통제위원회 법률 제10호(반인류범죄)를 근거로 삼은 것 같다. "두 피고인은 자신들의 잔인한 직무를 자발적으로 수행했다고 볼 수밖에 없다. 왜냐하면 모든 사형집행인은 건강 또는 기타의 이유로 언제든지 직무를 그만둘 수 있는 자유가 있었기 때문이다."(「Liberaldemokratische Zeitung」, Halle, 1946.6.12.)

4. 이밖에도 작센 주에서 생긴 다음과 같은 사건(1946년 5월 9일의 작센 주 검찰총장 슈뢰더 박사의 기사)이 알려졌다. 동부전선에 배치되어 전쟁포로 감시업무를 수행하던 한 작센 출신 사병이 1943년에 탈영을 했다. 그의 말에 따르면 "포로들이 당하는 비인간적인 대우에 혐오감을 느끼고, 히틀러 군대에 봉사하는 일에 지쳤다"라고 한다. 그는 어쩔 수 없이 처가로 피신했지만, 그곳에서 발각되어 헌병에게 압송당했다. 압송 도중에 그는 헌병이 눈치 채지 못하게 자신의 권총을 뽑아 그 헌병을 등 뒤에서 사살했다. 그는 1945년에 스위스에서 작센으로 돌아왔다. 그는 체포되었고, 검찰은 공무원을 살해한 죄로 공소를

---

5 적법성이 없는 재판에 대한 형법적 책임에 관해서는 *Buchwald, Gerechtes Recht*, Weimar 1946, S. 5 이하 참고.

제기했다. 검찰총장은 그의 석방과 기소중지를 지시했다. 검찰총장은 그의 행위가 형법 제54조(긴급피난)에 해당한다고 보고, 그 근거를 다음과 같이 설명했다. "그 당시 법을 집행하는 자들이 법이라고 공표한 것들은 이제 더 이상 효력이 없다. 히틀러와 카이텔(Keitel; 히틀러에게 끝까지 충성했던 나치군 총사령관. 뉘른베르크 전범재판에서 사형을 선고받고 처형당했다 — 옮긴이)의 군대에서 탈영한 행위는 우리의 법적 견해에 비추어 볼 때, 그 탈영병을 비난하고 처벌해야 할 잘못에 해당하지 않는다. 탈영은 결코 그에게 책임을 물어야 할 근거가 되지 못하기 때문이다."

이렇게 도처에서 법률적 불법과 초법률적 법의 관점에서 법실증주의에 대한 투쟁이 전개되고 있다.

III

법실증주의는 실제로 "법률은 법률이다"라는 확신으로 인해 독일의 법률가계급을 자의적이고 범죄적인 내용의 법률에 저항하지 못하는 무기력한 존재로 만들어버렸다. 법실증주의는 결코 자신의 힘으로 법률의 효력근거를 제시할 수 없다. 법실증주의는 법률의 효력이 법률을 관철할 힘을 갖고 있다는 사실로 입증된다고 믿는다. 그러나 힘에 근거해 필연이 발생할 수 있을지 모르지만, 결코 당위와 타당성이 발생하지는 않는다. 당위와 타당성은 오로지 법률에 내재하는 가치에 근거할 수 있을 뿐이다. 물론 모든 실정법은 그 내용과는 관계없이 하

나의 가치를 실현한다. 즉 법률은 법적 안정성을 보장하기 때문에, 무법상태보다는 더 낫다. 그러나 법적 안정성이 법이 실현해야 할 유일한 가치는 아니며, 또한 결정적 가치도 아니다. 법적 안정성과 더불어 합목적성과 정의라는 두 가지 다른 가치가 존재한다. 이 가치들 사이의 우선순위와 관련해서는, 공동선을 위한 법의 합목적성이라는 가치를 맨 마지막에 놓아야 할 것이다. "국민에게 유용"하다고 해서 법이 되는 것은 아니며, 오히려 법적 안정성을 보장하고 정의를 추구하는 진정한 법만이 국민에게 유용하기 때문이다. 모든 실정법이 그 실정성 때문에 갖게 되는 법적 안정성은 합목적성과 정의의 중간에 위치하는 특수성을 갖고 있다. 즉 법적 안정성은 공공복리의 요청이자 동시에 정의의 요청이기도 하다. 법이 안정성을 갖는다는 것, 다시 말해 지금 여기서 해석, 적용되는 법과 내일 저기서 해석, 적용되는 법이 다르지 않다는 것은 정의의 요청이기도 하다. 법적 안정성과 정의, 내용이 부정당하지만 실정성을 갖는 법률과 내용이 정당하지만 법률의 형식에 담기지 않은 법 사이에 대립이 발생하면, 결국 정의가 자기 자신과 빚는 갈등, 표면상의 정의와 진정한 정의 사이의 갈등이 존재하게 된다. 이러한 갈등을 복음서는 이렇게 표현하고 있다. 즉 한편에서는 "너희를 지배하는 관헌에게 복종하라"라고 명령하고, 다른 한편에서는 "인간보다는 신에게 더 복종하라"라고 명령한다.

정의와 법적 안정성 사이의 갈등은 다음과 같이 해결할 수 있을 것이다. 즉 제정(Satzung)과 권력에 의해 보장된 실정법은 그 내용이 정의롭지 못하고 합목적성이 없다고 할지라도 일단은 우선권을 갖는다. 그러나 실정법률의 정의에 대한 위반이 참을 수 없는 정도에 이르렀다면, '부정당한 법'인 그 법률은 정의에 자리를 물려주어야 할 것이다. 물론 어떠한 경우에는 법률적 불법이며 어떠한 경우에는 비록 부정당한 내용을 지녔지만 그런데도 효력을 갖는 법률인지를 확연하게 구별하는 것은 불가능하다. 그러나 한 가지 경계선만은 명백하게 확정할 수 있다. 즉 정의를 전혀 추구하지 않는 경우, 다시 말해 실정법을 제정하면서 정의의 핵심을 이루는 평등을 의식적으로 부정한 경우, 그 법률은 단순히 '불법'에 그치지 않고, 법의 성질 자체를 갖고 있지 않다. 왜냐하면 실정법을 포함한 모든 법은 정의에 봉사하는 의미를 지닌 질서와 규정이라고 개념정의할 수밖에 없기 때문이다. 이러한 기준에 비추어 보면, 나치의 법은 결코 효력을 갖는 법이라고 말할 자격을 갖추고 있지 않다.

히틀러의 인격이 가진 가장 뚜렷한 속성 — 그것은 모든 민족사회주의 '법'의 본질을 구성하는 것이기도 하다 — 은 진리와 법에 대한 감각이 완전히 상실되어 있었다는 점이었다. 진리에 대한 감각을 조금도 갖고 있지 않았기 때문에 그는 자신의 선동적인 연설이 효력을 발휘하면 어떠한 수치심과 주저함도 없이 바로 그것이 진리라고 규정할 수 있었다. 법에 대한 감각을 전혀 갖고 있지 않았기 때문에 그는 노골적인 자의를 법률로 만드는 데 아무런 의문도 갖지 않을 수 있었다. 그래서 그의 통치 초창기에 포템파의 살인자들[1932년 9일 저녁 오버슐레지엔 지방의 포템파라는 마을에서 다섯 명의 나치돌격대(SA)들이 한 공산당원을 무참히 살해한 사건이 발생했다. 이 사건에 대해 보이텐Beuthen 지방법원은 피고인들에게 사형을 선고했다. 그러나 나치의 압력을 받던 제국수상 파펜Papen은 형량을 종신형으로 감형했고, 나치가 권력을 장악한 후 살인자들

은 사면되었다―옮긴이]을 고무, 격려하는 전보가 있었고, 말기인
1944년 7월 20일에 순교자들에 대한 잔학한 처형이 있었다. 포템파
판결과 관련하여 알프레드 로젠베르크(Alfred Rosenberg; 나치 이데올
로기의 신봉자. 1934년부터 '영도자'의 위임을 받아 나치의 정신적·세계관적
원리를 교육하는 사업을 지휘, 감독했다. 전범재판에서 사형을 선고받고 처형
되었다―옮긴이)는 이미 「Völkischer Beobachter」에 다음과 같은
이론을 내세웠다. "인간이라고 모두 같은 인간이 아니며, 살인이라고
모두 같은 살인인 것은 아니다. 프랑스에서는 평화주의자 조레(Jaures;
프랑스의 사회주의 정치가. 1904년에 사회주의 정당을 결성했고, 독일과 프랑
스의 전쟁을 반대하는 평화주의자였다. 1914년 민족주의자에 의해 암살당했
다―옮긴이)에 대한 살인과 민족주의자 끌레망쏘(Clemenceau; 프랑스
의 급진우파 정치가. 1906-1909년에 총리를 역임했고, 1차대전 때에도 총리
가 되어 전쟁을 지휘했다. 전쟁이 끝난 후 베르사이유 평화회의 의장을 했다―
옮긴이)에 대한 살해기도는 서로 다르게 평가된다. 즉 애국심에서 살
인한 범인에게 (민족사회주의 관점에서 볼 때) 반민족적 행위동기를 가
진 자와 같은 형벌을 부과하는 것은 있을 수 없는 일이다." 이것만 보
더라도 민족사회주의 '법'은 처음부터 정의의 본질적 요청인 '같은 것
은 같게 취급하라'라는 평등원칙을 의도적으로 묵살했음을 뚜렷이 알
수 있다. 따라서 민족사회주의 '법'은 법의 성질 자체를 갖고 있지 않
으며, 단순히 부정당한 법이 아니라, 아예 법이 아니다. 특히 나치가
정당이라는, 국가를 구성하는 한 부분으로서의 성격을 거부하고 전체
주의 국가를 장악하기 위해 만든 모든 규정은 어떠한 의미에서도 법
이라 할 수 없다. 인간을 인간 이하로 취급하고 인권을 부정하는 모든

법률도 법의 성질을 결하고 있다. 그리고 범죄의 경중을 고려하지 않은 채 단지 순간적인 위협을 목적으로 완전히 다른 범죄행위에 대해 대개는 사형이라는 똑같은 형벌을 부과한 형벌규정들도 법으로서의 성질을 갖고 있지 않다. 이 모든 것들은 법률적 불법일 뿐이다.

그러나 12년간의 폭정을 체험한 직후인 이 순간에도 '법률적 불법'이라는 개념, 즉 실정법의 법적 성질을 부정하는 것이 법적 안정성에 위험을 초래할 수 있다는 사실을 잊어서는 안 된다. 우리는 그러한 불법이 독일 민족이 일으킨 단 한 번의 착오와 혼동으로 남기를 희망해야 한다. 우리는 민족사회주의 입법의 오용과 남용에 저항할 힘을 모두 빼앗아버린 법실증주의를 완전히 극복함으로써 그러한 불법국가가 다시는 반복되지 않도록 우리 스스로 무장해야 한다.[6]

IV

이 모든 내용은 미래에도 적용된다. 지난 12년 동안의 법률적 불법에 대해서도 우리는 법적 안정성을 가능한 한 최소한으로 희생시키면서 정의의 요청을 실현하도록 노력해야 한다. 과거의 법률적 불법을 청산하기 위해 개개의 법관 스스로 법률을 제정하도록 해서는 안 되며, 그러한 과제는 오로지 상급법원이나 입법에 맡겨져야 한다(같은 견해로는 Klein, SJZ S. 36). 이미 미국 점령지역에서는 각주 대표회의와 협의해 '형사사법에 의한 나치 불법의 보상을 위한 법률'이 제정되었다. 이 법률은 "민족사회주의 또는 군국주의에 저항하기 위해 행해진

---

6 초법률적 법에 관해서는 *Buchwald*, 앞의 책, S. 8 이하; *Roemer*, in: SJZ S. 5 이하 참고.

정치적 행위는 가벌성이 없다"라고 규정함으로써 예컨대 탈영병 사건(Ⅱ4.)은 해결된 셈이다. 이에 반해 이 법률의 자매법률이라 할 수 있는 '나치 범죄행위의 처벌을 위한 법률'을 앞에서 언급했던 사례들에 적용할 수 있으려면 그러한 행위가 행위시의 법에 따르더라도 이미 가벌성이 있는 행위였음을 전제할 수 있어야 한다. 따라서 우리는 이 법률과는 관계없이 제국형법에 따라 앞의 세 가지 사례의 가벌성을 심사해야 한다.

앞에서 언급한 밀고자 사건과 관련해, 이들이 밀고할 때 살인의 고의를 갖고 있었고, 이를 실현하기 위해 형사법원을 도구로 그리고 형사소송의 법적 자동장치를 수단으로 이용했다면, 살인죄의 간접정범을 인정하는 데 이의가 있을 수 없다. 특히 "행위자가 피의자를 제거함으로써, 예컨대 그의 부인과 결혼하거나 그의 주택이나 직장을 빼앗거나 복수심을 충족하는 것 등의 이익을 얻으려 했다면"(예나의 리히아르트 랑에 교수의 소견서에 따름) 살인의 고의가 명백히 존재한다.[7] 복종의무자에 대한 명령권을 범죄를 목적으로 남용한 자가 간접정범인 것과 마찬가지로 범죄를 목적으로 밀고를 함으로써 사법기관이 작용하도록 한 자 또한 간접정범이 된다. 특히 간접정범이 특정한 형사법관의 정치적 성향 — 그것이 정치적 광기 때문이든 아니면 권력자의 억압 때문이든 — 을 충분히 알 수 있었고 또한 사실상 알고 있었던 경우라면 명백히 법원을 단순한 도구로 이용한 것이다. 밀고자가 이러한 고의가 없이, 단지 법원에 정보를 제공하고 그에 관한 결정은 법

---

7 물론 행위자의 고의를 — '주관적 불법요소'의 방식에 따라 — 근거로 행위매개자에게는 존재하지도 않은 위법성을 간접정범에게는 존재한다고 파악하는 것은 공범이론에서는 극단적 주관주의에 속한다.

원에 맡겼다면, 법원이 판결과 집행을 통한 살인죄의 책임을 부담할 때만, 밀고자를 원인 제공자로서 사형판결과 그 집행의 방조범으로 처벌할 수 있다. 실제로 노르트하우젠 법원은 이러한 법리구성을 채택했다.

법관에 대해 살인의 가벌성을 인정하기 위해서는 그가 법왜곡죄(형법 제336조, 제344조)를 범했다는 사실이 동시에 확인되어야 한다. 왜냐하면 독립된 법관의 판결은 법관의 독립을 보장하기 위한 원칙인 법과 법률에 대한 구속원칙을 위반했을 때만 처벌 대상이 되기 때문이다. 우리 법문화가 발전시킨 원칙들에 비추어, 적용된 법률이 결코 법이 아니고, 또한 적용된 형벌(예컨대 자유재량에 따라 선고된 사형)이 정의에 대한 의지를 완전히 조롱하는 것이었음이 확인될 수 있다면, 객관적으로 법왜곡이 존재한다. 하지만 법실증주의의 지배하에 잘못된 교육을 받아 제정법의 절대성만을 알았던 법관들이 실정법을 적용하면서 법왜곡의 고의를 가질 수 있었을까? 설령 그들이 법왜곡의 고의를 가졌더라도, 그들에게는 법률적 불법으로서의 민족사회주의 법 자체가 그들에게 가했던 생명의 위협을 근거로 형법 제54조의 긴급피난을 원용하는 최후의 구제방법이 남아 있다. 이는 정말 받아들이기 고통스러운 결론이다. 왜냐하면 정의를 지향해야 하는 법관의 직업윤리는 어떠한 대가 — 설령 그것이 생명일지라도 — 를 치르더라도 지켜야 마땅하기 때문이다.

두 명의 사형집행인의 가벌성 문제는 가장 간단하게 해결할 수 있다. 우리는 사람을 죽이는 일을 직업으로 삼는 자에 대해 편견을 가져서는 안 되며, 당시에 그 직업이 아주 수입이 좋았다는 사실을 결정적인 측면으로 생각해서도 안 된다. 사형집행인이라는 직업은 예전부터 일종의 상속직업이었고, 이 직업을 가진 사람들은 항상 자신들은 단지 집행만 할 뿐이고, 심판은 고매하신 판사님들의 일이라는 사실로 용서를 구하는 경향이 있다. "주인님들은 재난을 막으시고, 나는 그분들의 판결을 집행할 따름이다"라는 1689년에 생긴 이 말은 사형집행인의 칼날이 번쩍일 때마다 그들의 입에 오르내리곤 했다. 한 법관의 사형판결이 법왜곡에 따른 것일 때만 살인의 가벌성이 있는 것과 마찬가지로, 사형집행인은 그의 처형행위가 형법 제345조의 구성요건을 충족할 때, 즉 집행될 수 없는 형벌을 고의로 집행한 때만 처벌될 수 있다. 카알 빈딩(Karl Binding, Lehrbuch, Besonderer Teil, Bd. 2, 1905, S. 569)은 제345조의 구성요건과 관련하여, 집행인과 집행 가능한 판결의 관계는 법관과 법률의 관계와 유사하다고 말한다. 즉 집행인의 유일한 의무는 판결을 정확히 집행하는 것뿐이며, 판결이 집행인의 모든 행위를 규정한다는 것이다. "집행인이 판결을 그대로 준수했다면 그의 행위는 정당하며, 판결과 다른 집행을 했다면 그의 행위는 부정당하다. 따라서 판결집행의 유일한 척도가 되는 권위를 부정했다는 점이 제354조가 규정한 범죄의 핵심이기 때문에, 이를 판결왜곡이라고 부를 수 있다." 판결의 합법성에 대한 심사는 사형집행인의 의무가 아니다. 설령 사형집행인이 판결의 불법성을 알고 있었더라도 그에게 책임을 물을 수는 없으며, 자신의 직업을 포기하지 않은 행위를 위법한 부작위로 책임귀속을 할 수도 없다.

V

나는 노르트하우젠 배심법원에서 쿠쉬니츠키 박사가 말했던 것처럼 '법률적 형식논리'가 '명백한 사실'을 은폐하는 경향이 있다고 생각하지는 않는다. 오히려 법적 안정성이 부정된 지난 12년 동안의 체험에 비추어 볼 때, '법률적 형식논리'에 따른 사고를 통해 모든 유혹을 물리치는 것이 그 어느 때보다도 필요하다고 생각한다. 물론 12년 동안 협박과 억압을 체험한 자들이 그러한 유혹을 쉽사리 물리칠 수 없다는 것은 충분히 이해할 수 있다. 하지만 우리는 정의를 추구하면서 동시에 법적 안정성을 고려해야 한다. 왜냐하면 법적 안정성 자체가 정의의 한 구성부분이기 때문이다. 따라서 우리는 이 두 가지 사상을 최대한으로 충족시키는 법치국가를 건설해야 한다. 민주주의는 분명 찬양해야 마땅할 가치이며, 법치국가는 일상의 양식이나 마실 물과 숨 쉴 공기와 같은 것이다. 민주주의가 갖는 최고의 가치는 바로 민주주의만이 법치국가를 보장할 수 있다는 사실이다.

「법철학」 신판 후기 초고(1949)

I.

이 책에서 펼친 사고를 지속하고 또한 변경하는 일 — 이것이 이 후기의 과제이다 — 은 일차적으로 다른 학자들의 학문적 서술에 기초한 것이 아니라, 두 가지 역사적 사건에 대한 체험에 기초한 것이다. 하나는 나치 독재이고, 다른 하나는 나치의 패망 및 독일의 점령이다. 만천하에 알려진 사정들에 대한 설명은 그저 몇몇 표제어를 제시하는 것만으로 충분하다.

1.

나치는 그야말로 법의 모든 원칙을 위반했고 오로지 가능성의 영역에만 있었던 모든 형태의 불법을 등장시켰다. 나치는 그 이전에 있던 법치국가(Rechtsstaat)를 완벽한 의미의 '불법국가(Unrechtsstaat)'로 만들어버렸다. 가장 위험한 형태의 불법은 법률의 형식을 취하고 있는 불법, 즉 **'법률적 불법'**이다. 여기에 해당하는 수많은 사례 가운데 하나만 꼽는다면 뉘른베르크 인종법률을 떠올리면 된다. 공정하게 사고하는 자라면 이 법률의 내용에 대해 결코 '법'이라는 명예로운 이름을 부여하지 않을 것이다. 하지만 최악의 내용을 가진 법률도 원칙적으로는 **하나의** 법가치, 즉 법률의 형식을 통해 보장되는 법적 안정성을 갖는 반면, 나치의 입법은 이 가치마저도 충족하지 못했고 또한 충족하기를 원한 적도 없다. '수권법률(Ermächtigungsgesetz)'은 정권과 입법을 위해 거의 모든 헌법적 제한장치를 파괴했다. 왜냐하면 경찰권에 대해 법관의 법적 통제를 받지 않는 무제한의 관할권을 인정했고, 형사법관에게는 다의적이고 불확실하기 짝이 없는 구성요건과 법률을 유추할 권리까지 부여했으며 법률 자체가 자의의 도구로 전락해 법적 불안정성을 야기했다. 그런데도 1934년에 독일법 아카데미 회의에서 헤르만 괴링Hermann Göhring이 '법적 안정성을 민족공동체의 토대'라고 지칭하면서 나치의 '국가가 갖는 법적 성격'을 주장한 것은 거의 만용에 가까운 짓이었다. 하지만 괴링은 아카데미에서 한 이 말과 이른바 뢰엠Röhm 쿠데타를 계기로 히틀러가 수행한 책략을 '독일 민족의 유일한 법원장'인 영도자가 행한 '가장 위대한 법적 행위'라고 말한 것이 서로 합치할 수 있다고 여겼던 모양이다. 법적 불안정성은 언제든지 조금도 주저함이 없이 법을 개정할 가능성으로 인해 더욱 상승했다. 입법과 관련된 모든 연결고리는 영도자의 손에 완전히 장악되어 있었다. 그의 머리에 떠오른 입법과 관련된 생각과 제국법률공보를 통한 법률공포 사이에 위원회의 철저한 심의와 수차례의 독회를 거치는 의회의 활동이 개입한 적은 없었고, 오로지 언제나 인쇄를 준비하고 있는 제국인쇄소를 거쳤을 뿐이다. 이렇게 해서 수없이 많은 법률과 법률개정 그리고 법이 거의 형태를 알아볼 수 없을 정도로 왜곡되고 변형되는 상황이 발생했다.

법과 불법을 법률의 형식으로 담아낼 수 있는 무제한의 가능성에도 불구하고 법률 자체에 반하는 불법이 훨씬 더 중요한 역할을 했다. 어떤 내용은 심지어 권력자마저도 법률이라는 공식적 형식으로 감당하기 어려울 정도여서 비밀리에 집행되었다. 신문에서는 '탈옥한' 상습범 또는 '반항하는' 상습범을 총살했다는 기사를 자주 접했고, 나중에는 심지어 아무런 사유도 제시하지 않고 즉결처분했다는 기사가 자주 등장했다. 수형 중인 상습범을 총살하도록 경찰에 인계한 것은 전혀 법률적 근거가 없었다. 수용소에서 자행된 대량학살은 다음과 같은 식의 문구를 담은 히틀러의 비밀명령에 기초한 것이었다. "수용소장 불러Bouhler와 의학박사 브란트Brandt는 담당 의사들의 권한을 확대해 인간의 재량에 비추어 치료 불가능한 환자들에 대해 이들의 질병 상태에 대한 엄격한 판단에 따라 안락사를 시행하는 과업을 담당한다." 물론 이런 문구에 법률의 성격을 부여하는 법률가들이 존재했다. 딱 하나의 사례에서만 히틀러는 자신의 폭력행위에 대해 최소한 사후적으로나마 합법성이라는 외관이 필요했는데, 그것은 이른바 뢰엠 쿠데타 사건이었다. "1934년 6월 30일, 7일 1일과 2일에 내란과 반역에 해당하는 공격을 억제하기 위해 취한 조치는 국가 긴급피난으로서 정당한 조치였다." 1934년 7월 3일에 제정된 이 면책 법률에 근거해 카르Kahr, 슐라이허Schleicher, 파펜의 비서였던 에드가 융Edgar Jung에 대한 살해는 소추되지 않았다.

나치의 법률 또는 — 더 정확히 말하면 — 법률위반은 어떠한 이데올로기에 근거했는가? 나치의 법이데올로기는 다음과 같은 명제를 표준적 공식으로 삼았다. "**법은 독일 민족에게 유용한 것이다.**"이 공식을 통해 여하한 자의도 법률이 될 수 있었고, 모든 법파괴와 모든 중립성 침해마저도 법률이 되었다. 1939년 5월 23일에 고위급 명령권자들과 회의를 하면서 히틀러는 이렇게 말했다. "적은 초기에 진압하고 말살하도록 노력해야 한다. 이때 법과 불법 또는 조약 따위는 아무런 의미가 없다." 더 나아가 "벨기에나 네덜란드의 중립성을 침해하는 문제는 아무런 의미도 없다. 우리가 승리하고 나면 아무도 중립성 침해를 문제 삼지 않을 것이다. 우리는 중립성 침해를 바보같이 정당화했던 1914년의 전철을 밟지 않을 것이다."

나치의 궁극적 정당화 공식은 "공익이 사익에 우선한다"라는 공식이었다. 하지만 무언가가 공동체에 이익이 되는지는 영도자가 결정한다. "영도자는 명령하고 우리는 복종한다!" 그러나 공익의 배후에 정당의 이익이나 개인의 명예욕이 도사리고 있는지를 객관적으로 통제할 수 없다. 그 때문에 국민은 다음과 같은 원칙을 들먹이곤 했다. "나의 이익이 너의 이익에 우선한다." 하지만 정도에 관계없이 사실상의 공익이 고도의 개인적 이익과 인간의 존엄을 포함한 모든 개인적 가치보다 상위에 있었다는 사실은 끔찍한 일이다. "너는 아무것도 아니고 너의 민족이 모든 것이다." 이로써 개인보다 절대적으로 우위에 있으면서 공익과 사익 사이의 정당한 형량을 거부하고, 따라서 정의이념 자체마저 거부하는 **전체주의 국가**가 형성되었다.

정의이념으로부터 완전히 등을 돌리고, 이에 따라 법의 본질 자체를 근원적으로 부정했다는 사실은 같은 종류의 행위에 대해서도 그것이 타인의 정치적 이익에 관련된 것인지 아니면 자신의 정치적 이익

에 관련된 것인지에 따라 완전히 반대되는 결과에 도달했다는 점에서
너무나도 뚜렷하게 드러난다. 히틀러는 그가 권력을 장악하기 직전에
어느 공산주의자를 처참하게 살해했고 그 때문에 사형선고를 받은 이
른바 포템파Potempa 살인자들에게 다음과 같은 내용의 전보를 부친다.
"동지들! 이 끔찍하기 짝이 없는 잔혹한 판결을 접하고 나니 내가 그
대들과 함께한다는 깊은 연대감을 가집니다. 이 순간부터 그대들의
자유는 곧 우리의 명예가 걸린 문제이고, 이 잔혹한 판결이 가능하게
만들었던 정권에 대항하는 투쟁은 곧 우리의 의무입니다." 이 판결을
1944년에 히틀러 암살을 기도했던 사람들에 대한 소송과 비교해보자.
프라이슬러Roland Freisler가 재판장을 맡아 인민법원에서 진행되었고 독
일 사법부의 명예를 참혹할 정도로 실추시킨 이 소송에서는 희생자들
을 잔인하게 처형하게 만든 판결을 선고했다. 알프레드 로젠베르크
Alfred Rosenberg는 1932년 9월 3일자 신문 'Völkische Beobachter'에
포템파 재판에 대해 다음과 같은 추잡한 이론을 제기한다. "한 폴란드
인 그것도 볼셰비키인 인간을 살해했다는 이유로 다섯 명의 남자가
사형선고를 받았다. 이 법원판결은 민족의 자기보존이라는 근원적 감
정에 반한다. 우리는 자유주의자들의 세계관과 마찬가지로 마르크스
주의자들에 대해서도 공격을 가할 것이다. 우리는 모든 영혼이 똑같
다고 여기지 않으며 모든 인간이 평등하다고 여기지도 않는다. 우리
의 목표는 강한 독일인이며, 따라서 오로지 불평등에 대한 신념만이
독일에 정치적 자유를 가져다줄 것이다." 다른 모든 정당을 금지하고
자기 정당만을 국가의 근거로 삼은 일당독재 국가는 이와 같은 이데
올로기에 기초했다. 인간과 '저급 인간'을 구별하는 인종이론은 무엇

보다 인간의 불평등이라는 이념에 기초한 것이었다. 인종 박해라는 비인간성을 보여주는 수많은 처참한 사례들 가운데 가장 원초적인 정의마저 부정하는 치욕적인 사건 하나만을 언급해보자. 어느 외국 국적의 유대인이 파리의 독일대사관에 근무하는 독일 공무원을 살해하자 괴링은 1938년 11월 12일에 "유대인들의 적대적 태도에 대해서는 가혹한 처벌이 필요하고, 따라서 독일 국적의 유대인 전체는 총 10억 마르크를 국가에 기부해야 한다"라는 내용의 명령을 발동한다. 이는 곧 타인의 행위에 대한 책임을 부담시키는 원시적 집단책임으로의 회귀이자 정의의 이념과 개인책임 원칙을 노골적으로 부정한 것이다. 같은 날 발동한 명령에서 괴링은 대사관 공무원 살인사건을 구실로 삼아 나치 스스로 유발한 유대인교회 방화, 유대인 상점 파괴 및 여타의 반유대주의 폭력과 관련해 다음과 같이 지시한다. "유대인들이 국제적으로 나치 독일에 퍼부은 혐오에 대한 민중들의 분노로 인해 1938년 11월 8, 9, 10일에 유대인 상점과 주거에 발생한 모든 손해는 해당하는 유대인 소유자나 영업주가 즉시 제거해야 한다. 복구비용은 해당 유대인 상점과 주거의 소유자가 부담한다. 독일 국적 유대인의 보험청구권은 독일제국이 몰수한다." 이는 불법의 희생자들에게 불법에 대한 책임을 부담하게 만든 폭거이다!

정의를 부정하고 법에 관한 사고를 말살함으로써 정의로운 판결을 보장하기 위한 장치도 당연히 점차 붕괴했다. 즉 특별법원과 인민법원이라는 정치적 예외법원이 설치되었고, 형사소송에서는 피의자를 보호하기 위한 규정들이 갈수록 협소해졌으며 국가권력이 확정판결에 대해 이의를 제기할 가능성은 확대되었다. 1942년 4월 26일 제국의회의 동의라는 미명으로 히틀러를 최상급 법관으로 명시적으로 선언했고, 법관들에게 의무 이행을 경고하거나 의무를 제대로 이행하지 않을 때는 법관직에 수반된 권리를 전혀 고려하지 않은 채 속죄하도록 명령하며 특히 법적 절차를 전혀 거치지 않고 즉시 파면할 권리까지 히틀러에게 부여함으로써 법관의 독립은 사실상 완전히 파괴되었다.

정의의 동생은 정직이다. 정직과 신의성실은 나치에 의해 끊임없이 침해되었을 뿐만 아니라, 아예 정직과 신의성실을 근원적으로 부정하기도 했다. 실질에 명백히 모순되는 말을 사용하는 것은 나치의 버릇에 속한다. 예를 들어 기존의 공직자를 추방하고 그 자리에 정당의 입맛에 맞는 사람을 임명하기 위해 제정한 법률의 공식명칭은 '직업공무원제도 회복을 위한 법률'이었고, 정신질환자를 쓸모없는 밥버러지로 여기고 이들을 말살하는 행위를 '은혜로운 사망'이라고 불렀다. 독일이 더 이상 영토에 대한 청구권을 주장하지 않는다고 공식적으로 선언하면서 동시에 영토권의 확장을 계획하고 준비했다.

심지어 전쟁을 개시하기 위한 계기를 의도적이고 인위적으로 조작하기도 했다. 1938년 9월 22일에 히틀러는 자신이 챔벌레인Chamberlain에게 "이 문제(주데텐지방Sudetenland)가 해결되면 독일로서는 유럽에서 더 이상의 영토문제는 존재하지 않는다"라고 여러 차례 확약했다고 선언했고 9월 29일에는 뮌헨 의정서를 통해 주데텐지방이 히틀러에게 이양되었지만, 이미 10월 초에 장군 카이텔Keitel에게 '나머지 체코 지역을 정복'할 계획을 수립하라고 지시한다. 1938년 8월 30일에 히틀러는 요델Jodel의 다음과 같은 제안에 동의한다. "(체코를 점령하기 위한) '녹색' 작전은 독일에 군사개입의 계기를 제공한 체코에서 발생할 사건으로 야기되는 것으로 한다. 이 사건이 발생할 시점을 날짜와 시간까지 정확히 확정하는 것은 매우 중요하다." 1939년 8월 22일(폴란드 침공 직전)의 연설에서 히틀러는 이렇게 말한다. "본인은 전쟁을 불러일으킬 선동적인 계기를 마련해낼 것이다. 그것이 믿을만한 계기인지 그렇지 않은지는 중요한 문제가 아니다. 승자가 나중에 그가 진실을 말했는지에 대해 질문을 받는 일은 없다. 전쟁의 개시와 수행에서 중요한 것은 법이 아니라, 오로지 승리일 뿐이다." "더 강한 자가 옳다(법이다)."

이와 같은 내용의 문서에 비추어 뉘른베르크 재판에서 '모든 법에 대한 냉소적이고 노골적인 멸시'라고 언급한 것은 타당한 언급이다. 하지만 '냉소적'이라는 단어로는 충분하지 않다. 왜냐하면 나치 권력자들은 단순히 죄악을 천연덕스럽게 드러내는 치욕적이고 냉소적인 짓에 그친 것이 아니라, 광기, 잔인함과 가혹함과 같은 죄악을 인간의 미덕으로 칭송하는, 더욱더 나쁜 짓을 자행했기 때문이다. 법의 영역에서 불법이 법으로 타락한 이 끔찍한 현상은 세 명의 이름과 함께 영원히 기억될 것이다. 그들은 프랑크Hans Frank, 프라이슬러, 티어아크 Otto Thierack이다. 그러나 이 사법부의 치욕에 저항했던 수많은 법관의 이름은 유감스럽게도 거명할 수 없다. 저항했던 법관이 없었기 때문이다.

2.

테오도르 스톰Theodor Storm이 남긴 말 가운데 이런 말이 있다. "불행에서 일단 죄를 제거하라. 그 나머지를 인내심을 갖고 견뎌내라." 엄청난 불행을 극복한 이후에는 언제나 이 불행을 겪지 않은 사람들이 부담감을 느끼기 마련이다. 즉 그 자신은 불행을 겪지 않고 살아남았다는 수치심이 의식 속에 자리 잡고, 신 앞에서 느끼는 죄책감에 괴로워하며 인간의 근원적 죄악과 옳은 일을 한 것이 없는데도 상을 받았다는 사실을 겸허하게 받아들이게 된다. 1945년 독일의 붕괴 역시 이처럼 인간의 근원적 죄책감을 불러일으켰다. 이것은 승전국이든 패전국이든 모두 마찬가지이다. 그 때문에 독일과 외국의 교회들은 서로 자신들의 책임을 고백하고 이 고백을 주고받는다. 그러나 이 **형이상학적 또는 종교적 책임**은 결코 **윤리적, 도덕적 책임**을 포함하지 않는다. 윤리적 책임은 책임에 해당하는 사건, 즉 해서는 안 될 것을 저지르거나 해야만 할 일을 하지 않은 책임에 직접 연루되어 있을 것을 전제한다. 윤리적 책임은 극도로 나쁜 죄책부터 사소한 죄책에 이르기까지 매우 다양한 형태로 드러난다. 독일의 붕괴에 대해서는 확신에 가득 찬 나치들뿐만 아니라, 나치 체제를 지탱했던 기회주의자, 아무 관심도 보이지 않은 채 비겁하게 지켜보기만 했던 자들, 즉 목숨을 건지기 위해 어쩔 수 없이 당원 배지를 달고 히틀러 경례를 했던 자들과 '최악을 방지하기 위해서'라는 착각 속에 차악을 선택할 수밖에 없다고 여긴 자들도 책임이 있다. **정치적 책임**, 더 정확히는 정치적 책무라는 사고는 섬세한 과정을 거쳐 이루어지지 않는다. 정치적 책임은 집단책임이고, 국가 전체에 해당하며 간접적이든 직접적이든 개개의 국민 모두에게 해당한다. "왕이 시작한 말도 안 되는 일에 대가를 치르는 것은 백성이다(quidquid delirant reges, plectuntur Achivi)." 그러나 함께 죄를 지은 자들에 대해 그들이 속한 국가 또는 다른 국가의 법원이 형법적 책임을 묻고자 할 때는 윤리적 책임보다는 더 좁고 엄격한 **범죄적 및 법적 책임**을 전제해야 하고, 가벌적 구성요건을 위법하고 유책하게 실현했다는 것을 전제해야 한다.[1]

독일의 패망 이후 상당수 독일 국적자들에 대해 독일 법원, 특히 뉘른베르크 국제 군사법원과 각 점령군 법원을 포함한 승전국 법원 그리고 독일의 탈나치화 절차에서 법적 책임을 묻게 되었다. 이 세 가지 맥락 모두에서 과연 행위 시점에는 형법적 처벌 대상이 아니었던 행동을 처벌하는 것이 정당화될 수 있는가라는 어려운 문제가 성립했다. 한편에서는 "사전의 법률 없으면 형벌 없다"라는 포이어바흐가 제기한 공식이 나치 국가에 의해 이 공식이 배제되었고 점령군의 입법이 이 공식의 부활을 새로운 법치국가의 상징으로 삼았다는 이유로 더욱더 커다란 권위를 갖게 되었다. 다른 한편에서는 예컨대 집단학살과 같은 명백한 범죄에 대해 가벌성을 배제했던 나치의 법률을 이들이 제거된 이후에 진정한 법으로 승인하는 것은 있을 수 없는 일이다.

이 어려운 문제로 인해 **독일 법원**은 나치의 적대자들이 나치의 색깔로 물든 사법부의 가혹한 처벌을 받도록 만든 광신적이거나 사악한 밀고자들을 나치 정권이 패망한 이후인 현시점에서 살인 또는 자유박

---

1 *Karl Jaspers*, Die Schuldfrage 1946.

탈로 처벌할 수 있는가라는 물음에 봉착했다. 이들을 처벌해야 한다
는 결론에 도달하기 위해서는 밀고행위가 그 당시에 처벌을 받지 않
은 것 자체가 '법률적 불법'이었다고 생각해야 한다. 이렇게 되면 한
세기에 걸쳐 결코 반박할 수 없었던 실증주의에 대해 앞으로는 추종
을 거부하는 것이 되고, 자연법이 붕괴한 이후에는 전혀 들어보지 못
했던 전제인 '초법률적 법'을 실정법을 불법으로 평가하기 위한 척도
로 주장하는 것이 된다.

똑같은 물음은 **점령군**에 의해 수행된 **뉘른베르크 법정**에서 더욱 고
통스러운 정도로 제기되었다. 점령군이 독일인에 대해 재판 관할권을
갖는 것 자체가 이미 정당화의 어려움을 겪었다. 기소인의 진술에 따
르면 독일의 무조건 항복으로 인해 변호와 재판을 거치지 않고서도
얼마든지 처벌 가능했다고 하면서 피고인들은 "그들에게 진술할 권
리를 부여할 수 있는 어떠한 법률도 원용할 수 없다"라고 한다.[2] 이
진술에 대해서는 권리가 없는 인간이라는 개념 그리고 법관의 책임
확인을 거치지 않은 처벌이라는 개념은 자연법에 모순되고, 이러한
자연법은 그 본성상 무조건 항복을 통해 배제될 수 없다고 반박할 수
있다.

하지만 점령군이 설치한 법원의 관할과 소송이라는 문제뿐만 아니
라, 이 법원이 적용하는 실체법 역시 초법률적 정당화가 필요하다. 물
론 이 실체법을 과거에 자행된 범죄행위에 적용하는 것에 대립하는
죄형법정주의 원칙은 정의, 즉 자연법의 요구가 아니라 단지 실정법

---

2 *R. H. Jackson*, Anklagerede(이 기소 진술은 '국가와 도덕'이라는 제목을 달고
　Nymphenburg Verlag, München에서 출간되었다. 인용은 이 책의 55면).

의 안정성의 요구일 따름이며, 이러한 법적 안정성을 위해서는 어떤 경우에는 정의, 즉 마땅히 처벌받아야 할 불법의 처벌을 포기해야 한다는 뜻이다. 이밖에도 죄형법정주의 원칙은 형법 제정법의 범위 내에서만 효력을 가질 뿐, 몇몇 개별적인 법률의 존재 이외에는 형법이 원칙적으로 법관법에 기초하고 있는 곳에서는 효력이 없다. 그런데 법관법에 대해서는 죄형법정주의 원칙이 적용되지 않으며(독일에서도 그렇다), 따라서 과거의 해석이 지배하던 당시에 저질러진 행위를 대상으로 하는 현재의 사례에 새로운 법률해석을 즉시 적용하는 것은 문제가 되지 않는다. 하지만 국제법은—국제법을 제정하는 입법기관이 존재하지 않는 이상—한 사례에서 다른 사례로 이어가면서 수행되는 점차적인 법형성을 통해서만 실효성을 갖게 되고, 이 점에서 특히 국제법원의 판결이 중요한 의미가 있다. 우리가 설령 국제법에 대해서도 죄형법정주의 원칙의 효력을 인정할지라도 이는 결코 뉘른베르크 재판에 대한 결정적인 반론이 될 수 없다. 우리가 지금 다루고 있는 맥락에서는 법원규칙과 통제위원회 법률 제10호에 규정된 구성요건들인 전쟁의 야기, 전쟁범죄, 반인류 범죄 등은 독일법에 따르더라도 가벌적이었다는 사실을 증명할 필요는 없으며(물론 얼마든지 증명할 수 있다) 또한 이러한 행위들이 법원규칙과 통제위원회 법률이 제정되기 이전에 이미 국제법적 범죄에 해당했다는 사실도 증명할 필요가 없다. 우리로서는 최소한 반인류 범죄는 인간이라면 누구나 의식하고 있는, 초법률적이고 자연적인 법에 비추어 볼 때 중대한 불법을 뜻한다는 사실만으로 충분하다. 칸트가 밝히고 있듯이 책임이 있는 불법이란 당연히 처벌받아야 한다(당벌성)는 것과 같은 뜻이고, 따라

서 죄형법정주의 원칙이 갖는 의미는 분명히 인식할 수 있는 당벌성
에도 불구하고 실정법에 규율이 없었다는 사실을 이용하려는 자들을
위한 것이 아니다.[3]

가장 어렵고 또한 가장 논란이 많은 것은 탈나치화(Entnazifierung)
에 관련된 물음이다. 탈나치화의 핵심은 형법이 아니고, 그 대상 역시
범죄적 행위가 아니다. 탈나치화 절차는 나치의 심정과 활동 가운데
비록 범죄적이진 않았지만, 윤리적으로 볼 때 크게 비난받아야 마땅
한 심정과 행위를 대상으로 삼고 있다. 따라서 이 절차는 일단 법과 도
덕의 구별에 반하는 것처럼 보인다. 이 맥락에서는 로마의 검열관들
이 담당한 과제를 상기할 필요가 있다. 이들은 도덕을 감독하는 자
(praefectus moribus)로서 윤리와 시민의 명예에 반하는 행위를 공개
적으로 비난하고, 이로부터 정치적 권리에 관련된 결과를 야기할 수
있었다. 탈나치화 절차를 징계절차와 비교해보면 이 절차의 본질에
더 근접하게 된다. 즉 징계절차 역시 반드시 형법에 위반되지는 않고
그저 도덕에 반할 뿐이지만 공직자에 대한 존중을 위협하는 행동을
처벌하기 위한 것이다. 따라서 탈나치화 절차나 징계절차의 기준은
'윤리적 최소한'이다. 물론 탈나치화와 징계절차에서는 공무원에게
이러한 윤리적 최소한을 요구하는 것이지만, 우리의 경우에는 모든
국민에게 윤리적 최소한을 요구하는 것이고 이 최소한의 윤리는 ―
물론 극히 단순화한 것이긴 하지만 ― 추문을 피해야 한다는 의미에
서 법적 요구의 내용으로까지 격상된다.

---

3 이에 관해서는 *Wilhelm Grewe*, Otto Küster, Nürnberg als Rechtsfrage. Eine
  Diskussion, Stuttgart 1947 참고.

앞의 서술에서는 세 가지 현상에서 법철학적으로 중요한 의미가 있는 것만을 강조했을 따름이다. 따라서 이 정도의 내용을 훨씬 더 넘어 제기되었던 우려들을 남김없이 고려한 것은 결코 아니다.

II.

이러한 두 가지 일련의 사건들 이외에도 우리가 이 책에서 펼친 사고를 지속하고 변경하는 데에는 시대사와 관련된 두 가지 정신적 운동이 커다란 영향을 미치고 있다. 하나는 기독교에 대한 재성찰이고 다른 하나는 ― 그 규모에 비해서는 ― 놀라울 정도로 성공한 실존철학이다.

1.

대학과 학문은 이미 나치의 첫 공격에 아무런 저항도 하지 않고 굴복했고, 정당들과 노동조합은 와해했으며 이들의 저항은 오로지 지하에서만 이루어질 수 있었을 뿐이다. 최후의 순간까지 나치에 저항한 진영은 기독교와 교회였다. 물론 이들 역시 처음에는 머뭇거리다가 비로소 저항하기 시작했고, 심지어 가톨릭교회는 1933년 7월 20일에 제국 국가-교회 협정을 체결해 나치의 명성을 더 강화하기도 했다. 그러나 그 이후에 이루어진 나치 세계관의 전개 양상과 협정을 무자비하게 위반하는 처사는 교황청의 저항을 불러일으켰고, 이는 1937년 3월 14일의 피우스 11세의 칙서 '심각한 염려(Ardenti cura)'

에 탁월하게 표현되어 있으며, 특히 법에 관한 가톨릭교회의 견해가 변화하는 과정에서도 잘 나타나 있다. 이 칙서의 핵심에 해당하는 문장은 다음과 같다. "인종이나 민족, 국가나 국가형태, 국가권력의 담당자나 다른 인간공동체 형성의 기본가치들(세속의 질서 내에서 본질적이고 존중해야 할 자리를 주장하는 가치들) 등등 이 현세의 가치목록에서 어느 하나를 끄집어내 이를 모든 규범 가운데 최상의 규범으로 만들고 우상숭배와 함께 찬양하는 자는 신이 창조하고 신이 명령한 사물의 질서를 전복하고 변질시킨 자일 따름이다." "창조자 자신의 손으로 인간의 마음에 새겨놓았고(로마서 2장 14 이하) 죄악과 격정으로 인해 눈이 멀지 않은 건전한 이성이라면 당연히 깨닫게 될 자연법은 이러한 질서에 속한다. 이러한 자연법의 명령에 비추어 모든 실정법 ─ 어떠한 입법자에 의해 제정된 것이든 관계없이 ─ 에 대해 그것이 과연 윤리적 내용을 담고 있는지, 즉 윤리적으로 명령을 내릴 힘을 갖고 있고 양심을 구속하기에 충분한 것인지를 심사할 수 있다. 도저히 해소할 수 없을 정도로 자연법에 모순되는 인간의 법률은 이미 태생적으로 잘못된 것이고, 따라서 어떠한 강제수단이나 어떠한 외적 권력도 이 잘못을 치유할 수 없다. 그러므로 '법은 민족에게 유용한 것이다'라는 나치의 원칙도 이러한 기준에 비추어 심사해야 한다. 물론 윤리적으로 허용되지 않는 것은 결코 민족의 참된 행복에 이바지할 수 없다고 전제한다면 이 원칙도 타당한 의미를 지닐 수 있다. 하지만 먼 옛날 기독교가 형성되기 이전에 이미 인식하게 되었듯이, 이 원칙이 완벽하게 정당한 원칙이 되기 위해서는 오히려 뒤집어서 말해야 한다. '윤리적으로도 선한 것이 아니라면 그 어느 것도 유용하지 않다.

유용하기 때문에 윤리적으로 선한 것이 아니라, 윤리적으로 선하기 때문에 유용한 것이다(Cicero, De officiis, 3, 30).' 이러한 윤리적 규칙에서 벗어나 버리면 이 원칙은 국가 상호 간의 관계에서는 영원한 전쟁상태가 지배한다는 것을 의미하게 된다. 그리고 한 국가 내부의 삶과 관련해서도 이 원칙은 유용성에 관한 사고와 법에 관한 사고를 뒤섞어버리는 나머지 인격적 존재로서의 인간이 신이 부여한 권리를 갖고 있고, 공동체가 이러한 천부적 권리를 부정, 폐기 또는 위협할 목적으로 행사하는 침해에서 벗어나야 한다는 사실을 제대로 깨닫지 못하고 있다." 피우스 11세의 후임인 교황 피우스 12세는 교황으로 선출되기 전에 교황청 국무원장이었고 뮌헨과 베를린에서 교황청 대사를 역임했기 때문에 독일을 잘 알고 있었다. 그 때문에 피우스 12세는 자연법의 관점에서 나치와의 대결을 이어간다. 특히 1942년 크리스마스 방송 연설에서 세 가지 측면을 강조했다. 즉 그는 "순전히 인간의 법률을 공포한 것일 뿐인데도 이 법률에 신성한 권위를 부여하는 기만 그리고 법과 윤리를 분리하는 길을 열어젖히는 끔찍한 작태는 공동체에 해악이 되고 공동체를 분열시키는 우려스러운 법이론에 속한다"라고 말한다. 피우스 12세는 법과 도덕의 분리뿐만 아니라, 법과 사랑의 분리에 대해서도 반대한다. 즉 그는 "'사랑 **또는** 법'이라는 대립이나 대안을 알지 못하고, 오로지 '사랑**과** 법'이라는 건설적인 종합만을 알고 있을 뿐"이라고 한다. 피우스 12세는 마침내 자신의 표어를 인용한다. "위대한 아퀴나스가 숙고를 거듭해 써놓은 문장: 정의의 작품은 평화이다(Opus iustitiae pax)." 그는 법에 기초해 전쟁을 극복한다는 이 표어를 시종일관 인용한다. 전쟁이 종식되고 '나치라는 사탄의 유령'이 사라진 이후 피우스 12세는 1945년 6월 2일에 주교들 앞에서 행한 강론에서 교황청이 나치에 대항했던 기억들을 다시 한번 회고한다.

가톨릭과는 달리 프로테스탄트에는 기독교 정신에 비추어 법에 관한 보편타당한 사고를 전개하는 기관과 사상적 토대가 존재하지 않는다.

프로테스탄트는 법질서에 대해 명백한 거부감을 드러낸다. 즉 프로테스탄트에서 법은 비기독교적이고 반기독교적이며 순전히 인간이 만든 실정적 제정에 불과하다. 하지만 프로테스탄트도 나치가 교회에 적대적인 태도를 보이는 압박상황에서 이러한 실증주의를 극복하게 된다. 그리하여 모든 형식적 법은 성서와 신앙에 일치하도록 구속받는다는 점을 강조하게 되었다. 프로테스탄트는 심지어 긴급권, 즉 혁명적 행위를 통해 교회에 관한 나치의 입법과는 무관한 독자적인 조직인 독일 복음교회를 설립하지 않을 수 없었고, 프로테스탄트 교회 전체를 관리하는 임시조직을 투입해야 했다. 물론 이 새로운 조직에서도 신에 의해 제정된 성스러운 법이란 존재하지 않았다. 즉 인간보다는 신에게 복종하라는 원칙이 구속력을 갖긴 했지만, 이 원칙이 신이 명령한 법을 정당화하지는 않았고 단지 인간이 법을 제정할 때 지침으로 삼아야 할 종교적 명령으로 여겼을 따름이다. 가톨릭에서는 인간의 실정법과는 별개로 신이 제정한 두 가지 법이 존재한다. 하나는 신의 창조에 내재하는 자연법이고 다른 하나는 신의 계시에 기초한 실정적 신법이다. 프로테스탄트는 이 두 가지 법을 거부하며, 오로지 인간이 제정한 법만이 존재한다고 본다. 가톨릭에서는 교회법

(Kirchenrecht), 즉 교회에 대한 교회의 법이 존재할 뿐만 아니라, 세속에 대한 교회의 법인 카논법(kanonisches Recht)도 존재한다. 이에 반해 프로테스탄트에서는 기본적으로 교회 내부에만 적용되는 법이 존재할 뿐, 종교적 지침을 통해 세속의 법에 개입하지 않는다.

나치에 대항한 교회의 투쟁으로 인해 가톨릭과 프로테스탄트 모두 커다란 희생을 치르지 않을 수 없었지만, 교회와 기독교에 대해 냉담했던 많은 사람이 다시 눈을 뜨게 만들었고, 법철학에서도 모든 법의 종교적 뿌리에 대해 다시 성찰하는 계기를 마련했다.

2.

커다란 환난에 부딪히면 기도하는 것을 배울 뿐만 아니라, 철학적 사유도 배우게 된다. 즉 모든 철학의 근원으로부터 다시 진정으로 철학적 사유를 펼치게 된다. 철학은 그사이 대학의 한 학문분과가 되었고, 개별 학문분과의 근본적 문제와 궁극적 문제를 학문적으로 논의하거나 존재의 학문에 대비되는 당위의 학문에 대해 학문적으로 논의하는 분과가 되었다. 하지만 새로운 철학에서는 '염려', '불안', '죽음을 향한 존재', '세계에 던져 있음(Geworfenheit)'과 같은 단어를 자주 듣게 되었다. 이 단어들은 '시대 상황을 규정하는' 불확실성과 불안정성을 표현한 것이다. 이 새로운 철학은 그것이 관념주의적이든 물질주의적이든 어떠한 완벽한 해결방안도 제시하지 않고, 오히려 해결할 수 없는 문제들을 뚜렷이 의식하게 만드는 지적 정직함을 보여준다. 이 철학은 인간이라는 수수께끼를 세계라는 수수께끼의 중심에 놓는다. 이 철학은 우리가 언제나 하나의 지평 속에서 사고하고, 이 지평은 다시 이미 획득된 지평을 포괄하면서 또 다른 것들을 지시한다는 점을 보여주었다. 이 '포괄적인 지평' 속에서 철학의 궁극적 출발점은 '실존', 즉 인간의 진정한 자기존재(Selbstsein)이다. 실존철학은 결코 명확한 진리를 전달하는 것이 아니라, 단지 다수의 사고만을 전달할 뿐이며, 이 사고들은 인간의 실존에 무조건적이지만, 바로 그 때문에 전혀 보편타당하지 않다. 하지만 이와 같은 자기존재로서의 실존은 다른 실존자와 사고를 교환함으로써, 다시 말해 '커뮤니케이션'을 통해 갈수록 더 높은 진정성과 갈수록 더 명료한 의식에 도달하게 된다. 즉 '실존의 해명'에 도달할 수 있게 된다.

이 책에서 전개된 법철학은 실존철학이 성립하기 훨씬 전에 구상된 것이었고, 따라서 실존철학을 통해 이미 극복된 것으로 여겨질지도 모를 철학들의 개념적 도구를 이용했다. 즉 이 책에서 펼친 법철학은 루돌프 슈타믈러Rudolf Stammler로부터 법철학을 가치철학, 즉 '정당한 법에 관한 이론'으로 파악해야 한다는 견해를 수용했고, 방법이원주의, 즉 당위를 존재로부터, 가치를 현실로부터 도출하거나 정당화할 수 없다는 이론을 배웠다. 그리고 나의 법철학은 이른바 서남독학파 신칸트주의로부터 자연과학과 문화과학의 구별(법칙과학과 서술과학의 구별; 빌헬름 빈델반트Wilhlem Windelband)을 수용했고, 문화과학의 전제가 되는 가치관련성에 대한 사고(하인리히 리커트Heinrich Rickert)와 '가치초월'로서의 종교, '이념의 소재 규정성' 및 개인주의적 사고와 초개인주의적 사고의 구별에 관련된 이론(에밀 라스크Emil Lask)도 수용했다. 끝으로 막스 베버Max Weber는 나의 법철학에 (내용에 비추어 그렇다는 것이지, 용어 자체가 그렇다는 뜻은 아니다) 상대주의라는 기본이념을 제공했다. 즉 가치의 문제는 학문적으로 결정할 수 없고, 학문은 가능한 가치관점을 체계적으로 펼치는 작업에 머물러야 하며, 따라서 선택된 가치관점을 실천적으로 실현하기 위해 꼭 필요한 수단과 이를 위해 필연적으로 요구되는 이론적 전제조건을 확인함으로써 이 가치관점을 뚜렷하게 의식할 수 있도록 만드는 데 국한되어야 한다는 관점에서 출발했다. 아마도 혼란을 불러일으키기 쉬운 '상대주의'라는 표현을 피하는 게 더 나았을지도 모른다. 왜냐하면 '상대주의'는 자주 가치의 문제를 이론적으로 결정할 수 없다는 의미뿐만 아니라, 가치의 문제에 관해 결정을 내리지 못하는 무능을 뜻하기도 하기 때문이다. 더 나아가 상대주의는 (예컨대 상대적 형벌이론에서 보듯이) 결정이 전적으로 추구하는 목적에 의존한다는 것을 뜻하기도 한다. 그 때문에 나의 법철학에서 합목적성은 단지 정당한 법의 한 가지 기준일 따름이고, 핵심적인 기준은 정의이다.

이 책에 대한 어떤 서평에서는 '상대주의적'이라는 표식 대신 '대립주의적(antinomisch)'이라는 표식을 제안했다. 실제로 최고의 법가치인 정의, 합목적성, 법적 안정성의 관계뿐만 아니라, 개인주의적, 초개인주의적, 초인격적 목적이론 사이의 관계도 서로서로 요구하지만 동시에 서로서로 모순된다는 점에서 결국에는 대립과 모순으로 귀착한다. 나는 이러한 대립과 모순을 나의 시도가 조화에 실패했다는 증거로 여기지 않으며, 오히려 인식의 욕구를 완벽하게 충족하는 가운데 결코 중재할 수 없는 객관적 사고들을 확인한 것으로 여긴다.

나의 법철학과 실존철학 사이의 유사점은 나의 법철학이 단순한 인식론에 그치지 않고 '대상 자체로의 전환'을 수행했다는 사실이다. 즉 나의 법철학은 실질적 가치의 문제를 논의하는 쪽으로 흘러갔으며, 이러한 가치문제의 내용을 규정하는 작업은 바로 보편타당성이 존재하지 않는다는 인식의 연장선상에서 꼭 필요한 것이었다. 그리고 필연적 체계를 포기했다는 점에서도 실존철학과의 유사점을 찾을 수 있다. 왜냐하면 필연적 체계는 획득되지도 않은 인식을 사전에 취하는 것이자 획득된 인식을 편입시키는 것을 어렵게 만들 것이기 때문이다. 이러한 법철학은 처음부터 상위에 있는 완성된 철학적 체계를 하위에 있는 법에 억지로 구겨 넣지 않으려고 노력했고, 오히려 아래로부터, 다시 말해 법이론 자체로부터 등장하는 인식의 필요성을 거쳐 철학을 향해 올라가도록 노력했다. 다른 한편 지금 여기서 시도하고 있듯이 나의 법철학은 법의 가치세계 가운데 절대적이고 보편타당한 구성부분을 더욱더 많이 발견하는 방향으로 전환하고 있다는 점에서는 그만큼 실존적 문제주의(Problematizismus)로부터 멀어져 간다는 뜻이다. 전반적으로 볼 때 나의 법철학은 결코 특정한 철학적 경향을 기준으로 판단되지 않기를 바라며, 그보다는 법적 생활 자체의 필요에 비추어 판단되기를 바란다. 나의 법철학은 법학으로부터 출발하는 법철학이고, 이 점에서 법학을 뛰어넘고 철학적 결정이 필요하다. "나의 착각이 아니라면, 진정한 철학이란 자신이 철학이라고 주장만 하는 철학이 아니다(vera nisi fallor philosophia, non simulata)."

Ⅲ.

나의 법철학의 방법은 두 가지 사상에 기초하고 있다. 하나는 방법
이원주의이고, 다른 하나는 상대주의이다. 이 두 가지 사상은 그사이
변화를 겪었지만, 나의 법철학이 계속해서 주장했던 사상이다.

1.

가치와 현실, 존재와 당위의 엄격한 분리라는 방법이원주의는 '사
물의 본성'에 관한 사상을 통해 약간 완화되었다. 이 사상에 대한 고
전적 표현은 하인리히 데른부르크Heinrich Dernburg에서 찾아볼 수 있다.
"삶의 구체적 상황은 발전의 정도는 다를 수 있지만, 그 자체 안에 척
도와 질서를 포함하고 있다. 사물에 내재하는 이러한 질서를 사물의
본성이라고 부른다. 생각하는 법률가라면 만일 실정규범이 존재하지
않거나 실정규범이 불완전 또는 불명확할 때에는 사물의 본성을 파악
해야 한다."

데른부르크는 계속해서 다음과 같이 말한다. "사물의 본성을 자연
법과 착각해서는 안 된다. 자연법은 인간 그 자체의 본질로부터 도출
되는 추론에 입각하고 있다. 따라서 자연법은 직접적인 법적용에는
적합하지 않다." 실제로 자연법과 사물의 본성에 관한 사상이 서로 대
립한다는 점을 확인할 수 있다. 인간 자체의 본성, 즉 이성에 기초한
자연법은 보편타당하지만, 순수한 형식일 뿐이어서 … [미완성]

[부록 Ⅱ]

- 울프리드 노이만(Ulfrid Neumann), **"시대의 거울에 비친 법철학: 구스타프 라드브루흐(1878-1949)"** [Rechtsphilosophie im Spiegel der Zeit: Gustav Radbruch(1878-1949), in: Juristenzeitung, 2020, S. 1-11]

시대의 거울에 비친 법철학 : 구스타프 라드브루흐(1878-1949)

I. 서론

2019년 11월 23일 사망 70주기를 맞은 구스타프 라드브루흐는 한스 켈젠과 함께 20세기 독일어권의 가장 유명한 법철학자로 여겨진다. 그의 법철학적 입장을 재구성하고자 하고, 특히 법실증주의와 법도덕주의('자연법')의 구별이라는 좌표체계에서 라드브루흐 법철학의 위상을 정확히 밝히고자 하는 최근의 수많은 연구는 그의 법철학이 여전히 현실성을 갖고 있다는 점을 증명한다.[1] 라드브루흐 법철학이

---

1 지난 10년 동안 출간된 문헌들은 다음과 같다. *Borowski/Paulson*(Hrsg.), Die Natur des Rechts bei Gustav Radbruch, 2015에 실린 논문들; *Pauly*(Hrsg.), Rechts- und Staatsphilosophie des Relativismus: Pluralismus, Demokratie und Rechtsgeltung bei Gustav Radbruch, 2011에 실린 논문들; *Adachi*, Gustav Radbruchs Kritik am Positivismus, in: R. *Schmidt*(Hrsg.), Rechtspositivismus: Ursprung und Kritik. Zur Geltungsbegründung von Recht und Verfassung, 2014, S. 157 이하.; *Alexy*, Gustav Radbruchs Rechtsbegriff, in: *von Arnauld/I. Augsberg/Meyer-Pritzl*(Hrsg.), 350 Jahre Rechtswissenschaftliche Fakultät der Christian-Albrechts-Universität zu Kiel, 2018, S. 237 이하; *Auer*, Gustav Radbruch über die sozialistische Familie. Ein Genrebild aus Weimar, in: Festschrift für Ulfrid Neumann, 2017, S. 31 이하; *C. Bäcker*, Gerechtigkeit im Rechtsstaat, 2015, S. 25-111(라드브루흐 공식이 연방헌법재판소 결정에서 수행한 역할에 관련); *ders.*, Rechtssicherheit oder Gerechtigkeit - Von der Radbruchschen Formel zurück zum Primat der Rechtssicherheit, in: *Schuhr*(Hrsg.), Rechtssicherheit durch Rechtswissenschaft, 2014, S. 33 이하; *Bix*, Radbruch's Formula and Conceptual Analysis,

1945년 이후에 '자연법적 전환'을 겪었는지를 둘러싸고 지난 수십 년

The American Journal of Jurisprudence 56(2011), pp. 45 이하; *Dannecker*, Die Radbruchsche Formel und ihre Rezeption durch die Rechtsprechung, in: *C. Baldus/Kronke/Mager*(Hrsg.), Heidelberger Thesen zu Recht und Gerechtigkeit, 2013, S. 421 이하; *R. Dreier*, Gustav Radbruchs Religionsphilosophie, in: Festschrift für Ulfrid Neumann, 2017, S. 99이하; *Foljanty*, Recht oder Gesetz. Juristische Identität und Autorität in den Naturrechtsdebatten der Nachkriegszeit, 2013(특히 S. 51 이하); *Frommel*, Rechtsphilosophie in den Trümmern der Nachkriegszeit, JZ 2016, S. 913 이하 (프롬멜에 대한 반론으로는 *Braun* JZ 2017, S. 451 이하; *Hollerbach* JZ 2017, S. 455 이하; *Rüthers* JZ 2017, S. 457 이하 및 프롬멜의 재반론 *Frommel* JZ 2017, S. 460 이하); *Funke*, Abschied von der Positivismus/Nicht-Positivismus-Schablone? Zugleich: hermeneutische Potentiale in der Rechtsphilosophie Gustav Radbruchs, in: *Borowski* (Hrsg.), Modern German Non-Positivism, 2020, S. 19 이하; *Hillenkamp*, Gustav Radbruch – Eine Suche nach Alternativen zum Strafrecht, in: *Baldus/Kronke/Mager*, 앞의 책, S. 401 이하; *M. Herbert*, Radbruch'sche Formel und gesetzgeberisches Unterlassen, 2017; *Kausch*, Läßt sich (Un-)Recht wegdefinieren? Einige Anmerkungen zum Begriff des Rechts und zur Radbruchschen Formel, in: *Kühl/Seher*(Hrsg.), Rom, Recht, Religion. Symposion für Udo Ebert zum siebzigsten Geburtstag, 2011, S. 205 이하; *U. Neumann*, "Methodendualismus" in der Rechtsphilosophie des Neukantianismus. Positionen zum Verhältnis von Sein und Sollen bei Gustav Radbruch, in: *Brockmöller/Kirste/ders.*(Hrsg.), Wert und Wahrheit in der Rechtswissenschaft, ARSP- Beiheft 145(2015), S. 25 이하; *ders.*, Gustav Radbruch und die Freirechtsbewegung, in: Scritti per Luigi Lombardi Vallauri, volume secondo, 2016, S. 1001 이하; *Nuria Pastor Muñoz*, Was bleibt übrig von dem Gesetzlichkeitsprinzip im dem Völkerstrafrecht? Zugleich ein Beitrag über die Leistungsfähigkeit der Radbruchschen Formel, ARSP 104(2018), S. 455 이하; *von der Pfordten*, Gustav Radbruch – Über den Charakter und das Bewahrenswerte seiner Rechtsphilosophie, JZ 2010, S. 1021 이하; *Schünemann*, Das strafrechtliche Rückwirkungsverbot als Prüfstein des Rechtsbegriffs – Von den dogmatischen Untiefen strafrechtlicher Vergangenheitsbewältigung und der Wertlosigkeit der Radbruchschen Formel, in: Festschrift für Kristian Kühl, 2014, S. 457 이하; *Giuliano Vassali*, Radbruchsche Formel und Strafrecht. Zur Bestrafung der "Staatsverbrechen" im postnazistischen und postkommunistischen Deutschland, 2010; *Jing Zhao*, Die Rechtsphilosophie Gustav Radbruchs unter dem Einfluss von Emil Lask. Eine Studie zur neukantianischen Begründung des Rechts, 2020; *dies.*, On the Relation between Law and Morality. From the Separation to the Connection Thesis in Gustav Radbruch's Legal Philosophy, in: de Paula/Santacoloma Santacoloma(Hrsg.), Law and Morals. ARSP-Beiheft 158(2019), pp. 269 이하.

에 걸쳐 진행되어 온 논의는 지금도 활발하게 이루어지고 있다.[2]

하지만 라드브루흐는 법철학자이기만 한 것은 아니었다. 아르투어 카우프만Arthur Kaufmann이 전체 편집을 맡아 출간한 라드브루흐 전집[3] 총 열아홉 권 가운데 단지 세 권만이 명시적으로 법철학에 해당한다는 사실만 보더라도 이 점을 잘 알 수 있다. 라드브루흐는 형법에 관한 수많은 저작을 저술했다. 형법과 관련된 그의 연구는 형법도그마틱[4]에서 시작해서 형법사[5]와 행형의 문제[6] 및 형법개혁[7]에 이르기까지 매우 넓은 범위에 걸쳐 있다. 이밖에도 — 학문적 논의에서 오랫동안 큰 비중을 차지하지 못했지만[8] — 국가이론과 민주주의이론에 관한 저작들[9]도 중요한 지위를 차지하고 있다. 그의 학문적 호기심 그리고 수많은 문학사와 예술사 저작[10]에 반영된 뚜렷한 문화적 관심과는 별개로 라드브루흐의 삶을 규정했고 또한 그가 두 번에 걸쳐 법무부 장

---

2 '급격한 변화를 겪었다는 테제(Umbruchthese)'에 명시적으로 반대하는 견해로는 예컨대 *Borowski*, Begriff und Geltung des Rechts bei Gustav Radbruch. Gegen die These seiner naturrechtlichen Bekehrung, in: *ders./Paulson*(각주 1), S. 229 이하; *Frommel*(각주 1), JZ 2016, S. 913 이하 참고. 이와는 다른 견해로는 *Braun* JZ 2017, S. 451 이하; *Rüthers* JZ 2017, S. 457 이하, 459 참고.

3 Gustav Radbruch-Gesamtausgabe, Heidelberg 1987년 이후(앞으로는 'GRGA'로 약 칭하겠다).

4 형법도그마틱에 관련된 저작은 전집의 제7권[Strafrecht I(*Frommel* 편집)]과 제8 권[Strafrecht II(*Arthur Kaufmann* 편집)]에 실려 있다.

5 제11권[Strafrechtsgeschichte(*U. Neumann* 편집)].

6 제10권[Strafvollzug(*Müller-Dietz* 편집)].

7 제9권[Strafrechtsreform(*Wassermann* 편집)].

8 예외에 해당하는 문헌으로는 예컨대 *M. D. Klein*, Demokratisches Denken bei Gustav Radbruch, 2007과 *Pauly*(각주 1)에 실린 논문 참고.

9 이에 관련된 저작들은 특히 전집의 제14권[Staat und Verfassung(*H.-P. Schneider* 편 집) 및 제12권과 제13권[Politische Schriften aus der Weimarer Zeit I/II(*A. Baratta* 편집)]의 일부에 해당한다.

10 제4권[Kulturphilosophische und –historische Schriften(*Spendel* 편집)]; 제5권 [Literatur- und kunsthistorische Schriften(*Klenner* 편집)].

관으로 재직하게 이끌었던 것은 활발한 정치적 참여였다. 공식적인 정치적 활동을 벗어나서도 라드브루흐는 언제나 정치적 및 사회적 문제에 대한 자기 나름의 생각을 표명했다. 그는 국민의 정치교육에 대해 지대한 관심을 가졌고, 정치교육이 학교의 수업에서 시작해 성인교육으로 이어져야 한다고 생각했다.[11] 라드브루흐는 평생에 걸쳐 사회주의를 신봉했다. 그 이유는 사회주의의 이론적 토대와 사회주의가 주장하는 세계관과 역사관을 확신했기 때문이 아니라[12] '가난하고 억압받는 자들'에 대한 공감 때문이다. 그 때문에 라드브루흐는 사회주의를 — 기독교의 근원과 마찬가지로 — 가난하고 억압받는 자들의 사회운동으로 이해했다.[13]

라드브루흐는 오늘날의 용어로 말하자면 '대중적 지식인', 즉 상아탑으로 물러나 있는 것이 아니라 중요한 사회적 문제와 정치적 결정에 대해 논거를 제시하면서 생각을 표명하고, 법무부 장관으로 재직할 때는 직접 정치적 결정을 내리면서 생각을 현실로 전환하는 학자였다. 그 때문에 라드브루흐는 특정한 세계관 및 이 세계관에 부합하는 정당을 학문적으로 정당화하려는 모든 시도에 대해 극도로 회의적인 태도를 지녔지만, '개인주의', '인간주의', '사회주의'라는 개념으로 규정할 수 있는 그 자신의 정치적 견해와 관련해서는 단호한 태도를 견지했다. 그는 학문적 분석과 정치적 강령, **인식**과 **신념**을 매우 정확하게 구별했다. 그 때문에 라드브루흐가 게오르그 옐리네크, 막스

---

11 이에 관해서는 예컨대 *Radbruch*, Die Aufgaben des staatsbürgerlichen Unterrichts (1924), GRGA 13, S. 239 이하 참고.

12 *Radbruch*, Der innere Weg, 1. Aufl.(이 자서전은 1945년에 구술한 것이고, 사후인 1951년에 출간되었다), GRGA 16, S. 167 이하, 196.

13 *Radbruch*, Kulturlehre des Sozialismus, 1. Aufl. 1922, GRGA 4, S. 51이하, 74.

베버, 한스 켈젠과 마찬가지로 가치판단의 학문적 정당화와 관련해 주장했던 상대주의는 그의 단호한 정치적 입장과 상반되는 것이 아니었다. 이 맥락에서 그는 다음과 같이 말한다.

"상대주의는 이론이성에 속하지, 실천이성에 속하지 않는다. 즉 상대주의는 최종적 입장에 대한 학문적 정당화를 포기한다는 뜻이지, 결코 입장 자체를 포기한다는 뜻이 아니다. 이 점에서 우리의 상대주의는 이론이성은 물론이고 실천이성마저도 숨을 죽이는 빌라도 총독의 태도('도대체 무엇이 진리란 말인가?')와 닮은 것이 아니라 이론이성의 침묵이 곧 실천이성에 대한 가장 강렬한 호소가 되는, 레싱Gottfried Lessing의 나탄Nathan과 닮아 있다. '너희들 각자가 그 반지에 있는 돌의 힘이 드러나도록 힘써 노력할 일이다.'"[14]

이처럼 이론이성과 실천이성 그리고 이론철학과 실천철학을 분리하는 견해는 정치적 괴물들까지 이론철학이 서로 다른 세계관들에 개방해 놓은 자유로운 공간을 이용하겠다고 덤벼들지 않는 이상 커다란 저항을 받지 않고 견지할 수 있다. 하지만 예컨대 특정한 인종에 속한다는 이유만으로 조직적으로 생명권을 박탈하는 상황과 같이 정치적 괴물이 이 공간을 이용하는 상황이 전개되면 이 자유로운 공간의 하한선을 명확하게 표시해야 할 필요가 발생한다. 그 때문에 라드브루흐 법철학이 나치 시대에 자행된 엄청난 인권침해를 겪은 이후 처분 가능한 것(상대주의의 관할 영역에 속하는 것)과 처분 불가능한 것 사이의 경계선을 상대주의를 약화하는 방향으로 옮겨 놓은 것은 당연한

---

14 *Radbruch*, Rechtsphilosophie (3. Aufl. 1932), GRGA 2, S. 206 이하, 236. [앞의 본문 31면 이하]

결론에 해당한다.[15] 라드브루흐의 후기 저작에서 실천철학의 지배영역이 확대되는 것 역시 바로 이러한 측면과 결부되어 있다.

물론 그렇다고 해서 라드브루흐가 자신의 '이론적' 법철학을 포기했다는 뜻은 아니다. 그의 신칸트주의적 출발점은 ─ 비록 변용을 겪긴 하지만 ─ 일관되게 지속한다. 다시 말해 '자연법'으로의 근원적인 전환이 이루어졌다고 말할 수는 없다. 라드브루흐는 신칸트주의라는 기본적인 견해를 유지하는 범위 내에서 ─ 마치 지진계와도 같이 ─ 제1차 세계대전과 그 이후의 혁명 및 나치 체제의 독재정권이라는 시대사적 격변에 반응했을 따름이다.[16] 이 점은 가치상대주의가 미치는 영향의 범위에 관련된 문제나 법실증주의와 법도덕주의(자연법)라는 대안에 대해서도 마찬가지로 말할 수 있다. 그리고 예컨대 자유법론(Freirechtslehre)에 대한 태도의 변화[17]나 확신범(Überzeugungstäter)을 적절하게 처벌하는 문제[18] 또는 사형[19]에 대한 태도 변화에서도 시대 상황의 변화가 반영되어 있다. 이와 마찬가지로 이론에 지향된 법

---

15 이 점에서 *Wapler*, Wertrelativismus und Positivismus. Theoretische Grundlagen der Rechts- und Staatsphilosophie Gustav Radbruchs, in: Pauly(각주 1), S. 33 이하, 40에서 라드브루흐가 1945년 이후에 결정적으로 사고를 변경한 내용은 실증주의에 관련된 것이 아니라 가치상대주의에 관련된 것이라는 지적은 타당하다.

16 이 점을 이미 지적한 문헌으로는 *Arthur Kaufmann*, Gustav Radbruch – Leben und Werk, GRGA 1, S. 8 이하, 45 이하(여기서 카우프만은 에릭 볼프*Erik Wolf*의 견해를 끌어들인다).

17 이에 관해서는 *U. Neumann*, Gustav Radbruch und die Freirechtsbewegung(각주 1) 참고.

18 라드브루흐는 바이마르공화국 당시 우파의 테러리즘(특히 외무장관 라테나우Rathenau 암살)에 직면해 정치적 확신범을 특별 취급해야 한다는 자신의 기존 입장을 제한하는 방향으로 태도를 바꾼다. 이에 관해서는 *R. Dreier*, Kontinuitäten und Diskontinuitäten in der Rechtsphilosophie Radbruchs, in: *Borowski/Paulson*(각주 1), S. 183 이하, 203; *Arthur Kaufmann*, Editionsbericht, in: GRGA 8, S. 389 이하 참고.

19 이에 관해서는 뒤의 각주 32 참고.

철학으로부터 문제에 지향된 법철학으로 전개되는 양상을 확인할 수 있는데, 이는 예컨대 방법이원주의를 '완화'하는 입장[20]에서 표출되어 있다. 라드브루흐가 1949년에 자신의 법철학의 성격을 다음과 같이 규정하고 있다는 점 역시 같은 맥락에 속한다. 즉 그의 법철학은 "나의 법철학은 결코 특정한 철학적 경향을 기준으로 판단되지 않기를 바라며, 그보다는 법적 생활 자체의 필요에 비추어 판단되기를 바란다"라고 말한다.[21]

II. 생애와 저작

라드브루흐는 1878년 11월 21일 뤼벡Lübeck에서 태어났다.[22] 뮌헨 대학교, 라이프치히 대학교(여기서 라드브루흐는 카알 빈딩Karl Binding의 강의도 들었다), 베를린 대학교에서 수학한 이후 1902년에 베를린 대학교에서 프란츠 폰 리스트Franz v. Liszt의 지도하에 '상당인과관계'로 박사학위를 받았다. 불과 1년 반 정도 지나 라드브루흐는 하이델베르

---

20 뒤의 II. 2. b 참고.
21 *Radbruch*, Entwurf für ein Nachwort zu einer Neuauflage der "Rechtsphilosophie", GRGA 20, S. 25 이하, 38. [앞의 부록 I, 398면]
22 라드브루흐의 전기에 관해 자세히는 특히 *Arthur Kaufmann*, Gustav Radbruch. Rechtsdenker, Philosoph, Sozialdemokrat, 1987; *Spendel*, Gustav Radbruch. Lebensbild eines Juristen, 1967; *ders.*, Jurist in einer Zeitenwende. Gustav Radbruch zum 100. Geburtstag, 1979 참고. 이밖에도 *Kastner*, Goethe in Leben und Werk Gustav Radbruchs, 1999, S. 6 이하; *J. Schröder*, Gustav Radbruch, in: *Kleinheyer/ Schröder*, Deutsche Juristen aus neun Jahrhunderten, 6. Aufl. 2017, S. 368 이하; *Paulson*, On the Background and Significance of Gustav Radbruch's Post-War Papers, Oxford Journal of Legal Studies 26(2006), pp. 17 이하(20-26); *E. Wolf*, Gustav Radbruch, in: *ders.*, Große Rechtsdenker, 4. Aufl. 1963, S. 713-765도 참고. 정치적 상황과 라드브루흐의 학문적 저작에 집중된 전기로는 *Klein*(각주 8), S. 4-51 참고.

크 대학교에서 '형법체계에서 행위개념이 갖는 의미'로 교수자격을 취득한다. 1904년부터 1914년까지는 하이델베르크 대학교 강사 (1910년부터는 비정규 교수였다)로서 강의했다. 이 당시 라드브루흐에게 인상 깊은 사건은 1913년 8월 17일 취리히에서 거행된 사회주의자 아우구스 베벨August Bebel의 장례식에 참석한 일이었다. 이에 대해 라드브루흐는 자서전에 이렇게 적고 있다. "이 거대한 군중 집회를 체험하면서 나는 내가 어디에 서 있어야 할 것인지를 깨닫게 되었다."[23] 1914년 초에 라드브루흐는 쾨니히스베르크 대학교로부터 특임교수로 초빙을 받아 그해 4월 1일에 취임하게 된다. 취임 직후에「법철학 기초(Grundzüge der Rechtsphilosophie)」가 출간된다. 그는 "다른 사람보다 특혜를 보고 싶지 않다"라는 태도로 1차대전에 참전했다.[24] 전쟁 중에 리디아 안더얀Lydia Anderjahn과 혼인해 1915년에는 딸 레나테Renate가, 1918년에는 아들 알젤름Anselm이 태어났다.

1919년부터 1926년까지 라드브루흐는 키일Kiel 대학교 교수로 재직했다.[25] 그가 키일에 있을 때 출간한 법철학 저작들 가운데 특히 '법이념과 법소재'[26]에 관한 논문을 강조할 필요가 있다. 이 논문은 (에밀 라스크Emil Lask를 원용하면서) '이념의 소재 규정성(Stoffbestimmheit der Idee)'이라는 사고를 발전시켰고 이 사고를 법과 법의 사회적 기반 사이의 관계에 비추어 조명했다. 또한 '법이념의 문제점'이라는 논문도 라드브루흐가 「법철학 기초」와 비교해볼 때 정의 개념을 새롭게 규정

23 *Radbruch*, Der innere Weg(각주 12), S. 227.
24 *Radbruch*, Der innere Weg(각주 12), S. 231.
25 이 시기에 관해서는 *Otte*, Gustav Radbruchs Kieler Jahre 1919-1926, 1982 참고.
26 *Radbruch*, Rechtsidee und Rechtsstoff. Eine Skizze (1923/24), GRGA 2, S. 453 이하.

하고자 시도했다는 점에서 중요한 의미가 있다.[27]

키일에 있을 때 라드브루흐가 카프Kapp 쿠데타(1920년)에 대한 저항에 참여한 사실과 쿠데타가 실패한 이후 '정상적인 상황의 회복'[28]을 위해 그가 수행한 역할은 결국 많은 사람이 그에게 제국의회의 사회당 후보로 출마하도록 요청하는 결과를 낳았다. 그리하여 라드브루흐는 1920년부터 1924년까지 제국의회 의원이었고, 1921/22년에는 비르트Wirth 내각에서, 1923년에는 슈트레제만Stresemann 내각에서 법무부 장관을 역임하게 되었다. 법무부 장관으로 재직할 때 라드브루흐는 여성이 배심법관과 배심원으로 활동하는 것[29] 및 법관직을 담당하는 것[30]을 허용하는 데 성공했다. 법무부 장관을 '입법장관(Gesetzgebungsminister)'으로 이해했던 그의 관심의 중심은 형법개혁이었다. 형법개혁의 역사에 '라드브루흐 초안'이라는 이름으로 기록되어 있는 그의 '독일 일반 형법전 초안(1922년)'은 인간주의 정신(사형폐지, 금고형의 폐지, 확신범에 대한 특별취급) 그리고 응보형법을 목적에 지향된 형법(보안 및 개선 처분의 도입)으로 대체해야 한다는 확신을 가장 커다란 특징으로 삼고 있다. 이 초안은 법률이 되지는 못했지만, 오늘날에도 독일의 형사입법 개혁에 커다란 영향을 미치고 있다. 그렇지만 법무부 장관 라드브루흐로서는 외무부 장관 라테나우의 암

---

27 뒤의 III. 3. b 참고.

28 *Radbruch*, Lebensbeschreibung, GRGA 16, S. 316 이하, 318.

29 「배심법원 및 배심원에 여성을 수용하는 것에 관한 법률(Gesetz über die Heranziehung der Frauen zum Schöffen- und Geschworenenamte, 1992년 4월 25일; RGBl. I, S. 465)」

30 「사법 공직 및 직업에 여성의 진입을 허용하는 법률(Gesetz über die Zulassung der Frauen zu den Ämtern und Berufen der Rechtspflege, 1922년 7월 11일; RGBl. I, S. 573)」

살로 촉발된 '공화국보호법(Republikschutzgesetz)'[31]을 제정하는 책임을 떠맡을 수밖에 없었다. 이 법은 라드브루흐가 자신이 학문적 저작에서(그리고 형법초안에서도) 항상 거부해 마지않던 사형[32]을 규정하고 있었다. 라드브루흐는 이 '긴급상황과 투쟁상황'에서 그의 '내면의 저항'에도 불구하고 '살인자 단체의 구성원들'에 대항하는 무기로서 사형은 불가피하다고 여겼다.[33]

1923년 11월에 라드브루흐는 슈트레제만 내각에서 사임한다. 그후 3년이 지난 1926년에 라드브루흐는 하이델베르크 대학교의 초빙을 받게 되고,[34] 이 초빙을 '자신의 정신적 고향으로의 복귀'로 체험했다.[35] 1928년에 재차 법무부 장관을 맡아달라는 요청을 거부한다. 1932년에는 「법철학」 제3판이 출간된다. 1933년 5월 라드브루흐는 그의 인격과 지금까지의 활동에 비추어 볼 때 민족국가를 위해 헌신하리라고 기대할 수 없다는 이유로 교수직에서 해임된다. 라드브루흐는 이 강제로 부여된 여유로운 시간을 오래전부터 계획했던 포이어바흐 전기[36]를 집필하는 데 바쳤다. 강제로 퇴직당한 사이 두 번씩이나 커다란 고통을 당하게 된다. 1939년에는 딸 레나테가 스키를 타다 사

---

31 「공화국 보호를 위한 법률(Gesetz zum Schutz der Republik, 1922년 7월 21일; RGBl I, S. 585)」이 법률의 제정에 앞서 2회에 걸쳐 공화국 보호를 위한 법규명령이 제정되었다(1922년 6월 26일; RGBl. I, S. 521: 1922년 6월 29일; RGBl. I, S. 585).

32 *Radbruch*, Rechtsphilosophie(각주 14), S. 408 이하; *ders.*, Abschaffung der Todesstrafe als Symbol der Strafrechtsreform(1931), GRGA 9, S. 321 이하.

33 부인 Lydia에게 보낸 1922년 6월 30일의 편지, GRGA 18, S. 59.

34 라드브루흐 생애에서 '두 번째 하이델베르크 시절'에 해당하는 이 시기에 관해서는 *Küper*, Gustav Radbruch als Heidelberger Rechtslehrer, Biographisches und Autobiographisches, in: *ders.* (Hrsg.), Heidelberger Strafrechtslehrer im 19. und 20. Jahrhundert, 1986, S. 225 이하, 232 이하 참고.

35 *Küper*(각주 34), S. 232.

36 *Radbruch*, Paul Johann Anselm Feuerbach. Ein Juristenleben(1934), GRGA 6, S. 25 이하.

고로 사망했고, 1942년 12월에는 아들 안젤름이 스탈린그라드 전선에서 입은 중상으로 말미암아 군병원에서 세상을 떠났다.

나치 독재가 종식된 이후 라드브루흐는 1945년 9월에 다시 교수직에 복귀해 하이델베르크 대학교 법과대학 학장으로 임명된다. 1946년에는 「남독일 법률가신문(Süddeutsche Juristenzeitung)」에 그의 논문 '법률적 불법과 초법률적 법(Gesetzliches Unrecht und über-gesetzliches Recht)'[37]이 발간된다. 이 논문에서 라드브루흐는 부정당한 법의 효력(또는 효력 없음)의 기준을 제시했고, 이 기준은 훗날 '라드브루흐 공식(Radbruchsche Formel)'이라는 이름으로 유명해지고 법철학적 논의뿐만 아니라 판결에 대해서도 커다란 영향을 미치게 된다. 전후의 라드브루흐 법철학은 1946/47년 겨울학기에 행한 강의를 통해 학생들을 위한 요약적인 서술의 형태로 등장하게 된다. 이 강의는 두 수강자의 필기를 라드브루흐 본인의 검토를 거쳐 1948년에 「법철학 입문(Vorschule der Rechtsphilosophie)」이라는 제목을 달고 출간된다.[38] 1948년 6월에 라드브루흐는 (나치 정권에 의해 1933년에 금지된) 독일 사회당에 다시 가입하지만, 더 이상 정치적 활동을 하지는 않았다. 1949년 11월 23일 그의 71세 생일 다음다음 날 라드브루흐는 하이델베르크에서 생을 마감한다. 그의 법철학적 사고의 연속성과 변화를 보여주는 마지막 증거인, 「법철학」 신판 후기의 초고는 완성되지 않은 상태로 남게 되었다.[39]

---

37 *Radbruch*, Gesetzliches Unrecht und übergesetzliches Recht(1946), GRGA 3, S. 83 이하 = Süddeutsche Juristen-Zeitung 1946, S. 105-108.

38 *Radbruch*, Vorschule der Rechtsphilosophie(1948), GRGA 3, S. 121 이하.

39 이 미완성 초고는 GRGA 20, S. 25 이하 그리고 *Radbruch*, Rechtsphilosophie, Studienausgabe, 2. Aufl. 2003(*R. Dreier/Paulson* 편집), S. 194 이하에 실려 있다.

Ⅲ. 라드브루흐 법철학의 전개 과정

1. 전반적 경향

라드브루흐 법사상의 변화를 둘러싼 논의는 대부분 나치가 집권한 1933년 이전에 출간된 저작들과 나치 지배가 종식(1945년)된 이후에 집필한 텍스트들 사이에 뚜렷한 단절이 존재한다는 식으로 이루어진다. 그러나 「법철학 기초(1914)」에서 시작해 논문 '법이념의 문제점(1924)'을 거쳐 「법철학(1932)」에 이르기까지 수행된 변화도 상당히 중요한 의미를 지니고 있다.[40] 「법철학 기초」와 「법철학」 신판 후기의 초안(1949)[41] 사이에 이루어진 라드브루흐 법철학의 변화를 뚜렷한 전개 노선에 비추어 재구성한다면 다음과 같이 말할 수 있다.

(1) 라드브루흐 법철학은 전반적인 경향에 비추어 볼 때 전문적 철학(신칸트주의)[42]에 지향된 체계로부터 '법이론 자체에서 등장하는 인

---

40 R. Dreier(각주 18), S. 183 이하는 바로 이 점에 주목하도록 해주었다. 과연 1914년과 1932년 사이에 이루어진 이론 구상의 변경이 1945년 이후에 이루어진 변경보다 더 '커다란' 변경이었는지[R. Dreier(각주 18), S. 184에서는 이러한 견해를 취하고 있다]는 비중을 어디에 두느냐에 따라 대답을 달리할 수 있는 문제이고, 이에 대해서는 여기에서 자세히 다루지 않겠다. Borowski, Begriff und Geltung(각주 2), S. 237에서는 라드브루흐 법철학을 시기적으로 세 단계로 나누어, 두 번째 단계가 '법이념의 문제점(1924)'으로 시작되고 세 번째 단계는 2차대전 이후에 해당한다고 한다.

41 이 초안이 정확히 언제 작성되었는지에 관해서는 Kastner, Editionsbericht zu GRGA 20, S. 66 이하와 R. Dreier/Paulson, in: Studienausgabe(각주 39), S. 193 사이에 차이가 있다.

42 신칸트주의 철학이 라드브루흐 법철학에 미친 영향에 관해서는 예컨대 Paulson, Ein 'starker Intellektualismus'. Badener Neukantianismus und Rechtsphilosophie, in: Senn/Puskás(Hrsg.), Rechtswissenschaft als Kulturwissenschaft? ARSP-Beiheft 115(2007), S. 83 이하; Saliger, Radbruch und Kantorowicz, ARSP 93(2007), S. 236 이

식의 필요성' 그리고 궁극적으로는 '법적 생활 자체의 필요성'을 출발
점으로 삼는 이론 구상으로 — 따라서 "상위에 있는 완성된 철학적 체
계를 하위에 있는 법에 억지로 구겨 넣는"것을 배격하는 방향으로 —
변화했다.[43] 이러한 전개 과정의 맥락에서 신칸트주의의 중추에 해당
하는 방법이원주의(존재로부터 당위는 도출될 수 없다)에 대한 이해 역시
변화를 겪게 된다. 즉 방법이원주의를 포기하지는 않았지만,[44] '사물
의 본성(Natur der Sache)'이라는 사고를 끌어들이고 이를 점차 강조
함으로써 방법이원주의를 완화한다.[45]

(2) 라드브루흐 법철학은 상대주의를 상대화하는 경향으로 규정
할 수 있다. 즉 학문적 인식이 가능한 영역과 (상대주의 원칙이 지배하
는) 신념의 영역을 구별하는 경계선이 인식의 영역에 유리한 방향으
로 변경된다. (상대주의에서 벗어난) 정의 개념의 '실질화'는 이 맥락에
속한다. 라드브루흐는 「법철학 기초」에서는 정의를 법의 합목적성(법

하, 243 이하; *Ziemann*, Neukantianisches Strafrechtsdenken. Die Philosophie des
südwestdeutschen Neukantianismus und ihre Rezeption in der Strafrecht-
swissenschaft des frühen 20. Jahrhunderts, 2009, S. 66 이하 참고. *von der Pfordten*(각
주 1), S. 1022에 따르면 다수 학자의 생각과는 달리 라드브루흐와 신칸트주의 사
이의 연관성이 그렇게 강하지 않다고 한다.

43 *Radbruch*, Nachwort-Entwurf zu einer Neuauflage der 'Rechtsphilosophie' von 1932,
GRGA 20, S. 25 이하, 38. 이에 반해 1932년의 「법철학」은 다음과 같은 문장으로 시
작된다. 즉 "철학은 철학의 한 분과이다. 그 때문에 일단 법철학의 일반철학적 전
제조건들을 밝혀야 할 필요가 있다"라는 문장으로 시작하고, 각주에서는 "빈델
반트Wilhelm Windelband, 리커트Heinrich Rickert, 라스크Emil Lask의 철학적 이론을 배경으
로 삼고 있다"라고 힌다(GRGA 2, S. 205 이하).

44 「법철학」신판의 후기 초안에서 라드브루흐는 다음과 같이 쓰고 있다. "법철학의
방법은 두 가지 사상에 기초한다. 하나는 방법이원주의이고, 다른 하나는 상대주
의이다. 이 두 사상은 그사이 변화를 겪었지만, 나의 법철학이 계속해서 주장했던
사상이다(GRGA 20, S. 25 이하, 38)." [앞의 부록 I, 398면]

45 자세히는 뒤의 III. 2 참고.

은 "절대적으로 목적에 의해 규정된다"라는 의미에서)과 동일시했지만,[46] 1918년 이후부터는 정의라는 주제를 사회적 정의의 측면에서 다루게 되고,[47] 1932년의 「법철학」에서는 "같은 것은 같게 취급한다"라는 형식적 평등취급 원칙으로 해석하며,[48] 「법철학 입문」에서는 예컨대 법관의 독립과 같은 실질적 법원칙까지 함께 고려하는 방향으로 나아 간다.[49]

(3) 라드브루흐 법철학은 (정의에 지향된) '철학적' 법개념과 (효력을 갖고, 따라서 구속력이 있는 '비법Nicht-Recht'의 존재 가능성을 인정하는) 법학적 법개념의 이원주의에서 출발했지만, 1945년 이후에는 이 두 개의 법개념을 통합하는 방향으로 변화한다. 이와 똑같은 맥락에서 법의 가치 관련성(철학적 법개념) 역시 법의 선험적 전제조건으로부터 실질적 기준으로 변화한다. 그 때문에 '끔찍하게 부정의한 법률'인 경우에는 제정법으로부터 효력을 박탈할 수 있고,[50] 정권의 명령이 처음부터 전혀 정의를 추구하지 않은 경우는 법으로서의 성질 자체를 갖고 있지 않으며, 그와 같은 명령은 권력의 표현일 수는 있지만, 결코 법적 명제로 볼 수 없다고 본다.[51]

---

46 *Radbruch*, Grundzüge der Rechtsphilosophie(1914), GRGA 2, S. 9 이하, 91.

47 *Radbruch*, Ihr jungen Juristen!(1919), GRGA 13, S. 23 이하, 28.

48 *Radbruch*, Rechtsphilosophie(각주 14), S. 303.

49 *Radbruch*, Vorschule(각주 38), S. 144.

50 *Radbruch*, Vorschule(각주 38), S. 154.

51 *Radbruch*, Vorschule(각주 38), S. 151.

2. 방법이원주의

a) 방법이원주의 대 방법일원주의

존재와 당위(Sein und Sollen)의 엄격한 분리는 합리적 사고와 합리적 논증을 위한 하나의 기본조건이다. 이 점에서 '방법이원주의'와 '방법일원주의' 사이의 논쟁은 존재해야 하는 것(das Sein-Sollende)이 존재하는 것(과거에 존재한 것, 현재 존재하는 것, 미래에 존재하게 될 것)을 통해 정당화될 수 있는가, 그리고 극단적 경우 당위가 존재로부터 논리적으로 도출될 수 있는가라는 물음과 관련을 맺는다. 「법철학 기초(1914)」에서 라드브루흐는 칸트와 신칸트주의를 원용하면서 명시적이고 일관되게 이 물음에 대해 부정적으로 대답한다.[52] 이 관점에서 그는 자연법론을 비판할 뿐만 아니라, "역사와 민족정신을 통해 필연적으로 생성된 것은 이미 그 이유만으로 정당하다고 여기는" 역사학파에 대해서도 비판을 가하며,[53] 형법의 역사에 관한 스승 프란츠 폰 리스트의 진화론적 견해에도 반대한다.[54]

b) '이념의 소재 규정성' — '사물의 본성'

존재와 당위 사이의 단호한 대립을 완화하려는 노력을 통해 '온건한' 방법이원주의로 전환하는 과정은 1923년에 발간한 논문 '법이념과 법소재'[55]에서 이루어진다. 라드브루흐에 따르면 소재를 **통해** 그리

---

52 이 점 및 이하의 서술에 관해서는 *U. Neumann*, Methodendualismus(각주 1), S. 26 이하 참고.
53 *Radbruch*, Grundzüge(각주 46), S. 26.
54 이에 관해 자세히는 *U. Neumann*, Methodendualismus(각주 1), S. 28 이하 참고.
55 *Radbruch*, Rechtsidee und Rechtsstoff. Eine Skizze, GRGA 2, S. 453 이하. [앞의 부록

고 소재에 **맞게** 이념이 규정된다는 의미의 '이념의 소재 규정성' 원칙
은 그 체계적 위치가 선험논리학이긴 하지만, 이 원칙을 법질서 및 법
질서가 당시의 사회적 상황과 맺고 있는 관계에 적용함으로써 경험적
이고 인과적인 원칙으로 전개된다.[56] 즉 법형식이 '법소재'인 사회적
및 경제적 상황에 부합하는 정도는 그때그때 다를 수 있다고 한다. 그
리하여 당시의 사법私法은 사실상으로 존재하는 경제적 불평등을 등
한시하는 반면, 사회정책과 경제민주주의는 '법형식이 법소재에 다시
가까이 다가가는 것'을 뜻한다고 한다.[57]

학문이론적으로 볼 때 법소재와 법이념의 관계는 법학적 개념과 법
학 이전의('사회적') 개념 사이의 관계에 반영되어 있다. 이와 관련해
라드브루흐는 '의미 분화(Bedeutungsdifferenzierung)'에 관한 라스크
의 이론[58]을 명시적으로 원용한다. 즉 법의 소재는 아무런 구조도 갖
지 않는 원초적인 사실이 아니라 '사회적 개념을 통해 사전에 형식을
갖춘' 사실이라고 한다.[59] 따라서 법을 적용할 때는 "법을 적용할 때
사회적 개념을 거쳐 사전에 형식을 갖춘 사실이 이러한 개념에 부합

I, 336면 이하]

56 *Radbruch*, Rechtsidee und Rechtsstoff. Eine Skizze, GRGA 2, S. 453이하, 455. [앞의
부록 I, 340면]

57 *Radbruch*, Rechtsidee und Rechtsstoff. Eine Skizze, GRGA 2, S. 453 이하, 456. [앞의
부록 I, 342면]

58 *Lask*, Die Logik der Philosophie und die Kategorienlehre, 1911, 1부 4장. 라드브루흐
가 의미 분화 이론을 수용한 측면에 관해서는 *Wapler*, Werte und das Recht, 2008,
S. 199 이하 참고.

59 *Radbruch*, Rechtsidee und Rechtsstoff, GRGA 2, S. 453 이하, 459. [앞의 부록 I, 345
면] 이런 이유에서 라드브루흐가 법소재를 조각가의 재료와 비교한 것은 전혀 문
제가 없지 않다는 베르너 마이호퍼의 지적[*Maihofer*, Die Natur der Sache(1958),
in: Arthur Kaufmann (Hrsg.), Die ontologische Begründung des Rechts, 1965, S. 52
이하, 59]은 타당하다.

해 나중에 형성된 구성요건 개념에 포섭된다"라고 말한다.[60] '법이념과 법소재'에 뒤이어 출간된 문헌들에서도 라드브루흐는 반복적으로 이념의 소재 규정성이라는 사고를 구사하고, 이 사고는 이제 법의 '이념'이 법의 '현실'에 의존한다(이는 오이겐 후버Eugen Huber의 사상이다)는 식으로 이해되며[61] 사물의 본성과 동일시된다. 이로써 '사물의 본성'은 라드브루흐의 저작에서 주목할 만한 발전을 경험하게 된다. 원래 (1906년) 라드브루흐는 사물의 본성을 절대적으로 부정했었다. "칸트의 이론에 따르면" 존재로부터는 "어떠한 당위도 결코 은근슬쩍 끄집어낼 수 없다"라는 간단한 논거를 그 근거로 제시했다.[62] 1932년의 「법철학」에서 사물의 본성은 법을 발견할 때 얻을 수 있는 '직관의 행운'으로만 여겨질 뿐, '인식의 방법'으로서의 성격은 인정받지 못했다.[63] 그러나 사물의 본성이 갖는 성격에 대한 이러한 규정과는 뚜렷한 거리를 두면서 1948년에 테오도르 라운Theodor Laun의 기념논문집에 기고한 논문 '법학적 사고형식으로서의 사물의 본성'에서는 '사물의 본성이 단순히 직관의 행운이 아니라 엄격한 합리적 방법의 소산'이라고 말한다.[64]

하지만 '사물의 본성'이라는 사고형식이 지니는 의미는 방법론적 맥락에만 국한되지 않는다. 즉 이 사고형식에 내재하는, 방법이원주

60 *Radbruch*, Die Problematik der Rechtsidee(1924), GRGA 2, S. 459. [앞의 부록 I, 345/6면]
61 *Radbruch*, Rechtsphilosophie(각주 14), S. 382. [앞의 본문, 242면]
62 *Radbruch*, Rechtswissenschaft als Rechtsschöpfung, GRGA 1, S. 409 이하, 420.
63 *Radbruch*, Rechtsphilosophie(각주 14), S. 232. [앞의 본문, 25면]
64 *Radbruch*, Die Natur der Sache als juristische Denkform(1948), GRGA 3, S. 229 이하, 235. 이 논문의 초고(GRGA 20, S. 10 이하, 22)를 작성할 때(1939년으로 추정)도 이미 사물의 본성을 단순히 '직관의 행운'으로 파악하는 견해로부터 거리를 두기 시작했다.

의의 완화는 법의 구조에 관한 이론에서도 의미를 지니게 된다. 그리하여 라드브루흐는 1936년에 벨첼Hans Welzel의 「형법에서의 자연주의와 가치철학(Naturalismus und Wertphilosophie im Strafrecht)」에 대한 서평에서 "가치가 존재에 뿌리박고 있다"라는 벨첼의 형이상학적 사고에 대해 명백히 반대하면서도 "현실에 가깝게 가치를 구체화해야 한다"라는 요청에 대해서는 이를 적극적으로 인정해야 한다는 확신을 피력하며, 이 맥락에서 다음과 같이 서술한다.

"모든 가치에는 현실의 특정한 부분을 향해 타당성을 갖게 될 성향이 처음부터 내재해 있고, 따라서 가치는 그러한 현실에 대해 타당성을 갖는다. 다시 말해 가치는 이 가치에 맞는 현실에 조율되어 있고 이 현실에 의해 함께 규정된다."[65]

이처럼 "가치는 가치의 기반을 통해 함께 규정된다"라는 이론은 사물의 본성이라는 개념과도 합치한다. 이 이론을 더욱 섬세하게 구성하기 위해 라드브루흐는 다시 라스크의 '의미 분화' 이론[66]을 끌어들인다. 논문 '집합개념과 질서개념'에서는 사물의 본성에 기초한 사고가 "개별사례를 유형화하고 이러한 유형으로부터 판단을 내리는 사고방식"으로서 카알 슈미트Carl Schmitt의 구체적 질서사상(konkreter Ordnungsgedanke)과 같다고 설명한다.[67] 라드브루흐가 슈미트의 사

---

65 *Radbruch*, Rezension zu Hans Welzel, "Naturalismus und Wertphilosophie im Strafrecht"(1933), GRGA 3, S. 29 이하, 31.
66 *Lask*(각주 58), 1부 4장.
67 *Radbruch*, Klassenbegriffe und Ordnungsbegriffe im Rechtsdenken, GRGA 3, S. 60 이하, 64.

고를 지적한 것이 단순히 시대정신에 순응한 것이 아니라는 점은 그
가 1948년에 라운의 기념논문집에 기고한 논문에서도 슈미트의 '구
체적 질서사상'을 '사물의 본성'에 기초한 사고로 규정하고 있다는 사
실[68]에서도 확인할 수 있다. 라드브루흐가 이 시기에 사물의 본성에
부여하고 있는 중대한 의미는 한 편지에서 사물의 본성이라는 문제가
당시의 법철학에서 가장 중요한 문제라고 지칭하고 있다는 사실[69]을
통해서도 증명된다.

3. 상대주의

라드브루흐 자신이 밝힌 대로 '법철학의 방법'이 기초하고 있고 그
의 법사상에서 방법이원주의와 똑같은 방식으로 "변화를 겪었지만,
계속해서 주장"했던[70] 두 번째 기본사상은 상대주의 사상이다. 라드
브루흐는 '상대주의'로 인해 여러 측면에서 신랄한 비판을 받았고,
"너무나도 비학문적이어서 그 존재 자체만으로 이미 반박되는"[71] 입
장이나 "철학자로서는 극단적인 모순에 봉착하게 만드는"[72, 73] 입장

---

68 *Radbruch*, Die Natur der Sache als juristische Denkform, GRGA 3, S. 229 이하, 230.

69 *Radbruch*, Thomas Würtenberger에게 보낸 1949년 11월 14일자 편지, GRGA 18, S. 318.

70 *Radbruch*, Entwurf eines Nachworts zur Neuauflage der "Rechtsphilosophie", GRGA 20, S. 25 이하, 38. [앞의 부록 I, 398면]

71 *W. Sauer*, Philosophie der Zukunft, 1923, S. 68.

72 *C. A. Emge*, Über das Grunddogma des rechtsphilosophischen Relativismus, 1916, S. 64.

73 라드브루흐의 상대주의에 대한 이러한 비판 또는 유사한 비난에 관해서는 *Arthur Kaufmann*, Gustav Radbruch – Leben und Werk, in: GRGA 1, S. 7 이하, 78 이하 참고. 각주 267에는 엠게Emge가 나중에 상대주의에 대한 자신의 비판을 수정했다는 내용도 나와 있다.

으로 낙인찍히기도 한다. 그러나 이러한 비판은 이미 라드브루흐가
「법철학 기초」에서 전개한 원래 형태의 상대주의 구상에도 들어맞지
않는 잘못된 비판이다. 그 때문에 이러한 비판은 '법철학에서 상대주
의'[74]라는 논문과 그 이후의 저작에서 더 뚜렷한 윤곽을 드러내는 상
대주의에도 당연히 들어맞지 않는다.

a) 상대주의의 토대

상대주의라는 입장은 법철학을 '법가치 고찰(Rechtswertbetrach-
tung)'로 이해하는 것, 방법이원주의 원칙 그리고 자연법 거부의 '산
물'로 등장한다. 법철학이 (가능한) 법가치들을 포착해야 하지만, '올
바른' 법가치는 학문적 인식에서 벗어나 있는 것이라면 법철학의 과
제는 오로지 **가능한** 법목적(Rechtszweck)들을 규정하고 체계화하며
각각의 법목적을 그 결과와 전제조건의 측면에서 분석하는 작업일 수
밖에 없다.[75] 이러한 과제는 각 정당의 강령에 내재하는 세계관적 전
제조건과 여기에 함축된 의미를 분석하는 작업도 포함한다.

라드브루흐가 법철학과 정치 사이에 존재한다고 보는 사실상의
연관성은 그의 법철학 가운데 가장 독창적인 부분 가운데 하나인 '법
철학적 정당이론'에서 뚜렷하게 표현된다. 그 때문에 라드브루흐는
철학이 삶에 대한 해석이 아닐 수 없는 것과 마찬가지로 법철학은 일
상의 정치에 대한 해석이 아닐 수 없다고 말하며, 거꾸로 정당들 사
이의 투쟁은 거대한 법철학적 논의라고 말한다. 이 맥락에서 라드브

---

74 *Radbruch*, Der Relativismus in der Rechtsphilosophie(1934), GRGA 3, S. 17 이하.
75 *Radbruch*, Grundzüge(각주 46), S. 44.

루흐는 정치란 '소규모의 법철학'이고, 거꾸로 법철학은 '세기의 기준에 따른 정치'라고 표현한 베롤츠하이머Fritz Berolzheimer를 인용하기도 한다.[76]

하지만 라드브루흐는 개개의 정당을 다양한 법철학적 입장에 귀속시키는 구체적인 문제와 관련해서는 시대적 제약을 받지 않을 수 없었고, 이러한 제약을 고려할지라도 이 문제를 말끔하게 해결하는 데 성공하지는 못했다.[77] 이 점은 특히 '작품가치(Werkwert)'를 신봉하는 '초인격주의'의 입장을 어떠한 정당에 연결해야 하는가의 문제에서 분명하게 드러난다. 왜냐하면 초인격주의에 귀속시킬 수 있는 구체적인 정당을 찾아내는 일은 — 라드브루흐가 살던 당시이든 오늘날이든 — 어렵기 때문이다. 그렇긴 하지만 이 문제를 체계적으로 다루기 위한 핵심적인 구별, 즉 개인주의적 견해와 초개인주의적인 견해, 계약모델과 유기체사상이라는 대안은 충분한 설득력을 갖고 있고 확실한 방향설정을 제시한다.[78]

그러므로 상대주의 원칙이 어떠한 지배영역을 주장할 수 있는지는 세계관들(그리고 정당들) 사이의 투쟁이 어느 지점에서 종식되는

---

76 *Radbruch*, Literaturbericht Rechtsphilosophie(1908), GRGA 1, S. 510.

77 이 점에 관해 자세히는 R. *Dreier*, Gustav Radbruchs rechtsphilosophische Parteienlehre, ARSP 85(1999), S. 497 이하 참고[드라이어의 해석에 관해 자세히는 U. Neumann, Ralf Dreiers Radbruch, in: *Alexy*(Hrsg.), Integratives Verstehen. Zur Rechtsphilosophie Ralf Dreiers, 2005, S. 141 이하, 153 이하 참고]. 상세히는 *Wiegand*, Unrichtiges Recht. Gustav Radbruchs rechtsphilosophische Parteienlehre, 2004 참고. 이밖에도 *Poscher*, Vom Wertrelativismus zu einer pluralistischen Demokratietheorie – Gustav Radbruchs rechtsphilosophisch begründete Parteienstaatslehre, in: *Gusy*(Hrsg.), Demokratisches Denken in der Weimarer Republik, 2000, S. 191 이하도 참고.

78 R. *Dreier*(각주 77)도 이 점을 인정한다.

지에 달려 있다. 약간의 부정확성을 감수하고 말한다면, 상대주의 원칙의 지배영역에 대해서는 라드브루흐 법철학의 전개 과정에서 갈수록 더 좁은 경계설정이 이루어졌다는 것을 확인할 수 있다. 이와 함께 서로 다른 세계관들 사이의 투쟁 대상이 될 수 없는 영역은 확대되어 갔다.

b) 정의가 '합목적성'으로부터 해방되는 과정

이 전개 과정은 일단 라드브루흐가 1932년의 「법철학」에서 법이념의 세 가지 요소로서 서로 대립한다고 파악했던 합목적성, 정의 그리고 법적 안정성[79]의 관계가 변화했다는 사정과 관련이 있다. '법이념'에 관한 구상이 아직 전개되지 않았던 「법철학 기초」에서는 세계관들과 정당들 사이의 투쟁에서 중심이 되는 법의 목적이 전면으로 부각했다. 이에 반해 정의는 부차적인 역할만을 했을 따름이다. 왜냐하면 「기초」의 저자인 자신처럼 법의 목적을 법에 관한 '절대적 목적규정'으로 이해하는 이상 정의는 "법의 합목적성과 구별될 수 없기" 때문이었다.[80] 이에 따라 세계관들과 정당들 사이의 투쟁은 정의라는 이상의 내용에 대한 물음과도 관련을 맺게 된다.[81] 오로지 법적 안정성이라는 원칙, 즉 그 내용과는 관계없이 법이 존재한다는 것만으로 충족되는 원칙만이 이러한 투쟁으로부터 (그리고 상대주의의 지배영역으로부터도) 벗어나 절대적인 타당성을 가진다.[82]

---

79 *Radbruch*, Rechtsphilosophie(각주 14), § 9. [앞의 본문, 123면 이하]
80 *Radbruch*, Grundzüge(각주 46), S. 91.
81 *Radbruch*, Grundzüge(각주 46), S. 171.
82 *Radbruch*, Grundzüge(각주 46), S. 171.

하지만 이러한 입장은 1차대전이 끝난 이후의 저작에서부터 변화를 겪는다. 1924년에 발간한 논문 '법이념의 문제점'에서 라드브루흐는 정의와 합목적성을 동일시하는 기존의 견해로부터 거리를 두면서 합목적성은 "이제는 지나간 시대의 유물에 해당하는 공리주의와 실증주의 법철학"의 특징이라고 보게 된다.[83] 이 논문에서 라드브루흐는 특히 「기초」에서 주장했던 기존의 견해도 수정한다. 여기서 주목해야 할 측면은 이러한 수정이 철학적 성찰의 결과로 이루어진 것이 아니라 실천적 경험에 비추어 볼 때 불가피하다고 여겨졌다는 사실이다. 즉 계기는 "철학적 사변이 아니라 정치적 체험"이었다.[84]

이제 정의는 합목적성과 별개의 독자적인 법이념 요소가 된다. 1932년의 「법철학」에서는 '상대주의적 자기절제'는 오로지 '합목적성'에만 해당하고, 다른 두 가지 요소인 법적 안정성과 정의는 "법과 국가에 관한 견해들의 대립과 정당들의 투쟁"을 벗어나 그 상위에 위치한다고 표현한다.[85] 상대주의 역시 정의(비록 형식적 정의에 그치긴 하지만)가 차지하고 있는 영토에는 발을 들여놓지 못한다.[86]

c) 실질적 법원칙의 토대로서의 상대주의

그러나 상대주의에 대한 철저한 상대화는 1934년에 프랑스어로 출간된 텍스트인 '법철학에서 상대주의'에서 이루어진다.[87] 이 논문에서는 상대주의적 출발점으로부터 정치적 생활을 형성하기 위한 상

---

83 *Radbruch*, Problematik(각주 60), S. 460. [앞의 부록 I, 349면]
84 *Radbruch*, Problematik(각주 60), S. 460. [앞의 부록 I, 349면]
85 *Radbruch*, Rechtsphilosophie(각주 14), S. 303. [앞의 본문, 124면]
86 *Radbruch*, Rechtsphilosophie(각주 14), S. 303. [앞의 본문, 124면]
87 *Radbruch*, Relativismus(각주 74).

세한 요청들을 도출해낸다.[88] 즉 상대주의에서 출발해 이제 자유, 법
치국가, 민주주의[89]와 같은 전통적인 자연법적 요청을 제기할 뿐만 아
니라,[90] 한 걸음 더 나아가 사회주의적 사회질서의 실현과 확신범을
위한 특별형법에 대한 요청까지도 제기하게 된다. 라드브루흐 자신도
상대주의의 이러한 변환을 '논리적 기적'이라고 지칭한다.[91]

이 기적이 실현되기 위한 전제조건은 특정한 정치적 구조가 논란의
대상이 되는 내용과는 다른 논리적 차원에 자리 잡아야 한다는 점이
다. 이러한 정치적 구조는 경쟁 상태에 있는 정치적 견해들 가운데 어
느 하나에 기초하는 것이 아니라, 이 경쟁 자체의 가능성 조건이다.[92]
이념들의 경쟁은 의사표현의 자유, 종교의 자유, 언론의 자유를 전제
하며, 이렇게 해서 상대주의는 자유주의로 흘러간다. 더 나아가 이념
들의 경쟁이 **합리적** 논쟁이 되기 위해서는 (더 강한 자들의 논거가 아니
라) 더 강력한 논거가 관철된다는 것을 전제한다. 그리고 이념의 힘이
발휘되기 위해서는 있을 수 있는 왜곡이 제거되어야 한다. 이 점에서

---

88 이 점 및 이하의 서술에 관해서는 U. Neumann, Naturrecht und Positivismus im
Denken Gustav Radbruchs. Kontinuitäten und Diskontinuitäten, in: Härle/B.
Vogel(Hrsg.), "Vom Rechte, das mit uns geboren ist". Aktuelle Probleme der
Naturrechtslehre, 2007, S. 11 이하, 24 이하 참고. 상대주의에 관련된 라드브루흐의
텍스트들이 그의 법철학을 이해하는 데 결정적으로 중요하다는 점을 타당하게
지적하는 문헌으로는 Frommel(각주 1) JZ 2016, S. 913 이하, 917 이하; dies.,
Schlusswort, JZ 2017, S. 460 이하, 460 참고.
89 「법철학(1932)」서문에서 라드브루흐는 "상대주의는 민주주의의 사상적 전제조
건"이라고 쓰고 있다. [앞의 본문, 9면]
90 Radbruch, Relativismus(각주 74).
91 Radbruch, Relativismus(각주 74), S. 21.
92 이 측면에서 라드브루흐와 켈젠이 입장이 유사하다는 점에 대해서는 H. Dreier,
Die Radbruchsche Formel - Erkenntnis oder Bekenntnis?, in: Borowski/Paulson(각
주 1), S. 1 이하, 9; Volkmann, Rechtsphilosophie, 2018, § 2 Rn. 150 참고.

상대주의는 — 오늘날의 표현을 동원하자면 — 합리적 논의의 조건들
이 제도화된 사회질서에 대한 요청으로 흘러간다. 다시 말해 특정한
내용을 보장하는 것이 아니라 일정한 방식의 절차를 보장하는 것이
중요하다. 또 한 번 오늘날의 표현을 동원하자면, 정치적 입장 자체가
아니라 절차적 규칙이 중요하다. 국가를 민주주의적으로 건설해야 한
다는 요청과 관련해 라드브루흐는 「사회주의의 문화이론」 제3판의
후기에서 다음과 같은 점을 명시적으로 밝히고 있다. "민주주의는 하
나의 세계관이 아니라 사회 내에서 세계관적 대립을 지탱하기 위한
절차이다."[93]

　이렇게 볼 때 결과적으로 라드브루흐의 상대주의 자체가 상대화한
다. 왜냐하면 상대주의는 서로 다른 정치적 진영들 사이의 논란에 대
해 궁극적인 결정을 내릴 수 없다는 사실에 따른 결론으로 등장하는,
특정한 절차에 따르는 정치적 구조원칙을 정당화하기 때문이다. 따라
서 라드브루흐에게 민주주의와 법치국가는 그가 평생에 걸쳐 신봉했
던 정치적 가치일 뿐만 아니라 그 자신의 철학적 회의주의로부터 도
출되는 결론이기도 하다. 이 점은 결코 설득력이 없는 결론이 아니다.
자신이 진리를 손에 쥐고 있다고 착각하는 자만이 관용을 무책임으
로, 민주주의를 착각의 자유로 오해한다. 오로지 회의주의자만이 민
주주의와 관용을 이론적으로도 정당화할 수 있다.

　그렇긴 하지만 상대주의에 관한 이러한 사고는 한 가지 명백한 약
점을 안고 있다.[94] 왜냐하면 절차적 원칙들이 서로 대립하는 견해들

---

93 *Radbruch*, Nachwort zur 3. Aufl. der "Kulturlehre des Sozialismus"(1949), GRGA 4,
　S. 99 이하, 160.
94 이에 관해 더 자세히는 *Ellscheid*, Strukturen naturrechtlichen Denkens, in:

사이의 자유로운 경쟁에 이바지한다면, 이 견해들 가운데 어떠한 견해가 승리할지라도 이를 인정해야 하기 때문이다. 즉 초인격주의적 입장이나 초개인주의적 입장이 승리할지라도 개인주의적 입장이 승리할 때와 똑같이 승리를 인정해야 한다. 그러나 초인격주의적 견해에서는 개인의 자유권의 범위에 대해 개인주의를 토대로 삼을 때와는 상당히 다른 결론이 도출된다.

구체적으로 말하자면, 예컨대 (이른바) 인간의 종교적 소명의 이행이라는 '작품가치'에 구속된 국가는 개인주의에 구속되는 자유주의 국가와는 달리 종교의 자유에 대해 팽팽한 긴장관계에 서 있게 될 것이다. 이 점에서 인권과 시민의 자유는 정당들 사이의 합리적 투쟁을 위한 전제조건일 뿐만 아니라, 초인격주의적 견해와 집단주의적 견해에 대립하는 상황에서는 그 자체가 이미 하나의 정치적 견해를 표방하는 정당인 셈이다. 그리고 인권과 자유가 하나의 정당이기 때문에 반대편 정당이 승리하는 경우에는 인권과 자유가 완전히 말살될 위험이 존재한다. 라드브루흐가 초기에 구상한 이론적 체계에서는 이러한 위험에 대항하기 위한 보장책이 존재하지 않는다.

d) 개인주의의 필연성

이 점은 1945년 이후의 라드브루흐 저작에서 변화를 겪게 된다. 즉 그 이전의 이론 구상에서는 경쟁에서 패배한 입장이 표방하는 요소들을 위한 '소수자 보호'가 존재하지 않았던 반면, 이제는 국가질서와 관련해 자유주의적, 즉 개인주의적 구상과 밀접하게 결부되는 권리에

Hassemer/U. Neumann/Saliger(Hrsg.), Einführung in die Rechtsphilosophie und Rechtstheorie der Gegenwart, 9. Aufl. 2016, S. 143 이하, 153 참고.

대한 최소한의 보장을 요구하게 된다. 이 의미에서 라드브루흐에게 자유주의는 이제 "심지어 권위주의적 견해를 포함한 … 모든 견해에서 필연적인 전제조건으로 증명된다."[95] 이로써 초개인주의적 또는 초인격적 관점에서 인권을 완전히 부정하는 것은 '절대적으로 부정당한 법'이 된다.[96]

4. 법개념과 법효력

a) 철학적 법개념과 법학적 법개념

라드브루흐의 후기 법철학에서는 특정한 법률이 '절대적으로 부정당한 법'으로 평가될 수 있다는 사실은 단순히 상대주의에 대한 중대한 상대화만을 포함하지 않는다. 왜냐하면 이 '절대적으로 부정당한 법률'로부터는 도덕적 품격만이 박탈되는 것이 아니라, 시민과 법관에 대한 효력, 즉 구속력까지 박탈되기 때문이다. 라드브루흐는 이미 초기 저작에서도 '치욕스러운 법률(Schandgesetz)'에 대해서는 시민이 복종할 의무가 없다고 선언하면서[97] 1878년의 '사회주의자 법률'은 그와 같은 치욕스러운 법률에 속한다고 보았지만,[98] 법관은 그와 같은 부정의한 법률에 계속 구속된다고 견해를 고수했다. 그 이후의 법철학에서는 법규범의 법적 효력에 대한 도덕적 기준이 중요하게 됨

---

95 *Radbruch*, Vorschule(각주 38), S. 147.

96 *Radbruch*, Vorschule(각주 38), S. 147.

97 *Radbruch*, Problematik(각주 60), S. 466 [앞의 부록 I, 358/9면]; *Radbruch*, Rechtsphilosophie(각주 14), S. 315. [앞의 본문, 143면]

98 "공공의 위험을 야기하는 사회민주주의 세력에 대항하기 위한 법률(Gesetz gegen die gemeingefährlichen Bestrebungen der Sozialdemokratie(1878년 10월 21일; RGBl., S. 351)"

으로써 철학적 법개념과 법학적 법개념이 근접하는 결과를 낳게 된다. 라드브루흐는 원래 '철학적' 법개념을 — 서남독학파 신칸트주의의 문화철학을 수용해 — 가치중립적으로 이해되는 '가치관련성'을 통해 선험철학적 개념으로 전개했다. 그 때문에 법은 "부정의판단을 포함해 정의판단의 대상이 될 수 있는 모든 것이고 … 실제로 정의로운지에 관계없이 정의로워야 할 모든 것"[99]이라고 생각했다. 이에 반해 그 이후의 저작에서는 법학적 법개념과 함께 도덕적 의미가 강조되는 법개념이 등장하기 시작한다. 이 맥락에서 논문 '법이념의 문제점(1924)'에서는 다음과 같이 서술하고 있다.

"예컨대 특정한 개인 또는 특정한 집단에게만 불리한 예외적 명령과 같이 같은 것은 같게 다른 것은 다르게 취급하려는 의지가 조금도 내재하지 않는 명령이 실정적으로 효력을 갖고 합목적적일 수 있고, 심지어 필연적이고 그 때문에 절대적으로 타당할 수도 있다. 하지만 이와 같은 명령에 대해서는 법이라는 이름을 붙이기를 거부해야 마땅하다. 왜냐하면 법은 최소한 정의에 봉사할 것을 목적으로 삼는 것이기 때문이다 … 정의는 법이라는 종(種)을 규정하는 이념이다."[100]

이로써 효력을 갖는 비법(geltendes Nicht-Recht)이 존재할 가능성을 인정한 셈이다. 이와 똑같은 맥락에서 라드브루흐는 막스 뤼멜린 Max Rümelin의 저작 「법률 앞의 평등」에 대한 서평[101]에서도 명시적으로 '비법'이라는 개념을 사용한다. 1932년의 「법철학」에서는 다음과

---

99 *Radbruch*, Grundzüge(각주 46), S. 54.
100 *Radbruch*, Problematik(각주 60), S. 462. [앞의 부록 I, 352/3면]
101 *Radbruch*, Rezension zu Max Rümelin, Die Gleichheit vor dem Gesetz, 1928, GRGA 1, S. 546.

같이 쓰고 있다. "실제로 우리는 하나의 명령이 법적 성격을 갖는지, 다시 말해 이 명령이 **법의 개념**에 부합하는지는 오로지 이 명령이 목적으로 삼고 있는 정의만을 척도로 삼아 결정한다."[102] 또한 '법의 목적'에 관한 논문에서는 개별사례에 관한 법률로부터 효력을 박탈하지는 않지만, 법적 성격은 박탈한다. 여기서도 특정한 개인에게만 불리한 명령은 "법의 성격을 갖지 않는다"라고 말한다. 따라서 이와 같은 명령은 "'법'이라는 명칭을 상실할 뿐만 아니라, 법이라는 명칭과 함께 울려 퍼지는, 형언하기 어려운 열정과 이 열정에 기초한 도덕적 권위까지도 모두 상실한다"[103]라고 한다.

b) 법률의 (비)효력의 법개념 의존성

라드브루흐가 1945년에 내딛는 결정적인 한 걸음은 이제 부정의한 법률은 특정한 전제조건하에서는 법으로서의 성질뿐만 아니라, 효력까지도 박탈된다고 생각하게 되었다는 점이다.

"정의를 전혀 추구하지 않는 경우, 다시 말해 실정법을 제정하면서 정의의 핵심을 이루는 평등을 의식적으로 부정한 경우, 그 법률은 단순히 '불법'에 그치지 않고, 법의 성질 자체를 갖고 있지 않다. 왜냐하면 실정법을 포함한 모든 법은 정의에 봉사하는 의미를 지닌 질서와 규정이라고 개념정의할 수밖에 없기 때문이다."[104]

---

102 *Radbruch*, Rechtsphilosophie(각주. 14), S. 305. [앞의 본문, 128면]
103 *Radbruch*, Der Zweck des Rechts(1937년에 프랑스어로 행한 강연의 독일어 번역), GRGA 3, S. 39 이하, 43.
104 *Radbruch*, Gesetzliches Unrecht(각주 37), S. 89. [앞의 부록 I, 371면]

여기서 라드브루흐는 "실정법의 정의에 대한 모순이 참을 수 없는 정도에 도달해서 '부정당한 법'으로서의 법률이 정의에 자리를 내주어야 한다"면(또한 그럴 때만) 법적 효력을 상실하게 되는, 내용적으로 부정의한 법('참을 수 없음-공식')과 법으로서의 성질과 함께 효력까지도 박탈되는 비법('부정공식')을 구별한다. 물론 두 경우 모두 실제적 결과의 측면에서는 같다.[105] 즉 이러한 법률은 구속력을 갖는 법이 아니고 또한 시민과 법적용자 모두에게 의무를 부과하지 않는다. 하지만 양자에 대한 법철학적 정당화 방식은 다르다.

'참을 수 없음-공식'이 적용되는 영역에서 법률규범은 효력을 박탈당할 뿐, 법으로서의 성질을 박탈당하지는 않는다. 그 때문에 이 공식에 해당하는 법률에 관해서는 「법철학 입문」에서도 법의 효력에 관한 서술에서 다루고 있는 점[106]은 논리적 일관성을 갖는다. 이에 반해 라드브루흐는 '부정공식'을 법개념에 대한 설명의 맥락에서 다룬다.[107] '부정공식'을 라드브루흐는 자신이 「기초」와 「법철학(1932)」에서 제시했던 법의 개념규정, 즉 정의라는 법가치와의 관련을 통한 법의 개념정의에 연결한다. 이렇게 다리를 놓는 작업이 필요했다는 사실에 비추어 볼 때 '부정공식'을 위해 제시해야 했던 다음과 같은 정당화는 전혀 의문의 대상이 될 수 없다.

"왜냐하면 실정법을 포함한 모든 법은 정의에 봉사하는 의미를 지닌 질서

---

105 조금 더 세분하는 견해로는 *von der Pfordten*, Rechtsethik, 2. Aufl. 2011, S. 195 이하 참고.
106 *Radbruch*, Vorschule(각주 38), § 12, S. 154.
107 *Radbruch*, Vorschule(각주 38), § 11, S. 151.

와 규정이라고 개념정의할 수밖에 없기 때문이다."[108]

그러나 라드브루흐의 신칸트주의의 출발점(가치관련을 통한 법에 대한 개념정의)으로부터 '부정공식'을 통해 표시되는 견해에 도달하기 위해서는 어떠한 경우든 두 가지 단계가 필요하다. 첫 번째 단계에서는 선험적 법개념을 구성하고, 이 점에서 방법론적 의미를 지닌 가치관련이 주관화되어야 하며, 따라서 실정법규범을 제정하는 자의 의도에 결부시켜야만 한다. 라드브루흐는 논문 '법이념의 문제점'에서 이미 이 단계를 거쳤다.[109] 그 이후 「법철학」에서도 마찬가지로 같은 것을 같게 취급하려는 의지가 전혀 없는 명령은 '법'이라고 지칭할 수 없다는 결론에 도달한다.[110] 두 번째 단계에서는 법으로서의 성질이 없다는 점으로부터 비효력을 도출해내야 한다. 이는 — 앞에서 밝혔듯이 — 라드브루흐가 1945년 이후에 비로소 수행한 변화이다. 결과적으로 라드브루흐가 이미 그 이전의 저작에서 법윤리적 요청으로 주장했던 내용의 요청을 이제는 법효력의 조건으로 삼게 된 셈이다. 특히 라드브루흐가 예전에는 정치적 요구로 표현했던 인권의 존중은 이제 법효력 자체의 조건이 된다.[111]

---

108 *Radbruch*, Gesetzliches Unrecht(각주 37), S. 89.

109 *Radbruch*, Problematik(각주 60), S. 461.

110 *Radbruch*, Rechtsphilosophie(각주. 14), S. 305. [앞의 본문, 128면 이하]

111 예컨대 *Radbruch*, Republikanische Pflichtenlehre(1926), GRGA 14, S. 85 이하, 89; *ders.*, Der Geist der deutschen Reichsverfassung(1926), GRGA 14, S. 94 이하, 98; *ders.*, Reichstagsrede v. 6. April 1922, GRGA 19, S. 107 이하, 108 참고.

5. '법실증주의자'로부터 '자연법론자'로의 전환?

그렇다면 끊임없이 자주 주장되는 것처럼[112] 라드브루흐는 '부정
공식'과 '참을 수 없음-공식'을 통해 법실증주의자로부터 자연법론
자[113]로 전환하는 발걸음을 내딛게 되었을까? 이 물음에 대해서는 세
가지 이유에서 '아니다!'라고 대답해야 한다. 첫 번째 이유는 라드브
루흐가 1945년 이전에 '실증주의자'가 아니었기 때문이고,[114] 두 번
째 이유는 그가 1945년 이후에 '자연법론자'가 아니었기 때문이며,
세 번째 이유는 '자연법 또는 법실증주의'라는 대안이 이미 섬세한 법
철학적 이론을 제대로 평가할 수 있기에는 너무나도 투박한 구별이기
때문이다.[115]

a) 첫 번째 신화: "초기의 라드브루흐는 실증주의자였다."
1933년 이전의 라드브루흐 법개념을 '실증주의적'으로 규정할 수
있는가라는 물음과 관련해서는 일단 그의 철학적 법개념과 법학적 법
개념을 구별해야 한다. 신칸트주의 학문이론을 토대로 정의라는 법가

---

112 최근 문헌으로는 *Rüthers* JZ 2017, S. 457 이하, 459[여기서 뤼터스는 *Frommel*(각
주 1), [Fn. 1] JZ 2016, S. 913 이하, 917에 대해 반론을 제기한다] 참고.
113 전후의 자연법 논의와 이 논의에서 라드브루흐가 차지하는 위치에 대한 상세한
분석으로는 *Foljanty*(각주 1) 참고.
114 이 점을 설득력 있게 논증하는 문헌으로는 특히 *Paulson, Ein ewiger Mythos:
Gustav Radbruch als Rechtspositivist*, JZ 2008, S. 105 이하 참고.
115 *Frommel*, JZ 2017, S. 460 이하도 같은 입장이다. 이 점 및 이하의 서술에 관해서는
U. *Neumann*, Zum Verhältnis von Rechtsgeltung und Rechtsbegriff(각주 1), S. 130
도 참고. *Arthur Kaufmann*, Gustav Radbruch – Leben und Werk, GRGA 1, S. 7 이
하, 85에서는 라드브루흐의 입장이 "실증주의와 자연법의 피안에 있다"라고 표
현한다.

치와의 관련성을 통해 규정되는 철학적 법개념과 관련해서는 이 법개념을 '실증주의적'이라고 지칭하는 것은 애당초 불가능하다.[116] 법학적('실제적') 법개념 역시 법의 효력(구속력)을 법의 도덕적 성질과는 전혀 별개로 파악한다는 의미의 '실증주의'와는 거리가 멀다. 왜냐하면 이미 「기초」에서도 문제를 여러 측면에서 조명하는 매우 섬세한 논의를 거친 이후에 부정의한 법률에 대한 엄격한 구속은 오로지 법관에게만 해당할 뿐, 시민에 대해서는 그러한 구속을 인정할 수 없다고 확정하기 때문이다.[117]

1차 세계대전 이후 라드브루흐에게 실증주의는 '권력숭배'의 표현으로서 철저한 거부의 대상이 된다. 권력숭배의 시기(즉 제국의 말기)에 가톨릭 철학이 자연법사상을 고수했다는 사실은 라드브루흐에게 '불후의 명성'으로 여겨졌고(1918년),[118] 그가 서평을 쓴 가톨릭 철학자 마우스바하Josef Mausbach의 저작을 '실증주의를 완벽하게 반박한 저작'으로 평가했다.[119] 같은 해에 발간한, 넬슨Leonard Nelson에 대한 서평에서도 "현재의 법철학에서 횡행하고 있는 이념 적대적 실증주의"라는 표현을 쓴다.[120]

법실증주의 및 자연법에 대한 라드브루흐의 태도가 시대사적 사건으로부터 결정적인 영향을 받았다는 점에 대해서는 의문이 있을 수

---

116 이 점을 타당하게 지적하고 있는 *Saliger*, Radbruchsche Formel und Rechtsstaat, 1995, S. 23 참고. *Paulson*(각주 114), S. 106도 여기에 동의한다.
117 *Radbruch*, Grundzüge(각주 46), S. 171.
118 *Radbruch*, Rezension zu Josef Mausbach, Naturrecht und Völkerrecht, 1918, GRGA 1, S. 534.
119 Ibid.
120 *Radbruch*, Rezension zu Leonard Nelson, Rechtswissenschaft ohne Recht, 1917, GRGA 1, S. 533.

없다. 왜냐하면 1차대전이 발발하기 불과 몇 년 전만 하더라도 라드
브루흐는 가톨릭 철학자 카트라인Viktor Cathrein의 법철학 저작에 대해
약간의 아이러니를 섞어 "근대 과학의 대로에서 멀리 떨어진 한적한
구석에서나마 자연법은 오늘날에도 여전히 푸른빛을 발하고 있다"[121]
라고 말했기 때문이다. 라드브루흐 자신도 "이제는 지나간 시대의 유
물인 공리주의와 실증주의 법철학"으로부터 거리를 두게 된 것에 대
해 다음과 같이 언급하고 있다. "이러한 오류를 수정하고 더 좋은 통
찰에 도달하게 가르쳐준 것은 어떤 철학적 사변이 아니라, 정치적 체
험이었다."[122] 이 말을 단순히 강렬한 경험이 남긴 개인사적이고 심
리적인 의미로만 이해할 수는 없다. 이 말은 라드브루흐가 실증주의
를 ― 자연법도 역시 ― 그 결과에 비추어 판단하고자 한다는 것을 명
확하게 보여준다. 1945년 이후 라드브루흐가 실증주의와 자연법에
대해 취한 입장은 이 점을 다시 확인해주고 있고 섬세하게 증명하고
있다.

　이처럼 시대사적 조건에 따라 달라지는 서로 다른 가치판단이 가능
할 수 있는 철학적 공간을 제공하는 것은 정의, 합목적성, 법적 안정성
이라는 세 가지 요소로 구성되는 법이념의 구조이다.[123] 하지만 서로
대립하는 이 세 가지 법이념의 요소들 가운데 어느 것을 강조할 것인
지는 법이념의 구조 자체를 통해 미리부터 정해져 있는 것이 아니다.
즉 세 가지 요소를 그때그때 적절하게 고려하는 것을 포기할 수는 없

---

121 *Radbruch*, Rezension zu Viktor Cathrein, Naturrecht und positives Recht, 2. Aufl.
　　1909, GRGA 1, S. 528.
122 *Radbruch*, Problematik(각주 60), S. 460 [앞의 부록 I, 349면] (앞의 각주 84도 참
　　고).
123 *Radbruch*, Rechtsphilosophie(각주 14), § 9, S. 302 이하.

다. 이런 의미에서 1차 세계대전이 종식된 이후 몇 년 사이에 이미 라드브루흐는 법적 안정성을 지나치게 강조하는 '실증주의적' 입장에 대해 반론을 제기한다.

"과거의 **법실증주의** 시대가 오로지 법의 실정성과 안정성만을 강조하고 이로써 제정법의 합목적성과 정의에 관한 체계적인 연구가 오랫동안 정지상태를 겪게 만들고 법철학과 법정책이 수십 년에 걸쳐 침묵하게 만든 것은 너무나도 커다란 재앙을 불러일으킨 편파성이 아닐 수 없다."[124]

따라서 라드브루흐가 나치 독재를 겪기 전에는 실증주의적 법철학을 표방했다고 떠드는 '영원한 신화'[125]는 이제 완전히 신화일 뿐이라고 폭로되어야 마땅하다.

b) 두 번째 신화: "말년의 라드브루흐는 '자연법론자'였다."

라드브루흐가 1945년 이후에는 자연법론자로 변화했다는 신화[126]에 대해서도 똑같이 말할 수 있다. 물론 '라드브루흐 공식'이 특히 '참을 수 없음-테제'의 형태에 비추어 볼 때 법도덕주의의 요소를 포함하고 있다는 점은 옳다. 그리고 라드브루흐가 1945년 이후에 여러 번에 걸쳐 '초법률적 법'이라는 사고의 필연성을 강조하면서, 이 초법률적 법을 "기준으로 삼아 불법은 설령 그것이 법률의 형식을 갖출지라

---

124 *Radbruch*, Problematik(각주 60), S. 467. [앞의 부록 I, 359면] 이 표현은 Rechtsphilosophie(각주 14), S. 306 이하에서 똑같이 반복된다. [앞의 본문, 130면]
125 *Paulson*(각주 114), S. 105 이하.
126 최근 문헌으로는 *Rüthers* JZ 2017, S. 457 이하, 459 참고.

도 여전히 불법일 뿐이다"[127]라고 말한 것도 사실이다. 끝으로 라드브루흐가 저 유명한 '무기력 테제'를 통해 나치 불법체제에 대해 실증주의에 책임을 물었다는 것[128]도 옳다. 하지만 이와 같은 법철학적 모자이크 조각만으로 '자연법론자' 라드브루흐라는 전체 그림을 만들어낼 수는 없다.

aa) 존재론적으로 이해된 자연법에 대한 거부

라드브루흐 법철학에서 '자연법'이라는 개념은 이 개념이 긍정적으로 사용되는 경우에 국한한다면 결코 법의 존재론과 관련을 맺지 않는다. 다시 말해 라드브루흐에게 자연법 개념은 이미 주어져 있는 법질서의 존재라는 사고에 관련된 것이 아니다. 그에게 자연법은 전적으로 법윤리적 및 법실천적 의미만을 지니고 있을 뿐이다. 이 점은 '자연법', '신법', '이성법'을 함께 묶어 초법률적 법에 해당할 수 있는 모델로 언급하고 있다는 사실[129]에서도 이미 드러난다. 하지만 '자연법론자'에게는 최상위의 법원法源이 신인지 아니면 인간의 이성

---

127 *Radbruch*, Die Erneuerung des Rechts(1947), GRGA 4, S. 107 이하, 108. 라드브루흐가 1945년 이후에 자연법적 견해를 취했다고 볼 수 있게 만드는 문구들을 모아 놓은 문헌으로는 *Braun JZ* 2017, S. 451 이하 참고.

128 "실증주의는 … '법률은 법률이다'라는 확신으로 인해 독일의 법률가계급을 자의적이고 범죄적인 내용의 법률에 저항하지 못하는 무기력한 존재로 만들어버렸다[Radbruch, Gesetzliches Unrecht(각주 37), S. 88]." [앞의 부록 I, 369면] 1945년 이후 전반적으로 '실증주의에 적대적인' 분위기가 지배했다는 사실에 대한 상세한 서술로는 *Foljanty*(각주 1), S. 23 이하 참고.

129 "자연법, 신법, 이성법과 같이 법률보다 더 상위에 있는 법, 즉 짧게 말해 초법률적 법이 존재하는지"에 대해 다시 깊게 성찰해야 할 필요성[*Radbruch*, Die Erneuerung des Rechts(1947), GRGA 3, S. 107 이하, 108]. *Radbruch*, Privatissimum der Rechtspflege(1947), GRGA 14, S. 150 이하, 152에도 같은 내용이 등장한다.

또는 '자연'인지의 물음[130]은 대답하지 않은 채 남겨 놓을 수 있는 물음이 아니다. 라드브루흐 자신도 "오늘날의 초법률적 법을 과거의 자연법과 동일시"해서는 안 된다고 경고하고 있다.[131] 그에게 중요한 것은 극단적으로 부정의한 법률의 법적 구속력을 배제하는 것이었다.[132] 따라서 초법률적 법은 단지 배제의 기능만을 갖고 있고, 이러한 기능은 '**소극적** 자연법'[133]이라는 개념에서 분명하게 표현된다. 그래서도 아르투어 카우프만은 이 개념을 라드브루흐 후기 법철학을 가장 정확하게 표현하는 개념으로 사용한다.[134] 따라서 자연법 개념이 전통적으로 존재론적 사고의 부담을 떠안고 있고, 이러한 사고는 라드브루흐의 인식론적 비판주의와 합치하지 않는다는 점[135]을 고려해야 한다.

---

130 여기서 '자연법'이라는 개념은 명백히 '자연법, 신법, 이성법'이라는 세 가지 초법률적 법 가운데 하나라는 좁은 의미로 사용되고 있다.

131 *Radbruch*, Neue Probleme in der Rechtswissenschaft(1952), GRGA 4, S. 232 이하, 234.

132 이에 관해서는 *Frommel* JZ 2017, S. 460 이하, 461 이하도 참고.

133 강조표시는 글쓴이.

134 *Arthur Kaufmann*, Die Radbruchsche Formel vom gesetzlichen Unrecht und vom übergesetzlichen Recht in der Diskussion um das im Namen der DDR begangene Unrecht, NJW 1995, S. 81 이하, 85. 다른 글에서 카우프만은 라드브루흐의 입장을 '실증주의와 자연법을 넘어선 제3의 길'이라고 규정한다(*Kaufmann*, Gustav Radbruch – Leben und Werk, GRGA 1, S. 7 이하, 85). 라드브루흐 공식과 관련해 *Grote*, Auf der Suche nach einem 'dritten Weg'. Zur Rechtsphilosophie Arthur Kaufmanns, 2006, S. 217에서는 '약한 의미의 자연법'이라고 표현한다. 같은 견해를 취하는 *Koller*, Theorie des Rechts, 2. Aufl. 1997, S. 33도 참고.

135 라드브루흐는 '고전적 자연법'이 안고 있는 방법론적 및 인식론적 흠결과 자연법이 제기하는 내용적 요청에 대한 긍정적 평가 사이의 구별[이에 관해서는 *Radbruch*, Relativismus(각주 74), S. 22]을 1945년 이후에도 포기하지 않았다.

bb) 법률구속과 법적 안정성의 원칙적 우위

우선 다음과 같은 점을 지적할 필요가 있다. 즉 라드브루흐의 '무기력 테제'[136]는 나치 정권이 종식된 이후 수십 년에 걸쳐 많은 학자가 동조했지만,[137] 오늘날에는 반박된 테제로 여겨지고 있다.[138] 물론 그렇다고 해서 이 테제가 1945년 이후 라드브루흐가 법실증주의에 대해 취했던 입장에 결정적인 영향을 미치지 않았을 수도 있다는 뜻은 아니다. 그렇긴 하지만 실제로 라드브루흐가 법실증주의에 대해 취했던 입장은 '무기력 테제'만으로 설명하기에는 상당히 세분화한 내용을 담고 있다.

이 점은 무엇보다 '비법률적 불법'이라는 난관에 봉착한 경우 법실증주의가 어떠한 역량을 발휘할 수 있는지에 대한 라드브루흐의 설명을 보더라도 알 수 있다. 즉 법률적 토대가 없이 또는 법률상의 명시적 금지를 무시한 채 인권침해가 발생하는 경우 실증주의는 이에 대항하는 보호벽을 설치한다. 이러한 경우가 단순히 이론적 연관성에만 관련되는 것이 아니라 나치 불법체제 시기에도 실증주의가 이와 같은 보호 기능을 발휘한 사례를 찾아볼 수 있다는 것을 라드브루흐는 안락사를 시행하라는 히틀러의 비밀명령에 기초해 행해진 학살행위에 대해 나치 법률가들이 행한 저항에 비추어 설명하고 있다. 나치 정권이 가한 그와 같은 '극단적인 공격'에 대해서는 "심지어 법학적 실증

---

136 앞의 각주 128 참고.

137 대표적인 사례들에 관해서는 *H. Dreier*(각주 92), S. 2 이하 참고.

138 대표적으로는 *H. Dreier*(각주 92), S. 20; *Ellscheid*(각주 94), S. 146; *Rottleuthner*, Gustav Radbruch und der 'Unrechtsstaat', in: *Borowski/Paulson*(각주 1), S. 91 이하, 94 참고. 나치의 법사상이 구조적으로 볼 때 실증주의 모델보다는 자연법 모델에 더 잘 부합한다는 점은 *Wittreck*, Nationalsozialistische Rechtslehre und Naturrecht, 2008의 상세한 분석이 잘 보여주고 있다.

주의마저도 이에 대항하는 용기를 발휘할 수 있다"[139]라는 것이다. 그리고 '법률적' 불법과 관련해서도 실증주의에 대한 라드브루흐의 평가는 원칙적으로 긍정적이다. 즉 '라드브루흐 공식'의 '참을 수 없음-테제'의 범위 내에서도 이미 법관은 부정의한 법률에 대해서도 구속된다는 것을 원칙적으로 인정하고 있다. 심지어 정의에 위반되는 법률에서도 법관의 구속과 비구속은 원칙-예외의 관계에 있다.

"정의와 법적 안정성 사이의 갈등은 다음과 같이 해결할 수 있을 것이다. 즉 제정(Satzung)과 권력에 의해 보장된 실정법은 그 내용이 정의롭지 못하고 합목적성이 없다고 할지라도 일단은 우선권을 갖는다. 그러나 실정법률의 정의에 대한 위반이 참을 수 없는 정도에 이르렀다면, '부정당한 법'인 그 법률은 정의에 자리를 물려주어야 할 것이다."[140]

라드브루흐가 '참을 수 없는 불법'의 경계선을 얼마나 높게 잡고자 했는지는 다른 글에서 등장하는 다음과 같은 표현에서도 알 수 있다. 즉 형식적 절차를 준수해 성립한 법률에 대해서는 "법률과 정의 사이의 모순이 하늘에 호소해야 할 정도로 극단적인 경우에만" 초법률적 법에 근거해 법효력을 부정해야 한다고 말한다.[141] 이러한 표현의 배후에는 1945년 이후에도 반복적으로 제기한, 법적 안정성에 대한 염려가 자리 잡고 있다.[142] 이 맥락에서 라드브루흐는 "초법률적 법이나

---

139 *Radbruch*, Privatissimum(각주 129), S. 150.
140 *Radbruch*, Gesetzliches Unrecht(각주 37), S. 89. [앞의 부록 I, 370/1면]
141 *Radbruch*, Privatissimum(각주 129), S. 152. 'Vorschule(각주 38)', S. 154에서는 "끔찍하게 부정의한 법률이라는 예외적 경우"라고 말한다.
142 이로 인해 초실정적 법을 원용하는 것에 대해 라드브루흐가 양면적이고 이중

법률적 불법이라는 개념은 … 우리가 매우 절박하게 요청하는 법적
안정성에 중대한 위험"을 야기한다고 확인하고 있다. 그리고 '사법부
의 경고'의 마지막을 다음과 같이 장식한다.

"우리는 초법률적 법을 승인할 경우 수반되는 위험 ─ 이러한 위험이 비로
소 이를 반대하는 실증주의를 불러일으켰다 ─ 을 분명하게 의식하고 있다.
미래에도 법률의 내용에 대한 평가를 고려하지 않고 법률 그 자체를 최종적 판
단으로 승인하는 법실증주의는 언제나 보존해야 한다. 오로지 우리가 불과 얼
마 전에 겪었던 상황 그리고 다시는 발생하지 않기를 소망해 마지않는 상황에
서만 초법률적 법을 원용해야 한다. 그러한 상황 자체가 초법률적 법을 원용하
도록 야기하기 때문이다. 따라서 미래에도 초법률적 법의 원용은 이와 같은 상
황에만 국한되어야 한다."[143]

c) 법적 안정성과 정의의 실천적 조화

앞의 서술을 통해 두 가지 결론을 확정할 수 있다. 첫째, 라드브루
흐 법철학은 1945년 이후의 시기에도 '자연법적' 법모델에 속하지 않
으며 동시에 엄격한 실증주의적 법모델에도 속하지 않는다. 둘째, 실
증주의와 실증주의에 반대하는 이론에 대한 평가는 ─ 단지 특정 측
면에만 국한해 주제로 삼은 '부정공식'을 제외한다면[144] ─ 전적으로
그 실제적 결과에 비추어 이루어진다. 다시 말해 라드브루흐 법철학

적인 태도를 취할 수밖에 없었다는 점에 대해서는 *Foljanty*(각주 1), S. 63
이하 참고.

143 *Radbruch*, Privatissimum(각주 129), S. 152 이하.

144 물론 '부정공식' 역시 법의 형이상학이 아니라 개념구성을 둘러싼 문제이다.

에서 중요한 것은 법적 안정성의 보장과 현저한 불법의 저지 사이의 실천적 조화이다. 따라서 라드브루흐 법철학은 논리적 일관성을 갖는 이론을 추구하려는 것이 아니라 법윤리적 가치평가를 추구한다. 이 점에서 라드브루흐 말년의 법철학은 실천철학을 논리적 위치로 삼고 있다.[145]

그의 말년의 법철학은 오늘날 통용되는 용어를 빌리자면 '포섭적 비실증주의(inklusiver Nichtpositivismus)'라고 지칭할 수 있다.[146] 포섭적 법실증주의는 '초포섭적 비실증주의(superinklusiver Nicht-positivismus)'[147]와는 반대로 어떤 규범의 오류를 평가의 문제뿐만 아니라 효력(또는 비효력) 기준의 문제로도 고려한다. 하지만 라드브루흐 후기 법철학을 '비실증주의'로 규정할지라도 라드브루흐가 1945년 이후에도 정의보다 법적 안정성에 원칙적인 우위를 인정했고, 이 의미에서 '실증주의적' 법사상을 선택했다는 사실을 간과해서는 안된다. 다른 한편 라드브루흐 스스로 1945년 이후에 (그 이전과 마찬가지로) 다시 한번 '자연법적' 입장을 선호했다는 사실 역시 전혀 혼란스럽게 여길 필요가 없다. 그가 말하는 자연법이 존재론적으로 이해되

---

145 이 점에 관해서는 *U. Neumann*(각주 1), S. 149 참고. 이에 동의하는 견해로는 *U.-J. Schröder*, Rez. zu *Borowski/Paulson*(Hrsg.), Die Natur des Rechts bei Gustav Radbruch, 2015, in: Rechtsphilosophie. Zeitschrift für die Grundlagen des Rechts 2019, S. 103 이하, 117 참고.

146 *Alexy*(각주 1), S. 249에서 다음과 같이 서술한다. 즉 라드브루흐는 예전에 주장하던 '초포섭적 비실증주의'를 포기하고 '단순한 포섭적 비실증주의'를 취하게 되었다고 한다.

147 그러나 '초포섭적 비실증주의'라는 개념이 전혀 문제가 없다고 볼 수는 없다. 왜냐하면 이 개념은 법률에 대한 내용적 평가(예컨대 '부정의한' 법률이라는 평가)까지 포기하는 것은 아니라는 전제가 충족되면 전통적으로 '실증주의적'인 것으로 여겨지는 견해(현저하게 부정의한 법률에도 무제한의 효력을 인정하는 견해)를 비실증주의 진영에 속한다고 보는 용어상의 혼란을 가져오기 때문이다.

는 전통적 자연법이 아니라는 점은 앞에서 인용한 문장에서 너무나도 분명하게 밝혀져 있다.

Ⅳ. 요약

라드브루흐 법철학의 출발점은 신칸트주의 철학이다. 특히 방법이원주의 원칙[148]과 가치관련을 통한 (법과 같은) 문화현상의 구성이라는 원칙은 라드브루흐 법철학의 토대를 이루고 후기의 법철학에서도 이 원칙들을 충실하게 고수했다.[149] 이 점에서 라드브루흐 법철학의 '기초명제'[150]에 해당하는 "법은 법가치, 즉 법이념에 봉사한다는 의미를 지닌 현실이다"[151]라는 명제는 1945년 이후에는 '부정테제'의 형태로 라드브루흐 공식의 개념적 토대가 된다.[152] 하지만 원래는 순수하게 선험철학적이고 방법론적 차원에서 법 및 법이념과 관련을 맺었던 반면, 1945년 이후에는 이 관련성이 효력이론의 의미와 실천적 의미를 지니게 된다. 즉 정의를 처음부터 조금도 추구하지 않았거나 정의를 참을 수 없을 정도로 위반한 법률은 구속력을 상실하고, 시민이든 법관이든 이를 준수할 필요가 없다.

---

148 라드브루흐가 방법이원주의를 계속 주장했음에도 불구하고 그의 방법이원주의가 변화를 겪었다는 점에 관해서는 앞의 III.2.b 참고.

149 라드브루흐의 신칸트주의적 입장의 연속성에 대해서는 *Frommel* JZ 2017, S. 460 이하, 462에서도 지적하고 있다.

150 '기초명제'라는 표현은 Alexy(각주 1), S. 242에 등장한다.

151 *Radbruch*, Rechtsphilosophie(각주 14), S. 255 [앞의 본문, 60면](원 텍스트에는 강조표시가 되어 있다). 이미 Grundzüge(각주 46), S. 54에서도 다음과 같이 쓰고 있다. "법이란 실제로 정의로운 법인지에 관계없이 **마땅히 정의로운 법이 되어야 하는 것**이다."(강조표시는 글쓴이)

152 이에 관해서는 앞의 III.4.b 참고.

라드브루흐의 법철학은 다른 측면에서와 마찬가지로 바로 이 측면
에서도 점차 여러 이론적 관점들이 실천적, 법윤리적 평가의 관점에
서 어떠한 실제적 결과를 낳는지를 더 중시하게 된다. 이 점에서 그의
법철학은 실천철학으로의 전환을 수행한 셈이다. 이러한 전환은 1차
세계대전과 혁명 그리고 나치 독재라는 강력한 정치적 변화의 영향을
받아 이루어졌다. 라드브루흐가 과거의 견해를 변경하게 만든 동기는
명백히 경험에 의존된 가치평가로 증명할 수 있다. 이에 관한 궁극적
인 증거는 다음과 같은 사정이다. 그가 남긴 유고 가운데 한 텍스트에
서 라드브루흐는 다음과 같이 쓰고 있다.

"법관에게 국가의 법률에서 벗어날 권한까지 부여할 것인지는 우리 시대에
맡겨져 있는 문제일 것이다. 우리는 범죄적인 권력자들이 법률이라는 도구를
장악해 노골적인 자의를 법률로 만들고 불법을 '법'으로 격상시키는 것을 생생
하게 체험했다. 전통적인 실증주의는 그와 같은 법률에 대해 무기력하기 짝이
없다는 저주를 받았다."[153]

'법실증주의와 자연법'이라는 문제영역에 관한 라드브루흐의 입장
이 법철학적 인식의 문제가 아니라 평가와 판단의 문제라는 사실을
이 텍스트보다 더 뚜렷하게 보여주지는 못할 것이다. 라드브루흐는
1945년 이후에도 모든 형태의 법형이상학을 포기했고, 이 점에서 자
신의 신칸트주의적 출발점을 충실하게 고수했다. 이 점은 '법과 종교'
라는 주제와 관련해서도 마찬가지이다. 즉 라드브루흐는 1945년 이

---

153 *Radbruch*, Neue Probleme in der Rechtswissenschaft, GRGA 4, S. 232 이하, 233.

후에 법이 '종교의 축복'을 필요로 한다[154]고 쓰고 있지만, 이는 결코 기독교 자연법에 대한 신앙고백이나 ― 더 일반적으로는 ― 법이 신의 계시에 근거해야 한다는 신앙고백이 아니다. 이 말은 단지 법에 대한 사회적 지각이 갖는 실천적, 정치적 차원에 관련된 것일 뿐이다. 그는 뒤이어 "하늘의 축복이 없는 법이 어디로 흘러가고 마는지는 우리 모두 생생하게 체험했다"[155]라는 문장을 덧붙임으로써 이 점을 매우 분명하게 밝히고 있다. 즉 이 말은 법이 종교의 파생물이라는 뜻이 아니라 그가 이미 과거에도 자주 언급했던, 법의 감정적 측면에 관련된 내용일 뿐이다.[156]

라드브루흐는 1930년대에 부상했던 이데올로기의 비합리주의에 대항해 합리주의를 신봉했다. 즉 그는 "계몽이라 불리는 어둠 속에 머물러 있고자 하는(카알 라렌츠Karl Larenz) 합리주의"를 신봉했다.[157] 그는 물론 1945년 이후에도 변경된 표식을 달긴 했지만, 여전히 이러한 합리주의를 고수했다. 이제 그에게 합리주의는 형이상학적 사변의 거부, '문제를 지각할 때 발휘해야 할 정직함',[158] 가치평가를 명시적으

---

154 *Radbruch*, Die Erneuerung des Rechts(1947), GRGA 3, S. 107 이하, 113; *ders.*, Vorschule(각주 38), S. 160.

155 *Radbruch*, Vorschule(각주 38), S. 160. 비슷한 내용은 *ders.*, Die Erneuerung des Rechts, GRGA 3, S. 107 이하, 113에도 등장한다. "종교적 축복을 받지 못한 법이 얼마나 유약한지는 나치가 법을 말살한 험난한 시대에 너무나도 고통스럽게 체험했다."

156 *R. Dreier*(각주 1), S. 107에서도 같은 견해를 취하고 있다.

157 *Radbruch*, Vorwort zur "Rechtsphilosophie(1932)", GRGA 2, S. 205 이하, 213 이하 [앞의 본문, 8면](여기서 라드브루흐는 *Larenz*, Rechts- und Staatsphilosophie der Gegenwart, 1931, S. 67에 나온 표현을 염두에 두고 있고, 라렌츠의 이 표현은 다시 헤겔의 표현에 따른 것이다).

158 *Kirste*, Rechtsidee und Elemente der Gerechtigkeit bei Gustav Radbruch, in: *Pauly* (각주 1), S. 57 이하, 82.

로 밝히는 것, 도저히 제거할 수 없는 모순을 인정하는 것을 뜻한다.
이러한 합리주의야말로 계몽된 법철학의 모범이다.

옮긴이 후기

　구스타프 라드브루흐와 그의 대표저작인 「법철학」에 대해서는 굳이 긴 설명이 필요하지 않을 정도로 우리나라 법(철)학에서는 매우 익숙한 학자와 저작에 해당한다. 나 자신도 이미 라드브루흐와 관련된 논문('법철학과 사회법 — 라드브루흐의 사회적 법사상을 중심으로 —')을 쓴 적이 있고, 그에 관한 번역서 두 권(「라드브루흐 공식과 법치국가」, 「구스타프 라드브루흐 — 법철학자, 정치가, 형법학자」)을 출간하기도 했다. 특히 두 단행본의 후기에서 라드브루흐와 관련된 내용을 비교적 자세하게 서술했지만, 이 책의 부록 Ⅱ로 실린 논문 '시대의 거울에 비친 법철학: 구스타프 라드브루흐(1878 - 1949)'를 통해 20세기의 독일어권 법철학을 대표하는 이 학자의 생애와 사상을 훨씬 더 섬세하게 개관할 수 있을 것이다. 그 때문에 여기 이 후기에서는 이 책과 관련된 몇 가지 측면만을 언급하겠다.

　이미 1975년에 이 책은 서울대학교 최종고 교수님에 의해 번역 출간되었고 그 이후 판을 거듭해 현재 제4판이 나와 있다. 그런데도 이미 출간된 번역서를 다시 번역한 이유는 단지 "시대가 변하면 어투와 문법도 변하기 마련이다"라는 라드브루흐 본인의 말에 용기를 얻은

탓이다. 행여 최 교수님께 누가 되지 않을까 걱정이다.

이 책에서는 라드브루흐가 「법철학」의 신판을 위해 추가해 놓은 각주들을 과감히 번역에서 배제했다. 라드브루흐 사후 에릭 볼프Erik Wolf와 한스-페터 슈나이더Hans-Peter Schneider의 편집으로 판을 거듭한 「Rechtsphilosophie」, 아르투어 카우프만Arthur Kaufmann이 편집한 라드브루흐 전집(Gustav-Radbruch-Gesamtausgabe) 제2권에 실린 「Rechtsphilosophie」, 1999년 랄프 드라이어Ralf Dreier와 스탠리 폴슨Stanley Paulson이 학습용으로 편집한 「Rechtsphilosophie. Studien-ausgabe」 그리고 최종고 교수님의 번역판 모두 이 '예정된' 각주가 함께 실려 있지만, 우리 독자들에게는 썩 중요하지 않다는 판단과 마치 각주에 각주가 딸린 것처럼 보인다는 시각상의 문제점 때문에 1932년의 제3판에 처음부터 실려 있던 각주만을 번역했다. 그 대신 라드브루흐의 사상적 궤적에서 분기점 역할을 한 논문 네 편을 부록 I로, 그리고 라드브루흐 사후 70주년을 기념해 그의 생애와 법철학을 조망할 목적으로 집필된 논문 한 편을 부록 II로 추가했다. 원문에 가끔 등장하는 명백한 오류는 바로잡아 번역했고, 이 점을 괄호에 명기했다. 라드브루흐가 각주에 인용한 문헌들을 표시하면서 인명, 서지, 연도 등을 잘못 기재한 경우가 상당수 있는데 이를 수정했지만, 별도로 명기하지는 않았다. 그리고 각 장의 절에 해당하는 제목은 본문에는 등장하지 않지만, 당시의 관행에 따라 목차에 기록한 제목을 따랐으며, 절의 번호는 라드브루흐가 명시적으로 번호를 표시한 것만을 반영했다. 번역은 원칙적으로 카우프만이 편집한 전집을 토대로 삼았지만, 오류의 의심이 있을 때는 다른 판본과 대조하는 과정을 거쳤다.

'고전'이라는 표현 속에 표준 또는 쉬운 접근 가능성이라는 의미가 담긴 것으로 오해해도 좋다면, 적어도 라드브루흐의 이 고전은 그런 의미와는 거리가 멀다. 이론적으로 볼 때 그의 법철학은 모든 문제에 내재한 긴장과 대립에 대한 탁월한 감각을 문자로 기록한 것이고, 여기에 그의 문학적 감수성까지 가세해 때로는 유려하게 읽히면서도 때로는 모호한 잔상을 남겨 놓는다. 이 측면을 고려하는 것만으로 라드브루흐 저작을 독해할 때 겪게 되는 어려움 그리고 나의 부족한 번역 능력에 대한 이른 변명을 지적하기에 충분할 것 같다.

한국어판 발간사를 써준 '구스타프 라드브루흐 재단' 이사장이자 뮌헨대학교 법과대학 교수인 벗 프랑크 잘리거Frank Saliger와 라드브루흐 사망 70주기를 맞아 발표한 논문의 번역을 흔쾌히 허락해주신 스승 울프리드 노이만Ulfrid Neumann 교수께 감사의 인사를 전한다. 우리 세 사람이 함께 모였던 기억이 가물거릴 시점에 한 권의 책에서나마 서로 만날 수 있다는 것은 커다란 기쁨이다. 이밖에도 원고 전체를 읽고 교정을 해주었으며 라드브루흐에 관한 박사학위 논문을 준비하고 있는 박석훈 변호사, 교정에 힘써준 한혜윤 변호사, 이요세피나 씨와 이유림 씨 그리고 고려대학교 대학원 법철학 세미나에서 번역 텍스트를 함께 읽어준 학생들에게 고마운 마음을 전하고 싶다. 도서출판 「박영사」의 조성호 이사님과 이승현 과장님은 이번에도 든든한 지원을 해주셨다. 감사할 따름이다.

끝으로 이 책이 나의 영원한 스승 심재우 선생님을 기리기 위해 창
간된 「몽록 법철학 연구총서」의 세 번째 권으로 출간되는 기쁨을 말해
야 한다. 여전히 미숙하고 어리석은 제자가 만들어 놓은 것을 조심스
럽게 당신 앞에 펼쳐놓긴 하지만, 하늘에서 보시고 "윤 군, 수고했네!"
라고 말씀해주시기를 바라고 또 바랄 뿐이다. 총서의 성립을 가능하
게 해주신 사모님과 자제분들께 다시 한번 감사의 인사를 드린다.

2021년 봄

고려대학교 연구실에서

윤 재 왕

지은이

구스타프 라드브루흐(Gustav Radbruch)

1878년 11월 21일 독일 북부의 항구도시 뤼벡에서 출생. 문학을 좋아했지만, 아버지의 소망에 따라 뮌헨대학 법과대학에 입학한 이후 라이프치히 대학과 베를린에서 법학을 수학하고 1902년에 프란츠 폰 리스트의 지도로 형법학과 관련된 논문으로 박사학위를 받았다. 스승 리스트의 주선으로 1903년에 하이델베르크 대학으로 옮겨 1904년 카알 폰 릴리엔탈의 지도로 교수자격을 취득했다. 당시 하이델베르크의 정신적 지주였던 막스 베버 그리고 철학자 빈델반트, 리커트, 라스크의 영향을 받아 리스트의 자연과학적, 진화론적 사고에서 벗어나 정신과학의 독자성을 표방하는 신칸트주의 법철학을 수용한다. 평생의 지기였던 헤르만 칸토로비치와의 만남 역시 신칸트주의라는 매개를 거쳐 이루어진다. 게오르그 루카치의 권유로 1914년에 「법철학 기초」를 출간한다. 같은 해 쾨니히스베르크 대학의 형법/법철학 교수가 되었고, 1919년부터 1926년까지 키일 대학교 교수로 재직했다. 1913년 사회주의자 아우구스트 베벨의 장례식에 참석한 이후 사회당에 가입해 바이마르 공화국에서 두 번에 걸쳐 법무부장관직을 맡았다. 프리드리히 카알 폰 사비니가 1840년대에 프로이센의 법무부장관이 된 이후 독일 역사상 두 번째로 법학자가 법무부의 수장이 된 경우였다. 1926년에 그의 정신적 고향 하이델베르크 대학으로 초빙되어 법철학과 형사법을 가르쳤다. 1932년에 1914년의 「기초」를 전면개정해 「법철학」이라는 제목으로 바꾸어 출간한다. 이 책은 한스 켈젠의 「순수법학」, 허버트 하트의 「법의 개념」과 함께 20세기를 대표하는 법철학 저작으로 꼽힌다. 1933년 나치가 권력을 장악함과 동시에 교수직을 박탈당했고, 2차대전 종전과 함께 하이델베르크 대학에 복귀해 법과대학을 재건하는 학장을 맡았다. 71세 생일을 갓 넘긴 1949년 11월 23일 영면에 들어 멀리 '철학자의 길'이 보이는 산 위의 공동묘지에 묻혔다.

옮긴이

윤재왕

고려대학교 법과대학 법학과, 문과대학 철학과, 대학원 법학과를 졸업했으며 독일 프랑크푸르트 대학교 법과대학에서 법학박사 학위를 받았다. 현재 고려대학교 법학전문대학원 교수(법철학, 법사회학, 법사상사 담당)로 재직 중이다.

몽록(夢鹿) 법철학 연구총서 3

법철학

초판발행   2021년 6월   1일
중판발행   2022년 4월 30일

지은이   Gustav Radbruch
옮긴이   윤재왕
펴낸이   안종만 · 안상준

편 집   이승현
기획/마케팅   조성호
표지디자인   박현정
제 작   고철민 · 조영환

펴낸곳   (주) **박영사**
            서울특별시 금천구 가산디지털2로 53, 210호
            (가산동, 한라시그마밸리)
            등록 1959. 3. 11. 제300-1959-1호(倫)
전 화   02)733-6771
f a x   02)736-4818
e-mail   pys@pybook.co.kr
homepage   www.pybook.co.kr
ISBN   979-11-303-3678-7   93360

정 가   28,000원